V&R unipress

Schriften zum
Internationalen Privatrecht
und zur Rechtsvergleichung

Band 52

Herausgegeben im

European Legal Studies Institute /

Institut für Europäische Rechtswissenschaft /

Institut pour le droit en Europe

der Universität Osnabrück

von

Professor Dr. Dr. h. c. mult. Christian von Bar, FBA, MAE,

Professor Dr. Christoph Busch,

Professor Dr. Hans Schulte-Nölke, MAE, und

Professor Dr. Dr. h. c. Fryderyk Zoll

Victoria Bratvogel

Dienstleistungsnormung und Privatrecht im Europäischen Binnenmarkt

V&R unipress

Universitätsverlag Osnabrück

UNIVERSITÄT OSNABRÜCK

MIX
Papier aus verantwortungsvollen Quellen
FSC www.fsc.org FSC® C083411

Bibliografische Information der Deutschen Nationalbibliothek
Die Deutsche Nationalbibliothek verzeichnet diese Publikation in der Deutschen Nationalbibliografie; detaillierte bibliografische Daten sind im Internet über https://dnb.de abrufbar.

Veröffentlichungen des Universitätsverlags Osnabrück erscheinen bei V&R unipress.

Druck und Bindung: CPI books GmbH, Birkstraße 10, D-25917 Leck
Printed in the EU.

Vandenhoeck & Ruprecht Verlage | www.vandenhoeck-ruprecht-verlage.com

ISSN 2198-7041
ISBN 978-3-8471-1408-6

Inhalt

Danksagung

Die vorliegende Dissertation wurde im September 2020 vom Fachbereich Rechtswissenschaften der Universität Osnabrück zum Promotionsverfahren zugelassen.

Meinem Doktorvater, Herrn Prof. Dr. Christoph Busch, danke ich für die Betreuung meiner Dissertation und die konstruktiven Anregungen. Die Tätigkeit als wissenschaftliche Mitarbeiterin an seinem Lehrstuhl für Deutsches und Europäisches Privat- und Wirtschaftsrecht sowie Internationales Privatrecht werde ich in sehr guter Erinnerung behalten. Bei Herrn Prof. Dr. Hans Schulte-Nölke möchte ich mich für die Erstellung des Zweitgutachtens bedanken.

Meine Eltern Peter und Christiane Bratvogel, meine Schwester Dr. Katharina Bratvogel sowie meine Großeltern August und Christel Dreckschmidt waren für mich eine starke persönliche Unterstützung und standen mir stets zur Seite.

Zudem möchte ich mich bei Dr. Christian Wilk, Ana Elisa Schewe und Daniel Stüve bedanken.

Meiner Familie widme ich diese Arbeit.

Einleitung

Die vorliegende Untersuchung befasst sich mit der Normung von Dienstleistungen. Einen Schwerpunkt der Arbeit bildet die Frage, über welche Rezeptionsmechanismen Dienstleistungsnormen Rechtswirkungen entfalten können.[1] Ferner wird untersucht, welchen Beitrag Dienstleistungsnormen zur europäischen Rechtsangleichung leisten können.

A. Forschungsgegenstand

»Wir sind in das Zeitalter der Dienstleistungen eingetreten.«[2] Mit diesem Satz beginnt der Präsident des Komitees »Management et Services« AFNOR, Xavier Quérat-Hément, die Einleitung des Livre Blanc »Quelle normalisation pour les services?« der französischen Normungsorganisation AFNOR. Illustrieren lässt sich die Bedeutung von Dienstleistungen anhand einiger Zahlen. So sind in Deutschland drei von vier Erwerbstätigen im Dienstleistungsbereich beschäftigt.[3] In Europa beträgt der Anteil von Dienstleistungen an der EU-Wirtschaft 70 Prozent.[4] Der Dienstleistungsbereich ist jedoch durch eine Reihe von Umbrüchen gekennzeichnet. Herausforderungen für den Dienstleistungsbereich bestehen u. a. aufgrund der Digitalisierung, Globalisierung oder von neuen Geschäftsmodellen. Diese neuen Entwicklungen führen auch dazu, dass der Einsatz von Dienstleistungsnormen stärker in den Vordergrund rückt.[5]

---

1 Dazu bereits *Busch*, NJW 2010, 3061 (3064ff.).

2 *Xavier Querat-Hement*, AFNOR Livre Blanc, S. 5: »Nous sommes entrés dans l'ère des services.« (eigene deutsche Übersetzung).

3 DIN Normungsroadmap, S. 10.

4 Normungspaket. Mitteilung der Kommission an das Europäische Parlament, den Rat, den Europäischen Wirtschafts- und Sozialausschuss und den Ausschuss der Regionen. Europäische Normen für das 21. Jahrhundert vom 1.6.2016, COM (2016) 358 final, S. 11.

5 Siehe näher Ziffern 2.1–2.4 und Table 1 CEN Strategic Plan on services standardization to implement the ambitions 2020.

Erst seit geraumer Zeit richtet sich die Aufmerksamkeit der Normungsorganisationen auf Dienstleistungen. So bringt die Normung von Dienstleistungen besondere Herausforderungen mit sich. Dienstleistungen sind stark einzelfallgeprägt und sowohl von den Eigenarten des Dienstleistungserbringers als auch des Dienstleistungsnehmers abhängig. Angesichts der Unterschiede und Besonderheiten jedes einzelnen Dienstleistungsverhältnisses erscheint es schwierig, gemeinsame Eigenschaften zu finden und einheitliche Anforderungen zu stellen.[6]

Zur Klarstellung soll bereits an dieser Stelle kurz auf die Rechtsnatur von Dienstleistungsnormen eingegangen werden. So hob bereits der BGH hervor, dass DIN-Normen keine Rechtsnormen darstellen, sondern vielmehr »private technische Regelungen mit Empfehlungscharakter«.[7]

Auch Dienstleistungsnormen sind »private Regelwerke mit Empfehlungscharakter«[8] und eine Ausprägung der Selbstregulierung als Regelsetzung durch private Akteure.[9] Auf nationaler Ebene erfolgt die Erarbeitung von Dienstleistungsnormen beim Deutschen Institut für Normung (DIN). Fachleute aus den interessierten Kreisen erarbeiten den Inhalt der Norm mit Unterstützung der Mitarbeiter des DIN.[10] Auf europäischer Ebene erfolgt die Normung im Rahmen der europäischen Normungsorganisation CEN.[11]

Gegenüber einer staatlichen Regulierung bietet eine Selbstregulierung den Vorteil, dass privater Sachverstand bei der Regelerstellung eingebracht werden kann, über den der Gesetzgeber nicht unbedingt verfügt.[12] Darüber hinaus soll ein derartiges Vorgehen Flexibilität gewährleisten.[13] Gleichwohl kann Normung auch durch weniger rosa-rote Brillengläser (»less rose-tinted glasses«) gesehen werden.[14] Kritik besteht insbesondere mit Blick auf eine unangemessene Inter-

6 Zu den Besonderheiten bei der Dienstleistungsnormung *Delimatsis*, ELR 41 (2016), 513 (515f.).

7 BGH NJW 2013, 2271 (2272 Rn. 26).

8 *Busch*, der freie Beruf 1-2/2014, 6 (7).

9 *Spindler/Thorun*, MMR-Beilage 2016, Heft 6, 1 (5) zur Definition der Selbstregulierung, *Buck-Heeb/Diekmann*, Selbstregulierung, S. 32.

10 Siehe Ziffern 5.3–5.4 DIN 820-1:2014-06.

11 Siehe näher zum Verfahren der Normerarbeitung Kapitel 1.C.

12 Zu technischen Normen *Müller-Foell*, Bedeutung Normen, S. 16; siehe auch *Spindler/Thorun*, MMR-Beilage 2016, Heft 6, 1 (12) zu Vorteilen von Selbst- und Ko-Regulierung. Siehe auch *Köndgen*, AcP 206 (2006), 477 (481f.) zum Expertenrecht.

13 *Spindler/Thorun*, MMR-Beilage 2016, Heft 6, 1 (12) zu Vorteilen von Selbst- und Ko-Regulierung. Siehe auch aus dem Bereich Law and Economics zu private regulation: *Faure/Philipsen*, in: *Eliantonio/Cauffman*, Standardisation, S. 156 (164).

14 Vgl. *Mataija*, Private Regulation, S. 13 zu private regulation.

essenrepräsentation und eine mangelnde Transparenz.[15] So besteht die Gefahr einer »Verdeckung von Wertungen unter Berufung auf Fachlichkeit.«[16]

Mit der Dienstleistungsrichtlinie (RL 2006/123/EG[17]) fanden Dienstleistungsnormen eine erste Erwähnung in einem europäischen Rechtsinstrument.[18] Nach Art. 26 V RL 2006/123/EG fördern die Mitgliedstaaten in Zusammenarbeit mit der Kommission die Entwicklung von freiwilligen europäischen Standards, um die Vereinbarkeit der von Dienstleistungserbringern aus verschiedenen Mitgliedstaaten erbrachten Dienstleistungen, die Information der Dienstleistungsempfänger und die Qualität der Dienstleistungen zu verbessern. Die Normungsverordnung[19] (VO Nr. 1025/2012) erfasst von ihrem Anwendungsbereich Dienstleistungen und bietet eine Rechtsgrundlage für die Erteilung von Normungsmandaten durch die Kommission.[20]

Dennoch erweist sich die tatsächliche Anzahl von Dienstleistungsnormen als gering. So sind lediglich 2 % Prozent aller europäischen Normen Dienstleistungsnormen. Dieses Defizit erkennt auch die Europäische Kommission.[21] So erhielt im Jahr 2016 die Dienstleistungsnormung erhöhte Aufmerksamkeit mit dem Normungspaket und einer Mitteilung der Europäischen Kommission. Hier wurde die Dienstleistungsnormung zu einer der »zentralen Prioritäten des europäischen Normungssystems erklärt«.[22] Daneben erhofft sich die Kommission, die Entwicklung von Dienstleistungsnormen durch die Erteilung von Normungsmandaten an die europäischen Normungsorganisationen zu fördern. So werden unter dem Mandat M/517[23] horizontale Dienstleistungsnormen erar-

---

15 *Spindler/Thorun*, MMR-Beilage 2016, Heft 6, 1 (12) zu Gegenargumenten zur Ko- und Selbstregulierung. Siehe auch *Mataija*, Private Regulation, S. 13 zu private regulation: »Its flexibility can be equated with a lack of transparency or predictablity of the rules and procedures applied.« Zum Problem der angemessenen Interessenrepräsentation siehe näher Kapitel 2.B.I.2.

16 *Reimer*, Qualitätssicherung, S. 203 zu privaten Regelwerken im Dienstleistungsbereich.

17 Richtlinie 2006/123/EG des Europäischen Parlaments und des Rates vom 12. Dezember 2006 über Dienstleistungen im Binnenmarkt, ABl. 2006 L 376/36.

18 Siehe auch *Busch*, Architekten im Binnenmarkt, S. 221.

19 Verordnung (EU) Nr. 1025/2012 des Europäischen Parlaments und des Rates vom 12. Oktober 2012 zur europäischen Normung, zur Änderung der Richtlinien 89/686/EWG und 93/15/EWG des Rates sowie der Richtlinien 94/9/EG, 94/25/EG, 95/16/EG, 97/23/EG, 98/34/EG, 2004/22/EG, 2007/23/EG, 2009/23/EG und 2009/105/EG des Europäischen Parlaments und des Rates und zur Aufhebung des Beschlusses 97/95/EWG des Rates und des Beschlusses Nr. 1673/2006/EG des Europäischen Parlaments und des Rates, ABl. 2012 L 316/12.

20 Siehe hierzu *Van Leeuwen*, Services, S. 49.

21 COM (2016) 358 final, S. 11; siehe auch Commission Staff Working Document, Tapping the potential of European service standards to help Europe's consumers and businesses, SWD (2016) 186 final, S. 2.

22 COM (2016) 358 final, S. 12.

23 Normungsauftrag an CEN/CENELEC und ETSI, Planung und Durchführung eines Programms zur Entwicklung horizontaler Dienstleistungsnormen vom 24. Januar 2013, M/517 DE. Siehe dort auch S. 3.

beitet, d.h. Dienstleistungsnormen, die branchenübergreifend sind und nicht nur von einem bestimmten Sektor angewendet werden können.[24]

B. Gang der Untersuchung

Mit Blick auf den Gang der Untersuchung gewährt das erste Kapitel zunächst eine Einführung in die Dienstleistungsnormung. Nach einer Annäherung an den Begriff der Dienstleistungsnorm erfolgt insbesondere eine Analyse der Arten, des Inhalts und der Struktur von Dienstleistungsnormen. Weiterhin bietet das erste Kapitel einen Überblick zu Funktionen von Dienstleistungsnormen sowie etwaigen Herausforderungen.

Das zweite Kapitel widmet sich der Rechtsnatur von Dienstleistungsnormen sowie verschiedenen Rezeptionsmechanismen.[25] Da Dienstleistungsnormen private Regelwerke darstellen, sind »Anknüpfungsstellen«[26] in der Rechtsordnung erforderlich, damit sie Rechtswirkungen entfalten können. Hier erfolgt insbesondere eine Untersuchung der privatautonomen, legislativen und judikativen Rezeption.[27]

Das dritte Kapitel wechselt die Perspektive von der vorhergehenden vorrangig nationalen Sichtweise auf die europäische Ebene. Nach der Darstellung der historischen Entwicklung von Dienstleistungsnormen widmet sich dieses Kapitel der Einordnung von Dienstleistungsnormen in die europäischen Harmonisierungskonzepte. Um den momentan von der Kommission gewählten Weg zu bestimmen, bieten sich als Referenzpunkte die Maßnahmen des Normungspaketes sowie die Vorgehensweise über die Erteilung von Normungsmandaten, insbesondere des Mandats M/517, an.

C. Methode und Forschungskonzept

Die Normung von Dienstleistungen ist noch ein wenig untersuchtes Forschungsgebiet.[28] Während die technische Normung und ihre Rezeption in der rechtswissenschaftlichen Literatur bereits vertieft erörtert wurde,[29] fehlt eine

24 Zu horizontalen und sektoralen Dienstleistungsnormen SWD (2016) 186 final, S. 4.

25 Zu den Rezeptionsmechanismen siehe auch schon *Busch*, NJW 2010, 3061 (3064ff.).

26 *Busch*, der freie Beruf 1–2/2014, 6 (7).

27 Begriffe bei *Busch*, NJW 2010, 3061 (3064).

28 *Delimatsis*, ELR 41 (2016) 513 (514): »unchartered territory«.

29 *Marburger*, Regeln der Technik, S. 375f., 379ff., 429ff.; siehe auch *Buck-Heeb/Diekmann*, Selbstregulierung, S. 163ff.; *Finke*, Auswirkungen, S. 21ff.; s.a. *Müller-Foell*, Bedeutung Normen, S. 105ff. zu den immanenten Grenzen technischer Normen.

eingehende Auseinandersetzung mit der Normung im Dienstleistungsbereich. Die zunehmende Bedeutung der Dienstleistungsnormung, die auf europäischer Ebene mit dem Normungspaket zum Ausdruck kommt, verdeutlicht die Notwendigkeit einer ausführlichen Analyse. Während bereits eine englischsprachige Monographie sich mit dem Phänomen der Dienstleistungsnormung beschäftigt,[30] soll mit der vorliegenden Arbeit eine Untersuchung zur Dienstleistungsnormung aus nationaler und europäischer Perspektive erfolgen. Als Anknüpfungspunkte bieten sich hier bereits einige Zeitschriftenaufsätze an.[31]

Da die Dienstleistungsnormung ein relativ neues Normungsfeld ist,[32] zieht die Untersuchung daneben insbesondere die umfangreiche Literatur und Rechtsprechung zur technischen Normung heran.[33]

D. Ziel der Untersuchung

Mit der vorliegenden Arbeit soll eine erste juristische Aufarbeitung der Dienstleistungsnormung erfolgen. Insbesondere sollen die Unterschiede zu technischen Normen ermittelt werden, um die Besonderheiten der Dienstleistungsnormen und deren eigenständigen Kern herauszuarbeiten. Da Dienstleistungsnormen eine rechtliche Prägung aufweisen,[34] soll insbesondere untersucht werden, welche Konsequenzen hieraus bei einer Rezeption folgen und welche Herausforderungen für die Normung bestehen.

Neben der Analyse, wie Dienstleistungsnormen im nationalen Recht Rechtswirkungen entfalten können und welche Unterschiede gegenüber technischen Normen bestehen, soll im dritten Kapitel insbesondere erörtert werden, welcher Regulierungsansatz sich auf europäischer Ebene für Dienstleistungsnormen als geeignet erweist. So wird hier der Frage nachgegangen, ob zur Förderung der Dienstleistungsnormen ein gesetzgeberischer Rahmen wie im Bereich der technischen Normen geschaffen werden sollte und welche Vorteile hierdurch bestehen könnten. Daneben legt die Arbeit einen Schwerpunkt auf die horizontale Dienstleistungsnormung mit dem Mandat M/517. Hier erscheint es zweifelhaft, ob horizontale Normen dazu geeignet sind, die Normung von Dienstleistungen

30 *Van Leeuwen*, European Standardisation of Services and its Impact on Private Law. Paradoxes of Convergence, Oxford and Portland, Oregon 2017.

31 *Busch*, NJW 2010, 3061ff.; *Busch*, der freie Beruf 1-2/2014, 6f.; aus europäischer Perspektive *Delimatsis*, ELR 41 (2016), 513ff.

32 *Van Leeuwen*, Services, S. 146.

33 Aus der Literatur siehe insbesondere *Marburger*, Die Regeln der Technik, Köln, Berlin, Bonn (u.a.) 1979.

34 *Busch*, NJW 2010, 3061.

auf europäischer Ebene vermehrt zu etablieren und eine stärkere Beteiligung der Stakeholder zu erreichen.

Da die Dienstleistungsnormung seit dem Jahr 2018 aus dem Blickfeld der Kommission herauszurücken scheint, soll mit der vorliegenden Untersuchung ermittelt werden, welche Strategien zukünftig sinnvoll sind, um die Dienstleistungsnormung auf europäischer Ebene voranzubringen.

Kapitel 1

A. Der Begriff der Dienstleistungsnorm

Während der Begriff der technischen Norm in der juristischen Literatur bereits eingängig untersucht wurde,[35] fehlt eine ausführliche Analyse des Begriffs der Dienstleistungsnorm. Ausgangspunkt für eine Annäherung an den Terminus Dienstleistungsnorm ist zunächst eine Auseinandersetzung mit dem Begriff der Norm.[36]

Für die Zwecke der Dienstleistungsnormung definiert Art. 2 Nr. 1 VO Nr. 1025/2012[37] den Begriff der Norm. Hiernach ist eine Norm »eine von einer anerkannten Normungsorganisation angenommene technische Spezifikation zur wiederholten oder ständigen Anwendung, deren Einhaltung nicht zwingend ist (…)«[38]. Eine Norm im Sinne der europäischen Normungsverordnung zeichnet sich somit durch den nicht zwingenden Charakter und die Annahme durch eine Normungsorganisation aus.

Daneben erfolgt eine Definition der Norm in der DIN EN 45020:2007-03 (Normung und damit zusammenhängende Tätigkeiten – Allgemeine Begriffe). Hiernach ist eine Norm ein »Dokument, das mit **Konsens** erstellt und von einer anerkannten **Institution** angenommen wurde und das für die allgemeine und wiederkehrende Anwendung Regeln, Leitlinien oder Merkmale für Tätigkeiten

35 Siehe etwa *Breulmann*, Normung, S. 29ff.; *Wiesendahl*, Technische Normung, S. 17ff.

36 Zur Definition der Norm siehe auch *Gnes*, LIEI 44 no. 4 (2017), 367 (370) und zur Norm und Dienstleistungsnorm siehe auch *Delimatsis*, ELR 41 (2016), 513 (515f.).

37 Verordnung (EU) Nr. 1025/2012 des Europäischen Parlaments und des Rates vom 25. Oktober 2012 zur europäischen Normung, zur Änderung der Richtlinien 89/686/EWG und 93/15/EWG des Rates sowie der Richtlinien 94/9/EG, 94/25/EG, 95/16/EG, 97/23/EG, 98/34/EG, 2004/22/EG, 2007/23/EG, 2009/23/EG und 2009/105/EG des Europäischen Parlaments und des Rates und zur Aufhebung des Beschlusses 87/95/EWG des Rates und des Beschlusses Nr. 1673/2006/EG des Europäischen Parlaments und des Rates, ABl. 2012 L 316/12.

38 Art. 2 Nr. 1 VO Nr. 1025/2012.

oder deren Ergebnisse festlegt, wobei ein optimaler Ordnungsgrad in einem gegebenen Zusammenhang angestrebt wird.«[39]

Abzugrenzen ist der Begriff der Norm in diesem Sinne von Rechtsnormen. So handelt es sich bei den hier untersuchten Normen nicht um Rechtsnormen. Vielmehr sind diese Normen »private technische Regelungen mit Empfehlungscharakter,«[40] »auf freiwillige Anwendung ausgerichtete Empfehlungen« und keine Rechtsvorschriften.[41] Normen in einer breiteren Definition beschreiben insofern den besten Ablauf (»best way of doing things«) und resultieren aus Diskussionen, Verhandlungen und Kompromissen zwischen u. a. Technikern, Experten, Herstellern und Verbrauchervertretern, die in Organisationen zusammenkommen. Die Anwendung der Norm ist freiwillig.[42]

Nach diesem Begriffsverständnis des Terminus »Norm« erfolgt eine Annäherung an den Begriff der »Dienstleistungsnorm« wiederum über eine Definition in DIN EN 45020:2007-03 zur Normung und damit zusammenhängende Tätigkeiten. Nach deren Definition ist eine Dienstleistungsnorm eine »**Norm**, die **Anforderungen** festlegt, die durch eine Dienstleistung erfüllt werden müssen, um die **Zweckdienlichkeit** sicherzustellen.« In einer dazugehörigen Anmerkung heißt es: »Dienstleistungsnormen können in Gebieten wie etwa Reinigung (Wäscherei), Führung von Beherbergungsbetrieben, Transport, Wartung von Kraftfahrzeugen, Telekommunikation, Versicherung, Bankwesen und Handel erstellt werden.«[43] Als Zweckdienlichkeit wird die »Fähigkeit (…) einer Dienstleistung, einen bestimmten Zweck unter festgelegten Bedingungen zu erfüllen«[44] verstanden.

Weitere Informationen zu Dienstleistungsnormen bieten der CEN Guide 15:2012 als ein Leitfaden für die Entwicklung von Dienstleistungsnormen sowie ein Arbeitspapier der Kommissionsdienststellen zu Dienstleistungsnormen, SWD (2016), 186. Hiernach können Dienstleistungsnormen sowohl spezifische Anforderungen an die Dienstleistung (messbar) als auch Organisationsabläufe enthalten, die für die wiederholte oder dauerhafte Anwendung bestimmt sind,

39 Ziffer 3.2 DIN EN 45020:2007-03 (Normung und damit zusammenhängende Tätigkeiten – Allgemeine Begriffe), Hervorhebung im Original. In einer dazugehörigen Anmerkung heißt es: »Normen sollten auf den gesicherten Ergebnissen von Wissenschaft, Technik und Erfahrung basieren und auf die Förderung optimaler Vorteile für die Gesellschaft abzielen.«

40 So BGH NJW 2013, 2271 (2272 Rn. 26) zu DIN-Normen.

41 So BGH NJW 1987, 2222 (2223) zu DIN-Normen.

42 Näher *Gnes*, LIEI 44 no. 4 (2017), 367 (370).

43 Ziffer 5.6 DIN EN 45020:2007-03 (Normung und damit zusammenhängende Tätigkeiten – Allgemeine Begriffe), Hervorhebung im Original.

44 Ziffer 2.1 DIN EN 45020:2007-03. Zu den Zielen der Normung, um eine Dienstleistung zweckdienlich zu gestalten siehe Ziffer 2 Anmerkung sowie Ziffer 2.2 bis 2.7 DIN EN 45020:2007-03.

um das Erreichen eines bestimmten Dienstleistungsniveaus zu sichern.[45] So können sie z. B. Definitionen oder Indikatoren und Levels für die Dienstleistungsqualität bieten.[46] Weiterhin kann eine Dienstleistungsnorm sowohl Anforderungen für die Dienstleistung selbst als auch für Teile einer Dienstleistung beschreiben und Serviceebenen und Dienstleistungskategorien aufstellen.[47] Sektorale Dienstleistungsnormen sind für bestimmte Dienstleistungsbereiche konzipiert und beschreiben die Dienstleistungsqualität, die Best Practice, Begriffe und Definitionen sowie Verfahren. Horizontale Dienstleistungsnormen sind über mehrere Branchen hinweg anwendbar und beschreiben gemeinsame Aspekte.[48]

Neben Definitionen in den Dokumenten der europäischen Normungsorganisationen findet sich auf sekundärrechtlicher Ebene eine indirekte Definition der Dienstleistungsnorm in der Normungsverordnung. Nach Art. 2 Nr. 4 lit c) VO Nr. 1025/2012 enthält eine »technische Spezifikation« bei einer Dienstleistungsnorm »die Eigenschaften, die eine Dienstleistung erfüllen muss, wie Qualitätsstufen, Leistung, Interoperabilität, Umweltverträglichkeit, Gesundheit oder Sicherheit, einschließlich der Anforderungen an die Informationen, die der Dienstleistungserbringer gemäß Artikel 22 Absätze 1 und 2 der Richtlinie 2006/123/EG dem Dienstleistungsempfänger zur Verfügung stellen muss«.

Etwas überraschend ist hier die Verwendung des Begriffs der technischen Spezifikation.[49] Auch wenn verschiedene Arten von Dienstleistungsnormen existieren[50], wird durch die Definitionen deutlich, dass der Schwerpunkt von Dienstleistungsnormen nicht bei der Festlegung von technischen Maßstäben liegt. Auch der Verweis auf die Informationspflichten nach Art. 22 I, II RL 2006/123/EG zeigt die inhaltlichen Unterschiede zu technischen Normen.[51] Der Leitfaden der europäischen Normungsorganisation CEN zur Entwicklung von Dienstleistungsnormen betont zudem, dass die Normung von Technik grundsätzlich nicht zu den Zielen der Dienstleistungsnormung gehört.[52] Stattdessen werden Anforderungen an eine Dienstleistung gestellt, um ein bestimmtes Qualitätsniveau zu sichern.[53]

---

45 Ziffer 2.14, Note 1 to entry, CEN Guide 15:2012, siehe auch SWD 2016 (186) final, S. 3.

46 SWD 2016 (186) final, S. 3.

47 Ziffer 2.14, Note 2 to entry, CEN Guide 15:2012. Siehe auch SWD 2016 (186) final, S. 3 zu Dienstleistungsnormen.

48 SWD 2016 (186) final, S. 4.

49 So auch *Busch*, Architekten im Binnenmarkt, S. 229 (»eher irreführend«).

50 Dazu Kapitel 1.B.I.

51 *Busch*, Architekten im Binnenmarkt, S. 230 Fn. 941.

52 Ziffer 3.4.d) CEN Guide 15:2012.

53 So zu entnehmen aus der Definition und den Anmerkungen in Ziffer 2.14 CEN Guide 15:2012. Siehe auch *van Leeuwen*, Services, S. 35 zu Minimum-Qualitätskriterien. Zur Unterscheidung

Ein genaueres Verständnis der Dienstleistungsnormen erschließt sich nicht durch die abstrakte Betrachtung der Definitionen. Für die Zwecke der Arbeit soll im folgenden Abschnitt eine ausführliche Analyse zu den Arten, zum Inhalt und zur Struktur von Dienstleistungsnormen erfolgen. Auf diese Weise besteht die Möglichkeit, die Besonderheiten der Dienstleistungsnormen zu erfassen. Insbesondere sollen dadurch die Unterschiede zu den technischen Normen verdeutlicht werden.

B. Arten, Inhalt und Struktur von Dienstleistungsnormen

Wie aus der Definition der Dienstleistungsnorm in Ziffer 5.6 DIN EN 45020:2007-03 im Zusammenhang mit Ziffer 2.1 DIN EN 45020:2007-03 zu entnehmen ist, enthalten Dienstleistungsnormen Anforderungen an die Dienstleistung, damit sie einen bestimmten Zweck erfüllt. Bei der Betrachtung verschiedener Dienstleistungsnormen erschließt sich dem Beobachter ein breites Spektrum von Dienstleistungsnormen mit unterschiedlichem Inhalt. Teilweise erscheinen sie nicht auf den ersten Blick als Dienstleistungsnormen. So existieren nicht nur Dienstleistungsnormen, die die Dienstleistungserbringung selbst beschreiben, sondern auch Normen, die Begriffe festlegen, Informationen über Instandhaltung oder die Anwendung von Management-Systemen auf die Dienstleistungstätigkeit enthalten.[54] So wurden bereits verschiedene Ansätze unternommen, Dienstleistungsnormen in Gruppen zu unterteilen. Diese sollen im Folgenden dargestellt werden.

I. Differenzierungen

1. Deutsche Normungsroadmap Dienstleistungen

Die Deutsche Normungsroadmap Dienstleistungen wurde vom Fachbeirat der Koordinierungsstelle Dienstleistungen (KDL)/DIN-Normenausschuss Dienstleistungen (NADL) des Deutschen Instituts für Normung (DIN) e.V. herausgegeben. Die Normungsroadmap verfolgt u. a. das Ziel, mögliche Einsatzfelder und Grenzen der Dienstleistungsnormung zu verdeutlichen. So werden allgemeine Handlungsempfehlungen und Beurteilungen verschiedener Organisationen zu einzelnen Dienstleistungsbereichen aufgezeigt. Mittels der Normungsroadmap sollen Dienstleistungsfelder mit besonderem Normungspotential ermittelt wer-

---

von »technical standards in services« und »quality service standards« *Delimatsis*, ELR 41 (2016), 513 (519).

54 CEN Guide 15:2012, Introduction, S. 3.

den. Zudem bietet sie einen Überblick über den aktuellen Stand der Normungsaktivitäten im Dienstleistungsbereich.[55] Die Normungsroadmap gewährt eine Übersicht über verschiedene Arten von Dienstleistungsnormen im DIN-Dienstleistungsportal. Hinsichtlich einer vollständigen Normensammlung verweist sie auf das DIN-Dienstleistungsportal (www.dienstleistungen.din.de). Neben den klassischen Dienstleistungsnormen, die nach der Definition der DIN EN 45020:2007-03 Anforderungen zur Sicherstellung der Zweckdienlichkeit einer Dienstleistung festlegen, sind auch Normen mit Dienstleistungsbezug in der Zusammenstellung enthalten. Die Verfasser betonen, dass auch Verfahrensnormen und Begriffsnormen mit Bedeutung für die Erbringung einer Dienstleistung existieren und aus diesem Grund erfasst wurden. Im DIN-Dienstleistungsportal sind somit Dienstleistungsnormen, Begriffsnormen mit Dienstleistungsbezug, Prüfnormen mit Dienstleistungsbezug, Produktnormen mit Dienstleistungsbezug, Qualitäts- bzw. Managementsystemnormen mit Dienstleistungsbezug und Berechnungsnormen mit Dienstleistungsbezug aufgeführt.[56]

2. Der Strategieplan der europäischen Normungsorganisation CEN

Eine weitere Unterteilung nimmt die europäische Normungsorganisation CEN mit dem »Strategic plan on services standardization to implement the ambitions 2020«[57] vor. So erfolgt eine Unterteilung der Dienstleistungsnormen in die Kategorien Dienstleistungsbeschreibung, Dienstleistungsbewertung, Organisations- und Managementnormen, Normen zu Dienstleistungserbringern sowie Normen mit Produkten und Technologien, die die Dienstleistung unterstützen. Neben dieser klaren Einteilung existieren nach dem Strategieplan auch Dienstleistungsnormen, die die Aspekte kombinieren. Der Strategieplan betont, dass Dienstleistungsnormen, die die Leistung selbst beschreiben, diejenigen sind, die im Allgemeinen als »Dienstleistungsnormen« verstanden werden.[58]

55 DIN Normungsroadmap S. 2, 8f.
56 DIN Normungsroadmap, S. 74.
57 CEN Strategic plan on services standardization to implement the ambitions 2020.
58 Ziffer 3 Figure 1 und Ziffer 3.1 CEN Strategic plan. Zu den einzelnen Gruppen Ziffer 3.1 bis 3.5. Siehe auch Fn. 8 des Strategic Plan zur Unterscheidung von »service standard« und »standards for services«.

3. Abschlussbericht der hochrangigen Gruppe »Unternehmensdienstleistungen« (High Level Group on Business Services)

Die hochrangige Gruppe »Unternehmensdienstleistungen« (High Level Group on Business Services) wurde von der Europäischen Kommission im Jahr 2013 eingesetzt. Sie sollte aktuelle Herausforderungen im Unternehmensdienstleistungsbereich untersuchen und politischen Entscheidungsträgern helfen, Möglichkeiten zur Verbesserung des Produktivitäts- und Innovationsniveaus zu ermitteln.[59] Mitglieder der Gruppe waren u.a. Vertreter aus dem Unternehmensdienstleistungsbereich, der Normung und Wissenschaftler.[60] Im Abschlussbericht der High Level Group on Business Services aus dem Jahr 2014 wird eine Unterteilung von Dienstleistungsnormen in folgende Gruppen vorgenommen:[61]

- Begriffsnormen, um gemeinsame Begriffe und Definitionen in bestimmten Bereichen zu schaffen (EN 13306: Instandhaltung – Begriffe der Instandhaltung[62] oder EN 15221-1 Facility Management – Teil 1: Begriffe)[63]
- Messverfahren und Leistungskennzahlen, um u.a. die Qualität der Dienstleistung vergleichen und bemessen zu können (u.a. EN 15341: Instandhaltung: Wesentliche Leistungskennzahlen für die Instandhaltung, EN 15221-6: Facility Management – Teil 6: Flächenbemessung im Facility Management)
- Anforderungen an die Dienstleistung oder die im Zusammenhang mit der Dienstleistungserbringung stehen (u.a. EN 15696: Selbsteinlagerung: Anforderungen an Selbsteinlagerungsdienstleistungen, prEN15628: Instandhaltung: Qualifikation des Instandhaltungspersonals[64])
- Verhaltenskodizes oder Normen, die Leitfäden, bewährte Verfahren oder Prinzipien zu einem relevanten Aspekt einer Dienstleistung enthalten (u.a. EN 14012: Postalische Dienstleistungen – Dienstqualität – Grundsätze der Bear-

59 European Commission MEMO, Unlocking the potential of business services for growth and jobs – New High Level Group set up, http://europa.eu/rapid/press-release_MEMO-13-219_en.htm.

60 Zu den Mitgliedern siehe *High Level Group on Business Services*, Final Report, S. 4.

61 *High Level Group on Business Services*, Final Report, S. 113f. Diese Differenzierung greift auch *Delimatsis*, ELR 41 (2016), 513 (519) auf.

62 Anmerkung: Jetzt DIN EN 13306:2018-02 Instandhaltung – Begriffe der Instandhaltung. Dreisprachige Fassung EN 13306:2017.

63 Anmerkung: Jetzt DIN EN ISO 41011:2019-04 Facility Management – Begriffe (ISO 41011:2017); Deutsche Fassung EN ISO 41011:2018.

64 Anmerkung: Jetzt DIN EN 15628:2014-10 Instandhaltung – Qualifikation des Instandhaltungspersonals; Deutsche Fassung EN 15628:2014.

beitung von Beschwerden; EN 15221-2: Facility Management – Teil 2: Leitfaden zur Ausarbeitung von Facility Management-Vereinbarungen)[65]
- Normen, die den Schwerpunkt auf Prozesse legen und Empfehlungen und Anforderungen aufstellen, um die Prozesse zu verbessern und ein bestimmtes Ergebnis zu erzielen (u. a. EN 15221-5: Facility Management – Teil 5: Leitfaden für Facility Management Prozesse).[66]

II. Gemeinsamkeiten der Unterscheidungsansätze sowie die Abgrenzung von Dienstleistungsnormen zu Qualitätsmanagement-Normen

Alle Unterteilungen erkennen somit die enorme Spannweite von Dienstleistungsnormen an. Bei den Ansätzen der DIN Normungsroadmap, des CEN Strategieplans und des Abschlussberichts der High Level Group treten auch Gemeinsamkeiten auf. Insbesondere berücksichtigen alle Ansätze die Kategorie der »Dienstleistungsbeschreibung/Anforderungen an die Dienstleistung«. Während der CEN Strategieplan zusätzlich noch Begriffsnormen wie EN 13306:2010 (Maintenance – Maintenance terminology) unter die Kategorie der Dienstleistungsbeschreibung einordnet,[67] sieht die High Level Group on Business Services Begriffsnormen wie EN 13306 als eigene Kategorie an.[68]

Für den Betrachter auf den ersten Blick überraschend ist die Einordnung von Managementsystem-Normen im CEN Strategieplan.[69] Auch wenn es zu Überschneidungen zwischen Qualitätsmanagement-Normen und Dienstleistungsnormen kommen kann,[70] ist zwischen den beiden Normarten zu differenzieren.

Managementsysteme befassen sich u. a. mit der Qualität, Sicherheit oder internen Organisation einer Einheit.[71] In einem Qualitätsmanagementsystem werden u. a. qualitätsbezogene Ziele, Abläufe und Dokumentationsmaßnahmen unter Berücksichtigung der verschiedenen Ebenen einer Organisation festgelegt.[72] Insgesamt beziehen sich Qualitätsmanagement-Normen auf das Verfahren innerhalb eines Unternehmens[73] und haben keinen direkten Einfluss auf das Verhältnis zum Kunden. Ein Beispiel für Normen über Qualitätsmanagement-

65 Anmerkung: Jetzt DIN EN ISO 41012:2018-08 Facility Management – Leitfaden zur strategischen Beschaffung und der Entwicklung von Vereinbarungen (ISO 41012:2017); Deutsche Fassung EN ISO 41012:2018.
66 *High Level Group on Business Services*, Final Report, S. 113f.
67 Ziffer 3.1 CEN Strategic Plan.
68 *High Level Group on Business Services*, Final Report, S. 113.
69 Ziffer 3.4 CEN Strategic Plan.
70 *Busch*, NJW 2010, 3061 (3061 Fn. 1); *Delimatsis*, ELR 41 (2016), 513 (520).
71 Ziffer 6.2 CEN Guide 15:2012.
72 DIN Normungsroadmap, S. 45.
73 *Busch*, NJW 2010, 3061 (3061 Fn. 1); DIN Normungsroadmap, S. 45.

systeme ist die Normenreihe DIN EN ISO 9000ff.[74] Unternehmen können ihr Qualitätsmanagement-System nach dieser Normenreihe zertifizieren lassen.[75]

Dienstleistungsnormen nach dem hier zugrunde gelegten Begriffsverständnis sind hingegen allgemeiner gehalten und beziehen sich nicht auf das Managementsystem eines bestimmten Unternehmens. Sie enthalten u. a. Anforderungen an die Dienstleistung, die von Bedeutung sein können, um ein bestimmtes vereinbartes Dienstleistungsniveau zu erreichen.[76] Dienstleistungsnormen sollen somit einen gewissen Standard für Dienstleistungen festschreiben und können im Unterschied zu Managementsystemnormen direkten Einfluss auf das Verhältnis des Dienstleisters zum Kunden haben.[77]

Die Untersuchung des CEN Strategieplans und des CEN Guide 15:2012 zur Entwicklung von Dienstleistungsnormen vermittelt auf den ersten Blick den Eindruck, dass ein Widerspruch zwischen den Dokumenten vorliegt. Der CEN Strategieplan scheint die Management-Systemnormen in die Unterkategorie Organisationsnormen mit Blick auf den Oberbegriff Dienstleistungsnormen einzuordnen.[78] Der CEN Guide 15:2012 betont aber die Notwendigkeit der Unterscheidung zwischen Dienstleistungsnormen und Management-Systemnormen.[79] So könne eine Norm nicht gleichzeitig Anforderungen an die Dienstleistungserbringung und an ein Management-System stellen. Verfassern von Dienstleistungsnormen verbleibe jedoch mit Blick auf Management-Systeme u. a. die Möglichkeit, Leitlinien für die Anwendung eines bestehenden Management-Systems zu erstellen oder Leitlinien mit weiteren Anforderungen an ein Management-System.[80]

Möglicherweise handelt es sich um einen Scheinwiderspruch zwischen den Unterteilungen des CEN Strategieplans und des CEN Guide 15:2012. So werden im CEN Strategieplan Management-Systemnormen zwar bei der Unterkategorie Organisationsnormen im Hinblick auf den Oberbegriff Dienstleistungsnormen genannt. Jedoch betont der CEN Strategieplan im gleichen Abschnitt den Vorteil von branchenspezifischen Leitlinien und Anwendungsnormen zu Qualitätsmanagement-Normen. Als Beispiele benennt der Strategieplan u. a. die Norm EN

74 DIN Normungsroadmap, S. 45.
75 *Stauss*, in: *Stauss*, Qualitätsmanagement, S. 11 (13).
76 Ziffer 6.2 CEN Guide 15:2012; *Delimatsis*, ELR 41 (2016), 513 (520). Dort auch noch genauere Angaben zu Unterschieden zwischen den beiden Normarten.
77 DIN Normungsroadmap, S. 45.
78 Ziffer 3.4 CEN Strategic Plan.
79 Ziffer 6.1 und 6.2 CEN Guide 15:2012. Siehe auch Ziffer 33.1 CEN/CENELEC GO-Teil 3:2017 und CEN/CENELEC GO-Teil 3:2019: Konformität darf nicht abhängig von Qualitätsmanagementsystemnorm sein.
80 Ziffer 6.5 CEN Guide 15:2012 (horizontale Managementsysteme), Ziffer 6.3.2 CEN Guide 15:2012 (sektorspezifische Managementsysteme).

12798[81], die zusätzliche Anforderungen an EN ISO 9001 stellt, sowie die Norm ISO 19600[82] mit Leitlinien zu Compliance-Managementsystemen.[83] Der CEN-Guide 15:2012 verweist gerade auf die Option für Verfasser von Dienstleistungsnormen, zusätzliche Anforderungen an Management-Systeme zu stellen oder Leitlinien für die Anwendung bestehender Management-Systeme zu verfassen.[84] Somit scheinen sich die Unterteilungen in den beiden Dokumenten doch nicht zu widersprechen.

Für die Zwecke dieser Untersuchung sollen die Qualitätsmanagement-Normen jedoch außen vor bleiben. Der Schwerpunkt der in dieser Arbeit untersuchten Dienstleistungsnormen liegt bei denjenigen, die den Kontakt zum Kunden betreffen.[85] Nach der abstrakten Unterteilung von Dienstleistungsnormen soll im Folgenden auf die Dienstleistungsnormen eingegangen werden, die für den Gegenstand dieses Forschungsvorhabens von besonderer Bedeutung sind.

III. Der Inhalt und die Struktur von Dienstleistungsnormen

Die vorliegende Arbeit widmet sich insbesondere den Dienstleistungsnormen, die die Dienstleistung selbst beschreiben. Wie bereits dargelegt, erkennen alle Differenzierungsansätze diese Gruppe an, teilweise mit gewissen Nuancen, indem etwa Begriffsnormen noch als eigenständige Kategorie erfasst werden.[86] Auch der CEN-Guide 15:2012, der einen Leitfaden für die Erarbeitung von Dienstleistungsnormen enthält, soll der Entwicklung von Dienstleistungsnormen dienen, die die Dienstleistung selbst oder Teile davon beschreiben.[87] Zu berücksichtigen ist jedoch, dass bisher wenige Dienstleistungsnormen existieren, die sich mit der »reinen Dienstleistung« beschäftigen.[88] Im Nachfolgenden

81 DIN EN 12798:2007-08 Qualitätsmanagementsystem für die Beförderung – Beförderung auf der Straße, mit der Eisenbahn und auf Binnenwasserstraßen – Forderungen des Qualitätsmanagementsystems zur Ergänzung von EN ISO 9001 im Hinblick auf Sicherheit bei der Beförderung gefährlicher Güter. Siehe dort etwa Ziffer 1: »Diese Europäische Norm legt Anforderungen des Qualitätsmanagementsystems fest zur Ergänzung der in EN ISO 9001:2000… festgelegten Anforderungen unter dem Aspekt der Sicherheit.«

82 DIN ISO 19600:2016-12 Compliance-Managementsysteme – Leitlinien. Siehe dort Ziffer 1: »Diese Leitlinien für Compliance-Managementsysteme gelten für alle Formen von Organisationen.«

83 Ziffer 3.4 CEN Strategic Plan.

84 Ziffern 6.5 und 6.3.2 CEN Guide 15:2012.

85 Ebenso *Busch*, NJW 2010, 3061 (3061 Fn. 1).

86 Siehe Kapitel 1.B.II.

87 CEN Guide 15:2012, Introduction, S. 3.

88 So DIN Normungsroadmap, S. 15. Siehe ferner *Busch*, der freie Beruf 1-2/2014, 6 zum geringen Anteil von Dienstleistungsnormen an DIN-Normen.

werden die Inhalte und die Struktur von Dienstleistungsnormen skizziert. Hier zeigen sich Unterschiede zu technischen Normen.

1. Der Aufbau von Dienstleistungsnormen

Genaue Regeln zum Aufbau von Normen finden sich in der Geschäftsordnung der europäischen Normungsorganisation CEN[89] sowie der deutschen Norm DIN 820-2[90]. Die deutsche Norm enthält die Geschäftsordnung des CEN sowie einen Anhang mit nationalen Regelungen.[91] Die nachfolgende Beschreibung orientiert sich an der CEN/CENELEC-Geschäftsordnung Teil 3.

Der Aufbau einer Norm erweist sich als stark formalisiert. So enthält die Geschäftsordnung Strukturelemente zum Aufbau einer Norm.[92] Hier finden sich Vorgaben und Informationen zum Titel, zu einem Vorwort und zu einer optionalen Einleitung.[93]

Hier zeigt sich insbesondere, dass Dienstleistungsnormen, die kaum auf den technischen Inhalt abstellen, auch in der Geschäftsordnung von CEN/CENELEC noch nicht besondere Berücksichtigung gefunden haben. So wird bereits in den Vorgaben zu einer Einleitung betont, dass diese »Informationen oder Kommentare über den technischen Inhalt des Dokuments und über die Gründe seiner Erarbeitung« bieten kann.[94] Vielmehr ist die Geschäftsordnung des CEN auf die Produktnormung ausgelegt,[95] während die Gestaltung von Dienstleistungsnormen an die Geschäftsordnung angepasst wird.

Bei Betrachtung der Einleitungen von Dienstleistungsnormen wird dem Beobachter deutlich, dass auch in Einleitungen von Dienstleistungsnormen Gründe für die Erarbeitung sowie Informationen zum Inhalt der Norm dargestellt werden. Ein technischer Inhalt bildet jedoch keinen Schwerpunkt der Einleitung. So wird in einer Norm zu Dienstleistungen in der Hörakustik hervorgehoben, dass die Norm Minimalanforderungen an die Leistungserbringung beinhaltet und ein Schwerpunkt in der Begriffsdefinition liegt.[96] Eine Dienstleistungsnorm zu Un-

89 Ziffern 11ff. CEN/CENELEC GO-Teil 3:2017 und CEN/CENELEC GO-Teil 3:2019.
90 Ziffern 11ff. DIN 820-2:2018-09 Normungsarbeit – Teil 2: Gestaltung von Dokumenten.
91 Siehe nationales Vorwort DIN 820-2:2018-09, S. 6 sowie S. 33ff.
92 CEN/CENELEC GO-Teil 3:2017, S. 37ff., jetzt CEN/CENELEC GO-Teil 3:2019, S. 39ff.
93 Ziffern 11–13 CEN/CENELEC GO-Teil 3:2017 und CEN/CENELEC GO-Teil 3:2019.
94 Ziffer 13.1 CEN/CENELEC GO-Teil 3:2017 und CEN/CENELEC GO-Teil 3:2019.
95 Siehe etwa CEN/CENELEC GO-Teil 3:2017, Ziffer 18 »Mess- und Prüfverfahren« (ebenso CEN/CENELEC GO-Teil 3:2019), Ziffer 18.5 »Reagenzien und/oder Werkstoffe« (jetzt Ziffer 18.5.3 CEN/CENELEC GO-Teil 3:2019), Ziffer 19 »Kennzeichnung, Beschilderung und Verpackung« (ebenso CEN/CENELEC GO-Teil 3:2019). In Ziffer 18.5.1 beider Versionen heißt es: »Anforderungen, Probenahme und Prüfverfahren sind zusammenhängende Elemente der Produktnormung…«.
96 DIN EN 15927:2010-12, Dienstleistungen in der Hörakustik, Einleitung S. 4.

ternehmensberatungsdienstleistungen betont den Beitrag der Branche für die Weltwirtschaft. Beabsichtigt wird die Verbesserung der Transparenz und des Verständnisses zwischen Klienten und Unternehmensberatungen.[97] Eine Norm zu Dienstleistungen des Freizeittauchens stellt die Bedeutung der Normung für das Freizeittauchen heraus.[98] Die europäische Norm zur Osteopathie befasst sich u.a mit der Diagnoseerstellung und Behandlung. Eine Norm wird angestrebt, »die eine hohe Qualität der klinischen Praxis, Ausbildung, Sicherheit und der ethischen Grundsätze zum Nutzen der Patienten bietet.«[99] Teilweise wird in den Einleitungen auch darauf hingewiesen, dass bestehende gesetzliche Vorschriften durch die Normen nicht außer Kraft gesetzt werden. So erwähnt die Dienstleistungsnorm zur Osteopathischen Gesundheitsversorgung in der Einleitung, dass sie keinen Ersatz für einzelstaatlichen Rechtsvorschriften darstellt.[100] Bereits an dieser Stelle zeigt sich eine gewisse Ähnlichkeit mit gesetzgeberischen Maßnahmen, indem auf die Zwecke der Erarbeitung eingegangen wird.[101] So erinnert die Einleitung an die Erwägungsgründe einer europäischen Richtlinie.

Der nachfolgende Abschnitt »Anwendungsbereich« gibt das Thema, die behandelten Sachverhalte sowie die Anwendbarkeitsgrenzen wieder.[102] So bestimmt die europäische Norm zu Immobilienmaklern, dass die Norm für Dienstleistungen zwischen verschiedenen Unternehmen und zwischen Unternehmen und Konsumenten anwendbar ist. Nationale und europäische Gesetzgebungen ersetzten bei Widersprüchen die Europäische Norm.[103]

Nach dem Anwendungsbereich erfolgt der Abschnitt »Normative Verweisungen«.[104] Hier finden sich häufig Verweisungen auf andere Normen, evtl. (Dienstleistungs-)Normen.[105] Ein Verweis auf europäische Richtlinien soll jedoch unterbleiben.[106] Hier zeigt sich, dass das Normenwerk als eine systematische

97 DIN EN ISO 20700: 2019-01 – Leitlinien für Unternehmensberatungsdienstleistungen, Einleitung, S. 6.

98 DIN EN ISO 24803: 2017-07 Dienstleistungen des Freizeittauchens – Anforderungen an Dienstleister des Freizeittauchens, Einleitung, S. 13.

99 DIN EN 16686:2015-09, Osteopathische Gesundheitsversorgung, Einleitung, S. 5.

100 DIN EN 16686:2015-09, Osteopathische Gesundheitsversorgung, Einleitung, S. 5. Siehe auch noch (Vorgängerversion von DIN EN ISO 24803) DIN EN 14467:2004-04, S. 3 »Diese Europäischen Normen können auf keinen Fall bestehende rechtliche Festlegungen, deren Änderung außerhalb der Kompetenz der CEN Mitglieder liegt, ersetzen oder außer Kraft setzen.«

101 So auch *Micklitz*, Liber amicorum, S. 483 (498) zur äußerlichen Ähnlichkeit mit Rechtsvorschriften.

102 Ziffer 14.1 CEN/CENELEC GO-Teil 3:2017 und CEN/CENELEC GO-Teil 3:2019.

103 Ziffer 1 DIN EN 15733:2011-07.

104 Ziffer 15 CEN/CENELEC GO-Teil 3:2017 und CEN/CENELEC GO-Teil 3:2019.

105 Siehe Ziffer 2 DIN EN 15927:2010-12; Ziffer 2 DIN EN ISO 24803:2017-07, in der Vorgängerversion Ziffer 2 DIN EN 14467:2004-04.

106 Ziffer 5.2 CEN Guide 15:2012.

Einheit verstanden wird.[107] Der nachfolgende Gliederungspunkt »Begriffe« enthält Definitionen bestimmter Begrifflichkeiten, die im Dokument verwendet werden.[108] Auch angesichts der Begriffsdefinitionen zeigt sich hier neben der Einleitung und dem Anwendungsbereich der Norm ein Strukturelement, das an gesetzgeberische Instrumente erinnert.[109]

Neben der Definition von branchenspezifischen Fachbegriffen[110] sind auch Begriffsdefinitionen mit rechtlicher Prägung vorhanden.[111] Nach der Dienstleistungsnorm zur Veranstaltungstechnik ist Veranstalter »derjenige, der für die jeweilige Veranstaltung die Verantwortung trägt.« Betreiber ist »derjenige, der die Veranstaltungsstätte betreibt und die Verkehrssicherungspflicht zu erfüllen hat«.[112] Weitere Beispiele sind die Begriffsdefinitionen des Minderjährigen[113], des Verkäufers und Käufers,[114] des Vertrags[115] sowie des Umzugsvertrags oder des Kostenvoranschlags.[116]

Hinsichtlich des eigentlichen Hauptteils einer Dienstleistungsnorm erweist es sich als schwierig, Elemente aus der CEN/CENELEC-Geschäftsordnung Teil 3 zu gewinnen. Strukturelemente wie Symbole und Abkürzungen (Ziffer 17), Mess- und Prüfverfahren (Ziffer 18) oder Kennzeichen, Beschilderung und Verpackung (Ziffer 19) sind nicht auf Dienstleistungsnormen zugeschnitten. Das noch in der CEN/CENELEC-Geschäftsordnung Teil 3:2015 aufgeführte Element »Anforderungen« existiert nicht mehr in den neueren Fassungen aus den Jahren 2017 und 2019. In der älteren Fassung hieß es noch zum Element »Anforderungen«, dass hier »alle für die Beschreibung von (…) Dienstleistungen wesentlichen Merkmale, die in dem Dokument behandelt werden…«[117] enthalten sein müssen.

107 Siehe Ziffer 10.1 CEN/CENELEC GO-Teil 3:2017, Ziffer 10.1 CEN/CENELEC GO-Teil 3:2019.

108 Ziffer 16.1 CEN/CENELEC GO-Teil 3:2017 und CEN/CENELEC GO-Teil 3:2019; als Beispiel siehe etwa Ziffer 2 DIN EN 15733:2011-07.

109 Ebenso *Micklitz*, Liber amicorum, S. 483 (498).

110 Ziffer 3.5 »Otoplastik« DIN EN 15927:2010-12, Ziffer 3.6 »Interventionsdienst« DIN 77200-1:2017-11 Sicherungsdienstleistungen – Allgemeine Anforderungen an Sicherheitsdienstleister. Siehe auch *Busch*, Architekten im Binnenmarkt, S. 227: »Begriffe eher technischer Natur«.

111 *Busch*, Architekten im Binnenmarkt, S. 227 mit Beispielen; *Busch*, NJW 2010, 3061 (3062).

112 Ziffern 3.1 und 3.2 DIN 15750:2013-04, Veranstaltungstechnik – Leitlinien für technische Dienstleistungen.

113 Ziffer 2.5 DIN EN 14804:2005-09 Anbieter von Sprachreisen – Anforderungen. Siehe auch zu weiteren Beispielen neben diesem *Busch*, NJW 2010, 3061 (3062). Siehe aber Ziffer 4.1 DIN EN ISO 24803:2017-07, wonach das Alter eines Minderjährigen von der jeweiligen Gesetzgebung bestimmt wird.

114 Ziffer 2.3 und 2.4 DIN EN 15733:2011-07.

115 Ziffer 3.1 DIN EN ISO 20700:2019-01 (Leitlinien für Unternehmensberatungsdienstleistungen).

116 Ziffern 3.2 und 3.4 DIN EN 12522-1:1998-08 Umzug für Privatpersonen Teil 1: Festlegung von Dienstleistungen, siehe auch *Busch*, Architekten im Binnenmarkt, S. 227.

117 Ziffer 6.3.3.a) CEN/CENELEC GO-Teil 3:2015.

Ansatzpunkte für mögliche Inhalte einer Dienstleistungsnorm finden sich im Leitfaden von CEN zur Entwicklung von Dienstleistungsnormen. Hier wird jedoch auch betont, dass der Hauptteil von der jeweiligen Dienstleistung abhängt. Elemente könnten u. a. dem »service life cycle« entnommen werden.[118] Das »service life cycle model« aus dem CEN Guide 15:2012 stellt typische Phasen einer Dienstleistungserbringung und mögliche Inhalte einer Dienstleistungsnorm dar.[119]

Auch wenn sich die Inhalte von Dienstleistungsnormen unterscheiden, treten doch Gemeinsamkeiten auf.[120]

a) Typische Inhalte des Hauptteils von Dienstleistungsnormen

aa) Anforderungen an die Qualifikation, das Personal und die Räumlichkeiten

So finden sich zunächst häufig Regelungen, die Anforderungen an die Qualifikation des Dienstleistungserbringers[121], an das von ihm verwendete Personal oder an genutzte Räumlichkeiten stellen.

Zu den Kernkompetenzen eines Immobilienmaklers sollen u. a. Kenntnisse über den Immobilienmarkt sowie über den Ablauf der Finanzierung eines Grundstückskaufes gehören. Hierzu zählen auch Kenntnisse über Gesetzgebung und Arten von Hypotheken und Finanzierungsinstrumenten.[122] Für die Qualifikation von Kosmetikerinnen wird die Art und Weise des Erwerbs von Kenntnissen festgelegt.[123] Teilweise existieren auch »leicht skurrile Qualifikationsanforderungen« mit einer mangelnden Eignung, rechtliche Standards zu konkretisieren.[124] Ebenso bestimmen Dienstleistungsnormen Anforderungen an das

118 Ziffer 4.1.g) CEN Guide 15:2012.

119 Zu den möglichen Inhalten führt der CEN Guide 15:2012 unter dem Punkt 4.2 folgende Elemente auf: Service provider – Who; Identification of customer – Whom, Marketing and awareness; Agreement; Billing and payment; Service provision – What; Complaints, dispute resolution and redress; Provider review; Service termination.

120 *Busch*, Architekten im Binnenmarkt, S. 227ff. unterteilt die Struktur in 5 Kategorien: Begriffsdefinitionen, Qualifikationsanforderungen, Vertragsvorbereitung und Vertragsschluss, Vertragliches Pflichtenprogramm und Haftung, Vertragsbeendigung und Beschwerdemanagement. *Micklitz*, Liber amicorum, S. 483 (495ff.) unterteilt bezüglich technical standards on services in folgende Gruppen: 1. Scope, education and skills, 2. Equipment and premises, 3. Precontrectual stage and conclusion of the contract, 4. Content of the contract, 5. Post-contractual stage, 6. Monitoring and inspection, 7. Consumer representation.

121 Ebenso *Busch*, Architekten im Binnenmarkt, S. 228; *ders.*, NJW 2010, 3061 (3062) mit weiteren Beispielen.

122 Ziffer 6.2.1.1 und 6.2.1.4. a) und 6.2.1.4. b) DIN EN 15733:2011-07.

123 Ziffer 3.3.2.2 DIN 77600:2004-07 Kosmetik-Dienstleistungen in Parfümerien.

124 So *Busch*, NJW 2010, 3061 (3062) mit dem Beispiel der Norm zu Bestattungsdienstleistungen, wonach ein beratender Bestatter nach Ziffer 3.8.1 DIN EN 15017:2005 »ein gepflegtes Äußeres haben und sich angemessen ausdrücken können« müsse. Vgl., wenn auch nicht zu Normen, *Reimer*, Qualitätssicherung, S. 141 zu Qualitätsaspekten, die Haupt- und Neben-

einzusetzende Personal.[125] Teilweise sind diese Qualifikationsanforderungen unbestimmt gehalten.[126] So muss das Personal eines Umzugsunternehmens neben festgelegten Anforderungen aus einer anderen Dienstleistungsnorm zudem Ehrlichkeit und Pünktlichkeit aufweisen.[127] Hinsichtlich des Einsatzes von Subunternehmern legen einzelne Dienstleistungsnormen fest, dass der Kunde den Einsatz ablehnen darf oder der Einsatz von der Zustimmung des Auftraggebers abhängig ist.[128] Mit Blick auf die genutzten Räumlichkeiten des Dienstleisters stellt die Dienstleistungsnorm zu Kosmetik-Dienstleistungen in Parfümerien Anforderungen u. a. hinsichtlich Beleuchtung, Belüftung oder der Gerätegrundausstattung.[129] Der Auftragnehmer einer Sicherungsdienstleistung muss über Geschäftsräume verfügen, in denen Unterlagen verfügbar sind.[130]

bb) Vertragsvorbereitung, Vertragsschluss und Informationspflichten

Viele Dienstleistungsnormen enthalten Regelungen für das vorvertragliche Stadium.[131] So muss bei Sicherungsdienstleistungen ein Auftragnehmer innerhalb eines Angebots oder einer Vorinformation »eine Dokumentation zur Verfügung stellen, die kurzgefasst und grundsätzlich Aussagen zur auftragsbezogenen Einhaltung der Anforderungen nach dieser Norm enthält.«[132] Weiterhin legen einige Dienstleistungsnormen Informationspflichten fest. Teilweise sind diese vorvertraglich zu gewähren.[133] Ebenso können Dienstleistungsnormen Informationspflichten vor, während oder auch nach der Leistungserbringung vorsehen.[134] So muss der Dienstleister beim Freizeittauchen vorab u. a. Informationen über Konsequenzen einer vorzeitigen Beendigung der Leistung durch eine Partei, Anforderungen bezüglich der Ausrüstung sowie über Kosten gewähren. Weiterhin bestehen Informationspflichten während der Erbringung der Dienstleis-

pflichten darstellen können, sowie *Rheinbay/Günther*, in: *Bruhn/Stauss*, Dienstleistungsqualität, S. 107 (120) zur geringen Rechtserheblichkeit wie der Höflichkeit für die Dienstleistungsqualität.

125 Ziffer 6.1 DIN 15750:2013-04.

126 Vgl. hierzu auch das Beispiel von *Busch*, NJW 2010, 3061, 3062 zu den Qualifikationen des Bestatters.

127 Ziffer 4.1.1. DIN EN 12522-1:1998-08.

128 Ziffer 6.4 DIN EN 12522-1:1998-08; Ziffer 4.13 DIN 77200-1:2017-11. So auch *Busch*, NJW 2010, 3061 (3063).

129 Ziffer 3.2.2 und 3.2.3.1 ff. DIN 77600:2004-07.

130 Ziffer 4.9 DIN 77200-1:2017-11.

131 Ebenso *Busch*, Architekten im Binnenmarkt, S. 228; *Busch*, NJW 2010, 3061 (3062 f.).

132 Ziffer 4.23 DIN 77200-1:2017-11.

133 Siehe Ziffer 4.1.1.1 DIN 77800:2006-09 (Qualitätsanforderungen an Anbieter der Wohnform »Betreutes Wohnen für ältere Menschen«).

134 *Busch*, NJW 2010, 3061 (3062, 3062 Fn. 13) verweist auf Ziffer 3.2 und 3.3 DIN EN 14804:2005 (Anbieter von Sprachreisen – Anforderungen) mit zeitlich geordneten Informationsvorgaben, die vor Vertragsabschluss, vor der Abfahrt und bei der Ankunft (3.4) erfolgen müssen.

tung.[135] Detaillierte Informationspflichten bestehen zudem für den Immobilienmakler.[136]

Hinsichtlich des Vertragsschlusses enthalten einige Dienstleistungsnormen Schriftformerfordernisse und legen zum Teil den Vertragsinhalt fest.[137] So müssen der Immobilienmakler und der Auftraggeber eine schriftliche Vereinbarung unterzeichnen, die u. a. Informationen über die Parteien, den Auftrag, den Einsatz von Subunternehmern oder das anzuwendende Recht enthält.[138] Auch bei einer Flughafen- und Luftsicherungsdienstleistung muss der Vertrag schriftlich geschlossen werden. Hinsichtlich des Inhalts des Vertrags bestimmt die Norm, dass der Vertrag wesentliche Rechte und Pflichten sowie Regelungen zu Verantwortlichkeiten und Haftung beinhalten soll.[139]

cc) Vertragliche Pflichten, inklusive Dokumentationspflichten

Dienstleistungsnormen beschreiben insbesondere die vertraglichen Pflichten des Dienstleistungserbringers.[140] Wie der CEN Guide 15:2012 betont, beabsichtigen Dienstleistungsnormen nicht, Anforderungen an den Kunden zu stellen.[141] Teilweise enthalten Dienstleistungsnormen Schilderungen zum Ablauf der Leistungserbringung. So beschreiben Dienstleistungsnormen genau den Ablauf einer Kosmetikbehandlung in einer Parfümerie oder den Ablauf einer Hörgeräteversorgung.[142]

Jedoch unterscheiden sich Dienstleistungsnormen untereinander in ihren Vorgaben für die vertraglichen Pflichten. So finden sich sehr genaue Vorgaben, aber auch kaum rechtlich verwertbare Vorgaben zu Qualitätsanforderungen.[143] Ein Beispiel für eine »befremdliche Detailverliebtheit« bietet Ziffer 3.7.2 DIN EN

135 Ziffer 4.2.1 und 4.2.2 DIN EN ISO 24803:2017-07.

136 Ziffern 3.1.2 (Informationen für den Käufer als Auftraggeber) 3.1.3 (Informationen für den Verkäufer als Auftraggeber), 3.3 (Den Geschäftsabschluss betreffende Informationen), 4 (Dem Käufer zur Verfügung zu stellende Informationen) DIN EN 15733:2011-07.

137 *Busch*, Architekten im Binnenmarkt, S. 228f. A. A. *Micklitz*, Liber amicorum, S. 483 (496), wonach wenige Dienstleistungsnormen kaum Vorgaben für den Vertragsinhalt haben. Zu Vertragsvorgaben siehe etwa Ziffer 5.5.1–5.5.7 DIN EN ISO 20700:2019-01.

138 Ziffer 3.2 DIN EN 15733:2011-07.

139 Ziffer 6.2.8 DIN EN 16082:2011-11 Flughafen- und Luftsicherheitsdienstleistungen.

140 *Busch*, NJW 2010, 3061 (3063).

141 Ziffer 4.2.2 CEN Guide 15:2012.

142 Siehe etwa Ziffer 3.1.3ff. (Behandlungsvorbereitung), Ziffer 3.1.4ff. (Behandlungsdurchführung (Kundenbezogener Ablauf), Ziffer 3.1.5 (Behandlungsnachbereitung) DIN 77600:2004-07. Siehe auch Ziffer 5 und die Unterpunkte von DIN EN 15927:2010-12 zum Ablauf der Hörgeräteversorgung.

143 *Busch*, NJW 2010, 3061 (3063). Als Beispiel für eine »kaum justiziable Qualitätsanforderung« verweist *Busch* in Fn. 25 auf Ziffer 4.2.2.3 DIN EN 14804:2005: »Die Lehrer müssen die Interaktion im Klassenraum positiv gestalten und ein harmonisches Arbeitsverhältnis zur Klasse aufrecht erhalten.«

15017:2006-01, wonach ein Bestatter die Verfügbarkeit von Taschentüchern vor Beginn der Trauerfeier prüfen muss.[144]

In einigen Dienstleistungsnormen finden sich zudem Dokumentationspflichten für den Dienstleistungserbringer.[145] So treffen etwa Hörakustiker,[146] den Auftragnehmer von Sicherungsdienstleistungen[147] und den Dienstleistungserbringer beim Freizeittauchen[148] Dokumentationspflichten.[149]

Vereinzelt enthalten Dienstleistungsnormen auch Regelungen zu einem Verhaltenskodex oder ethischen Maßstäben, denen der Dienstleister genügen muss. Bei Betrachtung der betroffenen Dienstleistungsnormen vermittelt sich der Eindruck, dass in diesen Bereichen eine besondere Vertrauensbeziehung zwischen dem Kunden und dem Dienstleister vorausgesetzt wird und daher derartige Kodizes/ethische Maßstäbe in die Dienstleistungsnorm aufgenommen wurden. So finden sich Regelungen zu ethischen Maßstäben und einem Verhaltenskodex bei Sachverständigen,[150] Hörakustikern[151], Immobilienmaklern[152] und in der Osteopathischen Gesundheitsversorgung.[153]

dd) Zeit nach Erbringung der Leistung/Beschwerdemanagement

Einige Dienstleistungsnormen enthalten Bestimmungen für die Zeit nach der Leistungserbringung und zum Beschwerdemanagement.[154] So regelt die Dienstleistungsnorm zu Kosmetikdienstleistungen die Behandlungsnachbereitung[155] sowie die Norm zu Dienstleistungen in der Hörakustik die Nachbetreuung des Kunden.[156]

Wie *Busch* zutreffend darlegt, finden sich in Dienstleistungsnormen kaum Hinweise auf die inhaltlichen Rechte des Kunden bei Vertragsstörungen. Regelungen, etwa bezüglich des Haftungsumfangs, sollen dem Vertrag überlassen

144 So *Busch*, NJW 2010, 3061 (3063).

145 Ziffer 3.4 DIN SPEC 77226:2013-12 Schnittstellen zwischen Dienstleistungsrecht und Normung – Leitfaden für die Normungsarbeit.

146 Ziffer 6.2 DIN EN 15927:2010-12.

147 Ziffern 4.5, 4.13, 4.20 DIN 77200-1:2017-11.

148 Ziffer 4.8 DIN EN ISO 24803:3017-07.

149 Vgl., wenn auch nicht zu Dienstleistungsnormen, *Reimer*, Qualitätssicherung, S. 356 zur Dokumentation als Qualitätsvoraussetzung und zu Qualitätsmanagementpflichten.

150 Ziffer 3 DIN EN 16775:2016-02 Sachverständigentätigkeiten – Allgemeine Anforderungen an Sachverständigendienstleistungen.

151 Ziffer 4.5 DIN EN 15927:2010-12.

152 Ziffer 9 DIN EN 15733:2011-07.

153 Ziffer 5 DIN EN 16686:2015-09.

154 Siehe hierzu auch *Busch*, Architekten im Binnenmarkt, S. 229, *Micklitz*, Liber amicorum, S. 483 (496).

155 Ziffer 3.1.5 DIN 77600:2004-07 (Behandlungsnachbereitung).

156 Ziffer 5.6–5.6.4 DIN EN 15927:2010-12 (Nachbetreuung).

werden.[157] Stattdessen verlangen einige Dienstleistungsnormen Versicherungen,[158] teilweise mit detaillierten Bestimmungen zur Versicherungssumme und zu den Ersatzleistungen,[159] oder Angaben für den Kunden über Versicherungen.[160] Jedoch bestimmt die Norm zu Sicherungsdienstleistungen, dass bei der Vertragsgestaltung zwischen Auftraggeber und Auftragnehmer die vertragliche Haftung zu vereinbaren und zumindest für einfache Fahrlässigkeit die Haftungssumme zu begrenzen ist.[161] Insofern enthält die Norm doch eine Angabe zur Haftungsbegrenzung im Falle der einfachen Fahrlässigkeit und gibt eine genaue Vorgabe für den Vertrag. Die europäische Norm zu Dienstleistungen in Sonnenstudios empfiehlt sogar im Anhang den Abschluss von Versicherungen, um jegliche mögliche Forderungen von Kunden abzudecken.[162]

Diese Dienstleistungsnormen beschränken sich insofern auf die Beschreibung der ordnungsgemäßen Leistung. Während viele Dienstleistungsnormen über die Zeit nach der Leistungserbringung und über Regelungen zu Leistungsstörungen schweigen, enthalten sie dafür häufig Bestimmungen zum Beschwerdemanagement und zum Verfahren bei Beschwerden des Kunden.[163] Explizite Regelungen zu Kundenbeschwerden finden sich in der Dienstleistungsnorm für Hörakustiker,[164] zu Kosmetikdienstleistungen,[165] zu Sprachreisen[166], zu Dienstleistungen in Sonnenstudios[167] oder zu Immobilienmaklern.[168] Bei Betrachtung der betroffenen Bereiche scheinen Bestimmungen zum Beschwerdeverfahren in Dienstleistungsnormen aufgenommen zu werden, wenn die Dienstleistung regelmäßig einer natürlichen Person/einem Verbraucher gegenüber erbracht wird.

Ein Beispiel für eine Bestimmung zur Vertragsbeendigung findet sich in der Dienstleistungsnorm zu Immobilienmaklern. Hiernach sind in die Vereinbarung

157 *Busch*, Architekten im Binnenmarkt, S. 229. Er verweist in der dortigen Fn. 938 als Beispiel auf Ziffer 6.8 (sic) DIN EN 12522-1:1998 für Umzugsdienstleistungen, richtig wohl Ziffer 6.7. In diese Richtung auch *Micklitz*, Liber amicorum, S. 483 (496): Es fehlten Angaben zur Rechten des Kunden bei Schlechterfüllung des Dienstleisters. Eine Haftung wird manchmal im Zusammenhang mit Versicherungen erwähnt.

158 Ziffer 4.3 DIN 77200-1:2017-11; Ziffer 7 DIN EN 15733:2011-07, Ziffer 4.8 DIN 14804:2005-09. In diese Richtung auch *Micklitz*, Liber amicorum, 483 (496).

159 Ziffer 4.3 DIN 77200-1:2017-11.

160 Ziffer 5 e) DIN 15750:2013-04.

161 Ziffer 4.4 DIN 77200-1:2017-11.

162 Anhang A (informativ) Empfehlungen A.2 DIN EN 16489-3:2015-09 Fachkundige Dienstleistungen in Sonnenstudios – Teil 3: Anforderungen an die Bereitstellung von Dienstleistungen.

163 *Busch*, Architekten im Binnenmarkt, S. 229. Zum in-house complaint handling auch *Micklitz*, Liber amicorum, S. 483 (496).

164 Ziffer 6.3 DIN EN 15927:2010-12.

165 Ziffer 3.1.6 DIN 77600:2004-07.

166 Ziffer 4.7.6 DIN EN 14804:2005-09.

167 Ziffer 7 DIN EN 16489-3:2015-09 (Umgang mit Reklamationen).

168 Ziffer 8 DIN EN 15733:2011-07.

zwischen dem Auftraggeber und dem Makler Informationen über die Bedingungen der Vertragskündigung aufzunehmen.[169] Die Dienstleistungsnorm selbst macht keine eigenen Vorgaben zu den Bedingungen der Kündigung, sondern überlässt auch hier die Regelung dem Vertrag. Eine Norm zu Umzugsdienstleistungen macht hingegen detaillierte Vorgaben zu den Folgen des Vertragsrücktritts.[170]

b) Anhänge

Dienstleistungsnormen beinhalten häufig informative oder normative Anhänge sowie Literaturhinweise.[171] Bei einigen Dienstleistungsnormen sind in einem informativen Anhang sogenannte A-Abweichungen aufgeführt.[172] Die CEN/CENELEC-Geschäftsordnung definiert eine A-Abweichung wie folgt: »Nationale Abweichung, die auf Vorschriften beruht, deren Veränderung zum gegenwärtigen Zeitpunkt außerhalb der Kompetenz des CEN-CENELEC-Mitglieds liegt.«[173] A-Abweichungen erfassen die Fälle, in denen europäische Normen von den CEN-Mitgliedern umgesetzt werden müssen, diese jedoch (teilweise) nicht mit dem nationalen Recht vereinbar sind. Diese Länder weichen von der Anwendung der Norm ab, worauf die A-Abweichung am Ende der Norm hinweist.[174] Relevant werden A-Abweichungen etwa, wenn das nationale zwingende Recht höhere Anforderungen als die Norm stellt.[175]

2. Besonderheiten der Dienstleistungsnormen mit Blick auf den rechtlichen Gehalt und die Vorgaben der Normungsorganisationen

Der Überblick über den Inhalt und die Struktur von Dienstleistungsnormen zeigt bereits einige wichtige Besonderheiten der Dienstleistungsnormen gegenüber technischen Normen. Dienstleistungsnormen verkörpern die »standardisierte Sollbeschaffenheit«[176] einer Dienstleistung, indem Anforderungen an die Leistung des Dienstleistungserbringers gestellt werden. Wie bereits erwähnt, ver-

169 Ziffer 3.2.h) DIN EN 15733:2011-07.
170 Ziffer 6.6 DIN EN 12522-1:1998-08, Beispiel nach *Busch*, NJW 2010, 3061 (3064).
171 Ziffern 20–21 CEN/CENELEC GO-Teil 3:2017 und CEN/CENELEC GO-Teil 3:2019.
172 Zu A-Abweichungen ZB.2 CEN/CENELEC GO-Teil 3:2017 und CEN/CENELEC GO-Teil 3:2019.
173 ZB 2.1 CEN/CENELEC GO-Teil 3:2017 und CEN/CENELEC GO-Teil 3:2019.
174 CEN Guidance Document National Regulations, Ziffern 2 und 3.5. Ein Beispiel findet sich etwa in der europäischen Dienstleistungsnorm zu Immobilienmakler DIN EN 15733:2011-07.
175 Ziffer 3.7.3 CEN Guidance Document National Regulations. Bei Ziffern 3.7.1–3.7.5 genauer zu besonderen Fällen und der Notwendigkeit von A-Abweichungen.
176 So *Buck-Heeb/Diekmann*, Selbstregulierung, S. 159 zur technischen Normung.

folgen Dienstleistungsnormen nicht das Ziel, Anforderungen an den Dienstleistungsempfänger zu stellen.[177]

Auch technische Normen geben die »standardisierte Sollbeschaffenheit von materiellen und immateriellen Gegenständen« wieder.[178] Sie sollen gewährleisten, dass technische Gegenstände kombiniert und ausgetauscht werden können, die Qualität sicherstellen und für Sicherheit sorgen.[179] Während technische Normen aber auf die Vereinheitlichung technischer Systeme ausgerichtet sind und eine wissenschaftlich gesicherte Lösungsmöglichkeit für ein technisches Problem enthalten,[180] liegt der Fokus von Dienstleistungsnormen nicht auf der Festlegung technischer Bestimmungen. Viele Dienstleistungsnormen bestimmen die vorvertraglichen und die vertraglichen Pflichten. Dienstleistungsnormen weisen insofern eine deutlich rechtliche Prägung auf und zeigen Ähnlichkeiten zu Allgemeinen Geschäftsbedingungen und dispositivem Gesetzesrecht.[181]

Hinsichtlich des Inhalts von Normen gibt die CEN/CENELEC-Geschäftsordnung noch eine besondere Anordnung bezüglich eines rechtlichen Gehalts vor. So dürfen Dokumente »keine vertragsrechtlichen Bestimmungen (z. B. über Ansprüche, Garantieleistung, Kostenerstattung) und keine rechtlichen oder gesetzlichen Anforderungen enthalten.«[182] Auch seien Garantiebedingungen »keine technischen Begriffe, sondern kommerzielle oder vertragliche Begriffe und dürfen nicht enthalten sein.«[183] Die deutsche DIN-Norm zu Grundsätzen der Normungsarbeit legt die folgende Regelung fest: »Vertragsrechtliche Bestimmungen und Festlegungen kaufmännischer Art dürfen nur insoweit Bestandteil einer Norm sein, als sie in unmittelbarem und notwendigem Zusammenhang mit wissenschaftlichen und/oder technischen Festlegungen stehen.«[184]

Anhand dieser Bestimmungen vermittelt sich der Eindruck, dass die Ersteller von Normen rechtliche Fragen möglichst nicht behandeln sollen. Auch der CEN Guide 15:2012 als Leitfaden für die Entwicklung von Dienstleistungsnormen verweist in Ziffer 4.2.4 auf die Bestimmung der CEN/CENELEC-Geschäftsord-

177 Ziffer 4.2.2 CEN Guide 15:2012. Ebenso noch (Vorgängerversion von DIN EN ISO 24803) DIN EN 14467:2004-04, Einleitung, S. 4: »Es ist nicht möglich, mittels einer Norm Anforderungen an den Empfänger einer Dienstleistung zu stellen.«

178 *Buck-Heeb/Diekmann*, Selbstregulierung, S. 159.

179 Zu den Funktionen technischer Normen: *Müller-Foell*, Bedeutung Normen, S. 73–75.

180 Genauer hierzu *Huth*, Bedeutung, S. 50.

181 *Busch*, Architekten im Binnenmarkt, S. 229; *ders.* NJW 2010, 3061. Zum Einsatz als Funktionsäquivalent zu AGB, *Busch*, JbJgZivRWiss 2007, 293 (312 Fn. 75). *Micklitz*, GPR 2007, 2 (13) sieht ein Problem im Verhältnis zum nationalen AGB-Recht und Haftungsregeln bei europäischen Dienstleistungsnormen.

182 Ziffer 4 CEN/CENELEC GO-Teil 3:2017 und CEN/CENELEC GO-Teil 3:2019.

183 Ziffer 5.5 CEN/CENELEC GO-Teil 3:2017. Siehe nunmehr Ziffer 5.5 CEN/CENELEC GO-Teil 3:2019: »Gewährleistungsbedingungen dürfen nicht enthalten sein, da sie eher kommerzieller oder vertraglicher Natur sind als technischer.«

184 Ziffer 7.8 DIN 820-1:2014-06 Normungsarbeit – Teil 1: Grundsätze.

nung, wonach vertragsrechtliche Bestimmungen in Dokumenten nicht enthalten sein sollen.[185] Sehr zurückhaltend sind im Leitfaden auch die Hinweise für Normersteller für die Vertragsbeendigung als Norminhalt. Falls der Dienstleister seine Dienstleistung in Zukunft nicht mehr erbringen möchte, sollen u. a. Garantien und rechtliche Anforderungen »bedacht« werden.[186]

Während rechtliche Aspekte in Dienstleistungsnormen selbst somit vermieden werden sollen, enthalten einige Dienstleistungsnormen Hinweise darauf, dass der Vertrag derartige Fragestellungen berücksichtigen soll. So müssen etwa nach Ziffer 3.2. lit h, lit l DIN EN 15733:2011-07 im Vertrag zwischen dem Immobilienmakler und dem Auftraggeber die Bedingungen der Vertragskündigung und Hinweise auf das anzuwendende Recht enthalten sein. Nach Ziffer 6.2.8 DIN EN 16082:2011-11 zu Flughafen- und Luftsicherheitsdienstleistungen muss der Vertrag zwischen dem Dienstleister und dem Kunden die Haftungen und Verantwortlichkeiten regeln. Insofern lässt sich durchaus davon sprechen, dass die Normen den Vertragsinhalt »diktieren«.[187]

Ob die Vorgaben der CEN/CENELEC-Geschäftsordnung und der DIN 820-1 für Dienstleistungsnormen konsequent eingehalten werden können, erscheint jedoch zweifelhaft.

Zu berücksichtigen ist wiederum, dass die Geschäftsordnung des CEN/CENELEC Teil 3 und die Grundsätze der Normungsarbeit in DIN 820-1 auf die technische Normung zugeschnitten sind.[188] Angesichts der aufgezeigten rechtlichen Prägung von Dienstleistungsnormen[189] erweist es sich bei Dienstleistungsnormen bedeutend schwieriger, »rechtliche (...) Anforderungen« oder »vertragsrechtliche Bestimmungen«[190] außen vor zu lassen.

Bei der Untersuchung verschiedener Dienstleistungsnormen vermittelt sich der Eindruck, dass die Vorgaben der CEN/CENELEC-Geschäftsordnung Teil 3 und DIN 820-1 zu vertragsrechtlichen Bestimmungen nicht konsequent eingehalten werden. So bestimmt eine Norm zu Umzugsdienstleistungen bei Privatpersonen, dass bei einem Vertragsrücktritt des Kunden eine Kaution nicht zu-

---

185 Die verwiesene Bestimmung befindet sich jetzt in Ziffer 4 CEN/CENELEC GO-Teil 3:2017 und CEN/CENELEC GO-Teil 3:2019.

186 Ziffer 4.2.9 CEN Guide 15:2012: »In these cases, the guarantees, the consequences regarding contracts previously established or legal requirements (...) should be borne in mind.«

187 *Busch*, Architekten im Binnenmarkt, S. 229.

188 Zum Zuschnitt der CEN/CENELEC Geschäftsordnung Teil 3 auf die technische Normung siehe auch schon Kapitel 1.B.III.1. Siehe auch Ziffer 13.1 CEN/CENELEC GO-Teil 3:2017 und CEN/CENELEC GO-Teil 3:2019. Siehe auch Ziffer 5.7 DIN 820-1:2014-06 zum DIN-Anzeiger für technische Regeln oder Ziffer 7.2 DIN 820-1:2014-06 zur Berücksichtigung der internationalen und europäischen Harmonisierung technischer Regeln.

189 *Busch*, NJW 2010, 3061.

190 Ziffer 4 CEN/CENELEC GO-Teil 3:2017 und CEN/CENELEC GO-Teil 3:2019.

rückgezahlt wird,[191] sodass ein Anspruch geregelt wird. Auch wenn die Norm aus dem Jahr 1998 stammt und derartig offene Anspruchsregelungen in neueren Dienstleistungsnormen nicht festgehalten sind, finden sich auch in neueren Dienstleistungsnormen Regelungen, die vertragsrechtliche Bestimmungen enthalten. So legen Dienstleistungsnormen Schriftformerfordernisse fest oder geben vor, welche Inhalte in einen Vertrag aufgenommen werden.[192] Der stärker ausgeformte rechtliche Charakter von Dienstleistungsnormen[193] führt dazu, dass die Vorgaben der Geschäftsordnungen auch gar nicht befolgt werden können. Die Bestimmung der CEN/CENELEC-Geschäftsordnung, vertragliche Begriffe nicht zu verwenden,[194] kann bei Dienstleistungsnormen angesichts der Normung der Beziehung zwischen Dienstleister und Dienstleistungsempfänger[195] gar nicht eingehalten werden. Sind in Dienstleistungsnormen nun Begriffe mit rechtlicher Prägung vorhanden,[196] stellt sich weiterhin die Frage, inwiefern eine Abgleichung mit gesetzlichen Vorschriften erfolgt. Dieser Frage wird im Verlauf der Untersuchung noch nachgegangen.

3. Zwischenergebnis

Der Inhalt von Dienstleistungsnormen zeigt erhebliche Unterschiede im Vergleich zu technischen Normen. So erfolgt keine Normung eines technischen Produkts, sondern einer vom Dienstleister zu erbringenden Leistung gegenüber einem Kunden.[197]

Anders als bei technischen Normen, in denen die Eigenschaften von Produkten durch Abmessungen und Formen wiedergegeben werden können,[198] erweist es sich bei Dienstleistungsnormen als schwieriger, die Beschaffenheit einer Dienstleistung zu umschreiben. Bei Dienstleistungsnormen zeigt sich das folgende Bild, welches erneut die Vielfältigkeit von Dienstleistungsnormen wiedergibt. Während einige Dienstleistungsnormen auch den genauen Ablauf einer Dienstleistung festlegen,[199] beschreiben andere Dienstleistungsnormen schwer-

---

191 Ziffer 6.6 DIN EN 12522-1:1998-08. Siehe ferner zu dieser Bestimmung *Busch*, NJW 2010, 3061 (3064).

192 Siehe etwa Ziffer 3.2 DIN EN 15733:2011-07 zur schriftlichen Vereinbarung zwischen Immobilienmakler und Auftraggeber mit bestimmten vorgegebenen Informationen, die in der Vereinbarung enthalten sein müssen. Zum Inhalt von Dienstleistungsnormen siehe *Busch*, Architekten im Binnenmarkt, S. 228f.

193 *Busch*, NJW 2010, 3061.

194 Siehe Ziffer 5.5 CEN/CENELEC GO- Teil 3:2017 und CEN/CENELEC GO-Teil 3:2019 zu Garantie/Gewährleistung.

195 *Busch*, NJW 2010, 3061 (3062).

196 *Busch*, NJW 2010, 3061 (3062).

197 Siehe auch *Jank*, Produktstandardisierung, S. 99.

198 *Marburger*, Regeln der Technik, S. 259.

199 Siehe z. B. Ziffer 5 (Ablauf der Hörgeräteversorgung) DIN EN 15927:2010-12.

punktmäßig die Organisationsstruktur des Dienstleisters und Anforderungen an das Personal.[200] Auch ein Normentwurf zur ästhetischen Chirurgie stellt u.a. Vorgaben zu Kompetenzen und Vorgaben für die Einrichtung auf.[201] Anstatt die tatsächliche Leistungserbringung zu schildern, befasst sich die Norm mit dem Ort der Leistungserbringung und der Person des Leistenden.[202]

So wird nicht der eigentliche Inhalt der Dienstleistung beschrieben. Vielmehr werden die Begleitumstände der Dienstleistung genauer dargelegt.[203] Die Festlegung der Beschaffenheit erfolgt durch die Bestimmung von Rahmenbedingungen, wie Vorgaben zur Qualifikation und zum Umfeld. Auf diese Weise wird durch die Rahmenbedingungen ein Qualitätsniveau aufgebaut.[204] Im Vordergrund steht die Verhaltenssteuerung und nicht die Erarbeitung von neuen Sanktionen.[205]

Die Komplexität der Dienstleistungsqualität führt dazu, dass Normen nicht in der Lage sind, sämtliche Dienstleistungsanforderungen zu behandeln.[206] Auch können Dienstleistungen nicht als ganze Einheit, wohl aber nach verschiedenen Ebenen genormt werden. So muss geprüft werden, ob etwa Qualifikation (Potenzial), Verfahren (Prozess) oder Verfahren zur Qualitätsmessung (Ergebnis) in Dienstleistungsnormen aufgenommen werden können.[207] Diese Kritierien sind

200 So etwa DIN EN 16082:2011-11. Siehe auch das Nationale Vorwort lit. b) DIN EN 16082:2011.

201 Siehe Ziffern 3.2, 5.5–5.9, 7.1, 7.3 E DIN EN 16372:2013-05 – Entwurf: Ästhetische Chirurgie und ästhetische nicht-chirurgische ärztliche Dienstleistungen; *van Leeuwen*, Services, S. 94.

202 *Van Leeuwen*, Services, S. 94: »Overall, the focus of the European standard is on the ›by whom‹ and ›where‹ of aesthetic surgery services. The standard does not directly deal with the ›how‹ of the aesthetic surgery.« Siehe auch *van Leeuwen*, Services, S. 106 zur Reaktion auf Kritik am Normungsvorhaben: »The standards would not be about how the doctor should treat the patient, but more about the entire relationship between patient and doctor.«

203 Siehe *Micklitz*, Liber amicorum, S. 483 (498) zu Normungsinitiativen. Siehe auch *Graz*, Power of Standards, S. 96 zu den Ergebnissen der CHESSS-Study (dazu: Kapitel 3.A.I): »One module of the project claims that service standards are not about the ›how‹ but about the ›what‹, i.e. a service standard is not about how to achieve a goal, as with management standards, but specifies the goal to be achieved and the means for assessing its achievement.«

204 Zu den Qualitätsvoraussetzungen von Dienstleistungen zählt *Reimer*, Qualitätssicherung, S. 150ff. u.a. Qualifikation, Information, Organisation, Ressourcen und Infrastruktur. Siehe auch *Busch*, Architekten im Binnenmarkt, S. 281 wonach »Dienstleistungsnormen Qualität als Prozess betrachten«.

205 *Reimer*, Qualitätssicherung, S. 212f. zu fachlichen privaten Regeln; *Köndgen*, AcP 206 (2006), 477 (508) zu privatisiertem Recht.

206 *Reimer*, Qualitätssicherung, S. 213 zu fachlichen Regeln. Mit Blick auf DIN 77200 geht *Feuerstein*, in: *Stober/Olschok*, Handbuch des Sicherheitsgewerberechts, Rn. 126 davon aus, dass sie hinsichtlich Qualitätskriterien »weder vollständig noch in jedem Fall ausreichend« sei. Mit Blick auf die Äußerung von *Feuerstein* könnte die DIN 77200:2017 Normenreihe aus nunmehr drei Teilen eine Verbesserung darstellen.

207 *Blind/Mangelsdorf*, Standardisierung, S. 23.

auch in den untersuchten Dienstleistungsnormen häufig zu finden, insbesondere zu Qualifikationsanforderungen und zu bestimmten Verfahren.[208]

C. Das Verfahren der Normerstellung

Die festgestellte Ähnlichkeit im strukturellen Aufbau zwischen Normen und gesetzgeberischen Maßnahmen[209] lässt sich gleichermaßen auf das Verfahren der Normerstellung übertragen. So zeigen sich auch Parallelen zwischen dem Verfahren der Normerstellung und einem gesetzgeberischen Verfahren, indem Vertreter verschiedener Bereiche zusammenkommen, argumentieren und diskutieren.[210]

An dieser Stelle soll kurz auf das Verfahren der Normerstellung eingegangen werden. Auf detaillierte Darstellungen sei an dieser Stelle verwiesen.[211] Die Normenreihe DIN 820 enthält Vorgaben zur Normerstellung in Deutschland.[212]

Auf nationaler Ebene ist das Deutsche Institut für Normung (DIN) als eingetragener Verein auf gemeinnütziger Grundlage die nationale Normungsorganisation und Mitglied in der europäischen Normungsorganisation CEN. Die fachliche Arbeit erfolgt in Arbeitsausschüssen/Komitees durch externe Mitarbeiter, die aus Fachleuten aus den interessierten Kreisen (z. B. Behörden, Handel, industrielle Hersteller, Verbraucher, gesellschaftspolitische Interessenverbände) bestehen.[213] In den Arbeitsausschüssen sollen die »interessierten Kreise in einem angemessenen Verhältnis zueinander vertreten« sein.[214]

Einen Normungsantrag kann beim Deutschen Institut für Normung jedermann stellen. Ob ein Branchenbedarf besteht, überprüft der zuständige Ausschuss beim DIN. Während des Normungsverfahrens arbeiten die Interessengruppen zusammen und erstellen konsensbasiert die Inhalte der Norm. Nach der Kommentierung des Normentwurfs durch die Öffentlichkeit wird dieser Entwurf

208 Siehe etwa zu Verfahren bei Reinigungsdienstleistungen in Schulgebäuden Ziffer 4.3.3 DIN 77400:2015-09. Auch *Blind/Mangelsdorf*, Standardisierung, S. 23, ziehen als Beispiel Reinigungsdienstleistungen für eine Normung nach Potenzial, Prozess und Ergebnis heran.

209 *Micklitz*, Liber amicorum, S. 483 (498).

210 Näher *Schepel*, Private Governance, S. 6: »Standardisation looks a lot like lawmaking.«

211 Zur europäischen Normung: *Hartlieb/Hövel/Müller*, Normung, S. 45ff.; *Schepel*, Private Governance, S. 104ff.; *van Leeuwen*, Services, S. 57ff.; zur Normung in Deutschland: *Bundesärztekammer*, Dossier 10.04.2014, S. 2ff.; *Schepel*, Private Governance, S. 114ff.; *Hartlieb/Hövel/Müller*, Normung, S. 38ff.

212 Siehe *Hartlieb/Hövel/Müller*, Normung, S. 35.

213 Ziffer 5.1 bis 5.4 DIN 820-1:2014-06.

214 Ziffer 5.4 DIN 820-1:2014-06.

überarbeitet. Anschließend wird die endgültige Norm vom DIN veröffentlicht. Eine Überprüfung erfolgt spätestens alle fünf Jahre.[215]

Die Rolle des DIN erweist sich als »Projektmanager,« als »runde[r] Tisch«[216] der interessierten Kreise. So obliegt dem DIN die Organisation des Verfahrens und der Arbeit in den Ausschüssen.[217] Zudem kontrolliert das DIN, ob Widersprüche oder Überschneidungen zu existierenden Normen vorkommen und die Normungsgrundsätze der DIN 820 eingehalten werden.[218]

Auf europäischer Ebene werden Normen bei den Normungsorganisationen CEN, CENELEC (Elektrotechnik) und ETSI (Telekommunikation) erstellt.[219] Ein Normungsvorschlag kann durch nationale Normungsorganisationen, die Europäische Kommission sowie durch internationale und europäische Organisationen erfolgen.[220] Auf nationaler Ebene existieren Spiegelgremien bei den nationalen Normungsorganisationen. Hier wird beim DIN die deutsche Position ermittelt. Durch die Entsendung von Vertretern in die europäischen Normungsgremien können nationale Interessen in die europäische Normung eingebracht werden können.[221] Europäische Normen müssen ohne Veränderung als nationale Normen übernommen und entgegenstehende nationale Normen zurückgezogen werden. Die Norm wird in Deutschland als DIN EN Norm herausgegeben.[222]

Internationale Normen werden bei den Normungsorganisationen ISO (International Organization for Standardization) und IEC (International Electrotechnical erarbeitet.[223]

---

215 DIN Infografik https://www.din.de/de/ueber-normen-und-standards/basiswissen. Näher auch *Hartlieb/Hövel/Müller*, Normung, S. 38ff.; *Jank*, Produktstandardisierung, S. 85f.

216 *Hartlieb/Hövel/Müller*, Normung, S. 35.

217 So *Hartlieb/Hövel/Müller*, Normung, S. 35f. Siehe auch *Jank*, Produktstandardisierung, S. 86.

218 *Jank*, Produktstandardisierung, S. 86 (»eine Art Kontrollfunktion«).

219 https://www.din.de/de/din-und-seine-partner/din-in-der-welt/din-in-europa/europaeische-normung.

220 *Hartlieb/Hövel/Müller*, Normung, S. 48. Siehe Ziffer 11.1.2 und 11.1.3 CEN/CENELEC GO-Teil 2:2018.

221 https://www.din.de/de/din-und-seine-partner/din-in-der-welt/din-in-europa/europaeische-normung; *Hartlieb/Hövel/Müller*, Normung, S. 45.

222 Siehe näher zum Verfahren auf europäischer Ebene: https://www.din.de/de/ueber-normen-und-standards/din-norm (»Entstehung einer Europäischen Norm«); *Jank*, Produktstandardisierung, S. 88f.

223 Näher zur internationalen Normung https://www.din.de/de/ueber-normen-und-standards/din-norm (»Entstehung einer Internationalen Norm«).

D. Funktionen von Dienstleistungsnormen

Normen können verschiedene Funktionen übernehmen. So können sie ein Sicherheitsniveau, die Qualität oder die Kompatibilität von Produkten sichern.[224] Sie leisten einen Beitrag zur Beseitigung von technischen Handelshemmnissen, fördern den Wettbewerb und die Verbreitung neuer Technologien.[225] Normen wird eine erhebliche Bedeutung bei der Entwicklung von grenzüberschreitendem Handel und von Märkten zugeschrieben.[226] Sie stellen »koordinierende Standards« dar und tragen dazu bei, dass Märkte sich überhaupt entwickeln können.[227]

Angesichts dieser Funktionen von Normen stellt sich die Frage, welche speziellen Funktionen Dienstleistungsnormen übernehmen sollen.

Bei der Dienstleistungsnormung handelt es sich um eine Erscheinungsform der Selbstregulierung als Regelsetzung durch private Akteure.[228] Dienstleistungsnormen stellen freiwillige Instrumente dar[229] bzw. »freiwillige Qualitätsstandards zwischen Staat und Markt.«[230]

Allgemeine Vorteile privater Selbstregulierung treffen gleichermaßen auf Dienstleistungsnormen zu.[231] Ein Vorteil der Dienstleistungsnormung liegt zunächst in der Entlastung des Gesetzgebers[232].

So verfügt der Gesetzgeber nicht über ausreichenden Sachverstand bzw. die fachlichen und personellen Kapazitäten, um für jeden Dienstleistungsbereich gesetzliche Regelungen zu treffen. Ansonsten käme es zu einer erheblichen Anhäufung von Gesetzen, sodass eine Überschaubarkeit nicht mehr gewähr-

224 *Mataija*, Private Regulation S. 224; zu Klassifikationen siehe auch *Blind*, Economics of Standards, S. 14–23.

225 *Eliantonio/Medznariashvili*, LIEI 44 No. 4 (2017), 323 (325) im Zusammenhang mit harmonisierten Normen; *Report of the Expert Panel for the Review of the European Standardisation System*, Ziffer 3.1, S. 13 zum Abbau von Handelshemmnissen und zur Verbreitung neuer Technologien.

226 DIN Normungsroadmap, S. 11 zur Bedeutung von Normen, wohl auch schon mit Blick auf Dienstleistungsnormen.

227 So *Köndgen*, AcP 206 (2006), 477 (482) zum sog. Expertenrecht. Siehe auch *Schepel*, Private Governance, S. 5 zu Produktnormen: »...standards constitute markets.«

228 *Spindler/Thorun*, MMR-Beilage 2016, Heft 6, 1 (5). Genauer zur Selbstregulierung *Buck-Heeb/Diekmann*, Selbstregulierung, S. 8ff., insb. S. 32: Eine Einflussnahme von staatlicher Seite schließt nicht per se eine die Einordnung einer privaten Regelsetzung als Selbstregulierung aus. Zu einer Differenzierung zwischen »pure self-regulation« und »private regulation« siehe *Mataija*, Private Regulation, S. 9.

229 DIN Normungsroadmap, S. 11.

230 *Busch*, der freie Beruf 1-2/2014, 6.

231 Ausführlich zu den Vorteilen und Nachteilen der Selbstregulierung: *Buck-Heeb/Diekmann*, Selbstregulierung, § 16 B und § 16 C, S. 217ff.; *Spindler/Thorun*, MMR-Beilage 2016, Heft 6, 1 (11ff.).

232 *Weiß*, Produktsicherheit, S. 328 im Zshg. mit technischen Normen.

leistet wäre.[233] Somit kann durch Dienstleistungsnormen Expertenwissen praktisch nutzbar gemacht werden, ohne dass der Gesetzgeber selbst tätig werden müsste. Zudem können Dienstleistungsnormen im Gegensatz zur Erarbeitung eines Gesetzes im Gesetzgebungsverfahren neueren Entwicklungen flexibel angepasst werden.[234] Auf diese Weise besteht die Möglichkeit, auch innovative Ansätze zur Lösung gesellschaftlicher Probleme auszuprobieren, die dann wiederum in Gesetzgebung umgewandelt werden können.[235]

Mit Blick auf die speziellen Funktionen gerade von Dienstleistungsnormen findet sich ein erster Hinweis in der Dienstleistungsrichtlinie. Nach Art. 26 V RL 2006/123/EG fördern die Mitgliedstaaten in Zusammenarbeit mit der Kommission die Entwicklung von freiwilligen europäischen Standards, um die Vereinbarkeit der von Dienstleistern aus verschiedenen Mitgliedstaaten erbrachten Dienstleistungen, die Information der Dienstleistungsempfänger und die Qualität der Dienstleistungen zu verbessern. Die Bestimmung unterfällt Kapitel V RL 2006/123/EG mit dem Titel »Qualität der Dienstleistungen« und sieht Dienstleistungsnormen nach der Überschrift von Art. 26 als Maßnahme zur Qualitätssicherung an. So sollen Dienstleistungsnormen die Qualität von Dienstleistungen verbessern und somit einen Anreiz für einen stärkeren grenzüberschreitenden Dienstleistungsverkehr bieten.[236] Diese Funktion von Dienstleistungsnormen wird auf europäischer Ebene in verschiedenen Dokumenten noch genauer aufgegriffen.

I. Dienstleistungsnormen zur Verbesserung der Qualität von Dienstleistungen

Die Europäische Kommission hebt besonders das Potential von Dienstleistungsnormen mit Blick auf eine Qualitätsverbesserung hervor. Für Dienstleister existiert mit den Normen ein Anreiz, einen Minimalstandard zu erfüllen oder ihn

233 In diese Richtung zur technischen Normung *Müller-Foell*, Bedeutung Normen, S. 15f.

234 Vgl. *Möllers/Fekonja*, ZGR 2012, 777, (778) zur Notwendigkeit einer Flexibilität des Rechts angesichts technologischer Innovationen; vgl. *Müller-Foell*, Bedeutung Normen, S. 16 zur Gefahr, dass bei einer gesetzlichen Regelung durch die Rechtsordnung diese hinter der technischen Entwicklung zurückbleibt; *Spindler/Thorun*, MMR-Beil. 2016, Heft 6, 1 (11) zu Argumenten für die Ko- und Selbstregulierung. Der CEN Strategieplan sieht jedoch angesichts der Verbindung von digitalen Technologien mit Dienstleistungen und neuen Geschäftsmodelle auch für CEN eine Herausforderung in der schnellen Erstellung von Normen, CEN Strategic Plan Ziffer 4.4. Siehe auch *Köndgen*, AcP 206 (2006), 477 (481f.) zum Expertenrecht.

235 *Mataija*, Private Regulation, S. 12 zu privater Regulierung. Ein derartiges Vorgehen wird auch als »reflexive or experimentalist governance« bezeichnet.

236 So *van Leeuwen*, Services, S. 24.

sogar noch zu übertreffen.[237] Auch betont die Europäische Kommission die verbesserte Kommunikation und Transparenz durch einheitliche Begrifflichkeiten und Leistungsmerkmale. Zudem bestünden Vorteile in einer Kostenreduzierung und der Öffnung von Märkten.[238]

Detaillierte Gesichtspunkte zum Aspekt der Qualitätsverbesserung enthält auch eine im Auftrag von CEN durchgeführte Studie aus dem Jahr 2012.[239] Die Hauptvorteile der Dienstleistungsnormung bestehen hiernach in einer verbesserten Dienstleistungsqualität sowie in der Möglichkeit für Dienstleister, Kunden ein hohes Dienstleistungsniveau aufzuzeigen. So hebt die Studie hervor, dass das Verwenden von Dienstleistungsnormen zu verbesserten gemeinsamen Terminologien führt, sodass Anforderungen an die Dienstleistung und Abläufe deutlicher und die Qualität und die Effizienz der Dienstleistung wiederum gesteigert werden.

Ebenso stellt die Studie die positiven Auswirkungen für die vertraglichen Beziehungen zwischen Dienstleister und Kunden heraus. Viele Dienstleistungsnormen beziehen sich auf die vertragliche Beziehung zwischen Dienstleister und Kunden. Sie könnten einen Beitrag dazu leisten, Streitigkeiten auf einem Minimum zu halten. Nicht zu unterschätzen sei die Bedeutung von Normen für die Transparenz einer Dienstleistung. Dienstleistungsnormen verdeutlichen dem Kunden die Art und den Umfang einer Dienstleistung, sodass wiederum die Kundenzufriedenheit gesteigert wird. Weiterhin schaffen Dienstleistungsnormen Vergleichsmöglichkeiten bei Angeboten für Dienstleistungsempfänger.[240]

Die Betonung auf den Aspekt der Qualitätsverbesserung durch Normung hängt wahrscheinlich auch damit zusammen, dass Dienstleistungen häufig sogenannte Erfahrungsleistungen[241] (»experience goods«) sind.[242] So kann die Qualität oft erst beurteilt werden, nachdem die Dienstleistung genutzt wurde.[243]

---

237 So SWD (2016) 186 final, S. 5. Dort auch »First, they can raise quality…«. Siehe auch Normungsauftrag an CEN, CENELEC und ETSI, Planung und Durchführung eines Programms zur Entwicklung horizontaler Dienstleistungsnormen vom 24. Januar 2013, M/517 DE, S. 3: Mit dem Auftrag wird eine Qualitätssteigerung der in der EU angebotenen Dienstleistungen erhofft. Siehe auch *Report of the Expert Panel for the Review of the European Standardization System*, Ziffer 3.3 S. 20 zu Dienstleistungsnormen und der Unterstützung von Qualität und Sicherheit von Dienstleistungen.

238 Ausführlich zu Vorteilen der Normung im Dienstleistungsbereich SWD 2016 (186) final S. 5f.

239 *Technopolis Group*, Study on the implementation of service standards and their impact on service providers and users, S. 1.

240 Ausführlich zu den Vorteilen: *Technopolis Group*, Study, S. 59f.

241 *Reimer*, Qualitätssicherung, S. 106.

242 *Delimatsis*, CMLR 47 (2010), 1049 (1071); *Mavroidis*, in: *Delimatsis*, The Law, Economics and Politics, S. 160 (165); *Reimer*, Qualitätssicherung, S. 106. Der Begriff »Experience Good« beruht auf *Nelson*, Vol. 78 no. 2 (March-Apr., 1970) Journal of Political Economy, 311 (312).

243 *Reimer*, Qualitätssicherung, S. 106; *Giannaccari*, Standard Setting, S. 121.

Die vorab schwer zu beurteilende Qualität der Dienstleistung beruht auf ihrer Immaterialität. Hier können Normen helfen, indem sie Anhaltspunkte für die Qualität bieten. Insofern erfährt die Dienstleistung eine gewisse Materialisierung.[244] Gleiches trifft auf Dienstleistungen als sog. Vertrauensleistungen zu, zu denen viele Dienstleistungen der Freien Berufe gehören und die sich durch besonderes Fachwissen und Komplexität auszeichnen. Daraus folgt eine erhöhte Informationsasymmetrie. Qualitätssicherungsmittel mit u. a. Qualifikationsanforderungen sollen vertrauensstärkend wirken und die Qualität sichern.[245] Diese Funktion können Dienstleistungsnormen übernehmen, indem sie häufig Anforderungen an die Qualifikation stellen.

II. Dienstleistungsnormen zur Förderung des grenzüberschreitenden Dienstleistungsverkehrs

Neben dem Aspekt der Qualitätsverbesserung betont die Europäische Kommission das Potential von Dienstleistungsnormen zur Förderung des grenzüberschreitenden Dienstleistungsverkehrs. Bisher erfolgen nur 6 % der Dienstleistungen in Europa grenzüberschreitend. Europäische Dienstleistungsnormen könnten einen Beitrag für einen Binnenmarkt für Dienstleistungen leisten. Die Kommission zieht hier einen Vergleich zu den Produktnormen und dem Binnenmarkt für Waren.[246] Zu berücksichtigen ist, dass auch nationale Dienstleistungsnormen Handelshemmnisse schaffen können und auf diese Weise den grenzüberschreitenden Handel behindern.[247] Nach Ansicht der Kommission profitieren Unternehmen von einem stärkeren Vertrauen der Kunden in grenzüberschreitende Dienstleistungen, wenn ein Dienstleister eine Dienstleistungsnorm übernimmt.[248] Zudem ist zu berücksichtigen, dass Dienstleister und Kunde unterschiedliche Qualitätsvorstellungen haben können.[249] Somit können Dienstleistungsnormen hier einen gemeinsamen Anknüpfungspunkt bieten.

---

244 *Blind/Mangelsdorf*, Standardisierung, S. 8, 14; *Jank*, Produktstandardisierung, S. 96f.

245 *Reimer*, Qualitätssicherung, S. 107. Siehe auch *Giannaccari*, Standard Setting, S. 121: »professional services … as experience or credence goods«.

246 So etwa SWD (2016) 186 final, S. 2. Siehe auch COM (2016) 358 final, S. 11 f. und auch *Report of the expert Panel for the Review of the European Standardization System*, Ziffer 3.3 S. 19.

247 *Busch*, NJW 2010, 3061 (3062). Siehe auch COM (2016) 358 final, S. 11.

248 SWD (2016) 186 final S. 6.

249 *Reimer*, Qualitätssicherung, S. 109.

III. Dienstleistungsnormen als Antwort auf neue Entwicklungen im Dienstleistungsbereich

Weitere Funktionen können Dienstleistungsnormen mit Blick auf neuere Entwicklungen im Dienstleistungsbereich einnehmen, auf die der CEN Strategieplan eingeht.

Hierzu zählen Entwicklungen im Bereich der Digitalisierung, einem veränderten Käuferverhalten/Kundenverhalten, neue Geschäftsmodelle und die Globalisierung.[250] Beispielhaft soll hier auf einige Aspekte eingegangen werden. Der CEN Strategieplan hebt hervor, dass Dienstleistungen immer mehr online erbracht werden und Verbraucher ihr Verhalten bei der Auswahl von Dienstleistungen verändert haben. So nutzen sie etwa Vergleichsportale oder Online-Marktportale im Internet und sind besser informiert. Dienstleistungsnormen haben das Potential, die Zuverlässigkeit der gewährten Informationen, Transparenz und Datenschutz zu fördern.[251]

Eine weitere Entwicklung liegt in geänderten Geschäftsmodellen, wie der sog. Servitization.[252] Immer mehr Anbieter von Produkten tendieren zu dienstleistungsbasierten Geschäftsmodellen. Zur Servitization gehören etwa Leasing-Angebote im Produktbereich oder Produkte, die mit einem Dienstleistungspaket verkauft werden. Normen sollen helfen, neue Geschäftsmodelle zu entwickeln und durchzuführen.[253] Auf diese neuere Entwicklung der Servitization geht auch die Europäische Kommission in ihrer Mitteilung »Europäische Normen für das 21. Jahrhundert« ein. Sie hebt die Bedeutung einer Normung im Dienstleistungsbereich hervor, um die Vorteile der Digitalisierung und Servitization zu nutzen.[254] Somit scheint für die Dienstleistungsnormung ein großes Einsatzfeld angesichts der Digitalisierung und neuer Geschäftsmodelle zu bestehen.

250 Ziffern 2.1–2.4 CEN Strategic Plan.

251 Ziffer 2.1–2.2 und Table 1 (Consumer- buyer behaviour) CEN Strategic Plan.

252 »Servitisation«: Ziffer 2.3 CEN Strategic Plan. »Servitization«: COM (2016) 358 final, S.12. Siehe auch ErwG 10 der VO Nr. 1025/2012: Die Trennung von Waren und Dienstleistungen verliert an Bedeutung. Siehe auch SWD (2016) 186 final, S. 6.

253 Ziffer 2.3 und Table 1 S. 12 (Service (business) models) CEN Strategic Plan.

254 COM (2016) 358 final, S. 12. In diesem Zusammenhang werden Dienstleistungsnormen zu den Prioritäten der europäischen Normungsstrategie erklärt.

E. Herausforderungen der Dienstleistungsnormung

Jedoch birgt die Normung von Dienstleistungen verschiedene Herausforderungen und Hindernisse.

So weisen Dienstleistungen besondere Merkmale auf:[255] Dienstleistungen zeichnen sich durch ihre Individualität und Abhängigkeit von den Umständen des Einzelfalls aus.[256] Diese sog. Situativität von Dienstleistungen führt zu einer schwierigeren Massenproduktion.[257] Die Vielfältigkeit verschiedener Dienstleistungen zeigt sich in unterschiedlichen Marktverhältnissen und Rahmenbedingungen, sodass sich ein gemeinsames Verständnis schwierig gestalten kann.[258] Hinzu kommen die sog. Simultaneität[259] von Dienstleistungen, da die Erbringung und der Konsum »an einem Ort und in einem Zug« erfolgen, sowie die Immaterialität der Dienstleistung, d. h. ihre Nichtkörperlichkeit.[260]

Dienstleistungen werden auch als Ko-Produktion zwischen Dienstleister und Empfänger angesehen,[261] sodass ein externer Faktor einbezogen ist (Integrativität der Dienstleistung). Die Dienstleistung bedarf des Einsatzes des Dienstleistungserbringers und des Kunden (Personalität der Dienstleistung). Gleichzeitig führt diese Personalität zu Unsicherheiten mit Blick auf die Vorabbeurteilung der Qualität.[262] So handelt es sich um einen interaktiven Prozess bei der Dienstleistung und die Qualität hängt von der Leistung des Dienstleisters und den Erwartungen des Kunden ab. Dienstleistungen sind somit stärker durch menschliches Verhalten geprägt.[263] Hier zeigt sich die Interaktivität der Dienstleistung.[264]

Zunächst bilden die Vorstellungen der Dienstleister von der Normung eine Herausforderung. So verbinden Dienstleister Normung manchmal mit einem »Korsett«, das Innovationen und die individuelle Anpassung einer Dienstleistung an den Kunden verhindert. Teilweise wird befürchtet, dass Dienstleis-

255 Hierzu näher *Reimer*, Qualitätssicherung, S. 41 f.

256 DIN Normungsroadmap, S. 42; *Reimer*, Qualitätssicherung, S. 41.

257 *Reimer*, Qualitätssicherung, S. 41.

258 Ziffer 4.1 CEN Strategic Plan. Der CEN Strategic Plan sieht deswegen eine Notwendigkeit, den Dienstleistungsbereich zu strukturieren, um sich den einzelnen Bereichen richtig zuzuwenden und dem möglichen Normungsbedarf gerecht zu werden. Die Deutsche Normungsroadmap Dienstleistungen unterteilt den Dienstleistungssektor in 18 Felder und enthält Handlungsempfehlungen für die jeweiligen Bereiche, siehe DIN Normungsroadmap, S. 7, 22, 47 ff.

259 Begriff nach *Rheinbay/Günther*, in: *Bruhn/Stauss*, Dienstleistungsqualität, S. 107 (109). Siehe *Reimer*, Qualitätssicherung, S. 41.

260 *Reimer*, Qualitätssicherung, S. 41.

261 Ziffer 4.2.2 CEN Guide 15:2012.

262 *Reimer*, Qualitätssicherung, S. 41 f.

263 SWD (2016) 186 final, S. 4. Dort auch »...services often involve a more human element.«

264 *Reimer*, Qualitätssicherung, S. 42.

tungsnormen die Unterscheidungsmöglichkeit zwischen Dienstleistungen beenden und nur noch ein Preiswettbewerb um eine einheitliche Dienstleistung stattfindet. Nach dem CEN Strategieplan fehlt infolgedessen auch die Bereitschaft für einen Einsatz am Normungsprozess.[265]

Das fehlende Verständnis für die Vorteile der Normung sieht auch eine Studie der Technopolis Group aus dem Jahr 2012 als eine der Hauptbarrieren für die Dienstleistungsnormung an.[266] Deshalb ist es auch von entscheidender Bedeutung, den Beteiligten die Vorteile der Dienstleistungsnormung aufzuzeigen, wie der vereinfachte Marktzugang und die Festlegung eines grundlegenden Qualitäts- und Sicherheitsniveaus.[267] Da die Studie der Technopolis Group auch mangelnde Zeit, fehlende Ressourcen sowie die Sorge vor hohen Kosten für die Entwicklung, den Kauf und die Verwendung von Normen als Hauptbarrieren identifiziert, ist auch hier die Information der Beteiligten über die Vorzüge der Normung entscheidend. Insbesondere sollen die finanziellen Bedenken unbegründet sein, da nach dem Ergebnis der Studie die Vorteile, die das Verwenden von Dienstleistungsnormen bringen, die Kosten überwiegen.[268]

Mit Blick auf die Heterogenität[269] des Dienstleistungssektors besteht in einer ausgeglichenen Interessenrepräsentation aller Stakeholder bei der Normerstellung eine weitere Herausforderung, insbesondere mit Blick auf den hohen Anteil von Kleinen und Mittelständischen Unternehmen (KMU) im Dienstleistungsbereich.[270]

Angesichts des Problems der fehlenden Erfahrung von Unternehmen bei der Normerstellung betont die Studie der Technopolis Group zu Recht die entscheidende Rolle von Wirtschaftsverbänden und Interessenvertretungen der Industrie bei der Entwicklung von Dienstleistungsnormen. Einsatz und Unterstützung durch diese Organisationen sind für den Erfolg von Normen entscheidend.[271]

Die Begrenzung durch Gesetze bietet eine weitere Herausforderung für die Dienstleistungsnormung. Auch die Normungsorganisationen sind sich dieser

---

265 Ziffer 4.4 CEN Strategic Plan. Dort auch »Service providers sometimes associate ›standardization‹ with a corset…«. Diese Befürchtung greift bereits die Studie der Technopolis Group auf: »… concern that standards would in some way ›fix‹ the services that are provided, forcing companies to compete only on price«, *Technopolis Group*, Study, S. 61.

266 *Technopolis Group*, Study, S. 61.

267 Siehe Ziffer 4.4 CEN Strategic Plan zu den Sorgen von Dienstleistern gegenüber Normung. Der CEN Strategic Plan, S. 9f. führt als Herausforderungen an: Diversity of the services market, special aspects of the services industry, national regulations and framework conditions, individualisation and innovation of services.

268 *Technopolis Group*, Study, S. 61.

269 Hierzu näher *Reimer*, Qualitätssicherung, S. 52f.

270 Näher Ziffer 4.2 CEN Strategic Plan und Kapitel 2.B.I.2.

271 *Technopolis Group*, Study, S. 61. Dort auch noch weitere Ergebnisse der Studie zu den Hindernissen der Dienstleistungsnormung, S. 61f.

Grenze bewusst. So betont die DIN Normungsroadmap, dass Normen nicht im Widerspruch zu gesetzlichen Bestimmungen stehen dürfen und gesetzliche Anforderungen allenfalls konkretisieren können.[272] Auch die europäische Normungsorganisation CEN betont den Vorrang gesetzlicher Regelung vor freiwilligen Normen und sieht im Zusammenspiel von Normung und Gesetzen eine Herausforderung.[273] Konfliktpotential besteht somit durch die europäische Normung, sofern strengere nationale Gesetzesregeln existieren, die Dienstleistungsnormen vorgehen. Einerseits befürchten Mitgliedstaaten mit bereits existierender Gesetzgebung Rechtsunsicherheit und eine Herabsetzung der Dienstleistungsqualität durch Normungsaktivitäten. Die gesetzlichen Vorgaben in den Mitgliedstaaten unterscheiden sich jedoch andererseits zum Teil erheblich, sodass in Ländern ohne gesetzliche Regelungen Dienstleistungsnormen Bedeutung erlangen können.[274] Sofern in einem Mitgliedstaat keine gesetzlichen Vorgaben bestehen, können Dienstleistungsnormen einen Qualitätsminimumstandard festlegen.[275]

Betont wird das Problem der Unsicherheit und der Herabsetzung eines Qualitätsniveaus insbesondere mit Blick auf Gesundheitsdienstleistungen und beruflichen Qualifikationsanforderungen.[276] Da in Deutschland etwa die Bereiche der Gesundheitswirtschaft oder der Bildung stark reglementiert sind, ist das Potential von Normen in diesem Bereich eingeschränkt.[277] Zwar besteht die Möglichkeit, im Vorwort und durch eine A-Abweichung auf vorrangige gesetzliche Regelungen hinzuweisen, jedoch könnte in stark geregelten Bereichen der Umfang der A-Abweichungen den Umfang einer Norm übertreffen. Der Mehrwert einer Dienstleistungsnorm erscheint in diesem Fall fraglich.[278] Diesem Problem kann jedoch ein Einwand entgegengehalten werden. Auch wenn in einem Mitgliedstaat nationale gesetzliche Vorschriften existieren, die einer

272 DIN Normungsroadmap, S. 12, 15. Nach der DIN Terminologietabelle, Einleitung, S. 3, ergänzen sich Dienstleistungsnormen und zwingende Rechtsvorschriften. Zwingende Rechtsvorschriften bilden einen »Gestaltungsrahmen« für die Normung von Dienstleistungen.

273 Ziffer 4.3 CEN Strategic Plan. Ebenso DIN Normungsroadmap S. 15.

274 Ziffer 4.3 CEN Strategic Plan; DIN Normungsroadmap, S. 46f.

275 So noch Ziffer 4.3 CEN Strategy Draft.

276 Ziffer 4.3 CEN Strategic Plan; DIN Normungsroadmap, S. 45f. Für die Erarbeitung von Standards hinsichtlich Berufs- und Personalqualifikation hat CEN einen Leitfaden herausgegeben: CEN Guide 14:2010 »Common policy guidance for addressing standardization on qualification of professions and personnel«. Auf das Konkurrenzverhältnis zu »etablierten Qualitätsstandards des deutschen nationalen Berufsrechts« weist DIN Normungsroadmap, S. 15 hin. Siehe auch *Busch*, der freie Beruf 1-2/2014, 6.

277 DIN Normungsroadmap, S. 47. Zum verbleibenden Potential für die Dienstleistungsnormung trotz gesetzlicher Regelungen: Ziffer 4.3 CEN Strategic Plan. Siehe auch DIN Normungsroadmap, S. 48f.: Bei Bildungsdienstleistungen sieht das BMWI Normungspotential fast nur im non-formalen Bildungsbereich.

278 DIN Normungsroadmap, S. 15, 47.

Dienstleistungsnorm vorgehen, können Dienstleistungsnormen im grenzüberschreitenden Dienstleistungsverkehr Bedeutung erlangen.[279] Hier können Dienstleistungsnormen den bereits erwähnten Mindeststandard[280] festlegen. Betont wird mit Blick auf die Dienstleistungsnormen, dass gesetzliche Regelungen schon bei der Prüfung eines Normenantrags sowie bei der Normungsarbeit berücksichtigt werden müssen, um das Normungspotential für einen Dienstleistungsbereich zu beurteilen.[281]

Die Normungsorganisationen sehen zudem die Notwendigkeit der Einbeziehung der wesentlichen Stakeholder in den Normungsprozess, um eine weitreichende Akzeptanz zu erreichen.[282]

So wird Dienstleistungsnormung nicht von allen Branchen begrüßt. In einigen Dienstleistungsbereichen stößt die Normung von Dienstleistungen auf besonderen Widerstand. Der Bundesverband der Freien Berufe betont mit Blick auf die Dienstleistungen der freien Berufe die »geistig-schöpferische[n] Individuallösungen«.[283] Auch die Bundesarchitektenkammer lehnt die Festlegung von Dienstleistungsmerkmalen in Dienstleistungsnormen mit Blick auf die »individuelle[] Planungsaufgabe« ab.[284] Hier zeigt sich das fehlende Verständnis für die Vorteile der Dienstleistungsnormung bzw. die Empfindung, dass Normen ein »Korsett« darstellen und die individuelle Anpassung einer Dienstleistung verhindern.[285]

Auch im Tourismusbereich wird Normung Widerstand entgegengebracht, wenn Normungsversuche »von oben nach unten« ohne die Unterstützung der Branche unternommen werden, um eigene Interessen durchzusetzen, so etwa von Zertifizierungsunternehmen.[286] Auch weist die Organisation HOTREC, die Hotels, Cafés und Restaurants auf europäischer Ebene vertritt, auf die Heterogenität des Gastgewerbes hin. Eine ausreichende Transparenz im Hotelbereich sei auch durch Onlinebewertungswebsites gegeben, sodass Normung nicht erforderlich sei. Zudem bestehen Bedenken hinsichtlich der Beteiligung der Stakeholder.[287]

---

279 DIN Normungsroadmap S. 15, 48. Der DIN Verbraucherrat betont die Verbraucherrelevanz bei grenzüberschreitenden Dienstleistungen.

280 So noch Ziffer 4.3 CEN Strategy draft.

281 DIN Normungsroadmap, S. 47.

282 Siehe DIN Normungsroadmap, S. 7.

283 Näher *Bundesverband der Freien Berufe*, in DIN Normungsroadmap, S. 51.

284 Näher zur Kritik und möglichem Potential von Dienstleistungsnormen *Bundesarchitektenkammer*, in DIN Normungsroadmap, S. 52.

285 Ziffer 4.4 CEN Strategic Plan.

286 Näher *Hotelverband Deutschland*, in DIN Normungsroadmap, S. 65.

287 Näher *van Leeuwen*, Services, S. 135ff. zum Widerstand der Organisation HOTREC.

Auf besondere Kritik stößt die Normung von Gesundheitsdienstleistungen.[288] Hierzu sind bereits einige Normen veröffentlicht.[289] So existiert u.a. eine Dienstleistungsnorm zu Chiropraktikern,[290] zur Gesundheitsversorgung in der Osteopathie[291] oder zur Homöopathie.[292] Auch bestehen Normen und Normentwürfe zur ästhetischen Chirurgie und Medizin.[293]

Ein Kritikpunkt betrifft zunächst die Kompetenz zur Festlegung von europäischen Normen. Bedenken bestehen angesichts einer rechtlichen Verbindlichkeit von Normen durch vertragliche Bezugnahme oder gesetzliche Verweisung.[294] Nach Art. 168 VII AEUV wird bei der Tätigkeit der Union die Verantwortung der Mitgliedstaaten für die Festlegung ihrer Gesundheitspolitik sowie für die Organisation des Gesundheitswesens und die medizinische Versorgung gewahrt. Die Verantwortung der Mitgliedstaaten umfasst nach Art. 168 VII S. 2 AEUV die Verwaltung des Gesundheitswesens und der medizinischen Versorgung sowie die Zuweisung der dafür bereitgestellten Mittel. Nach Ansicht der Bundesärztekammer liegt mit der Normung der Gesundheitsdienstleistungen ein Eingriff in das Recht der Mitgliedstaaten vor.[295]

Nach Art. 10 I VO Nr. 1025/2012 kann die Kommission im Rahmen ihrer in den Verträgen festgelegten Befugnisse ein oder mehrere Normungsorganisationen mit der Erarbeitung einer europäischen Norm beauftragen. Auch Dienstleistungsnormen können beauftragt werden, wobei nach ErwGr 12 die Zuständigkeitsverteilung zwischen der EU und den Mitgliedstaaten zu beachten ist. Hier wird auch auf Art. 168 AEUV verwiesen.[296] Die europäische Normung von Gesundheitsdienstleistungen verstößt nach Ansicht der Kritiker gegen Art. 168 VII AEUV. Auf europäischer Ebene sei keine Kompetenz gegeben. Zudem liege ein

288 Siehe etwa *Bundesärztekammer*, Dossier 10.04.2014; *Bundesärztekammer*, in DIN Deutsche Normungsroadmap Dienstleistungen, S. 54f.; *Wienke/Kuball*, MedR (2016) 34, 301ff.

289 Zu den Beispielen, damals noch im Entwurfsstadium oder als Arbeitsprojekt *Wienke/Kuball*, MedR (2016) 34, 301(302) und *Bundesärztekammer*, Dossier 10.04.2014, S. 6 zu Arbeitsprojekten.

290 DIN EN 16224:2015-03 Bereitstellung von Gesundheitsdienstleistungen durch Chiropraktiker.

291 DIN EN 16686: 2015 Osteopathische Gesundheitsversorgung.

292 DIN EN 16872:2017-02 Dienstleistungen von Ärzten mit Zusatzqualifikation in Homöopathie – Anforderungen an die Gesundheitsversorgung durch Ärzte mit Zusatzqualifikation in Homöopathie.

293 DIN EN 16372:2013-05 – Entwurf, Ästhetische Chirurgie und ästhetische nicht-chirurgische ärztliche Dienstleistungen. Ablehnend zum Normentwurf aus dem Jahr 2012 *Bundesärztekammer*, Stellungnahme 13.03.2012. Siehe auch DIN EN 16844:2018-08 Dienstleistungen in der ästhetischen Medizin – Nicht-chirurgische, medizinische Behandlungen.

294 *Bundesärztekammer*, Deutsches Ärzteblatt 20.11.2015, S. 8.

295 *Bundesärztekammer*, Deutsches Ärzteblatt 20.11.2015, S. 8. Gegen einen Konflikt mit Art. 168 AEUV: *van Leeuwen*, Services, S. 96f.

296 Hierauf weist *Bundesärztekammer*, Deutsches Ärzteblatt 20.11.2015, S. 9 hin.

Verstoß gegen die Ländergesetzgebungskompetenz vor, da Berufsausübungsregeln den Ländern obliegen.[297]

Mit Blick auf Dienstleistungsnormen betont der CEN Guide 15:2012, dass »europäische Standards keine Themen behandeln dürfen, die – nach dem Subsidiaritätsprinzip – eindeutig in den Regelungsbereich der Mitgliedstaaten gehören, es sei denn, dies wird ausdrücklich von der nationalen Behörde unterstützt.«[298] Die Einhaltung dieser Selbstverpflichtung wird von der Bundesärztekammer angezweifelt.[299]

Ein weiterer Kritikpunkt bezieht sich auf die Besonderheiten des Gesundheitsbereichs. Gesundheitsdienstleistungen zeichneten sich u.a. durch Individualität, persönliches Engagement und Einfühlungsvermögen aus. Eine Standardisierung könne den Besonderheiten, insbesondere der fachlichen und sozialen Komplexität sowie der Bedeutung für das Individuum, nicht gerecht werden. Zudem werde das Recht des Patienten auf eine individuelle Behandlung nicht mehr gewährleistet.[300]

Eine Gefahr für die Qualität von Gesundheitsdienstleistungen wird insbesondere in europäischen Normen gesehen. So weisen *Wienke/Kuball* auf den hohen qualitativen Standard in Deutschland hin, der durch europäische Normen mit Minimalanforderungen verfehlt werden könnte. Die europäischen Normen könnten im Widerspruch zu innerstaatlichen Vorschriften oder Regelwerken stehen. Eine Ausrichtung an unzulänglichen Normen bedrohe die Qualität der medizinischen Versorgung.[301] Die Normung führe zu »Rechtsunsicherheit und erheblichen Friktionen mit nationalem Berufs- und Haftungsrecht«.[302] Mit dem Hinweis auf den Sachverstand der Berufsorganisationen, die die Qualitätsregelung sichern sollen,[303] wird bereits ein weiterer Kritikpunkt angedeutet. Dieser betrifft die Zusammensetzung der Normungsgremien. Während ärztliche Leitlinien der Arbeitsgemeinschaft der Wissenschaftlichen Medizinischen Fachgesellschaften e.V. (AWMF), denen auch keine automatische Verbindlichkeit zukommt, von Fachleuten erarbeitet werden, seien bei CEN Personen ohne medizinische Fachkenntnis an der Erstellung von Normen beteiligt, wie *Wienke/*

297 *Wienke/Kuball*, MedR (2016) 34, 301 (303); *Bundesärztekammer*, Deutsches Ärzteblatt 20.11.2015, S. 8f.; Ausführlich hierzu auch *Bundesärztekammer*, Dossier 10.04.2014, S. 11ff.

298 Übersetzung aus *Bundesärztekammer*, Deutsches Ärzteblatt 20.11.2015, S. 9; siehe CEN Guide 15:2012, S. 13. Die Bestimmungen, auf die der CEN-Guide verweist, existieren jedoch nicht mehr.

299 *Bundesärztekammer*, Deutsches Ärzteblatt 20.11.2015, S. 9.

300 *Bundesärztekammer*, Dossier 10.04.2014, S. 10f.

301 *Wienke/Kuball*, MedR (2016) 34, 301 (301, insbes. 304).

302 *Bundesärztekammer*, DIN Normungsroadmap, S. 55.

303 *Bundesärztekammer*, DIN Normungsroadmap, S. 55.

Kuball betonen.[304] Ob angesichts dieses erbitterten Widerstands Dienstleistungsnormen im Gesundheitsbereich Potential haben, erscheint fraglich.

Ferner kann als weiterer Kritikpunkt an der Dienstleistungsnormung ein Argument genannt werden, das generell gegen die Ko- und Selbstregulierung eingebracht wird: die Privatisierung des Rechts.[305] Daneben befürchten einige Wirtschaftsakteure, dass Normen im Laufe der Zeit zu verbindlichen Regelungen erstarken können.[306] Auf der anderen Seite kann in dieser Möglichkeit auch ein Vorteil gesehen werden. Die Ko- und Selbstregulierung stellt sich insofern als ein »Experimentierfeld«[307] dar. Ansätze können später in rechtliche Regelungen umgewandelt werden, während voreilige gesetzliche Maßnahmen unterbleiben.[308]

Abschließend lässt sich festhalten, dass die Normung von Dienstleistungen vor spezifischen Herausforderungen steht. So zeichnen sich Dienstleistungen durch besondere Merkmale aus. So sind Dienstleistungen u. a. ein interaktiver Prozess und vom Dienstleister und Kunden abhängig.[309] Mit Blick auf die Normung erweist es sich als schwieriger als im Bereich der Produktnormung, sich auf ein gemeinsames Verständnis zu einigen, da technische Fragen nicht im Vordergrund stehen.[310] Daneben besteht eine Herausforderung darin, Dienstleister von den Vorteilen der Dienstleistungsnormung zu überzeugen und sie für eine Beteiligung im Normungsverfahren zu gewinnen.

---

304 *Wienke/Kuball*, MedR (2016) 34, 301 (305).

305 *Spindler/Thorun*, MMR-Beilage 2016, Heft 6, 1 (12) zu den Argumenten gegen die Ko- und Selbstregulierung. Weitere Nachweise zur Kritik an der Selbstregulierung bei *Buck-Heeb/Diekmann*, Selbstregulierung, S. 2. Zur Privatisierung des Rechts *Köndgen*, AcP 206 (2006), 477ff.

306 Siehe *Delimatsis*, ELR 41 (2016), 513 (520) mit Blick auf Normen.

307 *Spindler/Thorun*, MMR-Beilage 2016, Heft 6, 1 (12). Siehe auch *Metz*, VuR 2012, 85 (86) zu Selbstverpflichtungen als »Experimentierfelder«.

308 *Spindler/Thorun*, MMR-Beilage 2016, Heft 6, 1 (12). In diese Richtung auch DIN Workshop Ergebnis Services made in Germany – Erfolg durch Normung, in DIN Normungsroadmap, S. 50 zu Call Center Dienstleistungen: »Empfehlungen aus dem Bereich (…) adressieren eine sinnvolle Normung zu Selbstregulierung, bevor der Gesetzgeber Regelungen vorgibt.«

309 SWD (2016) 186 final, S. 4; *Reimer*, Qualitätssicherung, S. 42.

310 Siehe dazu *van Leeuwen*, Services, S. 55.

Kapitel 2

A. Die Rechtsnatur von Dienstleistungsnormen

I. Rechtsetzungsbefugnis von Normungsorganisationen?

Die rechtliche Prägung von Dienstleistungsnormen und die Ähnlichkeiten zu dispositivem Gesetzesrecht[311] werfen die Fragen nach der Rechtsnatur von Dienstleistungsnormen sowie nach einer etwaigen Rechtsetzungsbefugnis von Normungsorganisationen auf.

Eine originäre oder eine abgeleitete Befugnis zur Rechtsetzung kommt privaten Normungsorganisationen wie dem Deutschen Institut für Normung (DIN) jedoch nicht zu.[312] So betont der BGH, dass dem DIN »keine hoheitlichen Befugnisse übertragen« worden sind und die Normen des DIN keine Rechtsvorschriften sind.[313]

Wenn auf europäischer Ebene zwar Streit über die Befugnisse der europäischen Normungsorganisationen im Bereich des New Approach bestehen,[314] stellt sich diese Frage bisher nicht mit Blick auf Dienstleistungsnormen.

Beim New Approach bzw. der Neuen Konzeption legt eine Richtlinie die grundlegenden (Sicherheits-) Anforderungen fest. Detaillierte Regelungen sind in technischen Normen enthalten, die auf der Grundlage von Normungsmandaten der Europäischen Kommission von europäischen Normungsorganisationen erstellt werden. Die Fundstelle der Norm wird im Amtsblatt der EU veröffentlicht. Die technischen Normen haben einen freiwilligen Charakter, sodass ihre Einhal-

311 *Busch*, NJW 2010, 3061.

312 *Huth*, Bedeutung, S. 73f.: *Marburger*, Regeln der Technik, S. 330ff., 337. So auch BVerwG NVwZ-RR 1997, 214 zur fehlenden Rechtsetzungsbefugnis des Deutschen Instituts für Normung. AA wohl *Ziegler*, DS 2014, 8: »Auch hat die Rechtsetzungsbefugnis von demokratisch nicht legitimierten Gremien in diesem Bereich wohl bereits gewohnheitsrechtlich Verfassungsrang.«

313 BGH NJW 1987, 2222 (2223).

314 Dazu Kapitel 3.C.I.1.

tung nicht verpflichtend ist. Bei Übereinstimmung mit den technischen Normen besteht jedoch eine Vermutungswirkung, dass ein Produkt den grundlegenden Anforderungen der Richtlinie entspricht.[315] Eine Aktualisierung des New Approach erfolgte durch Verordnungen in den Jahren 2008 und 2012,[316] ohne dass die Grundsätze geändert wurden.[317] Nach Art. 2 Nr. 1 c) VO Nr. 1025/2012 ist eine »harmonisierte Norm« eine europäische Norm, die auf der Grundlage eines Auftrags der Kommission zur Durchführung von Harmonisierungsvorschriften der Union angenommen wurde.[318] Ein New Approach existiert jedoch bisher nicht im Dienstleistungsbereich.[319]

II. Dienstleistungsnormen als Gewohnheitsrecht?

Mit Blick auf die Rechtsnatur besteht eine weitere Einordnungsmöglichkeit darin, Dienstleistungsnormen als Wiedergabe von Gewohnheitsrecht anzusehen. Dieses umfasst das ungeschriebene[320] »durch einen allgemeinen, normalerweise durch Übung manifestierten Rechtsgeltungswillen der Gemeinschaft erzeugte Recht«.[321] Das Bundesverfassungsgericht definiert Gewohnheitsrecht als »Recht, das nicht durch förmliche Setzung, sondern durch längere tatsächliche Übung entstanden ist, die eine dauernde und ständige, gleichmäßige und allgemeine

315 Zu den Grundprinzipien der Neuen Konzeption: Entschließung des Rates vom 7. Mai 1985 über eine neue Konzeption auf dem Gebiet der technischen Harmonisierung und der Normung, Anhang II Leitlinien einer Neuen Konzeption für die Technische Harmonisierung und Normung, ABl. 1985 Nr. C 136/2, 3; *van Leeuwen*, Services, S. 41f. *Röthel*, JZ 2007, 755 (758f.); *Gnes*, LIEI 44 no. 4 (2017), 367 (367f.).

316 Verordnung (EG) Nr. 764/2008 des Europäischen Parlaments und des Rates vom 9. Juli 2008 zur Festlegung von Verfahren im Zusammenhang mit der Anwendung bestimmter nationaler technischer Vorschriften für Produkte, die in einem anderen Mitgliedstaat rechtmäßig in den Verkehr gebracht worden sind, und zur Aufhebung der Entscheidung Nr. 3052/95/EG, ABl. 2008 L 218/21; Verordnung (EG) Nr. 765/2008 des Europäischen Parlaments und des Rates vom 9. Juli 2008 über die Vorschriften für die Akkreditierung und Marktüberwachung im Zusammenhang mit der Vermarktung von Produkten und zur Aufhebung der Verordnung (EWG) Nr. 339/93 des Rates, ABl. 2008 L 218/30; Beschluss Nr. 768/2008/EG des Europäischen Parlaments vom 9. Juli 2008 über einen gemeinsamen Rechtsrahmen für die Vermarktung von Produkten und zur Aufhebung des Beschlusses 93/465/EWG des Rates, ABl. 2008 L 218/82; Verordnung Nr. 1025/2012; *Lundqvist*, LIEI 44 no. 4 (2017), 421 (426).

317 *Lundqvist*, LIEI 44 no. 4 (2017), 421 (426). Siehe zur Überarbeitung des New Approach auch *Senden*, LIEI 44 no. 4 (2017), 337 (339) und *Eliantonio/Medzmariashvili*, LIEI 44 no. 4 (2017), 323 (325).

318 Siehe auch *Senden*, LIEI 44 no. 4 (2017), 337 (341) zu harmonisierten Normen.

319 *Van Leeuwen*, Services, S. 146.

320 *Marburger*, Regeln der Technik, S. 337.

321 *Enneccerus/Nipperdey*, Allgemeiner Teil des Bürgerlichen Rechts, § 38 I; aufgegriffen bei BGH NJW 1958, 709; *Marburger*, Regeln der Technik, S. 337.

sein muß und von den beteiligten Rechtsgenossen als verbindliche Rechtsnorm anerkannt wird«.[322]

Das Entstehen von Gewohnheitsrecht verlangt somit eine langandauernde Übung und die Überzeugung der Verkehrskreise, geltendes Recht mit der Anwendung zu befolgen.[323]

Die Einordnung von technischen Normen als Gewohnheitsrecht wird überwiegend abgelehnt.[324] So sei bereits das erste Erfordernis der langandauernden Übung regelmäßig nicht gegeben. Der technische Fortschritt sei kennzeichnend für die Technik und verlange eine fortlaufende Anpassung der Normen an neue Entwicklungen und den neuen Stand der Technik.[325]

Für den Bereich der Dienstleistungsnormung scheint die ständige Anpassungsnotwendigkeit an neuere Entwicklungen zunächst nicht so stark ausgeprägt zu sein wie bei der technischen Normung.

So unterliegen z. B. vorvertragliche Informationspflichten und das vertragliche Pflichtenprogramm nicht einer besonders dynamischen Entwicklung. Die europäische Norm zu Umzugsdiensten für Privatpersonen DIN EN 12522-1 stammt aus dem Jahr 1998. Zwar finden sich auch neuere Dienstleistungsnormen, bei denen relativ zügig nach einer Veröffentlichung Änderungen vorgenommen wurden. So ersetzt DIN EN 15733:2011-07 zu Dienstleistungen von Immobilienmaklern die Vorgängerfassung DIN EN 15733:2010-04. Jedoch handelt es sich nur um eine marginale Änderung, da lediglich ein Wort korrigiert wurde.[326] Überhaupt scheinen Änderungen von Dienstleistungsnormen gegenüber Vorgängerversionen nicht von großer Tragweite zu sein. So werden Überschriften oder Begrifflichkeiten geändert,[327] andere Strukturierungen vorgenommen[328] oder Abschnitte überarbeitet/allgemeiner formuliert.[329] Vereinzelt

322 BVerfGE 22, 114 (121) = NJW 1967, 2051 (2052).

323 *Breulmann*, Normung, S. 70 und *Wiesendahl*, Technische Normung, S. 205 für das ungeschriebene Gemeinschaftsrecht; *Marburger*, Regeln der Technik, S. 337; *Maurer/Waldhoff*, Verwaltungsrecht, § 4 Rn. 29.

324 *Marburger*, Regeln der Technik, S. 337 ff. mwN; *Mohr*, Normen, S. 21 f.; *Plischka*, Sicherheitsrecht, S. 44 zu technischen Regeln; *Backherms*, DIN, S. 64 f. zu DIN Normen; *Breulmann*, Normung, S. 71 ff. und *Wiesendahl*, Technische Normung, S. 205 f. gegen eine Einordnung von europäischen (technischen) Normen als europäisches Gewohnheitsrecht.

325 *Breulmann*, Normung, S. 71 und *Wiesendahl*, Technische Normung, S. 205 zu europäischen technischen Normen; *Marburger*, Regeln der Technik, S. 338 f.

326 DIN EN 15733:2011-07, Nationales Vorwort, S. 2.

327 DIN 33961-3:2014-12 Fitness-Studio – Anforderungen an Studioausstattung und -betrieb – Teil 3: Gruppentraining, S. 3 Vorwort, Änderungen: Überschriften ersetzt (lit c, e); DIN 77400:2015:09, Reinigungsdienstleistungen – Schulgebäude – Anforderungen an die Reinigung, S. 3, Vorwort, Änderungen: Begriffsteil überarbeitet und ergänzt (lit a), Aktualisierung der Anschriftenliste (lit e).

328 DIN 33961-1:2015-11, S. 4, Vorwort, Änderungen: Abschnitt 5 teilweise in neuen Abschnitt 4 ausgegliedert (lit b); Abschnitt 7 teilweise in neuen Teil 4 ausgegliedert (lit d).

werden jedoch auch neue Pflichten eingeführt,[330] Anforderungen ergänzt und die Leistungsbeschreibung überarbeitet.[331] Wurde in der Norm zu Sicherungsdienstleistungen in der Version von 2008 u. a. der Anwendungsbereich genauer bestimmt,[332] erfolgte in der nachfolgenden Ausgabe von 2017 eine umfassende Überarbeitung. Gegenüber der Vorgängerversion wurde die Norm neben einer Titeländerung von Grund auf überarbeitet und in drei Teile aufgeteilt. Weiterhin wurde der Abschnitt zu »Geld und Wertdiensten« aus der Norm entfernt.[333] Abgesehen von grundlegenden Überarbeitungen handelt es sich jedoch häufig um geringfügige Änderungen. Die grundlegenden Pflichten werden nicht umgestaltet. Auch kommen in der neueren Fassung der Norm zu Sicherheitsdienstleistungen wiederkehrende Elemente im Vergleich zur Vorgängerversion zum Vorschein. So werden bestimmte Aspekte genauer spezifiziert[334] oder können in ähnlicher Weise wiedergefunden werden.[335]

Angesichts sich ändernder Marktumstände oder Gepflogenheiten im Dienstleistungsbereich werden aber auch Dienstleistungsnormen zu einem gewissen Zeitpunkt veralten. So müssen (nationale) DIN-Normen vom zuständigen Arbeitsausschuss nach Ziffer 7 DIN 820-4:2014-06 spätestens alle 5 Jahre überprüft werden und gegebenenfalls inhaltlich überarbeitet oder zurückgezogen werden.[336]

Viele Dienstleistungsnormen existieren jedoch unverändert seit mehreren Jahren, so die Norm zu betreutem Wohnen seit 2006 (DIN 77800:2006-09), zu Anbietern von Sprachreisen seit 2005 (DIN EN 14804:2005-09) und zu Kosmetikdienstleistungen in Parfümerien seit 2004 (DIN 77600:2004-07).

Wenn bei Dienstleistungsnormen zwar geringfügiger Anpassungsbedarf bestehen kann, zeigt sich jedoch, dass eine Änderung über mehrere Jahre hinweg

---

329 DIN 15750:2013-04, S. 3 Vorwort, Änderungen: z. B. Abschnitt »Anforderungen an das Personal« allgemeiner formuliert (lit b); Abschnitt »Organisationsstruktur« überarbeitet (lit a).

330 DIN 15750:2013-04, S. 3, Vorwort, Änderungen: Pflicht zur Dokumentation eingeführt (lit c).

331 DIN 77400:2015-09, S. 3, Vorwort, Änderungen: Anforderungen an die Auftraggeber/Leistungsempfänger ergänzt (lit b), Überarbeitung der Leistungsbeschreibung für die Reinigung in Schulgebäuden (lit c).

332 DIN 77200:2008-05, S. 4, Vorwort, Änderungen: z.B Spezifizierung des Anwendungsbereichs (lit b).

333 DIN 77200-1:2017-11 Vorwort Änderungen lit a), b), c).

334 Siehe etwa zu Versicherungen Ziffer 4.2 DIN 77200:2008-05 und Ziffer 4.3 DIN 77200-1:2017-11 oder zu Subunternehmern: Ziffer 4.10 DIN 77200:2008-05 und Ziffer 4.13 DIN 77200-1:2017-11.

335 Ziffer 4.5 DIN 77200:2008-05 und Ziffer 4.9 DIN 77200-1:2017-11 (Geschäftsräume); Ziffer 4.9 DIN 77200:2008 und Ziffer 4.12 DIN 77200-1:2017-11 (Dienstanweisungen).

336 Vgl. auch *Marburger*, Regeln der Technik, S. 338 zu technischen Normen: »So unterschiedlich die Geltungsdauer und der Anpassungsrhythmus bei verschiedenen Normenarten auch sein mögen, festzuhalten bleibt, daß prinzipiell alle im Laufe der Zeit veralten und angepaßt werden müssen.«

nicht notwendig erscheint. Jedoch variiert die Notwendigkeit einer Anpassung auch nach dem jeweiligen Dienstleistungsbereich. Eine Einschränkung mit Blick auf eine geringere Anpassungsbedürftigkeit ist wohl für technische Dienstleistungen zu machen. Denn die Digitalisierung und neue Geschäftsmodelle, die auch gerade Herausforderungen des Dienstleistungsbereichs darstellen,[337] werden dazu führen, dass im Bereich der Dienstleistungsnormung stärkerer Anpassungsbedarf bestehen wird. Wenn immer mehr Dienstleistungen online erbracht werden,[338] wird sich die Digitalisierung auch auf die Aktualisierungsnotwendigkeit von Dienstleistungsnormen auswirken. Als Beispiel für derartige Normen kann die ISO-Norm zu Onlinekundenbewertungen[339] dienen.[340] Insofern wird auch die Digitalisierung die Dienstleistungsnormung und den Anpassungsbedarf verändern.

Bisher zeigt sich jedoch, dass einige Dienstleistungsnormen über mehrere Jahre unverändert bestehen können, was einen Vorteil gegenüber der technischen Normung mit Blick auf das Erfordernis der dauernden Übung für das Entstehen von Gewohnheitsrecht bedeuten könnte.

Denn problematisch mit Blick auf die dauernde Übung bei der technischen Norm ist, dass bei einer Änderung die vorherige Ausgabe für die Berechnung nicht einbezogen werden könnte. Auch darf der Anfang der dauernden Übung nicht mit dem Ausgabedatum der Norm gleichgestellt werden. Gewohnheitsrecht verlangt, dass Verhaltensweisen in den beteiligten Kreisen regelmäßig gleichförmig befolgt werden. Die Berechnung kann erst beginnen, wenn die Norm mehrheitlich befolgt wird und Abweichungen die Ausnahme bilden.[341] Das Ausgabedatum kann höchstens entscheidend sein, wenn eine technische Norm »allgemeingebräuchliche technische Verfahrensweisen« wiedergibt.[342]

Ob bei der Dienstleistungsnormung im Falle einer Terminologieänderung oder Überschriftüberarbeitung die vorherige Laufzeit der alten Dienstleistungsnorm für das Erfordernis der langandauernden Übung nicht hinzugerechnet werden könnte, erscheint fraglich, da in diesem Fall keine Pflichten geändert werden.

Gegen die Annahme einer langandauernden Übung spricht bei Dienstleistungsnormen jedoch der folgende Aspekt: Letztlich sind Dienstleistungsnormen

337 Ziffern 2.1 und 2.3 CEN Strategic Plan.

338 Siehe Ziffer 2.1 CEN Strategic Plan.

339 ISO 20488:2018-06 (Onlinekundenbewertungen – Grundsätze und Anforderungen für die Erhebung, Moderation und Veröffentlichung).

340 Der CEN Strategic Plan weist in Ziffer 2.2 ebenfalls auf die damalige Normungsinitiative mit Blick auf die Herausforderungen des Dienstleistungsbereichs in Form des geänderten Kundenverhaltens hin.

341 Zu diesem Problempunkt *Marburger*, Regeln der Technik, S. 338f.

342 *Marburger*, Regeln der Technik, S. 339.

in der Anzahl und in der Praxis noch nicht derart verbreitet[343], dass eine Abweichung die Ausnahme bildet.[344] Bereits bei den technischen Normen ist eine derartige Reichweite selten,[345] sodass diese Annahme wohl erst Recht für die weniger verbreiteten Dienstleistungsnormen gilt.

Auf der anderen Seite sind an der Erstellung von Dienstleistungsnormen hauptsächlich Wirtschaftsvertreter beteiligt.[346] Wenn in einer Dienstleistungsnorm die Leistung des Dienstleisters beschrieben wird, könnte es sich um die Wiedergabe einer allgemeingebräuchlichen Verhaltensweise halten. In diesem Fall wäre, wie *Marburger* feststellt, das Ausgabedatum entscheidend für die Berechnung der langdauerenden Übung.[347]

Ebenso wie bei technischen Normen sind Dienstleistungsnormen das Ergebnis eines Kompromisses aus verschiedenen Ansichten.[348] Die Ansichten der Wirtschaftsvertreter über die Leistungserbringung durch den Dienstleister werden divergieren. Zudem fließen in die Norm auch die Erwägungen der übrigen Normersteller ein, z. B. der Verbrauchervertreter. Auch ist der Wertungscharakter von Dienstleistungsnormen stärker ausgeprägt als bei technischen Normen,[349] da menschliches Verhalten im Umgang miteinander beurteilt wird.[350] Von der Wiedergabe einer allgemeingebräuchlichen Verhaltensweise kann daher nicht gesprochen werden.

Somit ist bereits das Erfordernis der langandauernden Übung für das Entstehen von Gewohnheitsrecht abzulehnen. Aber auch das zweite Erfordernis, die Überzeugung von der rechtlichen Gebotenheit, fehlt.[351]

Für Qualitätsnormen im technischen Bereich lehnt *Marburger* die Überzeugung von der rechtlichen Verbindlichkeit ab. Diese würden lediglich aus »wirtschaftlichen Zweckmäßigkeitserwägungen« befolgt.[352] Eine Qualitätsnorm ist eine »Norm, in der die für die Verwendung eines materiellen Gegenstandes

343 Nach Schätzungen sind nur 2 % aller europäischen Normen Dienstleistungsnormen, SWD (2016) 186 final, S. 2. *Van Leeuwen*, Services, S. 152, weist mit Blick auf den Gesundheits- und den Tourismusbereich darauf hin, dass eine Bezugnahme in Verträgen unüblich ist.

344 Zu diesem Erfordernis *Marburger*, Regeln der Technik, S. 338f.

345 *Marburger*, Regeln der Technik, S. 339.

346 So sind 75 % im DIN-Normenausschuss Dienstleistungen Vertreter aus der Wirtschaft, https://www.din.de/de/mitwirken/normenausschuesse/nadl.

347 *Marburger*, Regeln der Technik, S. 339 zu technischen Normen.

348 Zur technischen Normung *Marburger*, Regeln der Technik, S. 339.

349 Dazu noch Kapitel 2.A.III.

350 Siehe dazu auch *Micklitz*, Liber amicorum, S. 483 (499); *van Leeuwen*, Services, S. 55.

351 Siehe *Marburger*, Regeln der Technik, S. 339 zu technischen Normen, *Plischka*, Sicherheitsrecht, S. 44 zu technischen Regeln und DIN-Regeln.

352 *Marburger*, Regeln der Technik, S. 339. Siehe dort auch S. 276.

wesentlichen Eigenschaften beschrieben und objektive Beurteilungskriterien festgelegt sind«.[353]

Die Merkmale dieser Definition sind auf die Dienstleistungsnormen übertragbar, da sie ebenfalls wesentliche Merkmale einer Dienstleistung beschreiben und somit auch Beurteilungsmaßstäbe setzen. Wie Ziffer 5.6 DIN EN 45020:2006 festlegt, bestimmen Dienstleistungsnormen »Anforderungen (...), die durch eine Dienstleistung erfüllt werden müssen, um die Zweckdienlichkeit sicherzustellen«.

Eine Befolgung von Dienstleistungsnormen wird somit ebenfalls aus wirtschaftlichen Erwägungen erfolgen, um etwa dem Kunden ein bestimmtes Dienstleistungsniveau zu demonstrieren.[354] So wird die Überzeugung von der rechtlichen Gebotenheit fehlen.[355]

Somit handelt es sich bei Dienstleistungsnormen nicht um Gewohnheitsrecht.[356] Die europäische Norm zu Unternehmensberatungsdienstleistungen betonte in einer früheren Ausgabe sogar, dass es nicht vorgesehen ist, »als Hinweis auf die Entwicklung des internationalen Gewohnheitsrechts zitiert zu werden«.[357]

Letztendlich kann Gewohnheitsrecht aber auch nicht entgegen der ständigen Rechtsprechung zur Entstehung gelangen.[358] Den Rechtsnormcharakter lehnt die Rechtsprechung für technische Normen ab.[359] Gleiches wird auch für Dienstleistungsnormen gelten.

Denkbar erscheint es jedoch, europäische und internationale Dienstleistungsnormen unter dem Dach der ISO zukünftig als Erscheinungsform des transnationalen Rechts anzusehen. Hierunter ist ein »institutioneller Rahmen für grenzüberschreitende Interaktion, Transaktion und Kommunikation jenseits des Nationalstaats«[360] zu verstehen. Grenzüberschreitende Sachverhalte und die Einbeziehung Privater bei der Normsetzung, -anwendung und -durchsetzung sind hiervon erfasst.[361] Da transnationales Recht seine Grundlage in allgemeinen

---

353 Ziffer 3.5.5 DIN 820-3:2014-06; *Marburger*, Regeln der Technik, S. 46 sowie S. 45 mit Blick auf die damalige DIN 820-3:1975-03.

354 Dieser Aspekt wurde als einer der Hauptvorteile von Dienstleistungsnormen von *Technopolis Group*, Study, S. 59, genannt.

355 Mit Blick auf Sicherheitsnormen genügt aber auch die irrige Überzeugung von der rechtlichen Verbindlichkeit nicht für die Entstehung von Gewohnheitsrecht, hierzu *Marburger*, Regeln der Technik, S. 339.

356 Ablehnend zu überbetrieblichen technischen Normen *Kypke*, Verbraucherinteresse, S. 105; *Nolte*, Rechtliche Anforderungen, S. 134 zu technischen Regeln, *Zubke-von Thünen*, Technische Normung, S. 312; siehe oben Nachweise bei FN. 324.

357 Ziffer 1 DIN EN 16114:2011-12 Unternehmensberatungsdienstleistungen.

358 *Marburger*, Regeln der Technik, S. 340, ebenso *Nolte*, Rechtliche Anforderungen, S. 134.

359 Siehe etwa BGH NJW 2013, 2271 (2272 Rn. 26); s.a. *Maurer*, Regeln der Technik, S. 339f.

360 *Calliess/Maurer*, in: *Calliess*, Transnationales Recht, S. 1 (3).

361 Näher *Calliess/Maurer*, in: *Calliess*, Transnationales Recht, S. 1 (3f.).

Rechtsprinzipien und einer Übung in der Praxis findet,[362] müssten Dienstleistungsnormen hierfür jedoch auch tatsächlich Anwendung finden.

III. Dienstleistungsnormen als private Regelungen mit Empfehlungscharakter

Um einen Hinweis auf die Rechtsnatur von Dienstleistungsnormen zu erlangen, bietet sich ein Blick auf Äußerungen der Rechtsprechung an. DIN-Normen stellen nach Ansicht des BGH keine Rechtsnormen, sondern »private technische Regelungen mit Empfehlungscharakter«[363] dar. Während sich diese Aussage der Rechtsprechung auf technische Normen bezieht, sind Feststellungen über die Rechtnatur von Dienstleistungsnormen noch nicht vorhanden. Da Dienstleistungsnormen jedoch ebenso wie technische Normen von Normungsorganisationen erstellt werden, ist diese Definition abgesehen von dem Fokus auf technische Regelungen übertragbar. Somit handelt es sich auch bei ihnen um private Regelungen mit Empfehlungscharakter.[364] Mangels Rechtsvorschriftencharakters[365] und einer unmittelbaren Verbindlichkeit[366] ist die Einhaltung von Dienstleistungsnormen freiwillig.[367]

Schmidt-Preuß hebt mit Blick auf die technische Normung jedoch die faktische Verbindlichkeit (»de-facto-Verbindlichkeit«) der privaten Regelwerke hervor. Überwiegend werden sie in der Wirtschaft beachtet,[368] da einige Produkte bei fehlender Übereinstimmung mit den Regeln faktisch nicht abgesetzt werden können.[369] Kunden können sich entscheiden, nicht mit Unternehmen Geschäfte zu machen, die für die Nichteinhaltung einer Norm bekannt sind.[370] Ohne die Einhaltung der Norm ist eine Teilnahme am Geschäftsverkehr nicht möglich.[371]

362 Zu diesem Erfordernis und einer genauen Definition transnationalen Rechts *Calliess*, RabelsZ 68 (2004), 244 (254f.); siehe ferner *Viellechner*, in: *Calliess*, Transnationales Recht, S. 57 (70–72) zu transnationalen Regimen.

363 BGH NJW 2013, 2271 (2272 Rn. 26); s.a. BGH NJW 1998, 2814 »private technische Regeln mit Empfehlungscharakter«.

364 *Busch*, der freie Beruf 1-2/2014, 6 (7).

365 BGH NJW 1987, 2222 (2223); BayObLG WM 1993, 287 (288) zu technischen Normen.

366 So zu Schallschutzanforderungen in DIN Normen BayObLG WM 1993, 287 (288).

367 Zur technischen Normung: BGH NJW 1968, 2238 (2240); NJW 1987, 2222 (2223); *Huth*, Bedeutung, S. 74; *Schmidt-Preuß*, in: *Kloepfer*, Selbstbeherrschung S. 89 (90). Ebenso DIN Normungsroadmap, S. 11 zu Normen: »freiwilliges Instrument der Wirtschaft«. Siehe *van Leeuwen*, S. 17 zu europäischen Normen (»not legally binding«).

368 *Schmidt-Preuß* in: *Kloepfer*, Selbstbeherrschung, S. 89 (90).

369 Näher zur faktischen Geltung technischer Regeln *Marburger*, Regeln der Technik, S. 297 f; *Köndgen*, AcP 206 (2006), 477 (484) zur Verbreitung und »faktischen Akzeptanz«. Zur Neuen Konzeption: *Röthel*, JZ 2007, 755 (759); *Roßnagel*, DVBl. 1996; 1181 (1182f.).

370 *Scott*, in: *Cafaggi/Muir-Watt*, Making Private Law, S. 254 (259) zu private legislation.

Von einer faktischen Verbindlichkeit lässt sich insbesondere bei Normen im Rahmen der Neuen Konzeption bzw. des New Approach sprechen.[372] Bei Einhaltung der Normen wird vermutet, dass die grundlegenden Sicherheitsvorschriften der zugrundeliegenden Richtlinie eingehalten wurden. Zwar ist die Einhaltung der Norm nicht zwingend, jedoch ist die Befolgung für Unternehmen der einfachste Weg, Richtlinienkonformität aufzuzeigen.[373] Vor allem entstehen hohe Kosten, wenn die Richtlinienkonformität auf andere Weise als durch Einhaltung der Norm demonstriert werden soll.[374]

Die Entwicklung von Dienstleistungsnormen ist noch nicht in dem Ausmaß wie technische Normen vorangeschritten, sodass eine Befolgung in der Wirtschaft noch nicht stark verbreitet ist.[375] Eine faktische Verbindlichkeit bzw. eine tatsächliche Befolgung von Dienstleistungsnormen ist zurzeit noch nicht gegeben. Aus diesem Grund scheidet auch eine Einordnung als soziale Normen aus. Denn Voraussetzung für diese Zuordnung zu den sozialen Normen sind eine faktische Übung und die Missbilligung bei einem anderen Verhalten.[376]

Auch wenn Dienstleistungsnormen keine Rechtsvorschriften oder soziale Normen darstellen, weisen sie eine starke normative Struktur auf. Diese normative Struktur wird auch für die technische Normung anerkannt.[377] So enthalten technische Normen »imperativ gefaßte Sollenssätze«[378]. Angesichts der Entscheidung für eine bestimmte Lösungsmöglichkeit für ein technisches Problem unter mehreren Optionen drückt die Norm eine Erwartungshaltung für ihre Einhaltung aus.[379] Letztendlich enthält sie eine »Aufforderung«, wie ein bestimmtes Problem »gelöst werden *soll*« und nicht nur »gelöst werden kann«.[380]

---

371 *Scott*, in: *Cafaggi/Muir-Watt*, Making Private Law, S. 254 (259). Dort auch zur Einhaltung von Normen: »compliance with which is a *sine qua non* for businesses.« (Hervorhebung im Original).

372 *Kallestrup*, LIEI 44 no. 4, 381 (389): (»de facto almost as obligatory as legislation in itself«); *Hettne*, LIEI 44 no. 4 (2017), 409 (417); *Schepel*, Private Governance, S. 226.

373 *Hettne*, LIEI 44 no. 4 (2017), 409 (417). *Medzmarishvili*, LIEI 44 no. 4 353 (356f.) weist darauf hin, dass die Einhaltung der einfachste Weg ist, um die CE-Kennzeichnung zu erhalten.

374 *Kallestrup*, LIEI 44 no. 4, 381 (389); *Schepel*, Private Governance, S. 226; *Büthe/Mattli*, Global rulers, S. 17. Siehe auch *van Gestel/Micklitz*, CMLR 50 (2013), 145 (176) zur Notwendigkeit, den Inhalt der Norm zu kennen, um die gesetzlichen Anforderungen auf anderem Weg erfüllen zu können. Ebenso *Hettne*, LIEI 44 no. 4 (2017), 409 (417).

375 Siehe *van Leeuwen*, Services, S. 153: Im Moment gebe es keine empirischen Hinweise darauf, dass Dienstleistungsnormen regelmäßig in Vertragsverhältnissen Anwendung finden.

376 So *Marburger*, Regeln der Technik, S. 362f. Zu einer Definition von sozialen Normen: *Posner*, Law and social norms, S. 34.

377 *Finke*, Auswirkungen, S. 18f.; *Huth*, Bedeutung, S. 73; *Marburger*, Regeln der Technik, S. 287–291, 295; *Pieper*, BB 1987, 273 (277).

378 *Scholz*, FS Juristische Gesellschaft, S. 691 (697); zur Überschätzung der befehlsartigen Struktur aber dort S. 703; *Pieper*, BB 1987, 273 (277); *Finke*, Auswirkungen, S. 18f.

379 *Huth*, Bedeutung, S. 73; *Marburger*, Regeln der Technik, S. 290f.

380 *Marburger*, Regeln der Technik, S. 290; Hervorhebung im Original.

Somit stellen technische Normen »Sollenssätze«[381] dar. Die Regeln der Technik weisen eine rechtssatzartige Struktur auf, indem sie einen abstrakt formulierten Tatbestand mit einer ebenfalls abstrakt formulierten Verhaltensaufforderung verbinden.[382]

Bei Dienstleistungsnormen erscheinen die rechtsatzartige Struktur und der normative Charakter deutlich stärker ausgeprägt zu sein als bei den technischen Normen.[383] Ebenso wie technische Normen enthalten sie Verhaltensregeln.[384]

Zunächst formulieren Dienstleistungsnormen explizite Verhaltenspflichten für das vertragliche Pflichtenprogramm.[385] Mit Blick auf die Dienstleistungserbringung enthalten sie einen Kompromiss zwischen den verschiedenen Ansichten der beteiligten Kreise im Normungsverfahren.[386] Insofern geben sie ebenfalls eine Erwartungshaltung für ihre Einhaltung wieder.

Der stärkere normative Charakter zeigt sich in den Formulierungen von Dienstleistungsnormen. In technischen Regeln werden zwar oft Begriffe wie »dürfen«, »müssen« und »sollen« verwendet, jedoch finden sich auch angesichts der technischen Besonderheiten spezifische Ausdrucksformen wie Zahlen, mathematische Formeln und Symbole. Zwar schließen nach *Marburger* diese technisch-naturwissenschaftlichen Ausdrucksformen auch eine etwaige Rechtsnormqualität nicht aus.[387] Dienstleistungsnormen verzichten jedoch auf naturwissenschaftliche Zeichen oder Symbole als Ausdrucksmittel, sondern bedienen sich der Sprache als Medium. Formulierungen mit »muss/müssen« treten besonders häufig auf.[388] Gerade hier wird der imperative Charakter von Dienstleistungsnormen deutlich, indem Anforderungen an den Dienstleister gestellt werden. Die normative und rechtsatzartige Struktur ist insofern noch stärker ausgeprägt als bei technischen Normen. Insofern ist auch *Micklitz* nicht zuzustimmen, der einen Unterschied in der Formulierung von Gesetzen und Normen

381 *Marburger*, Regeln der Technik, S. 291.

382 *Marburger*, Regeln der Technik, S. 295.

383 Vgl. *Delimatsis*, ELR 41 (2016), 513 (519) zur stärkeren Normativität von »quality service standards« gegenüber »technical standards in services«. Siehe auch *Giannaccari*, Standard Setting, S. 124, wonach die Festlegung von Regeln zur Qualität auch rechtliche Fragen aufwerfe.

384 *Marburger*, Regeln der Technik, S. 298 zu Regeln der Technik.

385 Zum Inhalt von Dienstleistungsnormen siehe Kapitel 1.B.III.1.a).

386 *Marburger*, Regeln der Technik, S. 337 zu technischen Normen.

387 *Marburger*, Regeln der Technik, S. 296.

388 Vgl. etwa Ziffer 3.1 DIN EN 15733:2011-07. »Informationen (...) müssen eindeutig dargestellt werden«; Ziffer 5.2 DIN EN 16775:2016-02 »...muss der ESP (...) folgendes prüfen«; Ziffer 4.3 DIN EN 16686:2015-09 »Osteopathen müssen eine Anamnese des Patienten erheben«; Ziffer 4.6.1 EN 14804:2005 »Der Anbieter von Sprachreisen muss sicherstellen, dass...«.

in der nicht-befehlenden Formulierung von Normen sieht.[389] *Delimatsis* weist zutreffend auf die erhöhte Normativität von Qualitäts-Dienstleistungsnormen hin. In dieser normativen Struktur sieht er auch den Grund, warum sie sich nicht in der gleichen Geschwindigkeit wie technische Normen im Dienstleistungsbereich entwickelten.[390] Zu Unrecht spricht *Delimatsis* jedoch den technischen Normen im Dienstleistungsbereich einen normativen Gehalt ab.[391]

Neben der stärkeren normativen Prägung von Dienstleistungsnormen ist auch die rechtspolitische Wertung stärker als bei den technischen Normen.

Der unterschiedliche Wertungscharakter zeigt sich zunächst in den Diskussionen während des Normungsprozesses, auf die *Van Leeuwen* eingeht. So stehen bei der Produktnormung nach der Neuen Konzeption/New Approach technische und wissenschaftliche Fragen im Vordergrund. Bei der Normung von Dienstleistungen müssen sich die Beteiligten über eine gemeinsame Definition für die Dienstleistungsqualität einigen. So soll die soziale Interaktion zwischen Kunden und Dienstleistern genormt werden, sodass die Diskussion stärker von persönlichen und kulturellen Präferenzen der Beteiligten geprägt ist als von wissenschaftlichen Fragen.[392] So wird soziales Verhalten bewertet und gewichtet.[393] Insgesamt erweist sich die Diskussion als politisierter,[394] sodass eine Einigung zwischen den Beteiligten über eine Dienstleistungsnorm schwieriger zu erreichen ist.[395]

Auch hinsichtlich des Ergebnisses, der Norm selbst, ist der Wertungscharakter bei einer Dienstleistungsnorm stärker ausgeprägt. Bereits bei den technischen Normen wird nicht nur naturwissenschaftlich-technischer Sachverstand wiedergegeben. Mit der Festlegung von Grenzwerten werden auch Wertungen ge-

389 *Micklitz*, Liber amicorum S. 483 (498): »…soft wording, i.e. it does not define how people *must* behave, but how people *should* behave«, (Hervorhebung im Original).

390 *Delimatsis*, ELR 41 (2016), 513 (519).

391 *Delimatsis*, ELR 41 (2016), 513 (519): »…such standards are *facilitative* and typically stripped of any normative content…« (Hervorhebung im Original). Zum Wertungscharakter auch *Reimer*, Qualitätssicherung, S. 205: Auch wenn Qualitätsnormen »die Aura des Technizistischen« hätten, beinhalteten sie Wertungsentscheidungen.

392 *Van Leeuwen*, Services, S. 54f.

393 *Micklitz*, Liber amicorum, S. 483 (499).

394 So zu Recht *van Leeuwen*, Services, S. 54f. Siehe dort S. 55: »…the discussion on the standards is inevitably less technical and more politicised.« Siehe auch *Micklitz*, Liber amicorum, S. 483 (499): »…standard-making has become less technical and much more political.« Allgemein zur Normung *Delimatsis*, in: *Delimatsis*, The Law, Economics and Politics, S. 1 (8): »…standardisation is … a highly politicised process.« Siehe auch *Hettne*, LIEI 44 no. 4 (2017), 409, der auf die Ausdehnung der Normung auf hochpolitische Bereiche wie Finanzdienstleistungen hinweist. Dort auch: »the increasing politicization of standardization.«

395 *Van Leeuwen*, Services, S. 55.

troffen, sowohl rechtlicher als auch rechtspolitischer Natur.[396] Dieses Wertungselement wird für technische Normen insbesondere bei Qualitätsregeln anerkannt.[397]

Dienstleistungsnormen legen den Fokus gerade nicht auf die Festlegung von technischen Bestimmungen.[398] Hier werden keine Grenzwerte festgelegt, sondern bestimmte Verhaltensanforderungen formuliert, die der Dienstleister erfüllen soll. Der Aspekt der Qualitätsregelung steht hier klar im Vordergrund. Der Wertungscharakter wird insofern noch deutlicher,[399] sodass ein »wertender Entscheidungseingriff« bei mehreren Verhaltensmöglichkeiten angenommen werden kann.[400] Dienstleistungsnormen kommt somit ein »Konventionscharakter« zu.[401] Die Festlegung des Norminhalts beinhaltet politische Entscheidung mit Wertungen, da hier auch Grenzentscheidungen getroffen werden, wann eine ordnungsgemäße Dienstleistung vorliegt.[402] So wie bei Grenzwerten häufig umfassende und sichere wissenschaftliche Grundlagen fehlen,[403] sind auch bei der Dienstleistungsnormung häufig keine wissenschaftlichen Aussagen als Basis vorhanden.[404] Insofern lassen sich angesichts der Schwierigkeit bis Unmöglichkeit der Festlegung eines exakten Grades auch hier nur »Annäherungsversuche« annehmen.[405]

Im Ergebnis lässt sich Normung nicht als apolitischer Prozess bezeichnen, vielmehr kämpfen verschiedenen Interessen um Anerkennung von privater und öffentlicher Seite. Marktmacht ist somit das umkämpfte Ziel.[406] So erscheint Normung vielmehr als Kampf um die Vorherrschaft einer bestimmten Lösung

---

396 *Gsell*, WuM 2011, 491 (494); ebenso *Köndgen*, AcP 206 (2006), 477 (482); siehe auch *Marburger*, Regeln der Technik, S. 292ff. zur Wertbezogenheit technischer Regeln; *Jarass*, NJW 1987, 1225 (1231) zu privaten Umweltstandards. Siehe auch *Botzem/Dobusch*, Organization Studies 33 (5–6), 2012, 737 (743) zur Entscheidungsfindung bei der technischen Normung: »political affair«.

397 *Köndgen*, AcP 206 (2006), 477 (482).

398 Siehe Ziffer 3.4.d) CEN Guide 15:2012.

399 In diese Richtung auch *van Leeuwen*, Services, S. 55.

400 *Vieweg*, NJW 1993, 2570 (2573) zu TA Lärm den LAI-Hinweisen und VDI-Richtlinie 2058 Bl. 1; siehe auch *Röthel*, Normkonkretisierung, S. 272 zu technischen Normen.

401 *Böhm*, Normmensch, S. 153 zu Grenzwerten; siehe auch *Röthel*, Normkonkretisierung, S. 272 zur technischen Normung.

402 Vgl. *Böhm*, Normmensch, S. 153, wonach mit der Bestimmung von Grenzwerten politische Entscheidungen getroffen werden. An einem gewissen Punkt werde »zwischen erlaubten und nicht mehr erlaubten Schadstoffkonzentrationen« eine »Zäsur« vorgenommen.

403 *Böhm*, Normmensch, S. 153.

404 *Van Leeuwen*, Services, S. 55.

405 *Böhm*, Normmensch, S. 153 zu Grenzwerten. Auch hier sei lediglich ein Annäherungsversuch möglich, da häufig die genaue Grenze zwischen schädlicher und unbedenklicher Wirkung nicht festgelegt werden könne.

406 So *Kallestrup*, LIEI 44 no. 4 (2017), 381 (383). Gegen einen apolitischen Prozess in der internationalen Normung *Büthe/Mattli*, Global rulers, S. 11f.

als das Erreichen eines Kompromisses zwischen verschiedenen Lösungen.[407] Denn Aussage der Norm ist: »Let's do it this way.«[408] Gerade im Bereich der Dienstleistungsnormung hat sich der Wertungscharakter als noch stärker als im Bereich der technischen Normung erwiesen (s. o.). Zudem ist der Normungsprozess politisierter im Vergleich zu technischen Normen.[409] Somit ist es gerade im Dienstleistungsbereich für die Beteiligten wichtig, ihre Vorstellungen und Wertungen durchzusetzen und dadurch Einfluss auf die Qualitätsregelung zu nehmen.[410] Folglich zeigt sich bei Dienstleistungsnormen noch mehr als bei technischen Normen, dass es sich nicht allein um »geronnenen Sachverstand« handelt.[411]

Da Dienstleistungsnormen trotz ihres normativen Charakters keine Rechtsnormen sind, stellt sich die Frage, wie sie in der Rechtsordnung als private Regelwerke Wirkung erlangen können. Diesem Aspekt widmet sich der nachfolgende Abschnitt.

B. Erfordernis der Rezeption durch die Rechtsordnung

Dienstleistungsnormen als private Regelwerke erfordern eine Rezeption durch die Rechtsordnung, um Rechtswirkungen entfalten zu können.[412]

Es bedarf somit einer »Verknüpfung« mit einer Rechtsordnung[413] bzw. verschiedener »Andockstellen« in einer Rechtsordnung, damit Dienstleistungsnormen rechtliche Bedeutung erlangen können.[414] Anschaulich ist das Bild zweier »Räderwerke«[415], die über »Mandate, Rezeptions-, Konkretisierungs- und Verweisungsstellen« eine Verbindung zwischen privatem und staatlichem Recht herstellen.[416] In Betracht kommt eine privatautonome, legislative oder judikative Rezeption.[417] Somit legt der Staat die »Schnittstellen« fest, über die Dienstleistungsnormen vor Gericht Rechtswirkungen entfalten können.[418]

407 *Büthe/Mattli*, Global rulers, S. 11f. zur globalen Normung; *Kallestrup*, LIEI 44 No. 4, 381 (383).

408 *De Vries*, in: *Delimatsis*, The Law, Economics and Politics, S. 24.

409 *Van Leeuwen*, Services, S. 55.

410 *Reimer*, Qualitätssicherung, S. 219: »Qualitätsfestsetzung ist Machtausübung.«

411 *Gsell*, WuM 2011, 491 (494) zu externen Standards im Mietrecht, die »inhaltlich viel oder weniger weit über geronnen Sachverstand« hinausgehen.

412 Siehe hierzu *Busch*, NJW 2010, 3061 (3064).

413 *Bumke/Röthel*, in *Bumke/Röthel*, Privates Recht, S. 1 (3) als Kriterium für die Bezeichnung privater Regeln als »Privates Recht«.

414 *Busch*, der freie Beruf 1-2/2014, 6 (7).

415 *Bumke/Röthel*, in: *Bumke/Röthel*, Privates Recht, S. 1 (5).

416 *Bumke/Röthel*, in: *Bumke/Röthel*, Privates Recht, S. (6) zu initiiertem privaten Recht wie der technischen Normung.

417 Begriffe nach *Busch*, NJW 2010, 3061 (3064). Siehe hierzu Kapitel 2.C.I–III.

Van Leeuwen betont, dass die Festlegung eines beruflichen Standards durch einen europäischen Selbstregulierungsprozess nicht gleichzeitig bedeute, dass damit auch rechtlich ein Maßstab bestimmt werde, der vom Dienstleister im Privatrecht erwartet werde. Entscheidend sei Anwendung der Dienstleistungsnorm in der Praxis. Der Dienstleistungssektor müsse die Norm als Maßstab für eine ordnungsgemäße Leistung akzeptieren. Wie *van Leeuwen* zutreffend feststellt, wird die Anwendung in der Praxis dann zur Anwendung im Recht führen. Eine wichtige Rolle für die Entfaltung von Rechtswirkungen im Privatrecht werden Stakeholder haben. Sie können im Vertrag auf eine Dienstleistungsnorm Bezug nehmen und festhalten, dass der Dienstleister die Sorgfaltsanforderungen der Norm erfüllt. Weiterhin können sie sich im Deliktsrecht auf eine Dienstleistungsnorm berufen, um die Einhaltung des erforderlichen Sorgfaltsmaßstabs zu belegen. Stakeholder werden auch wiederum die Rechtsprechung anhalten, die Dienstleistungsnorm zu rezipieren.[419]

I. Voraussetzungen für eine Rezeption und die Kompensation eines Legitimationsdefizits durch Verfahrensanforderungen

Mit Blick auf die Rezeption von Dienstleistungsnormen stellt sich die Frage nach der demokratischen Legitimation privater Regelwerke und nach den Anforderungen, die private Regelwerke erfüllen müssen, damit die Rechtsordnung ihnen Wirkung zukommen lassen kann.[420] Wie *Röthel* zu den vergleichbaren technischen Regeln feststellt, kommt ihnen – außer im Fall einer gesetzlichen Bezugnahme – keine »Autorität oder Anerkennung vom parlamentarischen Normgeber« zu.[421] Denn die Rezeption privater Regeln birgt auch Risiken.[422] So besteht bei der Rezeption privater Regeln über Generalklauseln die Gefahr einer

418 *Wiederin*, in: ÖJK/*Müller*, S. 31 (34) zur rechtlichen Relevanz privater Regeln.

419 Näher *van Leeuwen*, S. 18, 20f. zur Rechtsannäherung durch die Anwendung von Dienstleistungsnormen. Den Stakeholdern und der Rechtsprechung soll eine besondere Rolle zukommen, um die Rechtsangleichung durch die Anwendung zu fördern, S. 20f. Siehe S. 18 »...convergence ›in practice‹ usually precedes convergence in law«.

420 Hierzu *Röthel*, in ÖJK/*Müller*, S. 17 (22f.); *Bumke/Röthel*, in: *Bumke/Röthel*, Privates Recht, S. 1 (11f.) Siehe auch *Schmidt-Preuß*, VVDStRL 56 (1997), 160 (205: »demokratisch-rechtsstaatliche Mindeststandards«). Aus verfassungsrechtlicher Perspektive *Augsberg*, Rechtsetzung, S. 79ff.; insb. S. 99ff. Zur »Übertragung von Normsetzungsbefugnissen auf nicht-parlamentarische Normsetzer«: *Becker*, Strukturen, S. 351ff. und S. 479ff. (Legislatives »Outsourcing«). Zu Voraussetzungen bei Umweltstandards *Lamb*, Gesetzeskonkretisierung, S. 182ff.; siehe ferner Nachweise bei *Bumke/Röthel*, in: *Bumke/Röthel*, S. 1 (6 Fn. 16). Zur Frage der Notwendigkeit eines Normungsgesetzes, *Bachmann*, Private Ordnung, S. 69f., 364ff.; *Schmidt-Preuß*, in: *Kloepfer*, Selbstbeherrschung, S. 89 (99f.).

421 *Röthel*, Normkonkretisierung, S. 272 und dortige Fn. 204.

422 Dazu auch *Bachmann*, Private Ordnung, S. 67 zur Rezeption über Generalklauseln.

»selbstherrlichen unkontrollierten Selbstverwaltung von Interessenvertretungen«.[423]

Die »Konkretisierungs- und Quantifizierungsbefugnis« eröffnet für die Rechtsprechung die Möglichkeit einer Rezeption privater Regelwerke.[424] Dienstleistungsnormen stellen jedoch lediglich »Konkretisierungsofferten« dar, sodass die Rechtsprechung nicht zu einer Rezeption verpflichtet ist.[425] Falls die Rechtsprechung Dienstleistungsnormen rezipiert, übernimmt sie ebenso wie bei technischen Normen die in Dienstleistungsnormen inbegriffenen Wertungen.[426] Das Gesetz allein soll jedoch keine ausreichende Legitimationsbasis darstellen, sodass unbestimmte Rechtsbegriffe wie »Stand der Technik« im Bereich der technischen Normung nicht für eine genügende demokratische Legitimation ausreichen. An die Rezeptionsfähigkeit von privaten Regelwerken werden gewisse weitere Anforderungen gestellt.[427]

So müssen private Regelwerke »organisatorische und prozedurale Mindestanforderungen«[428] erfüllen, damit die Rechtsordnung sie rezipieren kann bzw. sie ausreichend demokratisch legitimiert sind.[429] Somit soll eine Kompensation des Legitimationsdefizits durch die Gewährleistung demokratischer Strukturen während des Verfahrens der Normerstellung erfolgen.[430] Diese verfahrensrechtlichen Anforderungen sollen gewährleisten, dass die privaten Normen nicht einseitig die Interessen bestimmter Gruppen widerspiegeln.[431]

Diese verfahrensrechtlichen Anforderungen wirken sich wiederum darauf aus, inwiefern die Rechtsprechung die privaten Regelwerke inhaltlich überprüft. Gegebenenfalls müssen Normen korrigiert oder ergänzt werden, sodass von einer

423 *Bachmann*, Private Ordnung, S. 67 zu privaten Regeln. Zur Rezeption über die »Guten Sitten« und den Ansichten von Gewerbetreibenden ebenso bereits *Teubner*, Standards, S. 66 unter Bezugnahme auf *Kroitzsch*, GRUR 1965, 12 (13 (»selbstherrliche unkontrollierte Selbstverwaltung von Interessenvertretungen«). Davor auch schon *Reimann*, WuW 1957, 621 (623 mit der Formulierung »unkontrolllierte ›Selbstverwaltung‹ von Interessenvertretungen«).

424 *Röthel*, Normkonkretisierung, S. 270.

425 *Röthel*, Normkonkretisierung, S. 273 zu technischen Normen. Siehe auch *Busch*, NJW 2010, 3061 (3065) zu Dienstleistungsnormen und ihrer Rolle als »Konkretisierungsofferte«.

426 Zu technischen Normen: *Röthel*, Normkonkretisierung, S. 271f.

427 *Bumke/Röthel*, in: *Bumke/Röthel*, Privates Recht, S. 1 (12); *Röthel*, in: ÖJK/*Müller*, S. 17 (22f.).

428 *Bumke/Röthel*, in: *Bumke/Röthel*, Privates Recht, S. 1 (12).

429 *Bumke/Röthel*, in: *Bumke/Röthel*, Privates Recht, S. 1 (12); *Röthel*, in: ÖJK/*Müller*, S. 17 (22f.). Siehe auch *Lundqvist*, LIEI 44 No. 4 (2017), 421 (425) zum New Approach: »...increasing pressure to ensure that the standard-setting procedurce absorbs features from public rule making.« Siehe auch *Schmidt-Preuß*, VVDStRL 56 (1997), 160 (205f.); *Schmidt-Preuß*, ZLR 1997, 249 (256f.).

430 *Spindler/Thorun*, MMR-Beilage 2016, Heft 6, 1 (15) zu privaten Standards; *Bachmann*, JbJgZivRWiss 2002, 9 (12); Siehe auch *Lübbe-Wolff*, ZG 1991, 219 (242f.). Zu den Legitimationsmodellen privaten Rechts *Bachmann*, in: *Bumke/Röthel*, Privates Recht, S. 215ff.

431 *Bachmann*, JbJgZivRWiss 2002, 9 (12) mwN.

»Richtigkeitskontrolle«[432] gesprochen werden kann.[433] Insbesondere bei Wertungsentscheidungen in Normen darf keine unbesehene Übernahme bei einer Rezeption erfolgen.[434] Allerdings würde eine umfängliche Inhaltskontrolle den Zweck der Normung, der Entlastung des Gesetzgebers, konterkarieren.[435]

So würde eine Einzelfallprüfung der Sachrichtigkeit einer Norm den Richter regelmäßig überfordern. Daher kann zur Hilfestellung auf prozedurale Aspekte zurückgegriffen werden.[436] Wenn die »prozeduralen Mindestanforderungen der Transparenz, Publizität, Repräsentanz und Revisibilität« berücksichtigt worden sind, können Gerichte eher die Sachrichtigkeit der Norm annehmen und sie dann rezipieren. Hier kann von einer »prozeduralen Richtigkeitsgewähr« ausgegangen werden.[437] Wenn private Regeln hinreichend legitimiert sind, wird der Richter seine Kontrollbefugnis weniger ausüben.[438] Andernfalls ist die »Gemeinwohlrichtigkeit« nicht gesichert, sodass die Rechtsprechung zur Vornahme eigener Wertungen berechtigt und verpflichtet ist.[439] Dem Staat kommt eine »Gewährleistungsverantwortung«[440] zu, da er Sorge tragen muss, dass private Regelsetzung nicht zu einer Grundrechtsverletzung führt.[441]

Zwar entschied das BVerfG 1987, dass »Richtlinien des anwaltlichen Standesrechts [nicht] als Hilfsmittel zur Auslegung und Konkretisierung der Generalklausel über anwaltliche Berufspflichten (§ 43 der Bundesrechtsanwaltsordnung) herangezogen werden können«.[442] So genügten Standesauffassungen je-

432 *Teubner*, Standards, S. 90 zu sozialen Normen.

433 *Röthel*, Normkonkretisierung S. 32 und S. 32 Fn. 50 zu außerrechtlichen Maßstäben. Siehe auch *Taupitz*, Standesordnungen, S. 1125 zur kontrollierten Rezeption des Rechtsanwenders »bei der Ausfüllung von Standardformeln«, S. 1322 zu einer Richtigkeitskontrolle von Standesregeln bei der ergänzenden Vertragsauslegung, ebenso S. 1251 zu einer »beweisrechtlichen Richtigkeitskontrolle« von Standesrichtlinien. Siehe auch *Nicklisch*, NJW 1982, 2633 (2643) zur Reichweite der Kontrolle technischer Standards ((»pauschale) Evidenzkontrolle«).

434 Siehe hierzu *Kloepfer*, in: *Schulte/Schröder*, Handbuch, S. 151 (191). Siehe auch *Schmidt-Preuß*, VVDStRL 56 (1997), 160 (205) zur »steuernden Rezeption« des Staates.

435 *Weiß*, Produktsicherheit, S. 331.

436 *Schmidt-Preuß*, in: *Kloepfer*, Selbstbeherrschung, S. 89 (95f.).

437 *Schmidt-Preuß*, in: *Kloepfer*, Selbstbeherrschung, S. 89 (96) zu privaten technischen Normen. Siehe auch *Eifert*, in: *Hoffmann-Riem/Schmidt-Aßmann/Voßkuhle*, § 19 Rn. 67 zur prozeduralen Sicherung. Siehe auch *Möllers*, in: *Möllers*, Standards, S. 143 (160): »Qualitätssicherung mittels prozeduraler Richtigkeitsgewähr«).

438 *Köndgen*, AcP 206 (2006), 477 (523) zu privaten Regeln.

439 *Bachmann*, Private Ordnung, S. 70. Siehe auch *Marburger*, Regeln der Technik, S. 402 zur normkonkretisierenden Verweisung und zur Entkräftigung einer Vermutung, wenn z. B. einzelne Gruppen während des Verfahrens nicht angemessen beteiligt wurden.

440 *Di Fabio*, NZS 1998, 449 (453); *Kloepfer*, in: *Schulte/Schröder*, Handbuch, S. 151 (187). *Köndgen*, AcP 206 (2006), 477 (523); *Schmidt-Preuß*, in: *Kloepfer*, Selbstbeherrschung, S. 89 (94).

441 *Röthel*, in: ÖJK/*Müller*, S. 17 (23).

442 BVerfGE 76, 171, Leitsatz 1 = BVerfG NJW 1988, 191.

denfalls dann nicht zur Legitimation einer Grundrechtsbeschränkung, wenn der Gesetzgeber sich bei der Normierung von Berufspflichten nicht auf sie beziehe. Es handele sich nicht um »Regelungen«, die Voraussetzung für einen Eingriff in die Berufsfreiheit seien.[443] Aufgrund dieser Entscheidung wurden die Berufspflichten des Anwalts ausführlicher durch Gesetz und durch Satzung geregelt.[444] Diese Entscheidung und die abgesprochene Möglichkeit, Standesrichtlinien zur Konkretisierung der anwaltlichen Generalklausel heranzuziehen, sind jedoch im Kontext des sensiblen Regelungsfeldes der Berufsfreiheit zu sehen.[445] Auch hätte das Urteil bereits darauf gestützt werden können, dass die Richtlinien wie Rechtssätze behandelt wurden.[446] Letztendlich kann privaten Normen nur ein Empfehlungscharakter zukommen.[447]

Neben den Anforderungen für eine Rezeption durch die Rechtsprechung betrifft die Einhaltung bestimmter Anforderungen auch die Frage, ob bei einer vertraglichen Inbezugnahme Dienstleistungsnormen einer gerichtlichen Inhaltskontrolle unterliegen[448] oder der Staat auf sie verweisen darf.[449]

Im Nachfolgenden soll untersucht werden, inwieweit Dienstleistungsnormen verfahrensrechtlichen Anforderungen an eine Rezeption genügen.[450]

---

443 BVerfG NJW 1988, 191 (192).

444 Näher Feuerich/Weyland/*Träger*, § 43 BRAO Rn. 8.

445 *Bachmann*, Private Ordnung, S. 67.

446 *Taupitz*, Standesordnungen, S. 1101, siehe ebenso zur fehlenden Normqualität *Zuck*, NJW 1988, 175, *Zuck*, MDR 1988, 106 (107). Auf diese Kritik der Behandlung wie Rechtssätze weist auch das BVerfG hin, BVerfG NJW 1988, 191 (192).

447 *Bachmann*, JbJgZivRWiss 2002, 9 (28).

448 *Buck-Heeb/Diekmann*, Selbstregulierung im Privatrecht, zur autonomen Selbstregulierung. Bei Einhaltung bestimmter verfahrensrechtlicher Anforderungen bei der Regelerstellung unterbleibe die gerichtliche Inhaltskontrolle, S. 275, 277. Die autonome Selbstregulierung sei die Regelsetzung »auf privater Initiative (...) ohne Auftrag, Mitwirkung und Vorgaben« des Staates, S. 33. Es würden, z. B. mittels eines Vertrags, verbindliche Regelungen für die Personen geschaffen, die sich den Regeln freiwillig unterordneten, S. 34. Auch Dienstleistungsnormen werden (abgesehen etwa vom Mandat M/517) ohne Mitwirkung der Kommission erstellt. Somit stellt sich auch bei einer vertraglichen Bezugnahme die Frage, ob sie einer gerichtlichen Inhaltskontrolle unterliegen, wenn Verfahrensanforderungen bei der Normerstellung eingehalten wurden. Zur AGB-rechtlichen Kontrolle siehe *van Leeuwen*, Services, S. 171 ff.

449 *Buck-Heeb/Diekmann*, Selbstregulierung, S. 277, 301 zur Möglichkeit eines staatlichen Geltungsbefehls bei privaten Vorschriften.

450 *Röthel*, Normkonkretisierung, S. 270–273, *Buck-Heeb/Diekmann*, Selbstregulierung, S. 166–168. Das Erfordernis der Einschlägigkeit der rezipierten Norm bzw. des Anwendungsbereiches der Norm betrifft ist eher eine inhaltliche Komponente bei der judikativen Rezeption und wird im Rahmen der judikativen Rezeption (Kapitel 2.C.III.1.a)) behandelt. Siehe auch *Röthel*, S. Normkonkretisierung, S. 89. Zu den Mindestanforderungen für die Standardsetzung siehe auch *Spindler/Thorun*, MMR-Beilage 2016, Heft 6, 1 (15 ff.).

1. Sachverständigkeit

Weiterhin ist die Sachverständigkeit der privaten Normungsorganisation für die Rezeption entscheidend.[451] Ebenso wie im Bereich der technischen Normen bietet sich für Gerichte die Möglichkeit an, auf Dienstleistungsnormen Bezug nehmen, wenn ihnen Sachverstand und Einblick in eine Branche sowie branchenspezifische Abläufe fehlen.[452] So stellt *Gsell* mit Blick auf eine Rezeption externer Standards treffend fest, dass Juristen »weder alles wissen noch alles wissen können«.[453] Für die Sachverständigkeit der Normungsorganisation spricht die Erarbeitung der Norm durch Fachleute aus den interessierten Kreisen.[454] So besteht der DIN Normenausschuss Dienstleistungen u.a. zu 75 % aus Wirtschaftsvertretern, zu 8 % aus Wissenschaft und Forschung und zu 4 % aus Anwendern von Normen.[455]

Das Endergebnis der Arbeiten, d.h. eine Norm, gibt somit einen »Branchenkonsens« wieder.[456] Experten und Stakeholder haben durch die Beteiligung an der Normerstellung die Möglichkeit, die Spielregeln (»rules of the game«) zu beeinflussen.[457] Im Unterschied zur Produktnormung bringen die Normersteller nicht ihren technischen Sachverstand in die Norm ein,[458] sondern vor allem ihr branchenspezifisches Know-How. So wie bei technischen Normen die Möglichkeit besteht, in hoch technisierten Bereichen durch die Beteiligung von Industrievertretern das »most up-to date knowledge« einzubeziehen,[459] können

451 *Röthel*, Normkonkretisierung, S. 272 zu technischen Normen; *Buck-Heeb/Diekmann*, Selbstregulierung, S. 166f. zu technischen Normen.

452 *Buck-Heeb/Diekmann*, Selbstregulierung, S. 166 zum fehlenden technischen Sachverstand der Gerichte und dem Rückgriff auf technische Normen.

453 *Gsell*, WuM 2011, 491.

454 Siehe Ziffer 5.4 DIN 820-1:2014-06. Zu den technischen Normen: *Röthel*, Normkonkretisierung, S. 272 dortige Fn. 205. Das Erfordernis der Sachkunde bejahend mit Blick auf eine Einordnung von technischen Normen/Regelwerken als antizipierte Sachverständigengutachten: *Rittstieg*, NJW 1983, 1098, 1099 (Sachkunde erfüllt durch Einbeziehung von Fachleuten in einem formalisierten Verfahren). Siehe auch *Nicklisch*, NJW 1983, 841 (847) zu antizipierten Sachverständigengutachten: Nach seiner Ansicht sind die Anforderungen an die Sachkunde bei dem Verfahren nach DIN 820 gegeben. Zur Kriterium Sachkunde bei antizipierten Sachverständigengutachten siehe auch *Vieweg*, NJW 1982, 2473 (2475).

455 https://www.din.de/de/mitwirken/normenausschuesse/nadl. Dort auch zur weiteren Zusammensetzung.

456 Vgl. *Busch*, NJW 2010, 3061 (3063) zu DIN EN 14084:2005-09 als Wiedergabe eines europäischen Branchenkonsenses.

457 *Delimatsis*, ELR 41 (2016), 513 (533) mit Blick auf den Final Report der High Level Group on Business Services. Gleichzeitig als Kritikpunkt der Selbst- und Ko-Regulierung, *Spindler/Thorun*, MMR-Beilage 2016, Heft 6, 1 (12).

458 Zur Einbeziehung des technischen Sachverstands von Experten und der mangelnden Eignung eines Handelns des Gesetzgebers, *Müller-Foell*, Bedeutung Normen, S. 16.

459 *Mataija*, S. Private Regulation, S. 12. Siehe auch dort S. 225: »quintessential example of private regulation justified by private expertise«.

Dienstleistungsvertreter ihre branchenspezifischen Kenntnisse einbringen. So darf nicht unterschätzt werden, dass auch bei Dienstleistungen spezifische Abläufe stattfinden. Die Besonderheiten einer einzelnen Dienstleistung spiegeln sich in den branchenspezifischen Dienstleistungsnormen wider. So beschreibt DIN EN 15927:2010-12 die Abläufe bei einer Hörgeräteversorgung[460] und DIN EN 15733:2011-07 enthält detaillierte Angaben zum Verhalten des Immobilienmaklers.[461] Ob sich hier allerdings von »Expertenrecht«[462] sprechen lässt, erscheint zweifelhaft. So weist *Köndgen* darauf hin, dass der angebliche Empfehlungscharakter technischer Normen nicht mit der »praktischen Verbreitung und der faktischen Akzeptanz« dieser Normen korrespondiere.[463] Der Terminus »Recht« darf jedoch nicht darüber hinwegtäuschen, dass Normungsorganisationen eben keine Rechtsetzungsbefugnis zukommt (s. o. Kapitel 2.A.I.). Ist der normative Gehalt von Dienstleistungsnormen zwar noch höher als bei technischen Normen (siehe Kapitel 2.A.III.), sollte der Begriff des Expertenrechts hier nicht unkritisch verwendet werden.

Somit ist das Erfordernis des Sachverstands für eine Rezeption bei den Dienstleistungsnormen gewährleistet. Zwar können Gerichte in einem Prozess auch einen Sachverständigen hinzuziehen. Bei den technischen Normen würde dieser jedoch ebenso die einschlägigen technischen Normen in ein Gutachten einbeziehen.[464] Angesichts des festgehaltenen Sachverstands in Dienstleistungsnormen bietet sich für einen Sachverständigen auch die Heranziehung von Dienstleistungsnormen an. Ebenso wie bei den technischen Normen könnten Dienstleister zumindest zukünftig ihre Leistung nach Dienstleistungsnormen ausrichten.[465] Als geschriebene Regeln besteht bei ihnen wie bei technischen Normen der Vorteil, dass sie hinsichtlich ihrer Existenz sowie inhaltlich überprüft werden können. Die dadurch geschaffene »Rechtssicherheit« spricht somit für die Heranziehung von Dienstleistungsnormen.[466]

---

460 Ziffern 5.1 ff. DIN EN 15927:2010-12.

461 Ziffer 5.1 (Geschäftsabschlüsse), Ziffer 5.2 (Aufgaben als Schlüsselfigur), Ziffer 5.3 (Das vom Immobilienmakler für die Geschäftsabwicklung verwaltete Geld) DIN EN 15733:2011-07.

462 Zum Expertenrecht *Köndgen*, AcP 206 (2006), 477 (481 f.)

463 *Köndgen*, AcP 206 (2006), 477 (484).

464 *Buck-Heeb/Diekmann*, Selbstregulierung, S. 166 zu technischen Normen.

465 *Buck-Heeb/Diekmann*, Selbstregulierung, S. 166 f. weisen auf die Orientierung der technischen Fachleute nach den technischen Normen hin.

466 *Buck-Heeb/Diekmann*, Selbstregulierung, S. 167 zu technischen Normen.

2. Objektivität und Neutralität des Normgebers/Angemessene Interessenrepräsentanz

Eine weitere Anforderung an die Rezeption von Dienstleistungsnormen ist die Objektivität und Neutralität des Normgebers. Problematisch an diesem Erfordernis ist ebenso wie bei technischen Normen die Tatsache, dass die Ersteller von Dienstleistungsnormen regelmäßig auf ihre eigenen Interessen fokussiert sind. Ihre Wertungen fließen in die Normen mit ein.[467]

Wie das BVerwG zu den vergleichbaren technischen DIN-Normen feststellt, handelt es sich auch um »Vereinbarungen interessierter Kreise (...), die eine bestimmte Einflußnahme auf das Marktgeschehen bezwecken...«.[468] Da auch Unternehmensvertreter ihre Interessen einbringen, können ihre Ergebnisse nicht »unkritisch als ›geronnener Sachverstand‹ oder als reine Forschungsergebnisse« angesehen werden.[469]

Zwar soll eine ausgeglichene Interessenrepräsentanz im Normungsverfahren sicherstellen, dass alle Betroffenen ihre Interessen in das Normerstellungsverfahren einbringen können.[470] So bestimmt die Ziffer 5.4 DIN-820-1, dass die interessierten Kreise in den Arbeitsausschüssen in einem angemessenen Verhältnis zueinander stehen sollen.

Die Objektivität und Neutralität der privaten Normungsorganisationen des DIN und des CEN erscheinen angesichts der erheblichen Repräsentanz wirtschaftlicher Interessen zweifelhaft.[471] So besteht die Zusammensetzung des DIN-

467 Ebenso *Buck-Heeb/Diekmann*, Selbstregulierung, S. 167, 278 zu technischen Normen und privaten Regelsetzern.

468 BVerwGE 77, 285 (291) = BVerwG NJW 1987, 2886 (2888); *Spindler/Thorun*, MMR-Beilage 2016, Heft 6, 1 (15). Hinsichtlich der Neutralität sollen sie nicht die Anforderungen an einen gerichtlichen Sachverständigen erfüllen.

469 BVerwG NJW 1987, 2886 (2888).

470 *Buck-Heeb/Diekmann*, Selbstregulierung, S. 167, 278f. zu technischen Normen und Grundsätzen effektiver Selbstregulierung; *Kloepfer*, in: *Schulte/Schröder*, Handbuch, S. 151 (196). Siehe auch Ziffer 4 DIN 820-1: 2014-06: So soll eine Vereinheitlichung zum Nutzen der Allgemeinheit erfolgen. »Sie darf nicht zu einem wirtschaftlichen Sondervorteil Einzelner führen.«

471 Auf die Zweifel zur Objektivität weist *Röthel*, Normkonkretisierung, S. 272 dortige Fn. 206 bei technischen Normen hin. Siehe auch *Buck-Heeb/Diekmann*, Selbstregulierung, S. 167. Zur hohen Repräsentanz von Vertretern technischer Interessen beim VDI: *Böhm*, Normmensch, S. 52f. Zur überhohen Repräsentation von Wirtschaftsinteressen bei privater Regelsetzung *Kloepfer*, in: *Schulte/Schröder*, Handbuch, S. 151 (189). Objektivität ablehnend mit Blick auf technische Normen als antizipierte Sachverständigengutachten: *Rittstieg*, NJW 1983, 1098 (1099). Nach Ansicht von *Nicklisch*, NJW 1983, 843 (847) ist jedoch der erforderliche Sachverstand nur in der Industrie oder bei staatlichen Behörden vorhanden, sodass ein Verzicht nicht in Betracht kommt. Siehe auch *Backherms*, Jus 1980, 9 (13) kritisch zur allgemeinen Einordnung als antizipierte Sachverständigengutachen angesichts der hohen Beteiligung von Industrievertretern; zur geringen Beteiligung der Verbraucher beim DIN: *Lamb*, Gesetzeskonkretisierung, S. 84f. Nach *Schmidt-Preuß*, in: *Kloepfer*, Selbstbeherrschung, S. 89 (97), ist das Repräsentanz-Gebot beim Verfahren des DIN erfüllt. Ein »ge-

Normungsausschusses »Dienstleistungen« (NADL) zu 75 % aus Wirtschaftsvertretern, während Verbrauchervertreter und Vertreter öffentlicher Interessen nur zu 4 % bzw. zu 5 % beteiligt sind.[472]

Aber selbst die hohe Beteiligung von Wirtschaftsvertretern garantiert nicht, dass die Interessen der Dienstleister angemessen wiedergegeben werden. Im Dienstleistungsbereich sind viele Kleine und Mittelständische Unternehmen (KMU) vertreten, denen finanzielle und personelle Ressourcen für die Normungsarbeit fehlen können. Neben einem zu hohen zeitlichen Aufwand für das Verfahren der Normerstellung können auch Sprachbarrieren eine Beteiligung an der europäischen Normung verhindern. Zu berücksichtigen ist, dass viele Dienstleister noch nicht bei der Normungsarbeit mitgewirkt haben, sodass ihnen auch die Erfahrung fehlt. Bereits das formelle Verfahren der Normerstellung birgt Herausforderungen. Wettbewerber könnten versuchen, ihre Wettbewerbsvorteile durch Normung zu verfestigen, ohne ihre eigenen branchenspezifischen Forderungen aufzugeben. Eine Norm auf konsensualer Basis könnte so verhindert werden.[473] Für große Unternehmen gestaltet sich somit die Beteiligung einfacher als für kleine Unternehmen.[474] Dies birgt die Gefahr, dass große Unternehmen ihre eigenen Vorstellungen und eigenen »Spielregeln«[475] durchsetzen. Im Ergebnis könnte eine Minderheit von (wahrscheinlich finanziell starken) Wirtschaftsakteuren Normen setzen, ohne dass sie die Stakeholder in ihrem Dienstleistungssektor repräsentieren.[476]

Somit besteht einerseits die Gefahr einer Dominanz von großen Unternehmen im Normungsverfahren. Gleichzeitig ist die angemessene Beteiligung auch nicht gewährleistet, sofern nur eine Minderheit innerhalb der Branche an der Normungsarbeit mitwirkt. Hier zeigt sich ein weiteres Problem mit Blick auf die

---

setzlicher Zwang zur Institutionalisierung von public interests groups« sei mit dem selbstregulativen Charakter der privaten Normgebung nicht vereinbar.

472 https://www.din.de/de/mitwirken/normenausschuesse/nadl. Mehrere Arbeitsausschüsse, in denen die fachliche Arbeit stattfindet, werden in der Regel zu einem Normenausschuss zusammengeschlossen, siehe https://www.din.de/de/mitwirken/normenausschuesse.

473 Ziffer 4.2 CEN Strategic Plan. Zu den praktischen Beschränkungen bei dem Normungsverfahren auch *van Leeuwen*, Services, S. 62. Siehe auch *van Leeuwen*, Services, S. 138, wonach im Tourismusbereich 92 % der Unternehmen KMU sind.

474 *Van Leeuwen*, Services, S. 62. *Spindler/Thorun*, MMR-Beil. 2016, Heft 6, 1 (12) weisen mit Blick auf Argumente gegen die Ko- und Selbstregulierung ebenfalls darauf hin, dass wichtige Stakeholder bei der Standardsetzung nicht Berücksichtigung finden. Siehe auch *Winkelmüller*, BauR 2016, 1628 (1629) zum Problem des Auffindens ehrenamtlicher Vertreter und der niedrigen staatlichen Finanzierung.

475 *Spindler/Thorun*, MMR-Beilage 2016, Heft 6, 1 (12). Siehe auch *Micklitz*, Liber amicorum, S. 483 (493): »… standardisation of services is much determined by business interests.«

476 Siehe *van Leeuwen*, Services, S. 62 zu großen Unternehmen sowie zu einer Initiierung durch eine nicht-repräsentative Minderheit. Zum Problem der Interessenrepräsentanz siehe auch Ziffer 4.2 CEN Strategic Plan. Siehe auch die *Technopolis Group*, Study, S. 62: Einige der Befragten befürchten, dass große Firmen oder Berater die Normerstellung dominieren.

angemessene Interessenrepräsentanz. So kann Normung auch von einer Minderheit initiiert werden, die nicht repräsentativ für ihre Berufsgruppe steht.[477] So bestehen im Gesundheitsbereich Beschwerden von europäischen Ärztevereinigungen über die Repräsentanz hinsichtlich eines Normungsverfahrens zur ästhetischen Chirurgie, wie *van Leeuwen* ausführt. Eine Gruppe von Medizinern sei mit ihren Normungsversuchen innerhalb von europäischen Ärztevereinigungen gescheitert und versuche nun ihre Vorstellungen über die Normungsorganisation CEN mit Auswirkungen für den gesamten Berufsstand durchzusetzen. Auf Beschwerden der Ärztevereinigungen über die fehlende Repräsentanz des Berufssektors im Normungsverfahren habe CEN aber keine Maßnahmen unternommen.[478] Normung wird hier als Weg beschritten, um eine Art von Anerkennung zu erzielen und wird von Außenseitern initiiert.[479]

Die Bedeutung einer ausgewogenen Interessenrepräsentanz zeigt sich jedoch in einer Entscheidung des Bundesgerichtshofes zu Sicherheitsanforderungen für Komposthäcksler in einer DIN-Norm.[480]

a) Die Entscheidung des BGH zu Sicherheitsanforderungen bei Komposthäckslern – BGH VI ZR 144/86

Die Stiftung Warentest als eine von der Bundesrepublik Deutschland errichtete Stiftung privaten Rechts bewertete Komposthäcksler als mangelhaft, obwohl sie den Anforderungen einer DIN-Norm entsprachen.[481] Die Stiftung Warentest hatte im Normungsverfahren der DIN-Norm einen Antrag für bestimmte Sicherheitsanforderungen gestellt,[482] konnte diesen jedoch nicht durchsetzen.[483] Die Norm wurde per Mehrheitsentscheidung beschlossen. Im Verhältnis zu den mehrheitlich vertretenen Anbietern von Komposthäckslern befanden sich die Stiftung Warentest, Verbraucherschutzvertreter und die Bundesanstalt für Arbeitsschutz innerhalb des Normungsverfahrens in der Minderheit.[484]

---

477 Ausführlich *van Leeuwen*, Services, S. 208f. zum Gesundheits- und Tourismusbereich.

478 *Van Leeuwen*, Services, S. 63. Beschwerden bestehen auch hinsichtlich der Norm über Gästeführer.

479 *Van Leeuwen*, Services, S. 208f. Siehe S. 208 »outsiders«.

480 BGH NJW 1987, 2222f.; dazu auch *Buck-Heeb/Diekmann*, Selbstregulierung, S. 279.

481 BGH NJW 1987, 2222 (2222f.).

482 BGH NJW 1987, 2222 (2223).

483 *Vieweg*, NJW 1987, 2726. Die Stiftung Warentest unternahm zusammen mit Verbrauchervertretern und der Bundesanstalt für Arbeitsschutz im Normungsverfahren den Versuch, ihre Ideen zu einem angemessen Sicherheitsniveau einfließen zu lassen. Die Anbieter von Komposthäckslern waren in der Mehrzahl und konnten sich in der Einspruchsverhandlung durchsetzen, so dass die vorgeschlagenen Sicherheitseinrichtungen keine Berücksichtigung in der Norm fanden, so *Vieweg* NJW 1987, 2726.

484 *Buck-Heeb/Diekmann*, Selbstregulierung, S. 167, 279.

Bei der Beurteilung legte die Stiftung Warentest die Anforderungen zugrunde, die sie im Normungsverfahren gestellt hatte und bewertete die Geräte trotz Übereinstimmung mit der DIN-Norm als mangelhaft.[485]

Der BGH lehnt eine Bindung der Stiftung Warentest an die DIN-Norm ab.[486] Zum einen weist der BGH auf die Rechtsnatur von DIN-Normen hin, die keine Rechtsvorschriften, sondern »auf freiwillige Anwendung ausgerichtete Empfehlungen« darstellen. Zum anderen sei die an Art. 5 GG »zu messende wertende Kritik an der Qualität gewerblicher Leistungen (…) solange zulässig, wie die Art des Vorgehens bei der Prüfung und die aus den durchgeführten Untersuchungen gezogenen Schlüsse noch ›diskutabel‹ erscheinen«.[487] Im Interesse des Verbraucherschutzes könne die Stiftung Warentest auch Forderungen nach höherem Schutz stellen und Produkte an Maßstäben messen, die über die DIN-Norm hinausgehen.[488] Eine Verletzung eines »Grundkonsenses« der am Normungsverfahren Beteiligten sei nicht gegeben.[489]

Wenn *Spindler/Thorun* hieraus den Schluss ziehen, dass der BGH der Norm die Anerkennung verweigert,[490] erscheint dieser Schluss doch zu hart formuliert. Letztendlich zeigt der BGH nur die fehlende Bindungswirkung der DIN-Norm für die Stiftung Warentest auf, da es sich eben nicht um eine Rechtsvorschrift handelt.[491] *Buck-Heeb/Diekmann* sehen in der Entscheidung einen Beleg dafür, dass die Mitgliedschaft von Verbrauchervertretern und Vertretern öffentlicher Interessen in den DIN-Ausschüssen nicht mit einer angemessenen Interessenrepräsentanz gleichzusetzen sei.[492]

Die Entscheidung verdeutlicht mittelbar die erhebliche Bedeutung der Verbraucherinteressen bei der Erstellung von Normen. Zwar folgt aus der Rechtsnatur der DIN-Norm bereits die fehlende Bindungswirkung. Eine Abweichung von den Anforderungen der Norm durch die Stiftung Warentest wäre jedoch nicht nötig gewesen, wenn die Verbraucherinteressen bei der Normerstellung berücksichtigt worden wären. *Buck-Heeb/Diekmann* weisen zu Recht darauf hin,

485 BGH NJW 1987, 2222 (2223).

486 BGH NJW 1987, 2222 Leitsatz 1, *Vieweg* NJW 1987, 2726.

487 BGH NJW 1987, 2222 (2223). Siehe dazu auch die Anmerkung von *Vieweg*, NJW 1987, 2726 (2726f.).

488 BGH NJW 1987, 2222 (2223f., insb. 2224).

489 BGH NJW 1987, 2222 (2224).

490 *Spindler/Thorun*, MMR-Beilage 2016, Heft 6, 1 (17).

491 *Vieweg*, NJW 1987, 2726 (2727) vermutet, dass der BGH die sachliche Vertretbarkeit strengerer Sicherheitsanforderungen ausführlich begründet, um die Interessen der Verbraucher, des DIN und der Hersteller zu würdigen und »um die Stiftung Warentest zu einer sorgfältigen und kritischen Prüfung auch der DIN-Normen anzuhalten.«

492 *Buck-Heeb/Diekmann*, Selbstregulierung, S. 279.

dass die Interessen der Verbraucher angesichts der Mehrheitsentscheidung nicht in die Norm Einzug finden konnten.[493]

Um die Berücksichtigung sämtlicher Interessen zu ermöglichen, muss eine Norm konsensbasiert zustande kommen.[494] Auch wenn ein konsensbasiertes Verfahren bei der Erstellung von Normen angestrebt wird,[495] damit alle Interessen Berücksichtigung finden, werden Mehrheitsentscheidungen angesichts unterschiedlicher Ansichten jedoch nicht zu vermeiden sein.[496] Mit Blick auf die getroffenen Wertungen in Dienstleistungsnormen erweist sich eine Zustimmung sämtlicher Beteiligter als unwahrscheinlich.[497] Ausreichend erscheint jedoch, wenn Entscheidungen unter Berücksichtigung der gegenseitigen Interessen und Werte getroffen werden, sodass eine Abweichung vom Konsensprinzip dann möglich ist.[498]

Spindler/Thorun ziehen aus der Entscheidung zu Recht eine Konsequenz hinsichtlich der Mindestanforderungen an die private Standardsetzung. Für die Rezeptionsfähigkeit von Dienstleistungsnormen durch die Rechtsordnung wird somit entscheidend sein, ob Minderheiteninteressen angemessen berücksichtigt wurden. Falls Einstimmigkeit bei der Beschlussfassung nicht möglich ist, darf der Mehrheitsbeschluss »nicht gegen die Interessen einer relevanten Minderheit, etwa der Verbraucherschutzverbände« ergehen.[499] Insbesondere in Bereichen, in denen die Dienstleistung vornehmlich gegenüber Verbrauchern erbracht wird, ist somit für die Rezeptionsfähigkeit entscheidend, dass die Verbraucherinteressen bei der Normerstellung angemessen berücksichtigt werden und in die Norm einfließen können. So dürfen Verbrauchervertreter nicht bloß als Beobachter (»observers«) oder Wachhunde (»watchdogs«)[500] im Erarbeitungsverfahren beteiligt sein.

493 *Buck-Heeb/Diekmann*, Selbstregulierung, S. 287.

494 *Buck-Heeb/Diekmann*, Selbstregulierung, S. 287 zu den Grundsätzen effektiver Selbstregulierung.

495 Abschnitt 9.1 DIN 820-4: 2014-06: »Der Inhalt einer Norm muss im Wege gegenseitiger Verständigung mit dem Bemühen festgelegt werden, eine gemeinsame Auffassung zu erreichen – möglichst unter Vermeiden formeller Abstimmungen.«

496 *Buck-Heeb/Diekmann*, Selbstregulierung, S. 288 zu Grundsätzen effektiver Selbstregulierung. *Buck-Heeb/Diekmann*, S. 287, weist auch auf Ziffer 13.1 Richtlinie für Normenausschüsse des DIN hin: »Wenn (in Ausnahmefällen) zum Inhalt einer Norm (…) Abstimmungen notwendig sind, entscheidet bei Sitzungen die Mehrheit der anwesenden Mitarbeiter bzw. anwesenden Mitglieder des Gremiums.«

497 *Buck-Heeb/Diekmann*, Selbstregulierung, S. 288 zu privaten Regeln. Die Zustimmung aller Beteiligten könne nicht immer erreicht werden.

498 *Hahn/Weidtmann*, Business & Society 2016, Vol 55 (I), 90 (111) zu Abstimmungen bei ISO 26000.

499 *Spindler/Thorun*, MMR-Beilage 2016, Heft 6, 1 (17) zu Mindestanforderungen bei der Standardsetzung.

500 So aber *Micklitz*, ERCL 4 (2010), 347 (363) zur Rolle von Verbraucherorganisationen im Normungsverfahren.

In diesem Zusammenhang stellt sich auch die Frage, wie der Sachverstand und die Repräsentation verschiedener Interessen zueinander im Verhältnis stehen und ob einer dieser Kategorien der Vorzug zu gewähren ist.[501]

b) Das Verhältnis von Sachverstand und Interessenrepräsentanz während der Normerstellung

Für die technischen Normen wird zum Teil vertreten, dass nur fachliche Experten den wissenschaftlich-technischen Sachverstand aufweisen, um den Stand der Technik festzulegen. Die Regelsetzer sollen daher aus einem ausgewogenen Kreis von Experten aus Wissenschaft und Technik bestehen, wobei auch Vertreter von Mindermeinungen einbezogen werden sollen. Das Gremium müsse zur Festlegung des Standes der Technik nicht gesellschaftlich repräsentativ zusammengesetzt sein. Eine gesellschaftlich repräsentative Zusammenstellung unter Beteiligung aller interessierten Kreise, d. h. auch Verbrauchern, sei zur Festlegung des Standes der Technik nicht angebracht. Für die technischen Normen wird insbesondere die Expertise von Fachleuten für die sicherheitstechnischen Normen betont.[502]

Für Dienstleistungsnormen erscheint diese Ansicht hinsichtlich der Zusammenstellung des Regelgremiums schwer übertragbar. Zwar ist auch hier die Einbeziehung von Dienstleistern und Branchenvertretern entscheidend, damit sie ihr branchenspezifisches Know-How in die Dienstleistungsnorm einfließen lassen. Im Vordergrund steht jedoch nicht die Lösung eines wissenschaftlich technischen Problems,[503] sondern die Leistungserbringung durch den Dienstleister. So wird die soziale Interaktion zwischen Dienstleister und Kunden geregelt.[504] Da die Norm mittels verschiedener Rezeptionsmechanismen Auswirkungen auf die vertragliche Beziehung haben kann, ist es von entscheidender Bedeutung, dass die Dienstleistungsnorm nicht einseitig die Interessen des Dienstleisters widerspiegelt. Insbesondere kommt den Dienstleistern nicht die alleinige Expertise dahingehend zu, welche Informationen dem Kunden zu gewähren sind. Illustrieren lässt sich diese Annahme anhand der Norm zu Dienstleistungen von Immobilienmaklern. So enthält die Norm Bestimmungen

501 Hierzu und zu den verschiedenen Ansichten *Buck-Heeb/Diekmann*, Selbstregulierung, S. 280f. zu den Grundsätzen effektiver Selbstregulierung.

502 *Müller-Foell*, Bedeutung Normen, S. 86f.; ebenso gegen eine strenge Repräsentativität bei privaten Regeln, *Bachmann*, Private Ordnung, S. 374. Für eine Beachtung von sowohl Fachwissen als auch Repräsentativität siehe Nachweise bei *Buck-Heeb/Diekmann*, Selbstregulierung, S. 280 Fn. 25. Für die Repräsentanz jedes Interesses: *Hommelhoff/Schwab*, FS Kruse, S. 693 (701) und *Lamb*, Gesetzeskonkretisierung, S. 77. Nach Ansicht von *Lamb* können sachverständige Vertreter auch die Interessengruppen vertreten, auf die sich Normung negativ auswirkt.

503 So aber bei technischen Normen, *Müller-Foell*, Bedeutung Normen, S. 87.

504 *Van Leeuwen*, Services, S. 55.

über Informationen, die dem Käufer als Auftraggeber beispielsweise zu gewähren sind und über solche, die in einer Vereinbarung mindestens enthalten sein müssen.[505] So werden nicht nur Wirtschaftsakteure mit besonderem Einblick in die Branche darüber urteilen können, welche Informationen für den Kunden relevant sind und aufgenommen werden sollen, sondern auch Juristen und insbesondere Verbrauchervertreter.

Bei einer alleinigen Beurteilung durch Dienstleister besteht die Gefahr, dass die Interessen des Kunden nicht berücksichtigt werden. So liegt es im Interesse des Dienstleisters, den Informationskatalog gering zu lassen, um einer etwaigen Anknüpfung bei einer Pflichtverletzung entgegenzuwirken.

Eine besondere Expertise für die Erstellung von Normen mit Auswirkungen für die Zusammensetzung des Gremiums kann für solche erforderlich sein, die einen technischen Bezug aufweisen. So können die Abläufe bei Dienstleistungen in der Hörakustik umfassend nur von Experten aus der Hörakustik beschrieben werden.[506] Ähnliches gilt für die Elemente der Risikoanalyse bei Dienstleistungen des Freizeittauchens.[507] Jedoch ist zu berücksichtigen, dass auch in diesen Normen allgemeinere Abschnitte zu finden sind, die nicht nur von Experten aus dem jeweiligen Dienstleistungsbereich verfasst werden können. So bestimmt auch die Norm zu Dienstleistungen des Freizeittauchens Informations- und Dokumentationspflichten,[508] deren Notwendigkeit auch von z. B. Verbrauchervertretern beurteilt werden kann.

Insofern stellt sich die Situation anders dar als bei technischen Normen, da bei Dienstleistungsnormen wissenschaftlich-technische Aspekte keinen Schwerpunkt bilden. Die rechtliche Prägung von Dienstleistungsnormen[509] führt dazu, dass nicht nur Dienstleister über den Sachverstand verfügen, den Inhalt einer Norm festzulegen.[510]

505 Ziffer 3.1.2 und Ziffer 3.2 DIN EN 15733:2011-07.

506 Ziffer 5 (Ablauf der Hörgeräteversorgung) DIN EN 15927:2010-12.

507 Ziffer 4.3 DIN EN ISO 24803:2017-07.

508 Ziffer 4.2.1 und Ziffer 4.8 DIN EN ISO 24803:2017-07. Ziffer 4.2.1 bestimmt etwa, dass der Dienstleister Informationen über Konsequenzen einer vorzeitigen Beendigung der Leistung durch eine Partei zur Verfügung stellen muss.

509 *Busch*, NJW 2010, 3061.

510 *Reimer*, Qualitätssicherung, S. 219: »Qualität ist vieldimensional und geht daher nicht in Professionalität auf.« So müsse bei einer Festlegung durch die Profession zur Gewährleistung von Allgemeininteressen z. B. ein »Kundenvorbehalt« berücksichtigt werden.

c) *Zwischenergebnis*

Somit ist bei Dienstleistungsnormen die angemessene Interessenrepräsentanz von entscheidender Bedeutung.[511] Angesichts der erheblichen Repräsentation wirtschaftlicher Interessen im NADL besteht hier Verbesserungsbedarf. Letztendlich wirkt sich die Repräsentation im nationalen Normungsgremium auch auf die europäische Normung aus, da hier die nationalen Spiegelgremien Vertreter auf europäische Ebene entsenden.[512] Somit setzen sich Repräsentationsprobleme auf nationaler Ebene auf der europäischen Ebene fort.[513]

Mit Blick auf die Legitimation von privaten Standards lässt sich zwischen einer »input legitimacy« und »output legitimacy« sowie der »throughput legitimacy« differenzieren.[514] Die »input legitimacy« bezieht sich auf die angemessene Repräsentation und Beteiligung der Stakeholder im Normungsverfahren.[515] Die »throughput legitimacy« betrifft die Art und Weise des Verfahrens, in dem Entscheidungen getroffen werden und hat eine prozedurale Komponente. Zu den Kernelementen zählen die Modalitäten der Kommunikation sowie der Entscheidungsfindung im Entwicklungsprozess und die Transparenz des Verfahrens.[516] Die »output legitimacy« bezieht sich auf die Eignung einer Norm, ihre Ziele zu erreichen und Probleme zu lösen[517] und hängt mit ihrer Verbreitung

---

511 Vgl. auch die »Principles for Better Self- and Co-Regulation« auf europäischer Ebene. So sollen möglichst viele potentiell nützliche Akteure mitwirken. Wenn die KMU sich nicht direkt engagieren können, könnten sie von Dachverbänden vertreten werden, Ziffer 1.1 Participants. Ebenso 1.2 Openness: In der Vorbereitungsphase sollen alle interessierten Parteien beteiligt sein, z.B. Behörden, Unternehmen, Zivilgesellschaft. Das »concept agreement« sollte mit vielen Akteuren (multi-stakeholder) gemeinsam unter offenem Austausch entwickelt werden.

512 *Giannaccari*, Standard Setting, S. 222, 200. Zu einer ausführlichen Analyse hinsichtlich der Auswahl der Experten bei nationalen Delegationen: *Cauffman/Gérardy*, in: *Cauffman/Eliantonio*, Standardisation, S. 64 (78ff.).

513 *Giannaccari*, Standard Setting, S. 223.

514 *Hahn/Weidtmann*, Business & Society 2016, Vol. 55 (I), 90 (93); *Botzem/Dobusch*, Organization Studies, 33 (5–6), 2012, 737 (741) (zur input und output legitimacy). *Schmidt*, Political Studies 2013, Vol. 61, 2ff. zur input, output und throughput legitimacy in der Europäischen Union. Die Konzepte der Input- und Output- orientierten Legitimation gehen auf *Scharpf* zurück. Siehe hierzu etwa *Scharpf*, Regieren in Europa, S. 17ff.

515 *Botzem/Dobusch*, Organization Studies, 33 (5–6), 2012, 737 (741); *Hahn/Weidtmann*, Business & Society 2016, Vol. 55 (I), 90 (103).

516 *Hahn/Weidtmann*, Business & Society 2016, Vol. 55 (I), 90 (101, 108). Siehe auch *Schmidt*, Political Studies 2013, Vol. 61, 2 (5). Siehe zum Begriff »throughput legitimacy« für den Bereich der technischen Normung mit Blick auf die Normimplementierung: *Senden*, in: *Eliantonio/Cauffman*, Standardisation, S. 20 (27f.).

517 *Hahn/Weidtmann*, Business & Society 2016, Vol. 55 (I), 90 (93, 102). Siehe auch *Botzem/Dobusch*, Organization Studies 33 (5–6), 2012, 737 (741) zur output legitimacy und *Schmidt*, Political Studies 2013, Vol. 61, 2 (4).

zusammen. Eine hohe Übernahme trägt zur »output legitimacy« bei.[518] So lässt sich die diese auch nur nach einer gewissen Zeit des Gebrauchs beurteilen.[519]

Mit Blick auf die Legitimation von Dienstleistungsnormen ist die Verbesserung der »input legitimacy«, d. h. die Beteiligung der wesentlichen Stakeholder,[520] von erheblicher Bedeutung. Wie *Van Leeuwen* aufgezeigt hat, werden Dienstleistungsnormen für die von ihm untersuchten Bereiche des Gesundheits- und Tourismusbereichs häufig von Außenseitern initiiert, die in ihrer Branche keine Anerkennung gefunden haben und nun über den Weg der Normung versuchen diese zu erreichen.[521] Auch Bedenken, die bereits zu mandatierten Normen vorgebracht werden, gelten gleichermaßen für die Erstellung von Dienstleistungsnormen: So erscheint zweifelhaft, ob Verbrauchervertreter oder Umweltvertreter angesichts ihrer geringeren Ressourcen gegenüber der Industrie ihre Ansichten tatsächlich einbringen können. Insofern können auch Vertreter mit einer geringeren Repräsentation den Normungsprozess schwer kontrollieren.[522] Nach Ansicht von *Craig* zu internationalen Normen haben die Initiatoren eines Normungsvorhabens sowie die am besten organisierten und informierten Stakeholder einen großen Einfluss auf die letztendliche Norm.[523] Diese Feststellung lässt sich gleichwohl auf Dienstleistungsnormen übertragen. Gerade bei diesen Normen, bei denen der Wertungscharakter besonders hervortritt, stellt sich die Frage, wessen Interessen im Normungsverfahren dominieren und ob Verbrauchervertreter angemessen repräsentiert sind.[524]

Die Auswirkungen, die eine fehlende angemessene Verbraucherbeteiligung haben kann, zeigten sich im Komposthäcksler-Fall. Bei Dienstleistungen, die überwiegend Verbrauchern gegenüber erbracht werden, kann somit ein Normerlass ohne Berücksichtigung relevanter Minderheitsinteressen dazu führen,

518 *Botzem/Dobusch*, Organization Studies, 33 (5–6), 2012, 737 (741, 743).

519 *Hahn/Weidtmann*, Business & Society 2016, Vol. 55 (I), 90 (116). Siehe S. 102: Kein Element der demokratischen Legitimation.

520 *Botzem/Dobusch*, Organization Studies, 33 (5–6), 2012, 737 (741). Auf die geringe input legitimacy bei der Normung weisen auch *Volpato/Eliantonio*, in: *Eliantonio/Cauffman*, Standardisation, S. 91 (94) hin.

521 *Van Leeuwen*, Services, S. 208 ff.

522 *Eliantonio*, LIEI 44 no. 4 (2017), 395. Auch übernehme die Kommission häufig die Normen der Normungsorganisationen, da ihr Wissen und Ressourcen fehlen, S. 395 f.

523 *Craig*, Foundations and Challenges, S. 788. Siehe auch *Hettne*, LIEI 44 No. 4 (2017), 409 (416).

524 Vgl. *Craig*, Foundations and Challenges, S. 788: »Moreover, the preceding concerns as to the value-laden nature of standardization in turn generate concern as to who has ›voice‹ in the standard-setting process…« Ebenso *Hettne*, LIEI 44 No. 4 (2017), 409 (416). Siehe auch *Giannaccari*, Standard Setting, S. 124 zu professional standards: »…the theoretical benefits in terms of consumer welfare may be offset whenever the standard setting procedures adopted by the professional bodies are aimed, directily or indirectly, to disadvantage final users…«.

dass der Norm schwächere rechtliche Bedeutung zukommt[525] bzw. dass die Rechtsprechung eher von den Anforderungen einer Dienstleistungsnorm zugunsten des Kunden abweichen wird.

3. Transparenz und Publizität des Verfahrens

Weiterhin muss für die Rezeptionsfähigkeit einer Dienstleistungsnorm die Transparenz des Verfahrens gewahrt sein. Hintergrund der Einbeziehung der Öffentlichkeit in das Verfahren der Normerstellung ist die Erwägung, dass die Interessen der betroffenen Kreise in die Normungsarbeit miteinbezogen werden sollen.[526] Die auch für die Dienstleistungsnormung relevante Norm DIN 820-4 enthält detaillierte Vorgaben hinsichtlich der Einbeziehung der Öffentlichkeit.[527] So kann ein Normenantrag von jeder Person beim DIN bzw. dem zuständigen Normenausschuss gestellt werden.[528] Die Öffentlichkeit wird über die Aufnahme neuer Normungsvorhaben informiert, indem der Arbeitstitel des Normungsvorhabens im DIN-Anzeiger veröffentlicht wird. Nach der Veröffentlichung eines Normentwurfs besteht die Möglichkeit, Stellungnahmen beim zuständigen Normenausschuss einzureichen.[529] Die Transparenz des Verfahrens selbst kann grundsätzlich als gewahrt angesehen werden.[530]

Van Leeuwen kritisiert jedoch zu Recht, dass die Treffen der Europäischen Technischen Komitees und der Spiegel-Ausschüsse nicht öffentlich, die Namen der Teilnehmer vertraulich (abgesehen vom Vorsitzenden des Europäischen Komitees und dem Verantwortlichen für das Sekretariat) und die Arbeitsunterlagen bis auf den Normentwurf nicht öffentlich zugänglich sind.[531]

---

525 *Spindler/Thorun*, MMR-Beilage 2016, Heft 6, 1 (16), weisen darauf hin, dass die rechtliche Wirkung von Ko-Regulierung »hinfällig oder zumindest geschmälert wird«, wenn sie nicht den verfassungsrechtlichen Anforderungen einer Standardsetzung genügen.

526 *Buck-Heeb/Diekmann*, Selbstregulierung, S. 283, 286.

527 Zu DIN 820-4 und der Einbeziehung der Öffentlichkeit *Buck-Heeb/Diekmann*, Selbstregulierung, S. 168, 285f.

528 Ziffer 4.1.2.1 DIN 820-4:2014-06.

529 Ziffer 4.1.2.6 und 4.4.1.2 DIN 820-4:2014-06. Näher zu den Bestimmungen zur Einbeziehung der Öffentlichkeit *Buck-Heeb/Diekmann*, Selbstregulierung, S. 285f., 168.

530 *Buck-Heeb/Diekmann*, Selbstregulierung, S. 168; insgesamt die prozeduralen Mindestanforderungen bejahend *Schmidt-Preuß*, in: *Kloepfer*, Selbstbeherrschung, S. 89 (96); *Spindler/Thorun*, MMR-Beilage 2016, Heft 6, 1 (17) sehen DIN 820-4 als mögliches Vorbild für das Erfordernis eines offenen und transparenten Prozesses bei den Mindestanforderungen zur Standardsetzung. *Winkelmüller*, Thesen von RA *Schmidt-Wottrich*, BauR 2016, 1628 (1632) kritisiert die Unübersichtlichkeit des Verfahrensrechts aufgrund von Präsidialbeschlüssen und Arbeitsanweisungen. Kritisch, *van Leeuwen*, Services, S. 63 zur Transparenz bei der europäischen Normung.

531 *Van Leeuwen*, Services, S. 63f. Siehe auch *Kloepfer*, in: *Schulte/Schröder*, Handbuch, S. 151 (190) zur fehlenden Transparenz.

Problematisch für die Transparenz und die Publizität ist weiterhin, dass der endgültige Normentwurf sowie die Norm selbst entgeltlich erworben werden müssen.[532] Dienstleistungsnormen sind wie technische Normen urheberrechtlich geschützt[533] und können gegen Bezahlung beim Beuth-Verlag gekauft werden.[534] Dieser Aspekt könnte einer Rezeption entgegenstehen. Nur wenn der Text wörtlich in einem Gesetzestext wiedergegeben werden, besteht kein Urheberschutz.[535] Nach § 5 III UrhG bleibt das Urheberrecht jedoch bestehen, sofern u. a. Gesetze ohne die Wiedergabe des Wortlautes auf private Normwerke verweisen.[536] Auch im Rahmen des New Approach wird nur die Fundstelle im Amtsblatt veröffentlicht, während das Copyright bei den nationalen Normungsorganisationen verbleibt.[537]

Für gesetzliche Normen folgt eine Publikationspflicht aus dem Rechtstaatsprinzip.[538] Das Publizitätserfordernis muss ebenso bei Regelungen, auf die verwiesen wird, eingehalten werden. Im Falle des Verweises einer Richtlinie auf eine technische Norm soll jedoch die Möglichkeit der Einsichtnahme in die Norm genügen, damit das Publizitätserfordernis aus Art. 20 III GG gewahrt ist.[539] So kann eine Norm zunächst etwa kostenfrei bei den DIN-Normauslegestellen eingesehen werden. Auch der kostenpflichtige Erwerb eines urheberrechtlich geschützten Werks ist nach Ansicht des Bundesverwaltungsgerichts »nicht per se als unzumutbare Erschwernis des Zugangs« (Rn. 25) einzuordnen. Zu berücksichtigen sei, dass der Staat sich »durch den Rückgriff auf DIN-Normen (…) privaten Sachverstand zu Nutzen« (Rn. 25) mache und das Normungsgremium getätigte Aufwendungen durch die Verwertung der Norm refinanziere. Ent-

532 *Buck-Heeb/Diekmann*, Selbstregulierung, S. 168, 286 zu technischen Normen. Sie weisen jedoch auch darauf hin, dass die Normen/Normentwürfe auch in Normauslegungsstellen kostenfrei eingesehen werden können.

533 Ziffer 9 DIN 820-1:2014-06: »Das DIN ist als Herausgeber des Deutschen Normenwerkes und der in ihm zusammengefassten Normen ermächtigt, die Urheberrechte hieran geltend zu machen. Als Miturheber übertragen alle in den Gremien des DIN tätigen sowie alle … externen Mitarbeiter unentgeltlich und unwiderruflich ihre aus der Mitarbeit erwachsenden Urhebernutzungs- und Verwertungsrechte auf das DIN…«. Siehe auch CEN-CENELEC Guide 10:2017 »Policy on dissemination, sales and copyright of CEN-CENELEC Publications«.

534 https://www.beuth.de/de; *Buck-Heeb/Diekmann*, Selbstregulierung, S. 168.

535 *Dreier*, in: *Dreier/Schulze*, § 5 UrhG Rn. 15.

536 Sofern sie sich etwa nur im Anhang befindet, Wandtke/Bullinger/*Marquardt*, § 5 Rn. 26. Siehe zur vorherigen Rechtsprechung Spindler/Schuster/*Wiebe*, § 5 UrhG Rn. 12.

537 *Van Leeuwen*, Services, S. 42.

538 BVerfG ZUM 1998, 926 (928), *Buck-Heeb/Diekmann*, Selbstregulierung, S. 288, vgl. BVerfGE 65, 283 (291).

539 BVerwG NJOZ 2013, 1754 (1755 Rn 16, 1756 Rn. 23). Siehe auch *Debus*, Verweisungen, S. 124 zur allgemeinen Zugänglichkeit und Auslegestellen. *Winkelmüller*, BauR 2016, 1628 (1634): Der Arbeitskreis spricht sich für die kostenfreie Zugänglichkeit von gesetzlich in Bezug genommenen EN-Normen aus.

scheidend seien die Umstände des Einzelfalls für die Frage, ob das Entgelt für die urheberrechtlich geschützte Norm den Zugang unzumutbar erschwere.[540]

Bei Dienstleistungsnormen besteht bisher keine gesetzliche Verweisung. Jedoch gilt ebenso im Falle einer Rezeption durch die Rechtsprechung aus verfassungsrechtlichen Gründen, dass die Normen zugänglich sein müssen. Hierfür reicht es aus, dass der Normgeber die Normen veröffentlicht, während der Staat sie nicht veröffentlichen muss.[541]

Somit steht der kostenpflichtige Erwerb von Dienstleistungsnormen über den Beuth-Verlag einer Rezeption nicht entgegen. Die Kosten für die Dienstleistungsnormen sind nicht als derart hoch einzuordnen, dass ein Zugang unzumutbar erschwert wird.[542] Auch besteht die Möglichkeit der kostenlosen Einsichtnahme bei den Auslegestellen. Für eine Rezeption durch die Rechtsprechung ist ausreichend, dass die Dienstleistungsnormen zugänglich sind und eingesehen werden können.[543]

Eine andere Schlussfolgerung könnte jedoch aus der Entscheidung des EuGH in der Rechtssache C-613/14 (*James Elliott Construction/Irish Asphalt*)[544] zu ziehen sein. Der EuGH entschied, dass eine harmonisierte technische Norm, die auf Grundlage einer Richtlinie angenommen wurde und deren Fundstelle im Amtsblatt der Europäischen Union veröffentlicht wurde, Teil des Unionsrechts ist.[545] Von Bedeutung ist die Entscheidung über die konkret im Urteil behandelte Norm hinaus für sämtliche New Approach-Normen.[546]

---

540 BVerwG NJOZ 2013, 1754 (1756f. Rn. 22–26). Siehe Rn. 25 zur Novellierung des § 5 UrhG. Zu den Anforderungen an die Verkündung eines Bebauungsplans bei Verweis auf DIN-Normen siehe BVerwG NJW 2010, 1567, BVerwG ZfBR 2016, 791.

541 *Röthel*, Normkonkretisierung, S. 111f.; *Battis/Gusy*, Technische Normen, Rn. 431f.: Keine Veröffentlichungspflicht durch den Staat bei technischen Regelwerken.

542 *Winkelmüller*, Thesen von RA *Löhrs*, BauR 2016, 1628 (1630) sieht die Kosten für technische Normen als angemessen an.

543 Zur Publizität bei den Principles for Better Self- and Co-Regulation: »The initiative and its constitutive texts must therefore be widely publicised and easily accessible«, Ziffer 1.2. Für eine Pflicht zur vollständigen Publikation bei der unionsrechtlichen Verweisung auf technische Normen: *Rönck*, Normen, S. 276f.

544 EuGH, Urt. v. 27.10.2016 – C-613/14, ECLI:EU:C:2016:821, EuZW 2017, 63. Zu Fragen des Copyrights siehe *Lundqvist*, LIEI 44 no. 4 (2017), 421 (427ff.).

545 EuGH, Urt. v. 27.10.2016 – C-613/14, ECLI:EU:C:2016:821, EuZW 2017, 63 (64 Rn. 40). In der »Entschließung des Europäischen Parlaments vom 04. Juli 2017 zu dem Thema »Europäische Normen für das 21. Jahrhundert« (2016/2274(INI), ABl. 2018 C 334/2, Allgemeine Erwägungen Ziffer 4, betont das Europäische Parlament, dass »Normen nicht als Teil des Unionsrechts aufgefasst werden können.«

546 *Klindt/Wende*, EuZW 2017, 66 (67) mit Blick auf die Rechtsnatur der harmonisierten Normen bei den New-Approach Richtlinien; *Graf von Westphalen*, IWRZ 2017, 75 (76) zur Auslegungskompetenz des EuGH.

Der EuGH stellt auf einige Kriterien ab, um zu dieser Einordnung als Teil des Unionsrechts zu gelangen.[547]

So werden die Fundstellen der Normen von der Kommission im Amtsblatt der Europäischen Union veröffentlicht (Rn. 37). Bei Erzeugnissen, die mit den harmonisierten Normen übereinstimmen, werde die Übereinstimmung mit den wesentlichen Anforderungen der Richtlinie aufgrund der Veröffentlichung vermutet. Entscheidend für die Zuordnung zum Unionsrecht sei, dass durch Bezugnahme auf die Normen festgestellt werde, ob die durch die Richtlinie aufgestellte Konformitätsvermutung anwendbar sei (Rn. 38, 40).

Trotz der Ausarbeitung durch private Normungsorganisationen handele es sich bei der Norm um eine »notwendige und durch die in dieser Richtlinie definierten wesentlichen Anforderungen streng geregelte Durchführungsmaßnahme, die auf Initiative, unter der Leitung und Aufsicht der Kommission erstellt« werde und Rechtswirkungen nur bei vorheriger Veröffentlichung im Amtsblatt durch die Kommission entfalte (Rn. 43). Um diese Kontrolle durch die Kommission aufzuzeigen, geht der EuGH auf den Normungsauftrag ein, den die Kommission der Normungsorganisation erteilt hat. Der Normungsauftrag beinhalte u.a. den durch die Kommission vorgegebenen Anwendungsbereich, Vorlagepflichten gegenüber der Kommission, die Begleitung der Normungsarbeiten durch die Kommission sowie ihre Kontrolle vor der Veröffentlichung. (Rn. 43–45).[548]

Diese Einordnung als Teil des Unionsrechts könnte Auswirkungen für die Zugänglichkeit von Normen im Rahmen des New Approach haben.[549] So werden lediglich die Fundstellen im Amtsblatt der Europäischen Union veröffentlicht, während die Volltexte erworben werden müssen.[550] Nach Art. 15 III AEUV hat

547 Siehe auch *Klindt/Wende*, EuZW 2017, 66 (67).

548 Diese Aspekte betonen auch *Klindt/Wende*, EuZW 2017, 66 (S. 63 oben). Entscheidend seien die »Vermutungswirkung«, die »Beauftragung des Normungsinstituts«, die »Begleitung durch die Kommission« und die »Veröffentlichung im EU-Amtsblatt«. Ebenso *Nusser*, NJW 2017, 315, der die Vermutungswirkung als wesentliches Argument für die Einordnung ansieht. Siehe auch zu harmonisierten Normen *Senden*, LIEI 44 No. 4 (2017), 337 (341): »While still being adopted by a private organization, a HS is thus not only a standard mandated by a public body but also a top-down highly conditioned, supervised and recognized form of private regulation.«

549 Die Entscheidung betrifft die Rechtsnatur von sämtlichen Normen nach den New-Approach Richtlinien, *Klindt/Wende*, EuZW 2017, 66 (67). Siehe auch *Senden*, LIEI 44 no. 4 (2017), 337 (352): Kritisch, ob eine Zahlung für die Zugänglichkeit der harmonisierten Norm rechtmäßig ist, sofern sie in der Praxis so starke Anwendung findet, als sei sie eine öffentlich-rechtliche Norm.

550 *Klindt/Wende*, EuZW 2017, 66 (67). *Nusser*, NJW 2017, 315, weist auf den Grundsatz der Öffentlichkeit rechtlicher Vorschriften hin. So komme die Frage auf, ob eine vollständige amtliche Veröffentlichung der harmonisierten Normen für die Entfaltung von Rechtswirkungen erforderlich sei. Auch der Generalanwalt wies bereits darauf hin, dazu GA *Sánchez-*

jeder Unionsbürger Recht auf Zugang zu Dokumenten der Organe, Einrichtungen und sonstigen Stellen der Union. Hieraus folge ein individueller Anspruch »auf grundsätzlich freien und voraussetzungslosen Zugang zu den von der Union verwalteten Informationen«.[551] Ob für technische Normen im Rahmen des New Approach nun ein Recht auf Zugang aus Art. 15 III AEUV besteht[552], ist nicht Gegenstand dieser Diskussion. So könnte das Schweigen des EuGH zum Urheberrecht und die Betonung des freiwilligen Charakters von harmonisierten technischen Normen auch die implizite Bestätigung des geistigen Eigentumsrechts von CEN/CENELEC enthalten.[553] Anhand der Entscheidung *James Elliott* ist es somit schwierig zu beantworten, ob harmonisierte Normen urheberrechtsgeschützt sind.[554] An diesem Punkt stellt sich nunmehr die Frage, ob das Urteil auch Auswirkungen für Dienstleistungsnormen und deren Zugänglichkeit hat.

Bei Betrachtung der vom EuGH aufgestellten Kriterien erscheinen Konsequenzen zweifelhaft, da bereits die Kriterien zur Einordnung der Dienstleistungsnormen als Teil des Unionsrechts nicht erfüllt sind. So werden die Fundstellen von Dienstleistungsnormen nicht im Amtsblatt der Europäischen Union veröffentlicht. Ebenso wenig findet sich im Bereich der Dienstleistungsnormung ein New-Approach Ansatz, nach dem die Übereinstimmung mit einer Dienstleistungsnorm eine Konformitätsvermutung auslöst.[555] Mit Blick auf die Initiierung, Leitung und Aufsicht durch die Kommission kommen allenfalls von der Kommission mandatierte Dienstleistungsnormen in Betracht. Doch auch hier ist zweifelhaft, dass diese Normen Teil des Unionsrechts sind.[556]

Für die übrigen Dienstleistungsnormen, die bereits ohne Mandat der Kommission erstellt werden, lassen sich keine Konsequenzen hinsichtlich der Publizität aus der Entscheidung *James Elliott* entnehmen. Die Möglichkeit der

---

Bordona, Schlussanträge v. 28.01.2016 – C-613/14, ECLI:EU:C:2016:63, BeckRS 2016, 80189 Rn. 51.

551 *Klindt/Wende*, EuZW 2017, 66 (67).

552 Nach Ansicht von CEN/CENELEC, Position Paper, S. 2f. kann kein Recht aus Art. 15 III AEUV gegenüber CEN/CENELEC geltend gemacht werden. CEN/CENELEC verweisen auf Rn. 43 des Urteils, wonach mit der Ausarbeitung der Norm eine privatrechtliche Einrichtung betraut sei. CEN und CENELEC könnten daher nicht als Organe, Einrichtungen oder sonstige Stellen der Union angesehen werden, sodass sich ihnen gegenüber auch nicht auf Art. 15 III AEUV berufen werden könne.

553 So CEN/CENELEC, Position Paper, S. 7.

554 *Lundqvist*, LIEI 44 no. 4 (2017), 421 (429, 431). Siehe zum Urheberrechtsschutz technischer Normen die Entscheidung des *Hoge Raad* vom 22.06.2012, LNJ:BW0393 (*Knooble*), auf die auch der Generalanwalt im Schlussantrag zur Rechtssache *James Elliott* hinweist: GA *Sánchez-Bordona*, Schlussantrag vom 28.01.2016 – C-613/14, ECLI:EU:C:2016:63, BeckRS 2016, 80189, Fn. 34. Zu *Knooble* auch *van Gestel/Micklitz*, CMLR 50 (2013), 145, (161ff.).

555 Zum fehlenden New Approach im Dienstleistungsbereich *van Leeuwen*, Services, S. 146.

556 Dazu Kapitel 3.C.II.4.

Einsichtnahme genügt somit für die Publizität, sodass die Dienstleistungsnormen das prozedurale Mindesterfordernis für eine Rezeption erfüllen.

4. Zwischenergebnis

Während die Sachverständigkeit des Normungsgremiums gewährleistet ist, besteht Verbesserungsbedarf bei der Zusammensetzung der Normungsausschüsse. So ist die Gefahr einer einseitigen Interessenfestlegung gegeben, wenn eine Norm nicht die Interessen der potentiell Betroffenen angemessen widerspiegelt. Eine fehlende ausgeglichene Interessenrepräsentanz wird insbesondere Auswirkungen auf die Rezeptionsfähigkeit der Dienstleistungsnorm haben, wenn wichtige Minderheiteninteressen, wie Verbraucherinteressen, nicht Berücksichtigung finden. Die rechtlichen Wirkungen können dadurch verringert werden.[557]

Das Erfordernis einer ausgeglichenen Interessenrepräsentation scheint bei Dienstleistungsnormen noch wichtiger zu sein als bei technischen Normen. Insbesondere unterscheiden sie sich von technischen Normen dadurch, dass mangels eines wissenschaftlich-technischen Problems nicht nur Experten aus dem Dienstleistungsbereich über den Sachverstand verfügen, den Ablauf einer Dienstleistung zu beschreiben. So ist bei einer Leistungserbringung gegenüber Verbrauchern die Einbeziehung von Verbrauchervertretern entscheidend.

Die Transparenz des Verfahrens wird durch die Einbeziehung der Öffentlichkeit grundsätzlich gewahrt. Auch wenn die Publizität der Dienstleistungsnormen durch den kostenpflichtigen Erwerb eingeschränkt ist, steht diese Tatsache einer Rezeption nicht entgegen.

II. Die Rezeption von Dienstleistungsnormen und die Abstimmung mit gesetzlichen Vorgaben und rechtlichen Terminologien

Auch wenn Dienstleistungsnormen die verfahrensrechtlichen Anforderungen an eine Rezeption erfüllen, setzt die tatsächliche Entfaltung von Rechtswirkungen weiterhin voraus, dass sie mit höherrangigem Recht vereinbar sind.

Für das Verhältnis von Dienstleistungsnormen und gesetzlichen Regelungen ist zu beachten, dass sie in einer gegenseitigen Beziehung stehen. So können Bestimmungen von Dienstleistungsnormen als Konkretisierungsmaßstab für

557 Vgl. *Spindler/Thorun*, MMR-Beilage 2016, Heft 6, 1 (16f.) zur Ko-Regulierung und Kapitel 2.B.I.2.a) und Kapitel 2.B.I.2.c). Siehe auch *van Leeuwen*, in: *Eliantonio/Cauffman*, Standardisation, S. 110 (128) als Nachricht des Zivilrechts an die europäischen Normungsorganisationen, auch mit Blick auf Repräsentationserfordernisse: »[…] if you want your standard to be applied in private law, you have to improve the legitimacy of the standard«.

ausfüllungsbedürftige Rechtsbegriffe hinzugezogen werden. Zwingende rechtliche Vorschriften begrenzen wiederum die Ausgestaltung von Dienstleistungsnormen.[558] Auch die europäische Normungsorganisation CEN weist in ihren Dokumenten darauf hin, dass Dienstleistungsnormen nicht im Widerspruch zu Rechtsvorschriften stehen dürfen. Für die europäischen Dienstleistungsnormen sollen A-Abweichungen auf einen Widerspruch zu geltenden nationalen Rechtsvorschriften und auf deren Vorrang hinweisen.[559]

Von entscheidender Bedeutung für eine Entfaltung von Rechtswirkungen ist daher, dass Dienstleistungsnormen unter Berücksichtigung von rechtlichen Regelungen verfasst werden. Ansonsten könnten Gesetze und Dienstleistungsnormen verschiedene Verhaltensmaßstäbe aufstellen und Wertungswidersprüche entstehen. Die Kohärenz der verwendeten Begriffe und die inhaltliche Abstimmung ist somit Voraussetzung für die erfolgreiche Interaktion von Dienstleistungsnormen und gesetzlichen Regelungen.[560]

Angesichts der rechtlichen Prägung von Dienstleistungsnormen[561] birgt jedoch bereits die Definition von Begriffen Konfliktpotential. So wird die Abstimmung von Begriffsdefinitionen mit gesetzlichen Vorgaben in Dienstleistungsnormen nicht immer eingehalten. Wie *Micklitz* feststellt, werden Rechtsbegriffe ohne Berücksichtigung existierender europarechtlicher Regelungen neu definiert.[562] Ein Grund für die mangelnde juristische Präzision von Dienstleistungsnormen besteht darin, dass an der Erstellung von Dienstleistungsnormen nicht nur Juristen beteiligt sind.[563]

Anhand einiger Beispiele soll das Konfliktpotential bei der Definition von Rechtsbegriffen in privaten Normen aufgezeigt werden, wobei die Definitionen nicht ausschließlich Dienstleistungsnormen entstammen.

So definiert eine internationale Norm zu Umweltkennzeichnungen und Umweltdeklarationen einen Verbraucher als »natürliche Person, welche Waren,

558 DIN Terminologietabelle, S. 3.

559 Ziffer 4.3 CEN Strategic Plan; Ziffern 5.2, 5.5 CEN Guide 15:2012. Siehe allgemein auch CEN Guidance Document National Regulations.

560 Siehe DIN Terminologietabelle, S. 3; *Busch*, der freie Beruf 1-2/2014, 6.

561 *Busch*, NJW 2010, 3061. Siehe auch *van Leeuwen*, Services, S. 56, wonach Dienstleistungsnormen stärker mit gesetzlichen Vorgaben interagieren als Produktnormen.

562 *Micklitz*, Liber Amicorum, S. 483 (498). Dies sei besonders im Bereich der Tourismus-Dienstleistungen der Fall. Als Beispiel nennt er u. a. EN 13809 zu Reisebüros und Reiseveranstaltern oder EN ISO 18513, die neben der europäischen Regulierung von Pauschalreisen stehe. Siehe dort auch zu weiteren Beispielen unterschiedlicher Konzeptionen. *Micklitz*, S. 499f., kritisiert ebenso, dass sektorspezifische Dienstleistungsnormen z. B. bezüglich des Beschwerdemanagements, nicht aufeinander abgestimmt sind. Nach seiner Ansicht kann das Verbraucherschutzrecht Druck auf Normersteller ausüben, das beabsichtigte Regulierungsfeld genauer zu betrachten. Denn Verbraucherschutz sei immer relevant, wenn Dienstleistungen gegenüber einem Verbraucher erbracht würden.

563 *Micklitz*, Liber Amicorum, S. 483 (498).

Immobilien, Vermögen oder Dienstleistungen für private Zwecke kauft oder nutzt«[564]. Nach § 13 BGB ist ein Verbraucher jede natürliche Person, die ein Rechtsgeschäft zu Zwecken abschließt, die überwiegend weder ihrer gewerblichen noch ihrer selbstständigen beruflichen Tätigkeit zugerechnet werden können.

Die Norm DIN EN ISO 14025:2011-10 stellt somit höhere Anforderungen an den Verbraucherbegriff als § 13 BGB. Nach § 13 BGB ist eine natürliche Person auch Verbraucher, wenn mehrere Zwecke mit dem Rechtsgeschäft verbunden sind, der private Zweck aber gegenüber dem gewerblichen/selbständig beruflichen Zweck überwiegt.[565] Zwar wurde diese Ergänzung »überwiegend« erst im Rahmen der Umsetzung der Verbraucherrechterichtlinie ins BGB eingeführt.[566] Die Änderung trat am 13.06.2014[567] in Kraft, während die Bestimmung der privaten Norm noch aus dem Jahr 2011 stammt.

Letztendlich besteht jedoch kein Bedarf, einen Begriff wie den des Verbrauchers neu zu definieren, insbesondere in einer internationalen Norm, wenn dieser bereits in verschiedenen Rechtsordnungen seine Ausgestaltung gefunden hat. Friktionen können entstehen, wenn der Verbraucherbegriff einer privaten Norm nicht mit den Anforderungen einer gesetzlichen Norm übereinstimmt. Da die Legaldefinition gegenüber einer privaten Bestimmung Vorrang hat,[568] besteht kein Mehrwert in einer derartigen Definition. Vielmehr schafft sie neue Probleme.

Die Definition des Verbrauchers nach Ziffer 3.16 DIN EN ISO 14025 zeigt eine weitere mangelnde Abgleichung mit der juristischen Fachsprache auf. Hiernach ist ein Verbraucher eine natürliche Person, die Dienstleistungen für private Zwecke kauft. Der Ausdruck »Dienstleistungen einkaufen« widerspricht jedoch der deutschen juristischen Terminologie, da gemäß §§ 433, 453 BGB aus-

564 Ziffer 3.16 DIN EN ISO 14025:2011-10 Umweltkennzeichnungen und -deklarationen – Typ III Umweltdeklarationen – Grundsätze und Verfahren (ISO 14025:2006). Siehe DIN, Terminologietabelle, Benennung »Verbraucher«.

565 Zum dual use siehe BeckOGK/*Alexander*, § 13 Rn. 302, Stand 01.13.2019; BeckOK/*Bamberger*, § 13 Rn. 39, Stand 01.02.2019.

566 Gesetz zur Umsetzung der Verbraucherrechterichtlinie und zur Änderung des Gesetzes zur Regelung der Wohnungsvermittlung vom 20.09.2013, Bundesgesetzblatt Teil I 2013 Nr. 58, S. 3642. Siehe auch BT-Drucks. 17/13951, S. 61.

567 Gesetz zur Umsetzung der Verbraucherrechterichtlinie und zur Änderung des Gesetzes zur Regelung der Wohnungsvermittlung vom 20.09.2013, Bundesgesetzblatt Teil I 2013 Nr. 58, S. 3662.

568 Das Vorliegen eines Verbrauchergeschäfts kann nicht vereinbart werden, das Verbraucherrecht hat einen zwingenden Charakter, BeckOK/*Bamberger*, § 13 vor Rn. 1, Stand 01.02. 2019.

schließlich Sachen oder Rechte den Vertragsgegenstand bei einem Kaufvertrag bilden können.[569]

Weiterhin finden sich Bezeichnungen, die im deutschen Recht mit einem bestimmten Gesetz verbunden werden. So wird in DIN EN ISO 9000 als favorisierte Übersetzung vom englischen »nonconformity« zwar »Nichtkonformität« genannt, »Fehler« jedoch als »zulässige Benennung« angesehen.[570] Im deutschen Recht erfolgt eine Definition des Begriffs »Fehler« in § 3 I ProdHaftG,[571] sodass der Fehlerbegriff im deutschen Recht mit der Produkthaftung assoziiert wird. Den Begriff »Mangel« definiert DIN EN ISO 9000 als »*Nichtkonformität* (3.6.9) in Bezug auf einen beabsichtigten oder festgelegten Gebrauch«.[572] Gleichzeitig wird in einer Anmerkung auf die Bedeutung der Unterscheidung zwischen Mangel und Nichtkonformität wegen produkthaftungsrechtlicher Fragen hingewiesen.[573]

Einerseits wird nun der Mangel als Nichtkonformität definiert, andererseits aber auf die Notwendigkeit einer Unterscheidung zwischen den Begriffen aufmerksam gemacht. Insgesamt zeigt sich hier eine Verflechtung juristisch geprägter Begriffe. Neben dieser formalen Ungenauigkeit bestehen auch inhaltlich Differenzen zum gesetzlichen Mangelbegriff. So weist die DIN Terminologietabelle darauf hin, dass der Mangelbegriff der DIN EN ISO 9000 einerseits weiter, gleichzeitig aber auch enger sei als der Mangelbegriff des BGB. Zudem bestünden bei der Definition der DIN EN ISO 9000 zum Teil Überschneidungen mit der Definition des Fehlers nach § 3 ProdHaftG.[574]

Probleme mit Blick auf die Entfaltung von Rechtswirkungen werden somit durch neue Definitionen von Begriffen geschaffen, wenn diese in Rechtsordnungen bereits mit bestimmten Merkmalen verbunden oder legaldefiniert sind.

Neben diesen Begriffsdefinitionen, die in verschiedenen Normarten auftreten, finden sich insbesondere in Dienstleistungsnormen unpräzise Formulierungen,

---

569 Hierauf weist die DIN Terminologietabelle für die Definition des »Auftraggebers« in DIN 15999:2002-06 hin.

570 Nationales Vorwort, DIN EN ISO 9000:2015-11 Qualitätsmanagementsysteme – Grundlagen und Begriffe (ISO 9000:2015), S. 2.

571 Siehe DIN Terminologietabelle zum Abschnitt »Fehler« und den Unterschieden zum Mangelbegriff des BGB.

572 Ziffer 3.6.10 DIN EN ISO 9000:2015-11 (Hervorhebung im Original). Siehe auch DIN Terminologietabelle, Benennung Mangel.

573 Ziffer 3.6.10 DIN EN ISO 9000:2015-11 »Anmerkung 1 zum Begriff: Die Unterscheidung zwischen den Begriffen Mangel und Nichtkonformität ist wegen ihrer rechtlichen Bedeutung wichtig, insbesondere derjenigen, die im Zusammenhang mit *Produkt-* (3.7.6) und *Dienstleistungs*haftungsfragen (3.7.7) steht.« »Anmerkung 2 zum Begriff: Der vom *Kunden* (3.2.4) beabsichtigte Gebrauch kann durch die Art der vom *Anbieter* (3.2.5) bereitgestellten *Informationen* (3.8.2), wie Gebrauchs- oder Instandhaltungsanweisungen, beeinträchtigt werden.« (Hervorhebungen im Original).

574 So die DIN Terminologietabelle, Benennung Mangel.

die eine Rezeption erschweren können oder bei einer Konkretisierung Fragen aufwerfen.

So bestimmt Ziffer 4.10 DIN 77200-1:2017-11, dass ein Auftragnehmer »für die Erbringung von Sicherungsdienstleistungen grundsätzlich schriftliche Verträge (...) abschließen [muss], die von den Vertragsparteien handelsrechtlich verbindlich geschlossen werden.« An dieser Stelle bleibt unklar, welche Bedeutung die Verfasser der Formulierung »handelsrechtlich verbindlich« zumessen. Diese Bestimmung bezieht sich anscheinend nicht auf die bloße Schriftform, da nach der Norm Verträge bereits schriftlich geschlossen werden sollen. Soll der Vertragsschluss für beide Teile ein Handelsgeschäft sein? Soll der Vertragsschluss unter Beteiligung eines Prokuristen erfolgen? Insgesamt zeigt sich hier die fehlende juristische Reflexion bei der Erstellung der Dienstleistungsnorm.

Ebenso scheint fraglich, ob die Verfasser bei der Formulierung bestimmter Passagen die damit juristisch verbundenen Rechtsfolgen bedacht haben. In der nationalen Norm zur Veranstaltungstechnik »garantiert [der Betreiber] den sicheren Zustand seiner Örtlichkeiten«.[575] Die europäische Norm zu Sicherheitsdienstleistungen für Seeschifffahrt und Seehäfen bestimmt, dass der Dienstleister nachweisen muss, »dass er über die notwendige Kapazität hinsichtlich der Infrastruktur, des Personals und der Verfahren verfügt, um die vollständige Umsetzung aller Bedingungen und Bestimmungen des Vertrags zwischen Dienstleister und Kunde garantieren zu können.«[576] Angesichts der juristischen Ungenauigkeiten in Dienstleistungsnormen ist fraglich, ob die Verfasser wirklich an ein selbstständiges oder unselbstständiges Garantieversprechen gedacht haben.[577] Wenn in einem Vertrag auf eine Dienstleistungsnorm Bezug genommen wird, in der das Verb »garantieren« verwendet wird, könnte sich jedoch aus juristischer Sicht die Frage stellen, ob der Unternehmer ein unselbstständiges Garantieversprechen abgibt. In diesem Fall müsste er unabhängig von einem Verschulden bei einem Schadensersatzanspruch haften.[578]

Ein weiteres Beispiel für die mangelnde Abgleichung mit Rechtsvorschriften findet sich in einer Norm zu Anforderungen an Studioausstattung und -betrieb in Fitnessstudios. Ausweislich der Norm soll abgesehen von den gesetzlichen Bestimmungen der §§ 134, 138, 305, 310 BGB Gestaltungsfreiheit hinsichtlich des Kundenvertrags gegeben sein. Es seien »keine weiteren, über die gesetzlichen hinausgehenden Bestimmungen einzuhalten.«[579] Hier wird deutlich, dass die

575 Ziffer 4.3 DIN 15750:2013-04.

576 Ziffer 7.2.1 DIN EN 16747:2015-11.

577 Zur selbstständigen und unselbstständigen Garantie im Werkvertragsrecht BeckOGK/*Kober*, § 634 Rn. 232–234, Stand 01.03.2019.

578 Vgl. BeckOGK/*Kober*, § 634 Rn. 232 Stand 01.03.2019 zu den Folgen einer unselbstständigen Garantie in einem Werkvertrag. Siehe näher auch Kapitel 2.C.I.

579 Ziffer 4.2 DIN 33961-1:2015-11.

Verfasser sich nicht ausreichend mit gesetzlichen Regelungen auseinandergesetzt haben, da insbesondere die §§ 307–309 BGB nicht erwähnt werden.

Ein Widerspruch zu Rechtsvorschriften zeigt sich auch in Ziffer 6.9 DIN EN 12522-1 zu Umzugsdiensten von Privatpersonen. So sollen gesetzliche Ansprüche wegen Verlusten und Schäden innerhalb eines Jahres nach der Anlieferung gestellt werden. Wie *Busch* feststellt, erscheint die Vereinbarkeit mit zwingenden Verbraucherschutzstandards in den Rechtsordnungen der Mitgliedstaaten bedenklich.[580] Jedoch waren sich eventuell auch die Verfasser dessen bewusst, da sie in einer Anmerkung zu Ziffer 6.9 darauf hinweisen, dass die »Feststellungen (...) in Übereinstimmung mit den Anforderungen der nationalen Gesetzgebung erfolgen« sollten.[581]

Ein etwaiges Problembewusstsein der Bearbeiter von privaten Normen könnte sich auch im Rückzug[582] der DIN 66271:1995-96 (Informationstechnik - Software-Fehler und ihre Beurteilung durch Lieferanten und Kunden) zeigen. Die Norm definierte den Begriff der »Fehlhandlung« als »unwissentlich, versehentlich oder absichtlich ausgeführte Handlung oder Unterlassung, die unter gegebenen Umständen (Aufgabenstellung, Umfeld) dazu führt, daß eine geforderte Funktion eines Produktes beeinträchtigt wird«.[583] Zwar verwendet das BGB nicht den »Fehlhandlung«, jedoch ähnelte er dem Begriff der Pflichtverletzung im BGB.[584]

Möglicherweise wurde den Bearbeitern bei der Überprüfung der Norm der erhebliche rechtliche Gehalt der privaten Norm bewusst. Nicht nur der Begriff der »Fehlhandlung« ist rechtlich geprägt. So fanden sich in der Norm ebenso Abschnitte wie Ziffer 6.9 »Verbindlichkeit für Anwendung«, Ziffer 7.3 »Vertragliche Basis der Korrekturen«, Ziffer 7.4 »Abnahmehinderung« oder Ziffer 7.5 »Verantwortung«.[585] Normen sollen nach der Konzeption der CEN und DIN-Geschäftsordnungen vertragsrechtliche Bestimmungen gerade nicht enthalten.[586]

Die bisherige Untersuchung hat jedoch gezeigt, dass angesichts der Ähnlichkeiten von Dienstleistungsnormen zu dispositivem Gesetzesrecht und zu AGB[587]

580 *Busch*, NJW 2010, 3061 (3063).

581 Ziffer 6.9 DIN EN 12522-1:1998-08. Hierauf weist auch *Busch*, NJW 2010, 3061 (Fn. 29) hin.

582 https://www.beuth.de/de/norm/din-66271/2533281.

583 Zitiert nach der DIN Terminologietabelle, Benennung »Fehlhandlung«.

584 Beispiel und Hinweis bei DIN Schnittstellen Terminologietabelle, Benennung »Fehlhandlung«.

585 Das Inhaltsverzeichnis ist noch unter https://www.beuth.de/de/fachgebiete/normung-kommunikation-dokumentation/fachdaten-einzelsicht-norm/wdc-beuth:din21:2533281/toc-2767991/download einzusehen.

586 Ziffer 4 CEN/CENELEC GO-Teil 3:2017 und CEN/CENELEC GO-Teil 3:2019; Ziffer 7.8 DIN 820-1:2014-06.

587 *Busch*, NJW 2010, 3061.

die Vorgaben der Geschäftsordnungen nicht eingehalten werden und auch nicht eingehalten werden können. Wenn das Verhältnis zwischen Dienstleister und Kunden geregelt wird, finden sich in den Regelungen zwangsläufig vertragsrechtliche Bestimmungen, etwa in Form von Schriftformerfordernissen.[588] Denn Dienstleistungsnormen und die Qualitätsregelung von Dienstleistungen betreffen mehr denn je vertragliche Beziehungen.[589] Infolgedessen sind Friktionen mit gesetzlichen Bestimmungen oder juristischen Terminologien umso wahrscheinlicher, wenn keine inhaltliche und terminologische Koordinierung der Bestimmungen erfolgt.[590]

Neben rechtlich relevanten Definitionen und Rechtsbegriffen in DIN-Normen zeigen sich auch in DIN SPEC Dokumenten ähnliche Ergebnisse. Nach Ziffer 3.3.8 DIN 820-3:2014-06 ist eine DIN-SPEC ein »vom DIN herausgegebenes Dokument, das das Ergebnis einer Standardisierung enthält.« Eine DIN SPEC nach dem PAS Verfahren wird in »temporär zusammengestellten Gremien unter Beratung des DIN« entwickelt (Ziffer 3.3.8 DIN 820-3:2014-06.) Innerhalb des Regelwerks des DIN wird zwischen Normung und Standardisierung unterschieden. So zeichnet sich die Standardisierung dadurch aus, dass sie »ohne zwingende Einbeziehung aller interessierten Kreise und ohne die Verpflichtung zur Beteiligung der Öffentlichkeit« erarbeitet wird (Ziffer 3.1.3.2 DIN 820-3:2014-06). Insofern können DIN SPEC (PAS) in einem kürzeren Zeitraum erarbeitet werden und müssen nicht im Konsens getroffen werden. Jedoch können sie auch die Basis für eine DIN-Norm bilden.[591] Während einige DIN SPEC als Leitfäden verfasst werden,[592] ähneln andere sehr stark den Normen, indem auch hier Elemente wie Anwendungsbereich, Normative Verweisungen und Begriffsdefinitionen als Elemente zu finden sind.[593] Auch in DIN SPEC Dokumenten erfolgen Definitionen rechtlicher Begriffe wie Dienstleistungserbringer,[594] Rahmenver-

588 Siehe dazu bereits Kapitel 1.B.III.2.

589 *Micklitz*, Liber Amicorum, S. 483 (499).

590 Auch *Micklitz*, Liber Amicorum, S. 483 (499) weist darauf hin, dass Normen und Gesetze nebeneinander existieren können, sofern bloß rein technische Regeln formuliert werden. Wenn dieser Bereich wie bei Dienstleistungsnormen jedoch verlassen werde, sei es umso wichtiger, das rechtliche Umfeld erkennen zu lassen, in das die Normen eingebunden werden sollen.

591 https://www.beuth.de/de/regelwerke/din-spec-pas, FAQ: Was ist eine DIN SPEC (PAS)?

592 DIN SPEC 77227:2016-03 (Formulierung vergaberechtskompatibler Dienstleistungsnormen – Leitfaden für die Normungsarbeit); DIN SPEC 77007:2018-08 (Leitfaden Lean Services – Professionalisierung des Dienstleistungsgeschäfts).

593 Siehe etwa Ziffern 1–3 DIN SPEC 33452:2017-11 (Rahmenbedingungen und Anforderungskriterien für die Erbringung gewerblicher privater Ermittlungsdienstleistungen); Ziffern 1–3 DIN SPEC 33451:2015-06 (Standards zu Servicekatalogen in der Leistungsbeziehung zwischen Service Providern und Dienstleistungsempfängern).

594 Ziffer 3.1.3 DIN SPEC 77003:2015-04 (Personen- und haushaltsbezogene Dienstleistungen – Information, Beratung und Vermittlung).

trag[595] oder Auftraggeber.[596] Mit Blick auf ihren Inhalt enthalten sie teilweise wie Dienstleistungsnormen Bestimmungen zur Qualifikation,[597] Schriftformerfordernisse[598] sowie inhaltliche Vorgaben für Verträge.[599] Auch in diesen Dokumenten ist eine mangelnde Abgleichung mit juristischen Terminologien festzustellen. So wird der Erfüllungsgehilfe in Ziffer 3.9 DIN SPEC 33452:2017-11 (Ermittlungsdienstleistungen) als »Mitarbeiter eines Ermittlungsdienstleisters, der im weisungsgebundenen arbeitsvertraglichen Angestelltenverhältnis steht«, definiert. Bei einem Erfüllungsgehilfen im Sinne des § 278 BGB ist eine Weisungsgebundenheit jedoch nicht erforderlich.[600]

Die Definition der »Fehllieferung« in DIN SPEC 1001 zeigt eine fehlende Differenzierung mit Blick auf die Begriffe der Nichtleistung und Schlechtleistung im Schadensersatzrecht auf.[601] Eine »Fehllieferung« ist nach DIN SPEC 1001 eine »Auslieferung[,] die Mängel hinsichtlich Zeit, Ort und Menge aufweist.«[602] Nach § 434 III BGB wird eine Zu-Wenig-Lieferung zwar einem Sachmangel gleichgestellt. Wenn die Auslieferung jedoch an einem falschen Ort erfolgt, ist eine »Nichtlieferung« gegeben.[603] Bei Übertragung auf das Schadensersatzrecht liegt also bei einer Lieferung am falschen Ort eine Nichtleistung vor, während bei einer Zu-Wenig-Lieferung eine Schlechtleistung gegeben ist. Diese Differenzierung sollte sich auch in der privaten Norm durch Verwendung der Begriffe »Fehllieferung« und »Nichtlieferung« wiederspiegeln.

Insofern zeigt sich auch hier, dass Begriffe ohne Berücksichtigung des juristischen Begriffsverständnisses definiert werden.[604] Daher ist es von entscheidender Bedeutung, Dienstleistungsnormen und Gesetze aufeinander abzustimmen.[605] Insbesondere müssen die Verfasser Vorsicht vor einer unbedachten Verwendung juristisch geprägter Begriffe walten lassen und mögliche rechtliche Konsequenzen bedenken. Auch gesetzliche Vorgaben müssen stärker bei der

595 Ziffer 3.8 und Ziffer 5.4.2 33451:2015-06; Ziffer 2.18 DIN SPEC 1041:2010-05 (Outsourcing technologieorientierter wissensintensiver Dienstleistungen).
596 Ziffer 3.2 DIN SPEC 33452:2017-11.
597 Ziffer 4.1.2 DIN SPEC 77004:2018-07 (Personen- und haushaltsbezogene Dienstleistungen – Dienstleistungserbringung); Ziffer 5.4 DIN SPEC 33452:2017-11.
598 Ziffer 4.5.2 DIN SPEC 77004:2018-07; Ziffer 4.8 DIN SPEC 33452:2017-11.
599 Ziffer 4.5.2 DIN SPEC 77004:2018-07 (Haftung bei Schadensfällen, Gerichtsstand).
600 Siehe etwa BGH NJW 2011, 139 (140); BeckOK/*Lorenz*, § 278 Rn. 11 Stand 01.02.2019.
601 Zur Nichterfüllung und Schlechterfüllung BeckOK/*Lorenz*, § 280 Rn. 16ff., 22ff., Stand 01.02.2019.
602 Ziffer 3.4 DIN SPEC 1001:2010-03 (Lager- und Transportlogistik – Standardisierte Leistungsdefinition und -bewertung in der Angebotsphase). Siehe DIN Terminologietabelle Benennung »Fehllieferung«.
603 Beispiel zu § 434 III BGB und zur Nichtlieferung bei DIN Schnittstellen Terminologietabelle Benennung »Fehllieferung«.
604 Siehe auch schon *Micklitz*, Liber amicorum, S. 489 (498) zu Dienstleistungsnormen.
605 DIN Terminologietabelle, S. 3.

Erstellung berücksichtigt werden. Die verschiedenen Beispiele aus den privaten Normen haben gezeigt, dass bei der Abgleichung von Gesetzen und (Dienstleistungs-)Normen Verbesserungsbedarf besteht.[606]

Eine Hilfestellung für einheitliche Begrifflichkeiten bietet die Terminologietabelle des DIN zu Schnittstellen zwischen Dienstleistungsrecht und Normung.[607]

Angesichts der stärkeren rechtlichen Prägung von Dienstleistungsnormen[608] sollten auch Konsequenzen mit Blick auf die Zusammenstellung der Beteiligten im Normungsverfahren gezogen werden. So sind viele der an der Dienstleistungsnormung beteiligten Stakeholder und auch die Mitarbeiter der Normungsorganisationen keine Juristen. Zwar sind Juristen bereits in einigen Normungsprojekten vertreten, jedoch besteht ihre Rolle häufig darin, nationale Gesetzgebung zu schützen.[609] Wenn Dienstleistungsnormen stärker rechtlich geprägt sind, sollte auch mehr juristischer Sachverstand berücksichtigt werden und auf die Beteiligung von Juristen geachtet werden, die ihren Sachverstand mit Blick auf gesetzliche Rahmen im Dienstleistungsbereich einbringen sollten.[610]

III. Die Entscheidung des EuGH in der Rechtssache *Fra.bo* – Die Anwendbarkeit der Warenverkehrsfreiheit auf Normungs- und Zertifizierungstätigkeiten

Einen weiteren Beitrag dazu, dass die Verfasser von Dienstleistungsnormen stärker auf die Kompatibilität mit höherrangigem Recht achten, könnte die Entscheidung des EuGH in der Rechtssache *Fra.bo*[611] leisten. Diese Entscheidung könnte bei der Lösung des »Stakeholders Paradox« mitwirken. Hierunter versteht *Van Leeuwen* die Problematik, dass Dienstleistungsnormen zur Entfaltung von Rechtswirkungen auf das Privatrecht angewiesen sind, Stakeholder aber nicht auf die Vereinbarkeit mit rechtlichen Bestimmungen achten.[612]

606 Siehe auch *van Leeuwen*, in: *Eliantonio/Cauffman*, Standardisation, S. 110 (129), wonach sich die Parteien im Normungsprozess nicht der Voraussetzungen bewusst sind, die für eine Anwendung der Normen im Privatrecht beachtet werden müssen.

607 DIN Terminologietabelle.

608 *Busch*, NJW 2010, 3061.

609 *Van Leeuwen*, Services, S. 222.

610 Dafür auch *van Leeuwen*, Services, S. 222. Siehe auch *Micklitz*, Services Standards, S. 209 für die Zusammenarbeit von Juristen und technischen Experten.

611 EuGH, Urt. v. 12.07.2012 – C -171/11, ECLI:EU:C:2012:453, BeckRS 2012, 81441.

612 *Van Leeuwen*, Services, S. 221. *Van Leeuwen* weist auf die Vereinbarkeit mit den Freizügigkeitsbestimmungen, Wettbewerbsrecht und der Richtlinie über missbräuchliche Klauseln in Verbraucherverträgen hin.

Das nachfolgende Urteil in der Rechtssache *Fra.bo* zeigt, dass die Klubmentalität (»club mentality of standardizers«)[613] von Normungsorganisationen nicht aufrechtzuerhalten ist. Mit diesem Begriff wird das folgende Phänomen beschrieben: Das Normungsverfahren dient der Erstellung von Normen und orientiert sich schwerpunktmäßig an den einschlägigen Verfahrensregeln. Mögliche Konflikte, die aus der Anwendung der Norm folgen, stehen nicht im Vordergrund. Von einer historischen Perspektive aus betrachtet erwies sich Normung als ein geschlossener Prozess, in dem die Beteiligten unter sich blieben.[614] Trotz einer im Laufe der Zeit folgenden Öffnung schien Normung weiterhin hinter verschlossenen Türen (»rule-making took place behind closed doors«)[615] stattzufinden, ohne dass Politik, Märkte oder Rechtsprechung das Normungsverfahren beeinflussen konnten.[616] Da Normung jedoch stärker als Mittel zur Verwirklichung des Binnenmarktes eingesetzt wurde und in rechtliche Gebiete vordrang, mussten diese Klubhaus-Wände irgendwann zusammenbrechen (»walls of the ›club house‹ needed to come down«).[617]

Das Urteil in der Rechtssache *Fra.bo* betrifft die Frage, ob die Warenverkehrsfreiheit auf die Normungs- und Zertifizierungstätigkeiten einer privaten Einrichtung anwendbar ist[618] bzw. ob Normungs- und Zertifizierungsorganisationen an die Grundfreiheiten gebunden sind.[619]

Hintergrund des Verfahrens ist ein Rechtsstreit zwischen der in Italien ansässigen Gesellschaft Fra.bo SpA (Fra.bo) und der deutschen Zertifizierungsstelle Deutsche Vereinigung des Gas- und Wasserfaches e.v. – Technisch Wissenschaftlicher Verein (DVGW). Das Unternehmen Fra.bo stellt Kupferfittings für Gas- und Wasserleitungen her und vertreibt diese. Der DVGW ist ein privatrechtlicher Verein ohne Gewinnzweck, der nach seiner Satzung die Förderung des Gas- und Wasserfachs als Ziel verfolgt. Der DVGW erarbeitet Normen, u.a. auch eine Norm, die die Grundlage für eine freiwillige Zertifizierung bildet.[620] Bei Produkten, die von der Einrichtung zertifiziert sind, wird eine Übereinstimmung mit nationalen Rechtsvorschriften vermutet.[621] Fra.bo klagte gegen die Entscheidung der DVGW, ein Zertifikat zu entziehen und/oder nicht zu verlängern. Nach Ansicht von Fra.bo ist die DVGW an die Warenverkehrsfreiheit gebunden. Die Entziehung und Nichtverlängerung der Zertifizierung bedeute eine erheb-

613 *Van Gestel/Micklitz*, CMLR 50 (2013), 145 (148).
614 *Van Gestel/Micklitz*, CMLR 50 (2013), 145 (149).
615 *Van Gestel/Micklitz*, CMLR 50 (2013), 145 (150).
616 *Van Gestel/Micklitz*, CMLR 50 (2013), 145 (149f.).
617 *Van Gestel/Micklitz*, CMLR 50 (2013), 145 (150).
618 EuGH, Urt. v. 12.07.2012 – C-171/11, ECLI:EU:C:2012:453, BeckRS 2012, 81441.
619 *Van Gestel/Micklitz*, CMLR 50 (2013), 145 (158).
620 EuGH, Urt. v. 12.07.2012 – C-171/11, ECLI:EU:C:2012:453, BeckRS 2012, 81441, Rn. 2, 6–8.
621 Siehe § 12 IV AVBWasserV; EuGH, Urt. v. 12.07.2012 – C-171/11, ECLI:EU:C:2012:453, BeckRS 2012, 81441, Rn. 13, 17.

liche Erschwerung des Marktzugangs. Die gesetzliche Konformitätsvermutung führe dazu, dass ohne das entsprechende Zertifikat ein Vertrieb in Deutschland kaum möglich sei. Die DVGW ist hingegen der Ansicht, dass die Vorschriften zur Warenverkehrsfreiheit für sie als privatrechtliche Vereinigung nicht bindend seien.[622]

Nach Auffassung des EuGH ist die Bestimmung zur Warenverkehrsfreiheit dahin auszulegen, dass sie »auf die Normungs- und Zertifizierungstätigkeiten einer privaten Einrichtung anzuwenden ist, wenn die Erzeugnisse, die von dieser Einrichtung zertifiziert wurden, nach den nationalen Vorschriften als mit dem nationalen Recht konform angesehen werden und dadurch ein Vertrieb von Erzeugnissen, die nicht von dieser Einrichtung zertifiziert wurden erschwert wird.«[623]

Der EuGH betont zwar, dass es sich bei der DVGW um eine »private Einrichtung ohne Gewinnzweck« handele. Weder finanziere der Staat die Tätigkeiten noch sei entscheidender Einfluss durch ihn gegeben.[624]

Als maßgebende Argumente für eine Anwendung der Warenverkehrsfreiheit auf die private Zertifizierungs- und Normungseinrichtung sieht der EuGH zum einen die gesetzliche Konformitätsvermutung an, nach der zertifizierte Erzeugnisse als mit nationalen Rechtsvorschriften konform angesehen werden. Zudem stelle die DVGW die einzige Zertifizierungsstelle dar. Ein neben der Zertifizierung bestehendes Verfahren in Form einer Prüfung durch einen Sachverständigen sei nicht praktikabel. Eine fehlende Zertifizierung durch den DVGW bedeute eine erhebliche Erschwerung des Vertriebs.[625] So verfüge »eine Einrichtung wie der DVGW insbesondere auf Grund ihrer Ermächtigung zur Zertifizierung von Erzeugnissen in Wirklichkeit über die Befugnis (…), den Zugang von Erzeugnissen (…) zum deutschen Markt zu regeln«.[626]

Somit bejaht der EuGH in diesem Fall die Anwendbarkeit der Vorschriften über die Warenverkehrsfreiheit auf den DVGW. Dies erschien gerade fraglich, da der DVGW eine private Vereinigung ist, deren Tätigkeit nicht dem Staat zurechenbar ist.[627]

Mit Blick auf die Beantwortung der Frage, ob der EuGH durch die Entscheidung in der Rechtssache Fra.bo die Bindung Privater an die Warenverkehrs-

622 EuGH, Urt. v. 12.07.2012 – C-171/11, ECLI:EU:C:2012:453, BeckRS 2012, 81441, Rn. 13f.
623 EuGH, Urt. v. 12.07.2012 – C-171/11, ECLI:EU:C:2012:453, BeckRS 2012, 81441, Amtlicher Leitsatz, Rn. 34.
624 EuGH, Urt. v. 12.07.2012 – C-171/11, ECLI:EU:C:2012:453, BeckRS 2012, 81441, Rn. 24.
625 EuGH, Urt. v. 12.07.2012 – C-171/11, ECLI:EU:C:2012:453, BeckRS 2012, 81441, Rn. 27–30.
626 EuGH, Urt. v. 12.07.2012 – C-171/11, ECLI:EU:C:2012:453, BeckRS 2012, 81441, Rn. 31.
627 *Streinz*, JuS 2013, 182.

freiheit bzw. die horizontale Direktwirkung der Grundfreiheit[628] bejaht, zeigt sich die Besonderheit, dass der EuGH nicht auf seine bisherige Rechtsprechung zur unmittelbaren Drittwirkung Bezug nimmt.[629]

So ist *Streinz* der Auffassung, dass der EuGH die Frage offen gelassen habe und die Anwendbarkeit der Vorschriften über die Warenverkehrsfreiheit aus der gesetzlichen Konformitätsvermutung und der »faktischen Monopolstellung des DVGW« folgt.[630] Nach Ansicht von *Leible/T. Streinz* resultiert aus der Entscheidung keine allgemeine Bindung Privater an die Warenverkehrsfreiheit. Diese sei lediglich anwendbar, wenn ein Privater vom Staat »zum Wächter über den Marktzugang« gemacht werde.[631]

Hinsichtlich der Bindung Privater an die Dienstleistungsfreiheit entschied der EuGH für den Sportbereich, dass das Beschränkungsverbot des heutigen Art. 56 AEUV auch für Verbände gilt, wenn sie mit rechtlicher Autonomie ausgestattet sind, um kollektive Regelungen treffen zu können.[632] Mit Blick auf die Normungsorganisation CEN oder nationale Normungsorganisationen verfügen diese über rechtliche Autonomie. Durch Normen sollen auch kollektive Regelungen geschaffen werden. Da diese *Walrave/Koch*-Kriterien zutreffen, ist nach Ansicht von *van Leeuwen* eine Anwendung der Bestimmungen zur Freizügigkeit auf die Normungsorganisationen wahrscheinlich. Gleichwohl bezweifelt *van Leeuwen*, dass Fälle zukünftig gegen Normungsorganisationen vorgebracht werden. Auch wenn CEN das Normungsverfahren verwalte, führe die Annahme einer Dienstleistungsnorm noch nicht zu bedeutenden rechtlichen Wirkungen. Vielmehr müssten Dienstleistungsnormen erst noch angewendet werden. Daher sei ein Vorgehen gegen diejenigen Parteien, die Dienstleistungsnormen tatsächlich verwenden, wahrscheinlicher. Dienstleistungsnormen hätten erst an dieser Stelle Auswirkungen auf den Binnenmarkt. Trotzdem könnten an dieser Stelle Konsequenzen für das Verfahren der Normerstellung folgen. So werden

---

628 Zur horizontalen Direktwirkung der Grundfreiheiten *Müller-Graff*, EuR 2014, 3 ff. Teilweise wird auch von einer horizontalen Drittwirkung gesprochen, s. etwa *Schmahl/Jung*, NVwZ 2013, 607 ff., oder von einer unmittelbaren Drittwirkung, *Leible/T. Streinz*, in: *Grabitz/Hilf/Nettesheim*, Art. 34 Rn. 40.

629 Auf diese fehlende Erwähnung weist *Schweitzer*, EuZW 2012, 765 (767) hin; s.a. *Schmahl/Jung*, NvWZ 2013, 607 (610); *Germelmann*, GewArch 2014, 335 (337).

630 *Streinz*, JuS 2013, 182 (184). Ebenso *van Gestel/Micklitz*, CMLR 50 (2013), 145 (159 f.).

631 *Leible/T. Streinz*, in: *Grabitz/Hilf/Nettesheim*, Art. 34 Rn. 41. Siehe auch *Ebers*, Rechtsbehelfe, S. 504: Die Entscheidung in der Rechtssache Fra.bo bedeute, dass Art. 34 AEUV »jedenfalls dann horizontale Wirkung entfaltet, wenn Organisationen oder sonstige kollektiv handelnde Personengruppen aufgrund ihrer normativen oder sozioökonomischen Macht Dritte davon abhalten, ihre Verkehrsfreiheiten auszuüben.« Die Anwendung des Beschränkungsverbots lehnt *Ebers* auf Maßnahmen einzelner Privater ab, S. 504.

632 *Tiedje*, in: *von der Groeben/Schwarze/Hatje*, Art. 56 Rn. 117. Zur Rechtsprechung EuGH – Urt. v. 12. 12. 1974 – C-36/74, Slg. 1974, 1405 – Walrave; EuGH, Urt. v. 11. 4. 2000, verb. Rs. C-51/96 und C-191/97, Slg 2000 I-2549 – Deliège.

Stakeholder stärker auf die Vereinbarkeit mit den Bestimmungen zur Freizügigkeit achten, falls Dienstleistungsnormen ansonsten nicht durchgesetzt werden können.[633]

Mit Blick auf die Entscheidung in der Rechtssache *Fra.bo* ist zu berücksichtigen, dass der EuGH als Hauptargumente für die Anwendbarkeit der Warenverkehrsfreiheit auf die gesetzliche Konformitätsvermutung und die Alleinstellung des DVGW für die Zertifizierung abstellt.[634] Entscheidend für die Anwendbarkeit der Freizügigkeitsbestimmungen und somit auch der Dienstleistungsfreiheit ist, ob eine fehlende Zertifizierung den Marktzugang erheblich erschwert.[635] Ohne eine gesetzliche Konformitätsvermutung wird eine fehlende Zertifizierung wohl keine vergleichbaren Auswirkungen wie in der Rechtssache *Fra.bo* mit sich ziehen, sodass eine Anwendung der Freizügigkeitsbestimmungen unwahrscheinlich ist.[636] Zwar existiert momentan kein New Approach-Ansatz im Dienstleistungsbereich,[637] jedoch könnte dieser Regulierungsansatz auf den Dienstleistungsbereich zukünftig ausgedehnt werden. Dann stellt sich die Frage, ob auch harmonisierte Normen an den Grundfreiheiten zu messen sind und somit Konsequenzen aus der Entscheidung zu *Fra.bo* zu ziehen sind.[638] So zeichnet sich auch der New Approach durch eine gesetzliche Vermutungswirkung aus, während die Normen von privaten europäischen Normungsorganisationen erstellt werden. Die Erarbeitung aufgrund eines Auftrags durch die Kommission spricht für eine Bindung an die Grundfreiheiten. Die harmonisierten Normen verfolgen jedoch gerade das Ziel, Hindernisse zwischen den Mitgliedstaaten zu überwinden, sodass die Verletzung einer Grundfreiheit durch eine harmonisierte Norm eine Ausnahme darstellen wird.[639]

Im Ergebnis könnten die Freizügigkeitsbestimmungen einen Beitrag dazu leisten, dass bei der Erarbeitung von Dienstleistungsnormen stärker auf die

633 So *van Leeuwen*, Services, S. 194. Siehe auch S. 195f. zur Frage, ob bei einer vertraglichen Inbezugnahme einer Dienstleistungsnorm zwischen Kunden und Dienstleister Freizügigkeitsbestimmungen anwendbar sind.

634 *Schweitzer*, EuZW 2012, 765 (768); *Streinz*, JuS 2013, 182 (184). Für eine Anwendbarkeit von Art. 34 AEUV auch ohne gesetzliche Verweisungsnorm bei einer faktischen Entscheidung über den Marktzugang: *Schmahl/Jung*, NVwZ 2013, 607 (609f.); dafür auch zu Freizügigkeitsbestimmungen *Mataija*, Private Regulation, S. 247; aA *Schweitzer*, EuZW 2012, 765 (768).

635 *Van Leeuwen*, Services, S. 195. *Van Leeuwen* spricht allgemein von den Bestimmungen zur Freizügigkeit. Dort näher zum Beispiel von (un-)zertifizierten Touristenführern in London.

636 *Van Leeuwen*, Services, S. 195 zu Freizügigkeitsbestimmungen.

637 *Van Leeuwen*, Services, S. 146.

638 Dazu *Schweitzer*, EuZW 2012, 765 (768).

639 So zutreffend *Schweitzer*, EuZW 2012, 765 (768). Kritischer zu den Konsequenzen einer Anwendbarkeit von Art. 34 AEUV beim New Approach: *Schepel*, in: *Delimatsis*, The Law, Economics and Politics, S. 199 (206f.).

Vereinbarkeit mit diesen gesetzlichen Vorgaben geachtet wird.[640] Voraussetzung für deren Anwendbarkeit ist jedoch, dass Dienstleistungsnormen tatsächliche Auswirkungen für den Binnenmarkt haben. Ohne einen New Approach-Ansatz erscheint dies jedoch zweifelhaft.[641]

C. Die Rezeptionsmechanismen

Da die Rechtsordnung Dienstleistungsnormen angesichts der ausreichenden Erfüllung der verfahrensrechtlichen Anforderungen rezipieren kann, sind nun die »Rezeptionsmechanismen«[642] zu untersuchen, über die Dienstleistungsnormen Rechtswirkungen entfalten können. Die nachfolgende Analyse unterscheidet dabei zwischen privatautonomer, legislativer und judikativer Rezeption.[643]

I. Die privatautonome Rezeption

Bei der privatautonomen Rezeption wird die Dienstleistungsnorm im Vertrag zwischen Dienstleister und Dienstleistungsempfänger in Bezug genommen und auf diese Weise in den Vertrag inkorporiert. Zu der privatautonomen Rezeption gehören ebenfalls die Fälle, bei denen während der Vertragsanbahnung auf Dienstleistungsnormen rekurriert wird. Einige Dienstleister werben mit der Einhaltung von Dienstleistungsnormen und können sich dementsprechend zertifizieren lassen.[644] So zertifiziert DINCERTCO Dienstleistungen u.a. nach DIN 77800 (Betreutes Wohnen) oder nach DIN EN 14804 (Sprachreisen).[645] Mit dieser Zertifizierung werben z.B. auch Anbieter von Sprachreisen.[646] Zu berücksichtigen ist, dass trotz des Begriffs Dienstleistungsnormen viele Verträge, in denen auf Dienstleistungsnormen Bezug genommen werden kann, im deutschen

640 *Van Leeuwen*, Services, S. 194, 198.

641 *Van Leeuwen*, Services, S. 198.

642 *Busch*, NJW 2010, 3061 (3064).

643 Begriffe nach *Busch*, NJW 2010, 3061 (3064).

644 *Busch*, NJW 2010, 3061 (3064); Ziffer 2.2 DIN SPEC 77226:2013-12. Siehe dort auch zur Bedeutung bei der öffentlichen Auftragsvergabe.

645 http://www.dincertco.de/de/dincertco/produkte_leistungen/zertifizierung_dienstleistungen/zertifizierung_dienstleistungen.html?et_cid=1&et_lid=1&et_sub=b_Zertifizierung%20Dienstleistungen.

646 https://www.panke-sprachreisen.de/informationen/qualitaetssiegel/; https://www.gls-sprachenzentrum.de/8_gls_sprachreisen.html (unten auf der Seite). *Busch*, NJW 2010, 3061 (3064) nennt als Beispiel Umzugsunternehmen, die mit der Einhaltung von DIN-Normen werben.

Recht nicht als Dienstverträge einzuordnen sind.[647] Im Nachfolgenden werden jedoch die Begriffe des Dienstleisters und des Dienstleistungsempfängers verwendet.

1. Die ausdrückliche Bezugnahme auf Dienstleistungsnormen im Vertrag

Die Vertragsparteien können ausdrücklich die Einhaltung einer Dienstleistungsnorm vereinbaren, sodass sie dadurch rechtlich verbindlicher Vertragsbestandteil wird.[648] In diesem Fall ähnelt die Dienstleistungsnorm einer Allgemeinen Geschäftsbedingung.[649] Die vertragliche Bezugnahme auf eine Dienstleistungsnorm führt jedoch nicht ohne Weiteres zu der Übernahme einer unselbstständigen Garantie, d.h. einer verschuldensunabhängigen Schadensersatzpflicht,[650] wenn die Vorgaben der Dienstleistungsnorm nicht eingehalten wurden.

Diese Schlussfolgerung ergibt sich aus einem Vergleich zu der Frage einer Beschaffenheitsgarantie im Werkvertragsrecht.[651] Die Annahme einer Beschaffenheitsgarantie richtet sich nach der Bereitschaft des Unternehmers, verschuldensunabhängig Schadensersatz leisten zu müssen.[652] Mit der vertraglichen Bezugnahme auf Dienstleistungsnormen soll ebenso wie bei technischen Normen die Beschaffenheit der Leistung festgelegt werden.[653] Aus der bloßen vertraglichen Bezugnahme auf DIN-Normen folgt jedoch regelmäßig noch keine Beschaffenheitsgarantie.[654]

647 Z.B.DIN EN 12522-1:1998-08 (Umzugdienste – Umzug für Privatpersonen. Teil 1: Festlegung von Dienstleistungen): Der Umzugsvertrag ist als Sonderfrachtvertrag einzuordnen, MüKo-HGB/*Andersen*, § 451 HGB Rn. 1.

648 *Van Leeuwen*, Services, S. 147f. Zu technischen Normen: *Buck-Heeb/Diekmann*, Selbstregulierung, S. 163; *Engler*, Regelsetzung, S. 64; *Falke*, Rechtliche Aspekte, S. 341; *Marburger*, Regeln der Technik, S. 375; *Rönck*, Normen, S. 147. Siehe auch *Schepel/Falke*, Legal aspects, S. 215f. Siehe aber *Sass*, NZBau 2014, 137 zu technischen Regeln als Beschaffenheitsvereinbarung i.S.d. § 633 II 1 BGB. Nach Ansicht von *Sass* soll es sich auch bei einer ausdrücklichen Bezugnahme häufig nur um einen deklaratorischen Hinweis handeln. Regelmäßig sei damit nicht »eine Entscheidung für eine bestimmte Ausführung« verbunden.

649 *Van Leeuwen*, Services, S. 148. Ausführlich zu Dienstleistungsnormen und Allgemeinen Geschäftsbedingungen, S. 171ff.

650 Zum Begriff im Werkvertragsrecht BeckOGK/*Kober*, § 634 Rn. 232, Stand 01.03.2019; ebenso MüKo-BGB (2018)/*Busche*, § 634 Rn. 96; BeckOK/*Voit*, § 634 Rn. 14, Stand 01.02.2019.

651 Hierzu BeckOGK/*Kober*, § 634 Rn. 232, 238, Stand 01.03.2019.

652 BeckOGK/*Kober*, § 634 Rn. 238, Stand 01.03.2019.

653 *Marburger*, Regeln der Technik, S. 375 zur vertraglichen Bezugnahme auf technische Normen. Siehe auch *Falke*, Rechtliche Aspekte, S. 427: »Wird in einem Kaufvertrag eine DIN-Norm genannt... wird durch diese Bezugnahme zunächst nur die geschuldete Leistung näher bestimmt.«

654 BeckOGK/*Kober*, § 634 Rn. 238, Stand 01.03.2019; Staudinger/*Peters/Jacoby*, § 633 Rn. 170 zu DIN-Normen. Siehe auch OLG Düsseldorf NJW-RR 1996, 146; OLG Naumburg, NJOZ

Je nach Inhalt der inkorporierten Norm kann dies jedoch auch anders zu beurteilen sein. Nach Ziffer 4.3 DIN 15750:2013-04 (Veranstaltungstechnik – Leitlinien für technische Dienstleistungen) »garantiert [der Betreiber] den sicheren Zustand seiner Örtlichkeiten, der betrieblichen Einrichtungen sowie der beigestellten Arbeitsmittel.« Wird diese Dienstleistungsnorm vertraglich inkorporiert, könnte hinsichtlich dieser Bestimmung eine Beschaffenheitsgarantie angenommen werden.

Formulierungen wie »Garantie« weisen im Werkvertragsrecht auf die Bereitwilligkeit des Unternehmers, verschuldensunabhängig Schadensersatz zu leisten, hin. Ein zwingender Schluss auf die Bereitschaft ist in dem Begriff jedoch nicht zu sehen.[655]

Wenn eine Dienstleistungsnorm in einen Vertrag inkorporiert wird, die den Begriff »garantiert« verwendet, kann dies in Bezug auf die jeweilige Bestimmung auf eine Bereitschaft zur Übernahme einer verschuldensunabhängigen Schadensersatzpflicht hindeuten. Ein zwingender Schluss auf die Bereitschaft mit Blick auf Ziffer 4.3 DIN 15750:2013-04 ist hingegen nicht zu ziehen. Entscheidend ist die Vertragsauslegung für die Frage, ob eine verschuldensunabhängige Schadensersatzpflicht anzunehmen ist.[656] Schließlich können der Formulierung »Garantie« verschiedene Bedeutungen zukommen.[657]

Bei einem Werkvertrag soll hinsichtlich der Annahme eines Garantiewillens für eine verschuldensunabhängige Haftung Zurückhaltung vorherrschen.[658] Denn auch bei Ablehnung einer Beschaffenheitsgarantie ist der Besteller geschützt. Regelmäßig ist ein Mangel mit Blick auf die berechtigten Erwartungen zu bejahen, der entsprechende Folgen auslöst.[659] So kann der Besteller etwa Man-

---

2003, 2556 zum alten Recht: keine zugesicherte Eigenschaft durch Bezugnahme auf DIN-Norm. Ausführlich zu dem Verweis auf technische Normen und einer möglichen Eigenschaftszusicherung für die Zeit vor der Schuldrechtsreform: *Falke*, Rechtliche Aspekte, S. 426ff. Ob die Begriffe der Beschaffenheitsgarantie i. S. d. § 639 BGB und der zugesicherten Eigenschaft gleichzusetzen sind, wird unterschiedlich beurteilt. Dagegen: BeckOGK/*Kober*, § 634 Rn. 236, Stand 01.03.2019; BeckOK/*Voit*, § 634 Rn. 14, Stand 01.02.2019 (Übertragung der Rechtsprechung nicht ohne weiteres möglich); MüKo-BGB (2018)/*Busche*, § 634 Rn. 96. Für eine Entsprechung der Begriffe: Staudinger/*Jacoby/Peters*, § 633 Rn. 169 (keine »sachliche[n] Unterschiede«).

655 Staudinger/*Peters/Jacoby*, § 633 Rn. 171; siehe auch BeckOGK/*Kober*, § 634 Rn. 238, Stand 01.03.2019.

656 Staudinger/*Peters/Jacoby*, § 633 Rn. 171.

657 Näher BeckOGK/*Kober*, § 634 Rn. 230f., Stand 01.03.2019; s.a. MüKo-BGB (2018)/*Busche*, § 634 Rn. 96 zur unselbständigen Garantie.

658 MüKo-BGB (2018)/*Busche*, § 634 Rn. 96; BeckOGK/Kober, § 634 Rn. 232, Stand 01.03.2019. Ebenso zurückhaltend zu einer Garantie von Eigenschaften Staudinger/*Peters/Jacoby*, § 634 Rn. 170; BeckOK/*Voit*, § 634 Rn. 14, Stand 01.02.2019.

659 Staudinger/*Peters/Jacoby*, § 633 Rn. 170: »Werden sie [Anm.: berechtigte Erwartungen] enttäuscht, lässt sich vielmehr regelmäßig ein Mangel mit den entsprechenden Konse-

gelbeseitigung verlangen.[660] Dieser Anspruch setzt kein Verschulden voraus.[661] Andererseits wird nach Ansicht von *Peters/Jacoby* ein Unternehmer eher zur Übernahme einer verschuldensunabhängigen Haftung bereit sein, wenn verschuldensunabhängige Mängelrechte bestehen und ein Schaden den Minderwert der Sache nicht übersteigt.[662] Maßgeblich ist im Ergebnis für die Frage der Annahme einer Beschaffenheitsgarantie, ob der Besteller auf die Bereitschaft des Unternehmers zum Verzicht auf die Exkulpationsmöglichkeit des § 280 I 2 BGB vertrauen darf.[663]

Grundsätzlich sollte daher auch bei der vertraglichen Inbezugnahme von Dienstleistungsnormen, die die Formulierung »garantiert« verwenden, hinsichtlich der jeweiligen Bestimmung nicht allein auf den Wortlaut abgestellt werden. Andererseits ist der Kunde schutzwürdig, wenn der jeweilige Vertragstypus keine verschuldensunabhängigen Gewährleistungsrechte vorsieht und somit nur Schadensersatzansprüche bei einem Verstoß gegen die Bestimmung der Dienstleistungsnorm in Betracht kommen. In diesem Fall könnte eher von einer Beschaffenheitsgarantie ausgegangen werden.

Letztendlich handelt es bei der Bestimmung der DIN 15750 unter den hier untersuchten Dienstleistungsnormen um einen Ausnahmefall. Neben einer ähnlichen Bestimmung in Ziffer 7.2.1 DIN EN 16747:2015-11 (Sicherheitsdienstleistungen für Seeschifffahrt und Seehäfen)[664] finden sich in den übrigen Dienstleistungsnormen keine derartigen Formulierungen. Während es sich bei der DIN 15750 um eine besondere Konstellation handelt, liegt in den übrigen Fällen der vertraglichen Inbezugnahme von Dienstleistungsnormen keine Beschaffenheitsgarantie vor.[665]

---

quenzen anderweitig begründen.« Auch BeckOGK/*Kober*, § 634 Rn. 232. Stand 01.03.2019 weist darauf hin, dass der Besteller nicht schutzlos ist.

660 BeckOGK/*Kober*, § 634 Rn. 232, Stand 01.03.2019, weist auf die Möglichkeit hin, auch ohne Garantieansprüche Mangelbeseitigung und Ersatz von Mangelfolgeschäden fordern zu können. Insofern irritiert das Beispiel von *Kober*, wenn er den Ersatz von Mangelfolgeschäden als Beispiel für den vorhandenen Schutz des Bestellers nennt. *Kober* geht gerade davon aus, dass der Besteller bei Ablehnung einer unselbstständigen Garantie und einer verschuldensunabhängigen Haftung auch durch andere Ansprüche geschützt wird. Für einen Anspruch auf Ersatz von Mangelfolgeschäden müsste aber ein Verschulden vorliegen.

661 Hk-BGB/*Scheuch*, § 635 Rn. 3.

662 Staudinger/*Peters/Jacoby*, § 633 Rn. 171. Bei nachhaltigen Mängelfolgeschäden bestehe wiederum ein Interesse des Bestellers an einer verschuldensunabhängigen Schadensersatzpflicht.

663 So Staudinger/*Peters/Jacoby*, § 633 Rn. 171. Ebenso BeckOGK/*Kober*, § 634 Rn. 238, Stand 01.03.2019.

664 Siehe zu dem Beispiel Kapitel 2.B.II.

665 Siehe auch BeckOGK/*Kober*, § 634 Rn. 238, Stand 01.03.2019, wonach die Bezugnahme auf DIN-Normen allein für eine Beschaffenheitsgarantie nicht genügt.

Wenn die Vertragsparteien die Einhaltung einer Dienstleistungsnorm vereinbaren, bestimmt diese das vertragliche Pflichtenprogramm.[666] Falls die Dienstleistungsnorm nicht eingehalten wird, führt dies zu einer Pflichtverletzung.[667] Insofern bewirkt die vertragliche Bindungswirkung, dass aus einer »obligation de moyens« eine »obligation de résultat« wird. Somit ist die Einhaltung der Dienstleistungsnorm vertraglich geschuldet.[668]

a) *Folgerungen zur vertraglichen Bindungswirkung aus der Rechtssache* James Elliott?

Eine andere Sichtweise zur Bindungswirkung bei einer vertraglichen Bezugnahme auf eine Dienstleistungsnorm kann auch nicht aus der Entscheidung des EuGH in der Rechtssache *James Elliott* gezogen werden. Hintergrund dieser Entscheidung war ein Rechtsstreit zwischen der Irish Asphalt Limited und der James Elliott Construction Limited. James Elliott Construction baute ein Jugendzentrum in Dublin und sollte die Böden auf »Hartsteingeschotter Clause 804« verlegen. Von der Irish Asphalt wurde das Material »Hartgestein Clause 804« an James Elliott geliefert. Nach Beendigung der Arbeiten traten am Gebäude Risse auf, infolgedessen es nicht genutzt werden konnte. James Elliott Construction nahm die Mängelbeseitigung vor und erhob Schadensersatzklage gegen Irish Asphalt. Der irische High Court entschied, dass die Schäden auf dem Stoff Pyrit beruhen, der in dem gelieferten Material enthalten war. Der gelieferte Stoff entsprach nicht einer nationalen irischen Norm, die eine europäische Norm umsetzt. Nach Ansicht des Gerichts hat Irish Asphalt ihre vertraglichen Verpflichtungen verletzt. Nach irischem Recht habe sie »zur Verwendung geeigneten« Stoff »von handelsüblicher Qualität« liefern müssen. Nach der Einlegung von Rechtsmittel durch Irish Asphalt legte der Supreme Court dem EuGH u. a. die Frage vor, welche Bedeutung die harmonisierte europäische Norm für Bauprodukte habe, wenn in einem Vertrag auf eine nationale Umsetzungsnorm verwiesen wird.[669]

Die Entscheidung erging zu einer harmonisierten technischen Norm im Rahmen des New Approach.[670] Das vorlegende Gericht stellte nach Ansicht des EuGH eine Frage zur Bindungswirkung einer europäischen Norm, wenn in einem

666 Vgl. *Marburger*, Regeln der Technik, S. 375 zu technischen Normen; vgl. *Buck-Heeb/Diekmann*, Selbstregulierung, S. 163 zu technischen Normen. Zu datierten und undatierten Verweisungen in Verträgen und Auswirkungen von Änderungen und Zurückziehungen von Normen: *Schepel/Falke*, Legal aspects, S. 216; *Falke*, Rechtliche Aspekte, S. 341 f. ausführlich zu starren und gleitenden Verweisen bei technischen Normen in Verträgen.

667 Vgl. *van Leeuwen*, Services, S. 148: »There would be an automatic link between compliance with the European standard and a breach of the contractual standard of care.«

668 *Van Leeuwen*, Services, S. 217. Zu den Begriffen auch *van Leeuwen*, Services, S. 25.

669 EuGH, Urt. v. 27. 10. 2016 – C-613/14, ECLI:EU:C:2016:821, Rn. 23–30, siehe EuZW 2017, 63.

670 Siehe *Klindt/Wende*, EuZW 2017, 66 (67).

Vertrag die Lieferung eines mit ihrer nationalen Umsetzungsnorm im Einklang stehenden Produkts vereinbart wurde.[671] Der EuGH führt aus, dass das vorlegende Gericht u. a. wissen wolle, ob die europäische Norm so auszulegen sei, dass die »Nichteinhaltung der technischen Spezifikationen dieser harmonisierten Norm mit anderen als in der Norm ausdrücklich vorgesehenen Prüfmethoden« nachgewiesen werden kann.[672] Nach Ansicht des EuGH soll die zugrundeliegende Richtlinie Handelshemmnisse eliminieren und Marktzugangsmodalitäten harmonisieren.[673] Die Richtlinie und die europäische Norm vereinheitlichten jedoch nicht nationale Regelungen zur Feststellung der Übereinstimmung eines Bauprodukts mit den vertraglichen Spezifikationen.[674]

Der EuGH entschied daher zur Auslegung der europäischen Norm, dass diese bei einer Einbeziehung der nationalen Umsetzungsnorm in den Vertrag für den nationalen Richter »weder hinsichtlich der Art und Weise der Feststellung der Konformität eines solchen Bauprodukts mit den vertraglichen Spezifikationen noch hinsichtlich des Zeitpunkts, zu dem die Konformität nachgewiesen werden muss, bindend ist.«[675] Wie *Klindt/Wende* jedoch zu Recht feststellen, entscheidet das nationale Recht über die Auswirkungen der vertraglichen Einbeziehung einer technischen Norm, selbst wenn aus unionsrechtrechtlicher Perspektive die fehlende Bindungswirkung zutrifft. Maßgeblich ist somit das nationale Recht für die rechtlichen Konsequenzen einer vertragsrechtlichen Bezugnahme.[676]

Für Dienstleistungsnormen ist für die Frage der Bindungswirkung bei einer vertraglichen Bezugnahme daher auch lediglich das nationale Recht entscheidend. Die Übertragbarkeit der Erwägungen des EuGH könnte zwar schon zweifelhaft sein, da Dienstleistungsnormen bislang nicht innerhalb des New Approach erarbeitet werden. Der EuGH stellt zur Begründung der fehlenden Bindungswirkung für die Art und Weise der Konformitätsfeststellung mit vertraglichen Spezifikationen jedoch auf das Ziel der Richtlinie ab, Handels-

671 EuGH, Urt. v. 27.10.2016 – C-613/14, ECLI:EU:C:2016:821, EuZW 2017, 63 (65 Rn. 48). Siehe auch *Klindt/Wende*, EuZW 2017, 66 (67).

672 EuGH, Urt. v. 27.10.2016 – C-613/14, ECLI:EU:C:2016:821, EuZW 2017, 63 (65 Rn. 48).

673 EuGH, Urt. v. 27.10.2016 – C-613/14, ECLI:EU:C:2016:821, EuZW 2017, 63 (65 Rn. 50f.).

674 EuGH, Urt. v. 27.10.2016 – C-613/14, ECLI:EU:C:2016:821, EuZW 2017, 63 (65 Rn. 52).

675 EuGH, Urt. v. 27.10.2016 – C-613/14, ECLI:EU:C:2016:821, EuZW 2017, 63 Leitsatz 2. Der EuGH ist auch der Ansicht, dass die Brauchbarkeitsvermutung der Richtlinie »für den nationalen Richter bei der Feststellung der Handelsüblichkeit oder Brauchbarkeit dieses Produkts nicht bindend ist, wenn allgemeine nationale Rechtsvorschriften über den Verkauf von Waren (…) verlangen, dass ein Bauprodukt diese Merkmale aufweist.« (Leitsatz 3).

676 *Klindt/Wendt*, EuZW 2017, 66 (67). Sie verweisen hinsichtlich der fehlenden Bindungswirkung im nationalen Vertragsrecht auf Leitsatz 3, richtig ist jedoch Leitsatz 2. *Klindt/Wende*, EuZW 2017, 66 (67) auch kritisch zur Beantwortung der Fragen durch den EuGH. Die Fragen hätten nur Relevanz für die »Feststellung vertraglicher Pflichten in einem rein nationalen, vertragsrechtlichen Rechtsstreit.« Ebenso *Graf von Westphalen*, IWRZ 2017, 75 kritisch zur Beantwortung durch den EuGH angesichts der Bezogenheit auf das nationale Recht.

hemmnisse zu eliminieren und Marktzugangsmodalitäten zu harmonisieren (Rn. 50f.) Auch europäische Dienstleistungsnormen können nach den Erwägungen der Kommission Handelshemmnisse beseitigen und den grenzüberschreitenden Dienstleistungsverkehr fördern,[677] sodass trotz unterschiedlicher Regelungsansätze ähnliche Ziele verfolgt werden. Somit ließe sich auch hier argumentieren, dass bei einer vertraglichen Bezugnahme keine Bindungswirkung bestehen könnte. Richtigerweise bleibt es für die entscheidende Frage der Bindungswirkung einer vertraglichen Bezugnahme jedoch bei der Maßgeblichkeit des nationalen Rechts.

b) Die vertragliche Bezugnahme auf Dienstleistungsnormen in der Praxis

Wenn eine (europäische) Dienstleistungsnorm erarbeitet wurde, folgt daraus noch nicht, dass sie auch in der entsprechenden Branche angewandt wird.[678] Die Rechtsverbindlichkeit einer ausdrücklichen Einbeziehung wirft die Frage auf, inwiefern tatsächlich Dienstleistungsnormen in der Praxis in den Vertrag inkorporiert werden. *Van Leeuwen* hat diese Frage für den Tourismus- und Gesundheitswesensbereich untersucht. Hierzu hat *van Leeuwen* den Vorsitzenden des niederländischen Spiegelgremiums zur Normung ästhetischer Chirurgie sowie Vertreter der Organisation HOTREC[679] interviewt. In diesen Bereichen soll die ausdrückliche Einbeziehung von Dienstleistungsnormen in einen Vertrag zwischen Dienstleister und Empfänger, zudem häufig Unternehmer und Verbraucher, die Ausnahme darstellen. *Van Leeuwen* sieht eine Ursache darin, dass die Normung von Dienstleistungen ein neues Entwicklungsfeld ist. Der entscheidende Grund sei jedoch, dass Dienstleister Dienstleistungsnormen nicht einen rechtsverbindlichen Charakter zukommen lassen wollen.[680] Der Vertrag sei lediglich der Ausgangspunkt für die vertraglichen Beziehungen und verlange keine genauen Definitionen von Sorgfaltsmaßstäben.[681] Dienstleistungen verlangten nach Ansicht der interviewten Personen Flexibilität, sodass der Dienstleister seine Leistung an den Kunden und die Umstände des Einzelfalls anpassen

677 SWD (2016) 186 final, S. 5.

678 Näher *van Leeuwen*, Services, S. 218f.

679 The umbrella association of Hotels, Restaurants and Cafés in Europe, www.hotrec.eu.

680 *Van Leeuwen*, Services, S. 152. Siehe auch noch *van Leeuwen*, Services, S. 217f. zum Tourismus- und Gesundheitssektor. Die Einwände gegen die Anwendung von Dienstleistungsnormen und die Einwände gegen das Verfassen von Normen in diesen Bereichen ähnelten sich. Der Gesundheitsbereich argumentiert, dass der Arzt zum Wohle des Patienten handeln können müsse, was bei einer strengen Einhaltung von Normen nicht immer der Fall sei. Der Tourismusbereich sieht die Anwendung von Dienstleistungsnormen als einschränkend für die Marktfreiheit an.

681 *Van Leeuwen*, Services, S. 152. Siehe auch *Magnus/Micklitz*, Liability for the safety of services, S. 573: »The conclusion oft he contract is no more than a starting point for a social involvement…«.

können müsse. Aus diesem Grund sei eine Rechtsverbindlichkeit von Dienstleistern nicht erwünscht. *Van Leeuwen* führt aus, dass hier ein Unterschied zur Produktnormung bestehe, bei denen eine vertragliche Inbezugnahme von (europäischen) Normen in Lieferketten häufiger stattfinde. Vertragsparteien seien hier regelmäßig Unternehmer. Bei der Produktnormung sei für die Parteien damit deutlich, welche Kriterien ein Produkt erfüllen müsse, während Dienstleistungen häufiger nicht durch einen standardisierten Ablauf gekennzeichnet, sondern individualisierter seien.[682]

Die Bedenken der Dienstleister sind insofern nachzuvollziehen, als dass Dienstleistungsnormen Verhaltensanforderungen an den Dienstleister stellen.[683] Dienstleistungsnormen verlieren ihren bloß empfehlenden Charakter durch die vertragliche Inkorporation, sodass die bereits »imperativ gefaßte[n] Sollenssätze«[684] nun auch tatsächlich verbindlich werden. So enthält die Norm zu Sicherungsdienstleistungen mit allgemeinen Anforderungen an Sicherheitsdienstleister detailliert Pflichten des Auftragnehmers bzw. Sicherungsdienstleisters.[685] *Van Leeuwen* stellt zwar zu Recht fest, dass Dienstleistungen individualisierter sind. Gleichwohl ist hier eine Einschränkung für standardisierte Dienstleistungen wie im Bereich der Telekommunikation und insbesondere für technikbasierte Dienstleistungen vorzunehmen. Steht hier eine technische Komponente mit im Raum, wird sich die individuelle Komponente stärker zurückziehen. Insofern können Dienstleistungen dann stärker Waren ähneln, etwa bei standardisierter Software.[686] Auch enthalten Dienstleistungsnormen wie die Norm zu Reinigungsdiensten in Schulen detaillierte Vorgaben zum Ablauf der Reinigung und zum Leistungsumfang, sodass hier auch häufig eine standardisierte Leistung vorliegt.[687] Insofern zeichnen sich viele Dienstleistungen durch Individualität aus,[688] dennoch ist eine generelle Annahme zur Individualität zu pauschal.

Van Leeuwen hat seine Untersuchung zur fehlenden Bereitschaft einer vertraglichen Inbezugnahme jedoch nur für den Gesundheits- und Tourismusbe-

682 *Van Leeuwen*, Services, S. 152f.

683 Siehe Ziffer 4.2.2 CEN Guide 15:2012: »Standards are not intended to place requirements on the customers.« *Busch*, NJW 2010, 3061 (3063) sieht einen Schwerpunkt von Dienstleistungsnormen in Vorgaben für die vertraglichen Pflichten des Dienstleisters.

684 *Pieper*, BB 1987, 273 (277) zu technischen Regelwerken.

685 Siehe etwa Ziffer 4.9 (Geschäftsräume), 4.15.1 (Ausrüstung) Ziffer 4.21 (Verwaltung von Schließmitteln) DIN 77200-1:2017-11.

686 *Reimer*, Qualitätssicherung, S. 43. Er weist auf verkörperte Mediendienstleistungen hin, »die angesichts ihrer Standardisiertheit und Ortsungebundenheit den Charakter von Waren(lieferungen) annehmen.«

687 Siehe etwa Anmerkung zu Ziffer 3.4.5 mit Vorgaben zur Anzahl der Fleckentfernung pro 100 m^2 bei der Unterhaltungsreinigung oder Ziffer 4.3.3 lit b) mit Vorgaben zur Fußbodenreinigung und Anhang A Tabelle A.1 zur Reinigungshäufigkeit und Reinigungsmaßnahmen DIN 77400:2015-09.

688 So DIN Normungsroadmap, S. 42.

reich durchgeführt. Ob sich seine Schlussfolgerungen auf sämtliche Dienstleistungsbereiche übertragen lassen, erscheint zweifelhaft. Mit Blick auf die von den befragten Personen erwähnte Anpassungsbedürftigkeit von Dienstleistungen an den Kunden und den Einzelfall[689] scheinen Dienstleistungsnormen diese Notwendigkeit nicht auszuschließen. Einige Dienstleistungsnormen sind zurückhaltend und geben beispielhafte Vorgaben zu den Qualifikationen des Dienstleisters[690] oder zu Informationen, die der Dienstleister gewähren muss.[691] Insofern besteht doch die Möglichkeit, die Dienstleistung an die Umstände des Einzelfalls anzupassen, sodass die Bedenken nicht generell eingreifen. Auch falls ausdrücklich auf eine Dienstleistungsnorm in einem Vertrag Bezug genommen wurde, könnten die Parteien vereinbaren, dass einzelne Passagen abbedungen werden.[692]

Gegen die Annahme, dass auch in anderen Dienstleistungsbereichen eine vertragliche Bezugnahme von Dienstleistern abgelehnt wird, spricht, dass einige Dienstleister mit einer Zertifizierung oder der Einhaltung von Dienstleistungsnormen werben.[693] Aus dieser Tatsache könnten Schlussfolgerungen mit Blick auf den Willen von Dienstleistern geschlossen werden, Dienstleistungsnormen Rechtsverbindlichkeit zukommen zu lassen.

Mit Blick auf eine die Vereinbarung einer bestimmten Beschaffenheit bietet sich ein Vergleich zum Kaufrecht an. Die Bezugnahme auf öffentliche Werbeaussagen des Verkäufers zu bestimmten Eigenschaften der Kaufsache während des Verkaufsgesprächs kann die Annahme einer Beschaffenheitsvereinbarung rechtfertigen.[694] Ebenso kann im Werkvertragsrecht bei öffentlichen Aussagen

689 *Van Leeuwen*, Services, S. 152f.

690 Siehe etwa Ziffer 4.2 DIN EN 16775:2016-02 zur Qualifikation des Sachverständigen: »Kompetenz für die angebotenen Sachverständigendienstleistungen kann z.B. durch berufliche Erfahrung, Ausbildung, Zertifizierung und Anerkennung… usw. nachgewiesen werden.«

691 Siehe etwa Ziffer 4 DIN EN 15733:2011-07: »Ist der Verkäufer alleiniger Auftraggeber des Immobilienmaklers, muss der Makler sicherstellen, dass dem Käufer jene wichtigen Informationen bereitgestellt werden… z.B…«.

692 Siehe etwa zur Möglichkeit, das CISG teilweise auszuschließen *Magnus*, ZEuP 2017, 140 (151); MüKo-IPR/*Martiny*, Art. 6 CISG Rn. 76.

693 Siehe unter FN. 646 die Beispiele zu Sprachreiseanbietern oder das Beispiel bei *Busch*, NJW 2010, 3061 (3064) zu Umzugsunternehmen. Zur Werbung mit einer Zertifizierung beim Freizeittauchen http://www.peters-diveshop.de/; https://www.easydive.de und bei Immobilienmaklern http://www.schick-immobilien.de/ueber-uns/zertifizierung; http://www.implus-immobilien.de/zertifizierung-nach-din-15733/; https://www.diaconsulting.de/de/53.1/Zertifizierungsverzeichnis1.html (Zertifizierungsverzeichnis für Immobilienmakler).

694 Hk-BGB/*Saenger*, § 434 Rn. 14. Siehe, wenn auch zu § 434 I 3 BGB, Erman/*Grunewald*, § 434 Rn. 23, der bei der Kennzeichnung auch DIN-Normen nennt. Die entsprechende Anwendbarkeit von § 434 I 3 BGB wird auch für den Werkvertrag angenommen, Staudinger/*Peters/Jacoby*, § 633 Rn. 183. Siehe zur Werbung mit einer DIN-Norm auch *Jank*, Produktstandardisierung, S. 90 und BGH, GRUR 1985, 973ff.

des Unternehmers eine konkludente Beschaffenheitsvereinbarung nach § 633 II BGB vorliegen.[695]

Auch wenn Dienstleister während der Vertragsverhandlungen auf eine Zertifizierung Bezug nehmen, mit der sie öffentlich werben, kommt somit eine Beschaffenheitsvereinbarung in Betracht.[696] So werben u. a. Anbieter von Sprachreisen, Immobilienmakler und Dienstleistungen des Freizeittauchens mit Zertifizierungen nach Dienstleistungsnormen.[697] Wenn in verschiedenen Dienstleistungsbereichen häufiger mit einer Zertifizierung nach Dienstleistungsnormen geworben wird und diese Grundlage einer Beschaffenheitsvereinbarung werden können, so zeigt sich doch, dass Dienstleister einer vertraglichen Inbezugnahme nicht ablehnend gegenüberstehen. Insofern kann *van Leeuwens* Untersuchung zum Gesundheits- und Tourismussektor und einer ablehnenden Haltung der Dienstleister für eine vertragliche Inkorporation nicht auf den gesamten Dienstleistungssektor übertragen werden. Vielmehr scheint es vom jeweiligen Dienstleistungsbereich abhängig zu sein, ob Dienstleister zur Einbeziehung von Dienstleistungsnormen in den Vertrag bereit sind.

Von Bedeutung für die Bereitschaft der Stakeholder zur Anwendung von Dienstleistungsnormen wird auch das Verfahren zur Normerstellung sein. So ist es für Kleine und Mittelständische Unternehmen (KMU) im Tourismusbereich schwierig, die europäische Normung zu beeinflussen. Infolgedessen wird auch ihre Bereitschaft fehlen, Dienstleistungsnormen anzuwenden.[698] Wenn eine angemessene Interessenrepräsentation im Verfahren der Normerstellung stattgefunden hat und auch Kleine und Mittelständische Unternehmen (KMU) sich einbringen konnten, wird, übertragen auf den gesamten Dienstleistungsbereich,

695 MüKo-BGB (2018)/*Busche*, § 633 Rn. 1 gegen eine analoge Anwendung von § 434 I 3 BGB im Werkvertragsrecht. Stattdessen nimmt er bei öffentlichen Äußerungen des Unternehmers eine konkludente Beschaffenheitsvereinbarung an.

696 Unzutreffenderweise ist *van Leeuwen*, Services, S. 153, der Ansicht, dass in einem Dienstleistungsvertrag zwar auf die Übereinstimmung mit Leitlinien und sektorspezifischen Standards Bezug genommen werden könne, der Unterschied zu einer ausdrücklichen Einbeziehung einer Dienstleistungsnorm jedoch darin bestehe, dass den Vertragsparteien und Gerichten Freiraum für die Entscheidung über die Bedeutung und Anwendbarkeit der Norm zustünde. Richtigerweise wird auch hier eine vertragliche Beschaffenheitsvereinbarung anzunehmen sein, die dann für die Vertragsparteien bindend ist.

697 Nachweise bei FN. 646 und FN. 693. Siehe auch *van Leeuwen*, Services, S. 53f., wonach eine Zertifizierung keine durchsetzbaren Rechte schafft, sodass der Verbraucher eine bestimmte Art der Dienstleistung verlangen könnte. Nach DIN SPEC 77226:3013-12, S. 6 kommt jedoch eine Anfechtung wegen arglistiger Täuschung in Betracht, wenn ein Dienstleister mit einer Dienstleistungsnorm wirbt, die dort enthaltenen Anforderungen an die Qualifikation jedoch nicht besitzt. Hier wird auf ein Urteil des OLG Stuttgart, BauR 1979, 259, verwiesen, in dem eine Architekteneigenschaft vorgetäuscht wurde und ein Anfechtungsrecht nach § 123 BGB begründete.

698 So zutreffend *van Leeuwen*, Services, S. 215f. Ebenso S. 219 allgemein zu KMU.

auch die Bereitschaft insgesamt steigen, Dienstleistungsnormen Bindungswirkung durch vertragliche Inbezugnahme zukommen zu lassen.

c) *Abschließende Festlegung des Leistungsniveaus durch eine vertragliche Bezugnahme?*

Wenn Dienstleistungsnormen vertraglich bindend durch die Inkorporation werden,[699] stellt sich die Frage, ob trotz einer vertraglichen Bezugnahme ein höheres Dienstleistungsniveau als in der Norm vorgesehen geschuldet sein kann.

aa) *BGH, Urteil vom 4. 6. 2009 – VII ZR 54/07 (OLG Hamm)*

Mit einer ähnlichen Frage zu technischen Normen befasste sich der BGH im Jahr 2009. Die Kläger erwarben eine Eigentumswohnung in einer Wohnanlage, die noch nicht fertig gebaut war. Im Erwerbsvertrag wurde auf eine Baubeschreibung Bezug genommen, die hinsichtlich des Schallschutzes auf DIN 4109 verwies.[700]

Der BGH behandelte im Rechtsstreit die Frage, welcher Schallschutz geschuldet ist. Nach Ansicht des BGH ist für das Maß des Schallschutzes die vertragliche Vereinbarung entscheidend.[701] Erforderlich sei eine Gesamtabwägung, bei der sämtliche Umstände des Vertrages und nicht nur der Vertragstext einzubeziehen seien.[702] Wenn nach der Vertragsauslegung ein üblicher Qualitäts- und Komfortstandard vereinbart sei, müsse sich auch die Schalldämmung hiernach richten.[703] Die vertragliche Bezugnahme auf DIN 4109 führe nicht zu der Schlussfolgerung, es seien nur deren Mindestanforderungen geschuldet, »weil diese Werte in der Regel keine anerkannten Regeln der Technik für die Herstellung des Schallschutzes in Wohnungen sind, die üblichen Qualitäts- und Komfortstandards genügen.«[704] Unbeschadet der sonstigen Vereinbarungen könne ein Erwerber grundsätzlich davon ausgehen, dass bei einer zu errichtenden Wohnung für den Schallschutz die im Zeitpunkt der Abnahme maßgeblichen anerkannten Regeln der Technik beachtet würden. Der Verweis auf DIN 4109 sei nur als Versprechen eines derartigen Schallschutzes aufzufassen, soweit die DIN 4109 als eine anerkannte Regel der Technik anzusehen sei. Bei einer beabsichtigten Abweichung von den anerkannten Regeln der Technik könne der Erwerber neben dem Hinweis auf DIN 4109 eine Aufklärung des Unternehmers erwarten, dass die Mindestanforderungen der Norm keine anerkannte Regel der Technik (mehr) darstelle.[705]

699 *Van Leeuwen*, Services, S. 147f.
700 BGH NJW 2009, 2439. Hierzu auch MüKo-BGB (2018)/*Busche*, § 633 Rn. 15 Fn. 45.
701 BGH NJW 2009, 2439 (2440 Rn. 12).
702 BGH NJW 2009, 2439 (2440 Rn. 12, 14); *Weise/Hänsel*, NJW-Spezial 2009, 476.
703 BGH NJW 2009, 2439, Leitsatz 1; *Weise/Hänsel*, NJW-Spezial 2009, 476.
704 BGH NJW 2009, 2439, Leitsatz 1; BGH NJW 2009, 2439 (2440 Rn. 14).
705 BGH NJW 2009, 2439 (2440 Rn. 14).

Daneben könne der bloße Hinweis auf DIN 4109 nicht dazu führen, dass die aus den Vertragsumständen entnommenen Anforderungen an den Schallschutz außer Betracht gelassen werden können (»überspielt werden«).[706] Wenn der Erwerber nach den Vertragsumständen von einem üblichen Qualitäts- und Komfortstandard ausgehen könne, seien auch hier bei einer vertraglichen Abweichung des Unternehmers ein deutlicher Hinweis und eine Folgenaufklärung erforderlich. Der bloße Verweis auf DIN 4109 sei auch hier nicht ausreichend.[707]

bb) Folgerungen für die Vereinbarung von Dienstleistungsnormen

Bei Übertragung der Erwägungen des BGH sind auch bei einer vertraglichen Bezugnahme auf eine Dienstleistungsnorm neben dem Vertragstext die Begleitumstände zu berücksichtigen. Probleme könnten entstehen, sofern bei der Vertragsauslegung ein übliches Dienstleistungsniveau den Vertragsumständen zu entnehmen wäre, die vertraglich in Bezug genommene Dienstleistungsnorm jedoch nicht dem »allgemein anerkannten Stand fachlicher Erkenntnisse« entspricht, um dieses Dienstleistungsniveau zu erreichen. Dieser Begriff entspricht in seiner Funktion den anerkannten Regeln der Technik.[708]

Der bloße Bezug im Vertragstext auf die Dienstleistungsnorm könnte dann nicht dazu führen, dass nur ihre Anforderungen als vereinbart gelten. Auch der Dienstleistungsempfänger kann davon ausgehen, dass der Dienstleister den »allgemein anerkannten Stand fachlicher Erkenntnisse« einhält. Für den Fall einer Abweichung wäre auch hier neben dem Hinweis auf die Norm eine Aufklärung erforderlich, dass es sich nicht um den allgemein anerkannten Stand fachlicher Erkenntnisse handelt. Wenn sich aus den Vertragsumständen ein übliches Dienstleistungsniveau ergibt, genügt auch nicht der bloße Hinweis auf eine unzureichende Dienstleistungsnorm, um diese Umstände zu übergehen. Hier wäre bei einer vertraglichen Abweichung eine deutliche Folgenaufklärung nötig.[709]

Die Einhaltung der Voraussetzungen der Dienstleistungsnorm würde somit nicht für eine ordnungsgemäße Leistungserbringung ausreichen, obwohl sie im Vertrag in Bezug genommen wurde. Vielmehr wäre ein höheres Dienstleistungsniveau geschuldet.

---

706 BGH NJW 2009, 2439 (2440 Rn. 15).

707 BGH NJW 2009, 2439 Leitsatz 2.

708 Siehe Ziffer 2.3 DIN SPEC 77226:2013-12 zur legislativen Rezeption. Das Beispiel aus § 7 Wohn- und Betreuungsvertragsgesetz wird als Beispiel für eine vergleichbare Verweisungsart zu den sog. Technikklauseln genannt.

709 Vgl. BGH NJW 2009, 2439 (2440 Rn. 15). Siehe auch zustimmend *Seibel*, ZfBR 2010, 217 (218) zur Berücksichtigung der Begleitumstände neben des Wortlauts des Vertrages. Nach Ansicht von *Seibel* muss die Unterschreitung der allgemein anerkannten Regeln der Technik »eine absolute Ausnahme bleiben«, ZfBR 2010, 217 (219).

Für Dienstleister wäre eine derartige Folge mit erheblichen Unsicherheiten verbunden. Ein Vorteil der vertraglichen Bindungswirkung einer Dienstleistungsnorm könnte darin bestehen, dass sie für Dienstleister Sicherheit hinsichtlich ihrer eigenen Leistungspflichten geben könnte. Es stellt sich jedoch die Frage, wann eine Dienstleistungsnorm nicht dem »allgemein anerkannten Stand fachlicher Erkenntnisse« entspricht. Während bei technischen Normen der BGH entschieden hat, dass die Mindestanforderungen der DIN 4109 keine anerkannte Regel der Technik für den Schallschutz in zu errichtenden Wohnungen mit üblichen Qualitäts- und Komfortstandards darstellen,[710] fehlen gerichtliche Entscheidungen zu der Frage, ob eine Dienstleistungsnorm dem allgemein anerkannten Stand fachlicher Erkenntnisse entspricht.

cc) Die Ermittlung des »allgemein anerkannten Standes fachlicher Erkenntnisse«

Fraglich ist, was unter dem allgemein anerkannten Stand fachlicher Erkenntnisse zu verstehen ist. Da der Begriff der (allgemein)[711] anerkannten Regeln der Technik eine ähnliche Funktion übernimmt,[712] bietet sich die Heranziehung dieser Definition heran.

Eine allgemein anerkannte Regel der Technik liegt nach der herrschenden Ansicht in der Literatur und der Rechtsprechung[713] vor, wenn die herrschende Meinung der technischen Fachleute von ihrer Richtigkeit ausgeht und sie »in der Praxis erprobt und bewährt ist.«[714] Nach einer Mindermeinung soll für die Zuordnung zu den allgemein anerkannten Regeln der Technik entscheidend sein, ob eine Regel »technisch richtig und gesichert« und »objektiv nachprüfbar« ist. Nicht relevant sei die Kenntnis der Praxis.[715] Nach dieser Ansicht ist die objektive

710 Zum Schallschutz bei Wohnungen BGH NJW 2009, 2439; dazu *Weise/Hänsel*, NJW-Spezial 2009, 476; s.a. BGH NJW 2007, 2983.

711 Zwischen den Begriffen »allgemein anerkannte Regeln der Technik« und »anerkannte Regeln der Technik« besteht kein Bedeutungsunterschied, vielmehr handelt es sich bei dem zweiten Begriff um eine Verkürzung, *Seibel*, NJW 2013, 3000 (3001); ebenso zum fehlenden Unterschied hinsichtlich der Anerkennung *Marburger*, Regeln der Technik, S. 146.

712 Siehe Ziffer 2.3 DIN SPEC 77226:2013-12 zur Ähnlichkeit des allgemein anerkannten Standes fachlicher Erkenntnisse zu den Technikklauseln.

713 *Huth*, Bedeutung, S. 55f., 57; *Breuer*, AöR 101 (1976), 46 (67); siehe BVerfGE 49, 89 (135) zur herrschenden Ansicht der Praktiker; BGH NJW 1980, 1219 (1220). Rechtsprechung und hM vertreten die subjektive Theorie, *Huth*, Bedeutung, S. 56f.

714 *Seibel*, NJW 2013, 3000 (3001). Siehe auch *Seibel*, ZfBR 2008, 635 (636) und *Huth*, Bedeutung, S. 55f.; *Kniffka*, in: *Kniffka/Koeble*, 6. Teil Rn. 32 zur Definition. BeckOGK-HPflG/*Ballhausen*, § 2 HPflG Rn 44, Stand 01.03.2019 verlangt für »anerkannt«, dass »sich in der Praxis eine gewisse Übung hinsichtlich Verfahren und Verhaltensweisen in Bezug auf den jeweiligen technischen Gegenstand der Leistung eingestellt hat.« Es bestehe die Notwendigkeit einer »zeitlichen, praktischen Erfolgs- bzw. Verfestigungskomponente«.

715 *Plischka*, Sicherheitsrecht, S. 56. Zur Erläuterung *Marburger*, Regeln der Technik, S. 146f. *Marburger*, Regeln der Technik, S. 155, 157, befürwortet ebenfalls die objektive Eignung zur

Eignung zur Gefahrenabwehr für eine anerkannte Regel der Technik entscheidend.[716]

Für den allgemein anerkannten Stand fachlicher Erkenntnisse bei den Dienstleistungsnormen wird dieser Streit nicht entscheidend sein, da Dienstleistungsnormen nicht auf die Festlegung technischer Inhalte gerichtet sind.[717] Vielmehr enthalten Dienstleistungsnormen Anforderungen an den Dienstleister und enthalten Regelungen für das vertragliche Pflichtenprogramm.[718] Gleichwohl lässt sich auch hier die Ansicht vertreten, dass nur eine bestimmte Art der Dienstleistungserbringung »richtig« ist. Hier lässt sich eine Parallele zu den Leitlinien der ärztlichen Fachgesellschaften ziehen. Wie *Heyers* hervorhebt, enthalten ärztliche Leitlinien genaue Handlungsangaben. In ihrer beratenden Funktion verdeutlichen sie, welche Handlungsweise in einer typischen Situation erfolgen soll.[719] Die Normung von Gesundheitsdienstleistungen durch Normungsorganisationen wie CEN stößt hingegen auf Widerstand. So bezieht sich ein Kritikpunkt auf die nicht gegebene fachliche Eignung der Beteiligten am Normungsprozess.[720] Die Erarbeitung von ärztlichen Leitlinien erfolge hingegen durch Experten auf dem jeweiligen Gebiet. Die Leitlinien wiesen eine »ausgeprägte indizielle Bedeutung für den medizinischen Standard« auf und seien wissenschaftlich fundiert.[721] Somit scheint nach dieser Ansicht nur die Orientierung an ärztlichen Leitlinien die »richtige« Art der Leistungserbringung zu sein, während die Normen der privaten Normungsorganisationen abgelehnt werden.

Gleichwohl ist bei Dienstleistungsnormen der Wertungscharakter stark ausgeprägt. Insofern spricht dieser Wertungscharakter von Dienstleistungsnormen gegen die Möglichkeit, den »allgemeinen anerkannten Stand fachlicher Erkenntnisse« anhand einer objektiven Eignung und Nachprüfbarkeit bestimmen zu können. Wie *Van Leeuwen* bereits feststellte, fehlen bei Dienstleistungen auch wissenschaftliche Beweise als Grundlage der Normung.[722] Somit kann der allgemein anerkannte Stand fachlicher Erkenntnisse durch Dienstleistungsnormen nicht objektiv bestimmt werden. Für die Frage, ob eine Dienstleistungsnorm dem allgemein anerkannten Stand fachlicher Erkenntnisse entspricht, sind die

---

Gefahrenabwehr, verlangt aber zusätzlich, dass die Regeln in der Praxis erprobt und bewährt sind.

716 So *Marburger*, Regeln der Technik, S. 147.

717 Siehe Ziffer 3.4.d) CEN Guide 15:2012.

718 S. o. Kapitel 1.B.III.1.a).cc).

719 *Heyers*, ArztR 2016, 201 f. Sie seien jedoch keine »Gebote«, da eine Abweichung erforderlich sein könne, *Heyers*, ArztR 2016, 201 (202).

720 *Wienke/Kuball*, MedR (2016) 34, 301 (304 f.).

721 *Wienke/Kuball*, MedR (2016), 34, 301 (305).

722 *Van Leeuwen*, Services, S. 55.

Überzeugung der Experten von der Richtigkeit und die Praxisbewährung entscheidend.

Mit Blick auf die Dienstleistungsnormung erscheint es zumindest für einige Dienstleistungsnormen fraglich, ob sie dem allgemein anerkannten Stand fachlicher Erkenntnisse entsprechen. Wie *Marburger* zu den vergleichbaren technischen Normen hervorhebt, spiegeln die Herausgeber der Normen nicht unbedingt die Mehrheitsauffassung der Fachleute wider. Eine direkte Verbindung zwischen den technischen Normen und der Mehrheitsauffassung sei nur anzunehmen, wenn die technische Norm »in der Praxis bereits überwiegend angewandte Vollzugsweisen lediglich deklaratorisch festschreibt.« Der Inhalt von Normen sei jedoch regelmäßig ein Kompromiss zwischen den verschiedenen Ansichten in einem Ausschuss.[723]

Bereits die erste Voraussetzung, die Überzeugung von der Richtigkeit durch die Mehrheit der Fachleute, ist zumindest bereits für Dienstleistungsnormen im Gesundheitswesen wohl zu verneinen. In diesem Bereich ist der Widerstand von Fachleuten gegenüber der Normung von Gesundheitsdienstleistungen erheblich.[724] Innerhalb des medizinischen Bereichs herrscht die Ansicht vor, dass medizinisches Wissen innerhalb der Profession entwickelt werden soll. Einmischungen von außerhalb werden als Attacke auf die Integrität der Berufsgruppe empfunden.[725] Während in diesen Bereichen die Normung bereits als Instrument zur Festlegung von Mindestqualitätsanforderungen abgelehnt wird,[726] ist ein spezieller Kritikpunkt, dass im Normungsverfahren bei CEN Personen ohne medizinische Fachkenntnisse beteiligt sind[727] und die Norm nicht genügend Expertenwissen wiedergibt.[728] Somit sind die Fachleute mehrheitlich wahrscheinlich nicht von der Richtigkeit überzeugt.

723 *Marburger*, Regeln der Technik, S. 155.

724 Siehe *Bundesärztekammer*, Dossier 10.04.2014; *Bundesärztekammer*, DIN Normungsroadmap, S. 55. Siehe zur Kritik Kapitel 1.E. Ausführliche Positionspapiere gegen die Normung von Gesundheitsdienstleistungen sind auf der Internetseite der Bundesärztekammer erhältlich: http://www.bundesaerztekammer.de/aerzte/qualitaetssicherung/normung/stellungnahmen-positionspapiere-beschluesse/. Siehe auch das Schreiben von *Naase*, BMG vom 26.03.2015 an DIN mit der Aufforderung zur Nichtimplementierung von EN 16372, http://www.bundesaerztekammer.de/fileadmin/user_upload/downloads/pdf-Ordner/QS/BMG_DIN.pdf.

725 *Van Leeuwen*, Services, S. 104.

726 *Van Leeuwen*, Services, S. 214.

727 *Wienke/Kuball*, MedR (2016) 34, 301 (305).

728 Siehe dazu auch die Stellungnahme von europäischen Medizinerverbänden *De Deus/D'Autilia/Fjeldsted*, (u. a.), Brief an EU-Kommissar zur europäischen Norm zur ästhetischen Chirurgie, http://www.bundesaerztekammer.de/fileadmin/user_upload/downloads/pdf-Ordner/Normung/Aesthetic_surgery_standard_Commission.pdf . Viele CEN-Mitglieder hätten sich der Stimmabgabe enthalten. Als Grund wurde u. a. das fehlende Expertenwissen im Inhalt der Norm genannt, S. 2. (»...the lack of expertise...on the content of the standard«).

Für andere Bereiche wird entscheidend sein, inwiefern sich die Fachleute im Normungsverfahren mit ihren Vorstellungen durchsetzen konnten.

Hiermit zusammen hängt die Frage, ob die Verfasser ihren Dienstleistungsbereich repräsentativ wiedergeben. Sofern die Norm von einer Minderheit im Dienstleistungssektor initiiert und erarbeitet wurde,[729] lässt sich nicht von der Richtigkeitsüberzeugung der Mehrheit der Fachleute sprechen. Auch wenn eine Norm nicht von Dienstleistern initiiert wurde und deren Unterstützung fehlt,[730] wird die Richtigkeitsüberzeugung der Mehrheit der Fachleute zu verneinen sein. Die gleiche Schlussfolgerung ist zu ziehen, wenn durch Dienstleistungsnormen nur Minderheitenansichten wiedergegeben werden, die sich anders in einer Berufsgruppe nicht durchsetzen konnten.[731] Ebenso führt die fehlende Beteiligung von Fachleuten dazu, dass die Norm nicht zum anerkannten Stand fachlicher Erkenntnisse gehören wird.[732]

Somit zeigt sich, dass bei Dienstleistungsnormen eine Unsicherheit besteht, ob sie der Richtigkeitsüberzeugung der Mehrheit der Fachleute entspricht. Eine Ursache hierfür könnte sein, dass Dienstleistungsnormen noch eine relativ neue Erscheinungsform der Normung[733] und noch nicht hinreichend bekannt sind. Daraus resultiert die nicht hinreichende Beteiligung von Fachleuten aus den jeweiligen Branchen bei der Erarbeitung der Dienstleistungsnormen.

Speziell zur Kritik zum Normentwurf zur ästhetischen Chirurgie 16372:2011 siehe näher *van Leeuwen*, Services, S. 96f.

729 *Van Leeuwen*, Services, S. 208f.: Normungsinitiativen im Tourismus- und Gesundheitsbereich gingen häufig von Außenseitern (»outsiders«) aus, die ihren Sektor nicht ausreichend repräsentierten. Hierauf sei auch der starke Widerstand gegenüber einzelnen Normungsinitiativen zurückzuführen. Er nennt als Beispiele die Dienstleistungsnorm zur ästhetischen Chirurgie und zu Gästeführern, näher S. 208f.

730 *Van Leeuwen*, Services, S. 209. *Van Leeuwen* erwähnt als Beispiel ein Normungsvorhaben für die Behandlung von Gaumenspalten (Cleft Lip Surgery), das von einer Patientenorganisation initiiert wurde. Jedoch fehle die Unterstützung durch die Dienstleister selbst. Auch werde das Projekt nicht von den wichtigsten medizinischen Verbänden unterstützt. Siehe auch S. 100: So wurde keine Norm entwickelt, stattdessen aber der Technische Bericht, CEN T/R 16824:2015.

731 Siehe dazu auch näher die Ausführungen bei *van Leeuwen*, Services, S. 208f., insbes. zur Norm zur ästhetischen Chirurgie: Ärzten im Bereich der ästhetischen Chirurgie gelang es nicht, als eigenständige Gruppe anerkannt zu werden. Normung stelle einen alternativen Weg dar, um gegenüber der restlichen Berufsgruppe eine Anerkennung zu erhalten. Dazu auch S. 105f. Siehe allgemein auch S. 209 zur Initiierung durch Minderheiten, die innerhalb der Branche nicht effektiv handeln konnten.

732 Vgl. *Falke*, Rechtliche Aspekte, S. 417, wonach die Vermutung, dass eine technische Norm den anerkannten Regeln der Technik entspricht, widerlegt sei, wenn »ein maßgeblicher Verkehrskreis nicht beteiligt war.« Siehe auch BVerwG BB 1984, 563, wonach eine DIN-Norm nicht zu den anerkannten Regeln zählen kann, wenn die Fachleute nicht gehört wurden.

733 *Van Leeuwen*, Services, S. 146.

Als weitere Voraussetzung müssten sich Dienstleistungsnormen in der Praxis bewährt haben. Wie bereits aufgezeigt wurde, lassen sich einige Dienstleister bei den Sprachreisen oder Immobilienmakler nach Dienstleistungsnormen zertifizieren. Auch ist aus der Werbung mit der Zertifizierung die Bereitschaft der Dienstleister zu entnehmen, Dienstleistungsnormen als Grundlage einer Beschaffenheitsvereinbarung zu akzeptieren. Somit finden Dienstleistungsnormen in diesen Bereichen bereits Anwendung und haben sich in der Praxis (zumindest zum Teil) bereits erprobt und bewährt. Insofern scheinen sie auch die Mehrheitsauffassung der Fachleute wiederzugeben bzw. scheinen die Dienstleister von ihrer Richtigkeit auszugehen.[734]

dd) Zwischenergebnis

Die vertragliche Bezugnahme auf Dienstleistungsnormen bedeutet nicht zwangsläufig, dass lediglich die in der Norm festgelegten Mindestanforderungen geschuldet werden. Ergibt sich aus den sonstigen Umständen, dass ein (höheres) übliches Dienstleistungsniveau geschuldet ist und genügt die Dienstleistungsnorm nicht diesen Anforderungen, kann der Dienstleister durch die Erfüllung der vertraglich in Bezug genommenen Dienstleistungsnorm nicht eine ordnungsgemäße Dienstleistung erbringen. Wie sich aus der Entscheidung des BGH vom 4.6.2009[735] zu technischen Normen ergibt, wäre übertragen auf Dienstleistungsnormen für eine vertragliche Abweichung eine deutliche Aufklärung des Dienstleistungsempfängers nötig, dass die Norm nicht dem üblichen Leistungsniveau und dem allgemein anerkannten Stand fachlicher Erkenntnisse entspricht. Der Hinweis auf die unzureichende Dienstleistungsnorm würde nicht ausreichen.

Für Sprachreisen, Immobilienmakler, Umzugsunternehmen[736] oder Freizeittauchen lässt sich der Schluss ziehen, dass sie dem allgemein anerkannten Stand fachlicher Erkenntnisse entsprechen. Wenn nun nach der Vertragsauslegung ein übliches Dienstleistungsniveau geschuldet ist und im Vertrag auch auf die Dienstleistungsnorm Bezug genommen wurde, erbringt der Dienstleister durch Erfüllung der Anforderungen eine ordnungsgemäße Dienstleistung. Darüberhinausgehende Pflichten würden ihn nicht treffen.

734 Vgl. *van Leeuwen*, Services, S. 18, wonach die Entscheidung von Dienstleistern zur vertraglichen Einbeziehung von Normen freiwillig sei. Diese Entscheidung beruhe dann auf der Anerkennung, dass die europäische Norm den angemessenen Maßstab wiedergebe, der von Dienstleistern im Zivilrecht erwartet werden könne.

735 BGH NJW 2009, 2439ff.

736 Auch hier werben Unternehmer mit der Einhaltung von Dienstleistungsnormen, *Busch* NJW 2010, 3061 (3064). Siehe etwa http://www.spedition-zurek.de/umzugs-leistungen/qualitaets management/. Das Umzugsunternehmen weist auf das MÖFORM Zertifikat hin, welches auf DIN EN 12522 beruht.

Im Bereich des Gesundheitswesens erscheint es angesichts des erheblichen Widerstands der medizinischen Branche zweifelhaft, dass Dienstleistungsnormen dem allgemein anerkannten Stand fachlicher Erkenntnisse entsprechen. Wenn nach den Vertragsumständen eine übliche Dienstleistungsqualität vereinbart ist, würde die Einhaltung der vertraglich in Bezug genommenen Norm nicht für eine ordnungsgemäße Leistungserbringung ausreichen. Um vertraglich vom allgemein anerkannten Stand fachlicher Erkenntnisse und vom üblichen Leistungsniveau abweichen zu können, wäre neben dem Hinweis auf die Norm eine Aufklärung erforderlich. Somit ist bei einer vertraglichen Bezugnahme auf eine Dienstleistungsnorm unter Berücksichtigung der Vertragsumstände von Bedeutung, ob sie dem allgemein anerkannten Stand fachlicher Erkenntnisse entspricht.[737]

Im Ergebnis zeigt sich, dass die Vereinbarung der Einhaltung einer Dienstleistungsnorm für den Dienstleister mit Unsicherheiten verbunden sein kann. Gerade da die Dienstleistungsnormung noch ein relativ neues Normungsfeld darstellt,[738] lässt sich nicht mit Sicherheit sagen, ob Dienstleistungsnormen dem allgemein anerkannten Stand fachlicher Erkenntnisse genügen. So kann die Antwort für verschiedene Branchen unterschiedlich ausfallen.[739]

2. Die konkludente Einbeziehung von Dienstleistungsnormen in den Vertrag

Neben der ausdrücklichen Bezugnahme auf Dienstleistungsnormen könnten Dienstleistungsnormen auch konkludent in den Vertrag einbezogen werden.[740]

Für den Bereich der technischen Normen nimmt die Rechtsprechung an, dass sich der Unternehmer im Werkvertragsrecht stillschweigend zur Einhaltung der allgemein anerkannten Regeln der Technik verpflichtet.[741] DIN-Normen können

737 A.A. *Buck-Heeb/Diekmann*, Selbstregulierung, S. 163 zu technischen Normen, wonach es bei der vertraglichen Vereinbarung einer technischen Norm nicht von Bedeutung sei, ob die Norm die anerkannten Regeln der Technik widerspiegele. Siehe auch BGHZ 139, 16 (18), wonach bei einer ausdrücklichen Vereinbarung bestimmter Schalldämmwerte unabhängig vom jeweiligen Stand der Technik das Werk bei Nichterreichung der Werte mangelhaft ist. Diese Aussage des Urteils, auf die sich *Buck-Heeb/Diekmann* wohl beziehen, betrifft jedoch den Fall, dass schon die vereinbarten Werte nicht eingehalten wurden, während bei der hier besprochenen Situation die Vorgaben einer vereinbarten Dienstleistungsnorm eingehalten wurden, deren Einhaltung aber nicht zur Wahrung des anerkannten Standes fachlicher Erkenntnisse genügt.

738 *Van Leeuwen*, Services, S. 146 (»new phenomenon«).

739 Siehe zur prozessrechtlichen Bedeutung auch noch die Ausführungen in Kapitel 2.D.

740 Siehe *Marburger*, Regeln der Technik, S. 375, 503f. zu technischen Normen.

741 Vgl. BGHZ 139, 16 (19) = NJW 1998, 2814 (2815); BGH NZBau 2011, 415 Rn. 11; BGH NJW 2013, 1226 Rn. 9; vgl. BGH NJW 2013, 684 (685 Rn. 23 »vom Unternehmer grundsätzlich einzuhaltender Mindeststandard«); MüKo/*Busche* (2018), § 633 Rn. 21; *Engler*, Regelsetzung, S. 64. Siehe weitere Nachweise bei Staudinger/*Peters/Jacoby*, § 633 Rn. 177.

zu den anerkannten Regeln der Technik zählen, jedoch sind sie hiermit nicht zwangsläufig identisch.[742]

Auch mit Blick auf Dienstleistungsnormen könnte sich der Unternehmer stillschweigend zur Wahrung des allgemein anerkannten Stands fachlicher Erkenntnisse verpflichten. Auch hier hat die bisherige Untersuchung ergeben, dass Dienstleistungsnormen dem allgemein anerkannten Stand fachlicher Erkenntnisse entsprechen können, eine Übereinstimmung jedoch nicht immer anzunehmen ist. Vielmehr werden wie bei technischen Normen Dienstleistungsnormen dem allgemein anerkannten Stand fachlicher Erkenntnisse »unterzuordnen« sein.[743] Falls eine Dienstleistungsnorm dem Stand entspricht, könnte ihre Einhaltung konkludent vereinbart sein.[744]

Nach Ansicht von *van Leeuwen* könnten Dienstleistungsnormen einen objektiven Verhaltensstandard wiedergeben, den ein Dienstleister im Vertragsrecht einhalten muss. Auch wenn im Vertrag selbst eine Dienstleistungsnorm nicht erwähnt wird, könne ein Gericht zu der Ansicht gelangen, dass eine Dienstleistungsnorm den vertraglichen Sorgfaltsmaßstab wiedergibt und sie anwenden. Auch in diesem Fall resultiere aus der Nichtbeachtung der Dienstleistungsnorm eine Vertragsverletzung. Die Übereinstimmung mit der Dienstleistungsnorm sei im Vertrag eingeschlossen (»implied«).[745] Ein vergleichbares Mittel der Vertragsergänzung aus dem englischen Recht (»implication«) sieht das deutsche Recht zwar nicht vor.[746]

Rückschlüsse lassen sich aus den Ausführungen von *van Leeuwen* jedoch mit Blick auf eine konkludente Vereinbarung ziehen. Der objektive Verhaltensstandard entspricht in diesem Zusammenhang der Bezeichnung »allgemein anerkannter Stand fachlicher Erkenntnisse«. So könnten Gerichte der Ansicht sein, dass die Parteien stillschweigend die Wahrung des allgemein anerkannten Standes fachlicher Erkenntnisse vereinbart haben und eine Dienstleistungsnorm diesem Maßstab entspricht. Somit wäre ebenfalls die Dienstleistungsnorm konkludent vereinbart. Auch in diesem Fall führt die Verletzung der Norm zu einer Pflichtverletzung.

Van Leeuwen untersucht ebenfalls, wonach sich die Bestimmung des objektiven Sorgfaltsmaßstabs richtet. Entscheidend seien in der Regel die Handels-

742 MüKo-BGB (2018)/*Busche*, § 633 Rn. 19; Staudinger/*Peters/Jacoby*, § 633 Rn. 179. Siehe auch BGH NJW 2005, 1115 (117). Näher *von Hayn-Habermann*, NJW-Spezial 2013, 684.

743 *Von Hayn-Habermann*, NJW-Spezial 2013, 684 zur Unterordnung von DIN-Normen zu den allgemein anerkannten Regeln der Technik.

744 Siehe *Engler*, Regelsetzung, S. 64 zur stillschweigenden Vereinbarung der anerkannten Regeln der Technik und DIN-Normen als Teil davon, sodass sie im Ergebnis die Soll-Beschaffenheit bestimmen.

745 So *van Leeuwen*, Services, S. 148.

746 *Schmidt-Kessel*, ZVglRWiss 96 (1997), 101 (134, 154).

bräuche oder die Geschäftspraxis des jeweiligen Dienstleistungssektors.[747] In diesen Fällen können Normen auch implizit in privatrechtlichen Beziehungen Wirkungen entfalten, falls sie nach Ansicht der Gerichte diese Maßstäbe darstellen.[748] Momentan gebe es jedoch keine Hinweise darauf, dass Dienstleistungsnormen regelmäßig in vertraglichen Beziehungen Anwendung fänden. Daher sei es unwahrscheinlich, dass Gerichte die Vorgaben einer Dienstleistungsnorm in den Vertrag hineinlesen würden.[749] Da der New Approach nicht im Dienstleistungsbereich existiert, lasse sich die Einordnung als objektiver Sorgfaltsmaßstab auch nicht über die Sicherung der Effektivität des New Approach herleiten.[750]

Bei Übertragung auf eine konkludente Vereinbarung zur Einhaltung des allgemein anerkannten Standes fachlicher Erkenntnisse zeigen sich ähnliche Ergebnisse. Wenn sich die Bestimmung des objektiven Sorgfaltsmaßstabs nach Ansicht von *van Leeuwen* nach den Handelsbräuchen richtet, ist für die Frage, ob der allgemein anerkannte Stand fachlicher Erkenntnisse in Form von Dienstleistungsnormen stillschweigend vereinbart wurde, somit auch entscheidend, inwiefern Dienstleistungsnormen tatsächlich in der Praxis angewandt werden. *Van Leeuwen* hat für den Gesundheits- und Tourismusbereich bereits festgestellt, dass die Einhaltung von Dienstleistungsnormen ausdrücklich selten vereinbart wird und eine Rechtsverbindlichkeit auch nicht erwünscht ist.[751] Auch auf die fehlenden empirischen Belege zu einer regelmäßigen Anwendung hat er hingewiesen.[752] Infolgedessen erscheint zweifelhaft, dass die Parteien dann die Einhaltung des allgemein anerkannten Standes fachlicher Erkenntnisse in Form von Dienstleistungsnormen stillschweigend vereinbaren.

Zwar hat die bisherige Untersuchung gezeigt, dass einige Dienstleister mit der Einhaltung von Dienstleistungsnormen werben und sie somit auch als Grundlage für eine Beschaffenheitsvereinbarung akzeptieren. Somit werden diese Dienstleistungsnormen zwar durchaus schon in der Praxis angewandt und stimmen wohl auch mit der Richtigkeitsüberzeugung der Mehrheit der Fachleute überein.[753] Sie können als allgemein anerkannter Stand fachlicher Erkenntnisse angesehen werden (Sprachreisen, Immobilienmakler etc). Folglich könnten sie verbindlich werden, wenn die Einhaltung des allgemein anerkannten Standes

747 *Van Leeuwen*, Services, S. 153. Siehe *Schepel/Falke*, Legal aspects, S. 215.

748 So *Schepel/Falke*, Legal aspects, S. 215.

749 *Van Leeuwen*, Services, S. 153f.: (»unlikely that courts would be willing to imply a term«). Siehe *Schmidt-Kessel*, ZVglRWiss 96 (1997), 101 (102) zum implied term und »Hineinlesen von Regelungen« in den Vertrag.

750 *Van Leeuwen*, Services, S. 155. Siehe zur Argumentation auch *van Leeuwen*, Services, S. 154.

751 *Van Leeuwen*, Services, S. 152.

752 *Van Leeuwen*, Services, S. 153.

753 Zu den Kriterien zur Bestimmung des anerkannten Standes fachlicher Erkenntnisse siehe Kapitel 2.C.I.1.c).cc).

fachlicher Erkenntnisse konkludent vereinbart ist und eine Dienstleistungsnorm diesem entspricht.

Jedoch erscheint es grundsätzlich vorzugswürdig, hinsichtlich einer konkludenten Vereinbarung zur Einhaltung von Dienstleistungsnormen Zurückhaltung walten zu lassen.

Auch für die technische Normung nehmen Teile der Literatur Zurückhaltung hinsichtlich einer konkludenten Beschaffenheitsvereinbarung für die anerkannten Regeln der Technik an.[754] Ansonsten sei auch bei einer unbedeutenden Abweichung von den anerkannten Regeln der Technik im Werkvertragsrecht ein Mangel anzunehmen.[755] Dieser sei auch zu bejahen, wenn beim Besteller noch kein Schaden eingetreten sei.[756] Das Haftungsrisiko sei seit der Schuldrechtsreform angestiegen, da § 633 I aF BGB noch die Voraussetzung der Aufhebung oder Minderung des Wertes oder der Tauglichkeit des Werks vorsah.[757]

Bei Annahme einer stillschweigenden Vereinbarung zur Wahrung des allgemein anerkannten Stands fachlicher Erkenntnisse, den eine Dienstleistungsnorm wiedergibt, würde auch eine unbedeutende Abweichung von der Dienstleistungsnorm zu einem Mangel im Werkvertragsrecht führen. Denn ein Sachmangel nach § 633 II 1 BGB ist auch gegeben, wenn die Abweichung von der Beschaffenheitsvereinbarung nicht die Gebrauchstauglichkeit oder den Wert des Werks beeinträchtigt.[758] Jedoch kommt bei unbeachtlichen Abweichungen ein Ausschluss des Nacherfüllungsanspruchs, des großen Schadensersatzes und des Rücktritts in Betracht.[759]

Teile der Literatur gehen von einer stillschweigenden Einbeziehung anerkannter Regeln der Technik in den Vertrag nur aus, wenn es dem Besteller erkennbar bezüglich wesentlicher technischer Regelungen auf deren Einhaltung

754 MüKo-BGB (2012)/*Busche*, § 633 Rn. 21; in der 7. Aufl. 2018 wohl eher für konkludente Vereinbarung, MüKo-BGB (2018)/*Busche*, § 633 Rn. 21f.; für Zurückhaltung auch Palandt/*Sprau*, § 633 Rn. 8. Die anerkannten Regeln der Technik berücksichtigt die Literatur im Rahmen von § 633 II 2 Nr. 2 BGB, siehe etwa Staudinger/*Peters/Jacoby*, § 633 Rn. 177. AA für stillschweigende Einbeziehung *Herchen* NZBau 2007, 139; *Seibel*, ZfBR 2007, 310 (311); wohl auch *Seibel*, ZfBR 2008, 635 (637). Siehe aber *Seibel*, ZfBR 2010, 217 wohl eher über § 633 II 2 Nr. 2 BGB. Siehe ferner zur Diskussion *Buck-Heeb/Diekmann*, Selbstregulierung, S. 163 mwN sowie *Engler*, Regelsetzung, S. 64 dortige Fn. 72 zu den verschiedenen Ansichten.

755 So noch MüKo-BGB (2012)/*Busche*, § 633 Rn. 21; ebenso Palandt/*Sprau*, § 633 Rn. 8; OLG Celle BauR 2008, 1637 (»jede Abweichung von der vereinbarten Beschaffenheit [stellt] einen Sachmangel dar«) zu VOB/B. Für Zurückhaltung mit Blick auf die Unbeachtlichkeit eines Verstoßes gegen die anerkannten Regeln der Technik: Staudinger/*Peters/Jacoby*, § 633 Rn. 181.

756 MüKo-BGB (2012)/*Busche*, § 633 Rn. 20; vgl. OLG Düsseldorf NJW-RR 1996, 146, 147.

757 MüKo-BGB (2012)/*Busche*, § 633 Rn. 21, 6. Aufl. 2012. Siehe auch Palandt/*Sprau*, 633 Rn. 8.

758 BGH NJW-RR 2015, 1300 Leitsatz 1; siehe auch JurisPK-BGB/*Genius*, § 633 Rn. 13.

759 Palandt/*Sprau*, § 633 Rn. 8 zu Einschränkungen der Ansprüche. Siehe auch BGH NJW-RR 2015, 1300, wonach bei einer nicht vorhandenen oder nur gering nachteiligen Abweichung der Aufwand zur Mangelbeseitigung unverhältnismäßig sein könnte.

ankommt[760] oder sie »normativ abgesichert« sind.[761] Bei technischen Normen kann aus dem vertraglich festgehaltenen Verwendungszweck eine Einhaltung von technischen Normen folgen.[762] *Marburger* geht von »konkludenten Normqualitätsabreden« aus, wenn »Rechtsnormen die Verwendung des Gegenstandes nur gestatten, sofern er den Anforderungen technischer Regeln genügt, oder wenn sie die normgemäße Beschaffenheit beim Nachweis der sicherheitsmäßigen Ordnungsmäßigkeit privilegieren.«[763]

Übertragen auf den Dienstleistungsbereich existieren jedoch keine Rechtsnormen, die das Anbieten von Dienstleistungen nur bei Übereinstimmung mit Dienstleistungsnormen erlauben. Ebenso wenig privilegieren Rechtsnormen Dienstleistungsnormen bei der Frage, ob eine Dienstleistung ordnungsgemäß erbracht wurde. Insbesondere existiert bis jetzt kein New Approach Ansatz im Dienstleistungsbereich.[764] Die Annahme von »konkludenten Normqualitätsabreden«[765] dürfte insofern zweifelhaft sein.

Gegen eine konkludente Einbeziehung des allgemein anerkannten Standes fachlicher Erkenntnisse in Form von Dienstleistungsnormen spricht auch, dass die Dienstleistungsnormung noch ein relativ neues Entwicklungsfeld darstellt.[766]

Selbst wenn die Parteien stillschweigend vereinbaren, den allgemein anerkannten Stand fachlicher Erkenntnisse einzuhalten, würde die Annahme einer konkludenten Einbeziehung gerade von Dienstleistungsnormen auf einer Fiktion beruhen.[767] So müssten ein entsprechender Wille und eine tatsächliche Einigung vorliegen. Es erscheint jedoch fraglich, ob die Vertragsparteien tatsächlich an Dienstleistungsnormen bei Vertragsschluss gedacht haben.[768] Zwar hat die bisherige Untersuchung gezeigt, dass einige Dienstleister mit einer Zertifizierung werben und somit Dienstleistungsnormen auch Grundlage einer Beschaffenheitsvereinbarung werden können. Falls jedoch nicht explizit mit der Einhaltung von DIN-Normen geworben wird, erscheint die Annahme einer konkludenten Einbeziehung fraglich. So werden viele Vertragsparteien, zumindest die Kunden,

760 Palandt/*Sprau*, § 633 Rn. 8; MüKo-BGB (2012)/*Busche*, § 633 Rn. 21, der jedoch das Kriterium der Wesentlichkeit ablehnt.

761 MüKo-BGB (2012)/*Busche*, § 633 Rn. 21.

762 *Marburger*, Regeln der Technik, S. 503. Siehe auch *Falke*, Rechtliche Aspekte, S. 424.

763 *Marburger*, Regeln der Technik, S. 503f.

764 Siehe *van Leeuwen*, Services, S. 146.

765 *Marburger*, Regeln der Technik, S. 503f.

766 *Van Leeuwen*, Services, S. 146 (»new phenomenon«).

767 Vgl. *Sass*, NZBau 2014, 137 (138) zur Frage, ob technische Regeln konkludent vereinbart sind. »In Wahrheit wird die Rechtsfolge als Erklärungsinhalt fiktiv unterstellt«.

768 Siehe *Sass*, NZBau 2014, 137 (138) zu technischen Regeln und einer konkludenten Vereinbarung. *Sass* weist auch darauf hin, dass die Vertragsparteien »nie an die Gesamtheit der einschlägigen technischen Regeln denken.«

die Dienstleistungsnormen nicht kennen und sie somit auch nicht vereinbaren.[769] Auch werden die Dienstleister kein Interesse an einer Verbindlichkeit haben. Wenn Dienstleister schon eine ausdrückliche Einbeziehung aufgrund dieser Konsequenz ablehnen,[770] werden sie erst Recht kein Interesse an einer konkludenten Einbeziehung haben.

Als Ergebnis ist festzuhalten, dass eine konkludente Einbeziehung von Dienstleistungsnormen wohl in den meisten Fällen zu verneinen ist. Auch wenn sie den allgemein anerkannten Stand fachlicher Erkenntnisse wiedergeben können, sind sie noch nicht so verbreitet,[771] dass eine konkludente Einbeziehung angenommen werden könnte. Insbesondere ist unwahrscheinlich, dass viele Kunden die Normen überhaupt kennen.[772] Die Einhaltung von Dienstleistungsnormen wird somit nicht vereinbart, selbst wenn von einer stillschweigenden Vereinbarung zur Wahrung des allgemein anerkannten Standes fachlicher Erkenntnisse ausgegangen wird. Dies schließt jedoch nicht aus, dass Dienstleistungsnormen in der Rechtsprechung Berücksichtigung finden, um das vertragliche Pflichtenprogramm bei Dienst- und Geschäftsbesorgungsverträgen zu bestimmen.[773] Zwar kann auch von einem Dienstleister erwartet werden, dass er den allgemein anerkannten Stand fachlicher Erkenntnisse in Form von Dienstleistungsnormen einhält, auch wenn im Vertragstext keine ausdrückliche Erwähnung erfolgt.[774] Im Werkvertragsrecht könnten die Dienstleistungsnormen bei § 633 II 2 Nr. 2 BGB Berücksichtigung finden.[775] Jedoch ist es nicht notwendig, einen Willen bzw. Erklärungen der Vertragsparteien zu unterstellen, die tatsächlich nicht existieren.[776]

769 Vgl. *Sass*, NZBau 2014, 137 (138): Nach Ansicht von *Sass* sind die technischen Regeln den Vertragsparteien häufig nicht bekannt. Im Vertragstext seien sie nicht erwähnt und auch nicht vereinbart. Vielmehr kämen die Parteien erst mit den einschlägigen Regeln in Berührung, wenn Probleme auftreten.

770 *Van Leeuwen*, Services, S. 152f.

771 Siehe *van Leeuwen*, Services, S. 153 zur Anwendung in vertraglichen Beziehungen.

772 Siehe auch *van Leeuwen*, Services, S. 216. Er weist darauf hin, dass im Tourismusbereich die KMU angesichts ihrer fehlenden Einflussmöglichkeiten auf den Normungsprozess wohl kaum europäische Normen anwenden werden. Auch müssten Normen gekauft werden, sodass Verbraucher kaum mit ihnen vertraut würden. Daher sei auch die Erwartungshaltung von Verbrauchern für die Einhaltung von europäischen Normen noch eingeschränkter. Zu technischen Normen und der fehlenden Kenntnis der Parteien *Sass*, NZBau 2014, 137 (138).

773 Ziffer 2.4 DIN SPEC 77226:2013-12.

774 *Sass*, NZBau 2014, 137 (138) zur Erwartung an Auftragnehmer, dass er auch dann die technischen Regeln einhält.

775 Staudinger/*Peters/Jacoby*, § 633 Rn. 177: So können die anerkannten Regeln der Technik in § 633 II 2 Nr. 2 BGB »hineingelesen« werden. Für die Berücksichtigung der Regeln der Technik über § 633 II 2 Nr. 2 BGB auch BeckOK/*Voit*, § 633 Rn. 14, Stand 01.02.2019. *Sass*, NZBau 2014, 137 (138) für Begründung über § 631 BGB.

776 Vgl. *Sass*, NZBau 2014, 137 (138).

II. Die legislative Rezeption

1. Begriff der legislativen Rezeption

Neben der Bezugnahme auf Dienstleistungsnormen in einem Vertrag könnte auch der Gesetzgeber im Rahmen einer legislativen Rezeption auf Dienstleistungsnormen verweisen.[777] Hiervon zu unterscheiden ist die Inkorporation einer privaten Norm. In diesem Fall überführt der Gesetzgeber den Text einer Norm in die gesetzliche Form, fügt sie einem Gesetz als Anhang an oder übernimmt nur ihren Inhalt bei eigener Abfassung des Gesetzestextes.[778]

Der Begriff der Verweisung bedeutet, dass der Gesetzgeber in einer Rechtsnorm die Befolgung der Anforderungen einer privaten Norm vorgibt.[779] Der Terminus Verweisung kann mit dem Begriff der Bezugnahme gleichgesetzt werden und beinhaltet »jede Form des gesetzlichen »Nennens« einer anderen Vorschrift (…) oder einer für einen anderen Bereich getroffenen Regelung (…).«[780]

Nach Ansicht von *Busch* sind die Technikklauseln von § 906 I 3 BGB (»Stand der Technik«), § 1 II Nr. 5 ProdHaftG (»Stand der Wissenschaft und Technik«) oder § 2 I 3 HaftPflG (»anerkannte Regeln der Technik«) der legislativen Rezeption zuzuordnen.[781] Zwar finden sich bereits einige Normen, in denen der Gesetzgeber die Generalklausel »allgemein anerkannter Stand fachlicher Erkenntnisse« verwendet, über die Dienstleistungsnormen Bedeutung erlangen können.[782] Infolgedessen könnte auch diese Konstellation der legislativen Rezeption zugeordnet werden. Ebenso wie bei den Generalklauseln »Stand der Technik« oder »allgemein anerkannte Regeln der Technik« bezieht sich der Gesetzgeber jedoch nicht ausdrücklich auf bestimmte Normen. Technische Normen bzw. Dienstleistungsnormen können bei der Konkretisierung herangezogen

777 Siehe *Busch*, NJW 2010, 3061 (3064) zu DIN-Normen. Begriff der legislativen Rezeption nach *Busch*, NJW 2010, 3061 (3064).

778 *Augsberg*, Rechtsetzung, S. 174; *Engler*, Regelsetzung, S. 61. Siehe auch *Lamb*, Gesetzeskonkretisierung, S. 91; *Müller-Foell*, Bedeutung Normen, S. 112.

779 *Augsberg*, Rechtsetzung, S. 175; *Engler*, Regelsetzung, S. 61; Zur Verweisung auf private Normen siehe auch *Augsberg*, Rechtsetzung, S. 175ff.; *Becker*, Strukturen, S. 537ff., *Bumke/Röthel*, in: *Bumke/Röthel*, Privates Recht, S. 1 (3); *Lübbe-Wolff*, in: *Hoffmann-Riem/Schmidt-Aßmann*, Konfliktbewältigung, S. 87 (90f.).

780 So *Mohr*, Normen, S. 28. Ebenso *Breulmann*, Normung, S. 126. Zu den Wirkungen einer Verweisung auf eine private Regel siehe *Kirchhof*, Private Rechtsetzung, S. 152.

781 *Busch*, NJW 2010, 3061 (3064, 3064 Fn. 33).

782 Ziffer 2.3 DIN SPEC 77226:2013-12 nennt § 7 I Wohn- und Betreuungsvertragsgesetz und Art. 3 II Nr. 4 Pflege- und Wohnqualitätsgesetz Bayern als Beispiele. Hierbei handele es sich um eine ähnliche Verweisungsmethode zu den Technikklauseln.

werden. Das Gesetz enthält hierzu jedoch keine Vorgaben oder Anhaltspunkte.[783] Der Begriff der legislativen Rezeption erfasst daher für die Zwecke dieser Untersuchung die Fälle, in denen der Gesetzgeber ausdrücklich auf Dienstleistungsnormen verweist.

2. Möglichkeiten einer gesetzlichen Verweisung

Für die technischen Normen wurde in der Literatur untersucht, auf welche Art und Weise der Gesetzgeber auf technische Normen verweisen darf.[784] Diese Ergebnisse lassen sich auf die vergleichbaren Dienstleistungsnormen übertragen.

So wird eine »starre« oder »statische« Verweisung auf eine konkrete Fassung[785] einer Dienstleistungsnorm aus verfassungsrechtlicher Perspektive als zulässig anzusehen sein.[786] Mit Blick auf technische Normen findet sich ein Beispiel in § 35h StVZO, wonach in Kraftomnibussen Verbandskästen mitzuführen sind, die selbst und deren Inhalt an Erste-Hilfe-Material dem DIN Normblatt 13164, Ausgabe Januar 1998 oder Ausgabe Januar 2014 entsprechen.[787] Ein weiteres Beispiel findet sich § 92a I 1 Nr. 3 b) EStG, wonach Kapital bis zum Beginn der Auszahlungsphase unmittelbar für die Finanzierung eines Wohnungsumbaus verwendet werden kann, wenn u. a. das dafür entnommene Kapital zu mindestens 50 Prozent auf Maßnahmen entfällt, die die Vorgaben der DIN 18040 Teil 2, Ausgabe September 2011, soweit baustrukturell möglich, erfüllen.

783 *Rönck*, Normen, S. 162 mwN zu technischen Normen; siehe auch *Becker*, Strukturen, S. 554. Zu dieser Generalklauselmethode *Brunner*, Technische Normen, S. 87–89, 90f. Siehe auch *Röthel*, Normkonkretisierung, S. 253 zu § 906 I 2, 3 BGB: Von der gesetzlich eröffneten Rezeption seien DIN-Normen nicht erfasst. *Röthel* weist jedoch darauf hin, dass eine Rezeption von DIN-Normen durch den Richter im Rahmen seiner eigenen »Konkretisierungsentscheidung« in Betracht komme, S. 270.

784 Ausführlich *Marburger*, Regeln der Technik, S. 383 ff; *Marburger*, BB Beilage 4/1985, 16 (20f.); *Engler*, Regelsetzung, S. 61f.; *Mohr*, Normen, S. 28ff. Siehe auch *Augsberg*, Rechtsetzung, S. 176ff. zu privaten Normen.

785 Zu technischen Regeln: *Marburger*, Regeln der Technik, S. 384; ebenso *Breulmann*, Normung, S. 128: So wird die Norm nach Normblattnummer, Ausgabedatum, evtl. Titel und Fundstelle benannt. Zur statischen Verweisung siehe auch *Engler*, Regelsetzung, S. 61f.; *Marburger*, BB Beilage 4/1985, 16 (20f.); *Mohr*, Normen, S. 30. Siehe auch *Augsberg*, Rechtsetzung S. 176 zur statischen Verweisung auf andere Regelwerke.

786 Zu technischen Regeln: *Marburger*, Regeln der Technik, S. 387, siehe auch S. 388, 395 zu einer verdeckten dynamischen Verweisung; *Marburger*, BB Beilage 4/1985, 16 (20f.); *Scholz*, FS Juristische Gesellschaft, S. 691 (704). Siehe auch *Bachmann*, Private Ordnung, S. 67 zu privaten Regelwerken; *Becker*, Strukturen, S. 540 allgemein zu statischen Verweisungen (»verfassungsrechtlich prinzipiell unbedenklich«) mwN. Siehe auch BVerfGE 47, 285 (312) zur statischen Verweisung.

787 Beispiel bei *Engler*, Regelsetzung, S. 62.

Problematisch ist, dass jede Änderung in der privaten Norm auch dazu führt, dass das Gesetz angeglichen werden muss. Eine gesteigerte Flexibilität ist damit nicht gegeben.[788]

Anders als die starre Verweisung wäre eine »dynamische« Verweisung als Verweis auf die jeweils geltende Version[789] einer Dienstleistungsnorm als verfassungswidrig einzustufen.[790] Bei den dynamischen Verweisungen ist jedoch zu differenzieren. Anders als die normergänzende dynamische Verweisung[791] ist eine normkonkretisierende dynamische Verweisung[792] als verfassungsmäßig einzuordnen.[793] Diese Verweisungsmethode zeichnet sich dadurch aus, dass die Rechtsnorm feststehend die technischen Sicherheitspflichten durch Verwendung der Begriffe »allgemein anerkannte Regeln der Technik« oder »Stand der (Wissenschaft und) Technik« bestimmt. Gleichzeitig legt die Rechtsnorm fest, dass als allgemein anerkannte Regeln der Technik bestimmte technische Normen gelten. Es besteht eine gesetzlich widerlegbare Vermutung, dass die Sicherheit bei Anwendung der technischen Normen eingehalten wird.[794] Ein Beispiel hierfür fand sich in § 1 der 2. Durchführungsverordnung zum Energiewirtschaftsgesetz.[795] Diese Bestimmung legte fest, dass elektrische Anlagen »ordnungsmäßig, d.h. nach den anerkannten Regeln der Elektrotechnik einzurichten und zu unterhalten [sind]. Als solche gelten die Bestimmungen des Verbandes Deutscher Elektrotechniker (VDE).« Ein aktuelles Beispiel findet sich in § 16 I 2 TPG, wonach die Einhaltung des Standes der Erkenntnisse der medizinischen Wissenschaft vermutet wird, wenn die Richtlinien der Bundesärztekammer beachtet

788 *Augsberg*, Rechtsetzung, S. 177. Siehe ebenso *Müller-Foell*, Bedeutung Normen, S. 113. Siehe auch *Denninger*, Anforderungen, Rn. 137 zur schnellen technischen Entwicklung.

789 *Engler*, Regelsetzung, S. 62; *Marburger*, Regeln der Technik, S. 384; *Ossenbühl*, DVBl 1967, 400 (401); *Wiesendahl*, Technische Normung, S. 216.

790 Zu privaten Regelwerken: *Augsberg*, Rechtsetzung, S. 178; *Bachmann*, Private Ordnung, S. 66f.; *Engler*, Regelsetzung, S. 62; *Lamb*, Gesetzeskonkretisierung, S. 90; *Müller-Foell*, Bedeutung Normen, S. 114f. zu technischen Regeln. Zu weiteren Nachweisen siehe *Marburger*, Regeln der Technik, S. 390 Fn. 1. Siehe auch *Busch*, Architekten im Binnenmarkt, S. 242, 244 zu § 4 I 3 HOAI und zur statischen Verweisung auf DIN 276-1:2008-12.

791 *Marburger*, Regeln der Technik, S. 390ff. Dazu auch *Marburger*, BB-Beilage 4/1985, 16 (21).

792 *Marburger*, Regeln der Technik, S. 395ff. Siehe S. 385 zur Unterscheidung zwischen normergänzender und normkonkretisierender Verweisung und *Wiesendahl*, Technische Normung, S. 219.

793 *Marburger*, Regeln der Technik, S. 405 ff, 407. Ebenso *Augsberg*, Rechtsetzung, S. 178; *Engler*, Regelsetzung, S. 63; *Lamb*, Gesetzeskonkretisierung, S. 90 (»normkonkretisierende gleitende Verweisung«).

794 *Marburger*, BB-Beilage 4/1985, 16 (21).

795 Gesetz zur Förderung der Energiewirtschaft (Energiewirtschaftsgesetz) v. 13.12.1935 (RGBl. I S. 1451), Zweite Verordnung zur Durchführung des Gesetzes zur Förderung der Energiewirtschaft (Energiewirtschaftsgesetz) vom 31.8.1937, RGBl I S. 918. Siehe hierzu *Marburger*, Regeln der Technik, S. 79, 395; *Marburger*, BB-Beilage 4/1985, 16 (18 Fn.47) *Kloepfer*, in: *Schulte/Schröder*, Handbuch, S. 151 (193).

worden sind.[796] Auch nach § 49 II EnWG wird die Einhaltung der allgemein anerkannten Regeln der Technik vermutet, wenn bei Anlagen zur Erzeugung, Fortleitung und Abgabe von Elektrizität (Nr. 1) die technischen Regeln des Verbandes der Elektrotechnik Elektronik Informationstechnik e.V., (Nr. 2) Gas die technischen Regeln der Deutschen Vereinigung des Gas- und Wasserfaches e.V. eingehalten worden sind.[797] Ebenso wird § 342 II HGB als normkonkretisierende dynamische Verweisung eingeordnet.[798] Auf europäischer Ebene bieten die New Approach-Richtlinien ein prominentes Beispiel. Diese Richtlinien verwenden die rechtsnormkonkretisierende (dynamische) Verweisungsmethode.[799] Eine ausführliche Diskussion des New Approach und der einer möglichen Übertragung auf den Dienstleistungsbereich erfolgt in Kapitel 3.

III. Judikative Rezeption

1. Die Heranziehung von Dienstleistungsnormen zur Konkretisierung von Rechtsbegriffen

Neben einer privatautonomen und legislativen Rezeption besteht im Rahmen einer judikativen Rezeption[800] die Möglichkeit für die Rechtsprechung, Dienstleistungsnormen zur Konkretisierung von unbestimmten Rechtsbegriffen zu nutzen.[801] Auch wenn Dienstleistungsnormen selbst keine Rechtsverbindlichkeit zukommt, können sie über eine »mittelbare Rezeption« im Rahmen einer Konkretisierung Bedeutung erlangen. Mit Blick auf den »externen Charakter«

796 Beispiel bei *Reimer*, Qualitätssicherung, S. 209 Fn. 38. *Reimer* nennt diese Art der Rezeption »privilegierte Rezeption«.

797 Beispiel bei *Reimer*, Qualitätssicherung, S. 209 Fn. 38. Dort auch weitere Beispiele.

798 *Augsberg*, Rechtsetzung, S. 187, 191f. Siehe auch *Reimer*, Qualitätssicherung, S. 210 Fn. 41.

799 *Breulmann*, Normung, S. 138 ff; *Wiesendahl*, Technische Normung, S. 220f. Siehe auch *Röthel*, JZ 2007, 755 (759 »normkonkretisierende Verweisung«); *Schmidt-Preuß*, in: *Kloepfer*, Selbstbeherrschung, S. 89 (98 »normkonkretisierende gleitende Verweisungen«); *Marburger/Enders*, Jahrbuch UTR 27 (1994), 333 (342f.) als Nachbildung der normkonkretisierenden gleitenden Verweisung; *Sobczak*, Normung, S. 51 (normkonkretisierender dynamischer Verweisung nachgebildet).

800 Begriffe nach *Busch*, NJW 2010, 3061 (3064). *Reimer*, Qualitätssicherung, S. 207f. wählt den Begriff »freie Rezeption«, wenn der Rechtsanwender auf private Regelwerke Bezug nehmen kann, etwa bei der Ausfüllung von Generalklauseln. Sofern der Gesetzgeber auf Begriffe wie »Stand der Technik« zurückgreift, handele es sich um eine »normativ vorgeprägte Rezeption (›orientierte Rezeption‹)«.

801 *Busch*, NJW 2010, 3061 (3064, 3065). Zur Rezeption externer Standards im Mietrecht *Gsell*, WuM 2011, 491 (493ff.). Zu technischen Regelwerken und anderen privaten Regelwerken siehe auch *Spindler*, Unternehmensorganisationspflichten, S. 508ff.

von Dienstleistungsnormen steht dieser einer Rezeption nicht entgegen.[802] Über Inklusionsnormen[803] wie Generalklauseln und unbestimmte Rechtsbegriffe können Dienstleistungsnormen rechtliche Wirkung erhalten.[804] Wie bereits dargelegt, erlaubt die »Konkretisierungs- und Quantifizierungsbefugnis« der Rechtsprechung eine Rezeption privater Regelwerke wie Dienstleistungsnormen.[805] Mit Blick auf »organisatorische und prozedurale Mindestanforderungen«[806] für eine Rezeption hat die bisherige Untersuchung gezeigt, dass Verbesserungsbedarf bei der Erfüllung der verfahrensrechtlichen Anforderungen besteht, insbesondere bei dem Erfordernis einer ausgewogenen Interessenrepräsentanz.[807] Die Defizite sind jedoch nicht so gravierend, dass sie einer Rezeption entgegenstehen.

Auch wenn Dienstleistungsnormen als »Konkretisierungsofferten«[808] zur Ausfüllung von Rechtsbegriffen herangezogen werden können, obliegt es der Entscheidung der Gerichte, ob sie tatsächlich auf Dienstleistungsnormen zurückgreifen oder nicht.[809] Ihnen steht eine »Rezeptionsfreiheit« zu.[810] So wie bei ärztlichen Leitlinien die »Definitionsmacht über den Umfang ärztlicher Sorgfaltspflichten« nicht vollständig der »medizinische[n] Profession«, »dem ärztlichen Berufsethos« oder der »faktischen Übung im Bereich der Heilbehandlung« überlassen werden darf,[811] kann auch eine Normungsorganisation aus Branchenvertretern nicht ihren eigenen Sorgfaltsmaßstab verbindlich festlegen. Ansonsten bestünde die Gefahr, dass eine Berufsgruppe unkontrolliert ihren eigenen Haftungsstandard bestimmt.[812]

Zwar führt Sachverstand nicht zu einer Bindungswirkung, möglich erscheint jedoch zumindest eine Pflicht, sich mit den Dienstleistungsnormen auseinan-

---

802 Siehe *Gsell*, WuM 2011, 491 (493) zur Rezeption technischer Regelungen im Mietrecht und dem »externen Charakter«.

803 *Köndgen*, AcP 206 (2006), 477 (519f.) z. B. zu § 276 BGB als privatrechtliche Inklusionsnorm; Begriff »inclusion rule« bei *Schanze*, in: *Nobel*, International standards and the Law, S. 83 (91).

804 *Busch*, der freie Beruf 1-2/2014, 6 (7).

805 *Röthel*, Normkonkretisierung, S. 270 im Zusammenhang mit der Rezeption technischer Normen.

806 *Bumke/Röthel*, in: *Bumke/Röthel*, Privates Recht, S. 1 (12) zu privaten Regelwerken.

807 Siehe dazu die Ausführungen ab Kapitel 2.B.I.

808 Begriff nach *Röthel*, Normkonkretisierung, S. 273 zu technischen Normen. *Busch*, NJW 2010, 3061 (3062) zu Dienstleistungsnormen als »Konkretisierungsofferte«. Siehe auch *Schmidt-Preuß*, in: *Kloepfer*, Selbstbeherrschung, S. 89 (95): »selbstregulative Auslegungsofferten« zu privaten Normen im Zusammenhang mit technischen Normen.

809 *Röthel*, Normkonkretisierung, S. 273f.

810 *Röthel*, Normkonkretisierung, S. 274.

811 MüKo-BGB (2016)/*Wagner*, § 630a Rn. 107. Siehe auch *Mückl*, Vertragsbruch, S. 230f.

812 Vgl. *Velten*, Standard, S. 70 zu medizinischen Standards; *Mückl*, Vertragsbruch, S. 232f. zum Arzthaftungsrecht.

derzusetzen.[813] So könnten sie den Qualitätsmaßstab wiedergeben, den der Kunde erwarten kann.[814]

Zu berücksichtigen ist, dass Dienstleistungsnormen wie technische Normen nur die »standardisierte Sollbeschaffenheit« wiedergeben.[815] So zeigen sie in ähnlicher Weise wie ärztliche Leitlinien auf, wie eine bestimmte Dienstleistung typischerweise erbracht werden soll.[816] Jedoch können Situationen vorliegen, die in der Dienstleistungsnorm nicht hinreichend berücksichtigt wurden. Zu prüfen ist daher, ob die Dienstleistungsnorm von ihrem sachlichen Anwendungsbereich überhaupt auf die konkrete Situation anwendbar ist.[817] Ebenso wie bei technischen Normen könnten immanente Grenzen bei Dienstleistungsnormen vorliegen.[818] So können diese immanenten Grenzen dazu führen, dass die Einhaltung der Anforderungen einer Dienstleistungsnorm nicht in jeglicher Situation ausreicht[819] oder aber trotz einer Abweichung von einer Dienstleistungsnorm der anerkannte Stand fachlicher Erkenntnisse gewahrt wurde.[820]

a) Immanente Grenzen der Dienstleistungsnormen

Zunächst könnte eine immanente Grenze in der fehlenden Regelung atypischer Fallkonstellationen liegen.

Technische Normen sind für die Regelung des Normalfalls konzipiert, sodass atypische Konstellationen nicht vom Regelungsgehalt der Norm eingeschlossen sein können.[821] Ebenso wie bei den technischen Normen wird es Sonderkonstellationen bei Dienstleistungen geben, da Dienstleistungsnormen insofern nur die »standardisierte Sollbeschaffenheit« einer Dienstleistung enthalten.[822] Somit beinhalten auch Dienstleistungsnormen nur den Regelfall der Dienstleistungserbringung.

---

813 *Röthel*, Normkonkretisierung, S. 274 u. Fn. 216 zu technischen Normen.

814 Siehe *Delimatsis*, CMLR 47 (2010), 1049 (1064) zu Codes of Conduct.

815 *Buck-Heeb/Diekmann*, Selbstregulierung, S. 159.

816 Vgl. *Heyers*, ArztR 2016, 201 (202) zu ärztlichen Leitlinien, die Ärzten mit Blick auf u.a. Diagnostik oder Therapie beraten, wie in einer typischen Situation zu handeln ist.

817 *Buck-Heeb/Diekmann*, Selbstregulierung, S. 166; *Röthel*, Normkonkretisierung, S. 270f.

818 Siehe *Röthel*, Normkonkretisierung, S. 271; zu den immanenten Grenzen bei der technischen Normung siehe *Müller-Foell*, Bedeutung Normen, S. 105ff.; *Nicklisch*, NJW 1983, 841 (850); *Pieper*, BB 1987, 273 (282).

819 Zu den immanenten Grenzen siehe die nachfolgenden Konstellationen.

820 Vgl. *Müller-Foell*, Bedeutung Normen, S. 107: Auch wenn eine technische Regel nicht befolgt wurde, müssen Gerichte prüfen, ob trotzdem der Stand der Technik gewahrt wurde.

821 *Müller-Foell*, Bedeutung Normen, S. 105; *Nicklisch*, BB 1982, 833, 835f.

822 *Buck-Heeb/Diekmann*, Selbstregulierung, S. 159 zu technischen Normen. Siehe auch *Marburger*, Regeln der Technik, S. 459, der darauf hinweist, dass technische Regeln »vom Einzelfall abgelöste, abstrakt-typisierte technische Tatbestände« regeln. Sämtliche Sonderfälle könnten keine Berücksichtigung finden.

Neben den technischen Normen bietet sich ein Vergleich zu den ärztlichen Leitlinien an. Ebenso wie ärztliche Leitlinien weisen Dienstleistungsnormen einen »starren Charakter« auf, sodass sie Einzelfälle nicht berücksichtigen.[823] Insofern sind auch Dienstleistungsnormen »naturgemäß Grenzen gesetzt.«[824] So wie der Einzelfall bei ärztlichen Leitlinien ein Abweichen erfordern kann,[825] können auch bei Dienstleistungsnormen die jeweiligen Umstände ein Abweichen von den Vorgaben verlangen.

Während bei technischen Normen derartige Sonderfälle durch Besonderheiten technischer Systeme entstehen oder spezifische Gefahrenlagen höhere oder andere Sicherheitsvorkehrungen erfordern können,[826] werden Sonderkonstellationen bei Dienstleistungen eher aus dem individuell-einzelfallgeprägten Charakter der Dienstleistung folgen. Ein Beispiel für einen gesetzlichen Anknüpfungspunkt mit Blick auf die Individualität von Dienstleistungen zeigt sich in § 627 BGB. So zeichnen sich Dienste höherer Art durch u. a. Fachkenntnis und Flexibilität aus.[827]

Aufgrund der Abhängigkeit von den Vertragsparteien sowie den Umständen des Einzelfalls[828] können auch bei Dienstleistungsnormen atypische Fallkonstellationen auftreten. Sofern nicht ausdrücklich auf die Dienstleistungsnorm in einem Vertrag zwischen Dienstleister und Kunden Bezug genommen wird, könnte sich die Rezeption für den Richter aufgrund der Umstände des Einzelfalls als nicht sachgerecht erweisen. Insbesondere können strengere Anforderungen an den Dienstleister als in der Dienstleistungsnorm vorgesehen angebracht sein.

Die Verfasser einiger Dienstleistungsnormen scheinen diesem Problem jedoch vorzubeugen bzw. sich der Unvollkommenheit bewusst zu sein, indem Dienstleistungsnormen lediglich beispielhafte Vorgaben[829] oder nur Mindest-

823 *Heyers*, ArztR 2016, 201 (207).

824 *Dressler*, FS Geiß, S. 379 (381); *Heyers*, ArztR 2016, 201 (207).

825 *Heyers*, ArztR 2016, 201 (207).

826 *Müller-Foell*, Bedeutung Normen, S. 105.

827 MüKo-BGB (2016)/*Henssler*, § 627 Rn. 21.

828 Hierauf weist *Delimatsis*, ELR 41 (2016), 513 (515) hin.

829 Ziffer 5.4 DIN EN 16775:2016-02: »Die Sachverständigenleistung…kann Folgendes umfassen:« Die Norm zu Immobilienmaklern führt beispielhaft zu gewährende Informationen auf, Ziffern 3.1.2 oder 3.1.3 DIN EN 15733:2011-07. DIN EN ISO 20700:2019-01 (Unternehmensberatungsdienstleistungen) führt beispielhaft typische Vertragsinhalte in Ziffer 5.5.1 bis 5.5.7.3 auf. Ziffer 5.5.1 bestimmt, dass bestimmte Punkte gestrichen werden sollen, wenn sie für die Vertragsparteien offensichtlich ungeeignet sind. Die Vorgängerversion DIN EN 16114:2011-12 bestimmte mit Zurückhaltung in der Einleitung (S. 5), dass die Dienstleistungsnorm zwar als Leitfaden verfasst sei, jedoch keine Anforderungen oder Verpflichtungen an den Unternehmensberater festlege.

vorgaben[830] enthalten. Somit kommt in der Norm bereits zum Ausdruck, dass besondere Konstellationen vorliegen können, auf die die Norm nicht eingehen kann. Auch allgemein formulierte Vorgaben geben der Rechtsprechung die Möglichkeit, die Umstände des Einzelfalls zu berücksichtigen.[831] Die Abweichung von der Dienstleistungsnorm sieht die Norm zu Immobilienmaklern als besonderen Fall an, da diese im Vertrag festgehalten werden soll.[832] Hier bestätigen die Ersteller der Norm indirekt, dass die Dienstleistungsnorm den Regelfall enthält.

Atypische Fallkonstellationen können somit auch bei Dienstleistungen auftreten, sodass eine Abweichung von den Vorgaben der Norm erforderlich sein kann. Sämtliche Sonderfälle können nicht in die Norm aufgenommen werden, auch wenn einige Normen bereits Andeutungen zu Abweichungen enthalten. Bei der Rezeption einer Dienstleistungsnorm ist diese immanente Grenze somit zu beachten. Die Rechtsprechung muss somit prüfen, ob eine atypische Fallkonstellation vorliegt, die Modifikationen oder Abweichungen von den Vorgaben der Dienstleistungsnorm erfordert.

Ebenso wie bei technischen Normen können ausdrückliche oder konkludente Regelungslücken bei Dienstleistungsnormen auftreten. Bei technischen Normen kann sich das Problem zeigen, dass die Norm den Sachverhalt nicht komplett erfasst und daher nicht den Stand der Technik enthalten kann.[833] Bei Dienstleistungsnormen kommt ein ähnliches Problem bei einem typengemischten Vertrag in Betracht, der auch Elemente eines anderen Vertragstyps aufweist. Die Rechtsprechung müsste diesen Aspekt bei einer Rezeptionsentscheidung berücksichtigen, sodass in diesem Fall zumindest Teile der Dienstleistungsnorm nicht anwendbar sein könnten.

Daneben ist wie bei technischen Normen von entscheidender Bedeutung, dass die fehlende Regelung bestimmter Sachverhalte von den Normerstellern aufgezeigt wird.[834] So bestimmen einige Dienstleistungsnormen, dass sie für bestimmte Fallkonstellationen nicht anwendbar sind.[835]

---

830 Ziffer 3.2.3.2 DIN 77600:2004-07: »Die Gerätegrundausstattung muss mindestens Folgendes umfassen…«; Ziffer 4.1 DIN EN 16489-3:2015-09: »Mindestens eine dieser Informationsarten muss für die Nutzer bei jedem Besuch leicht zugänglich und sichtbar sein.«

831 Ziffer 7 DIN 15750:2013-04: »Alle zu benutzenden Einrichtungen und Arbeitsmittel sind nach den Einsatzbedingungen und den zu erwartenden Beanspruchungen auszuwählen und bestimmungsgemäß zu verwenden.«

832 Ziffer 3.2.o) DIN EN 15733:2011-07.

833 Näher *Müller-Foell*, Bedeutung Normen, S. 107. Siehe auch *Spindler*, Unternehmensorganisationspflichten, S. 810, zur Haftung trotz Beachtung einer DIN-Norm.

834 Siehe *Müller-Foell*, Bedeutung Normen, S. 107, zur Bedeutsamkeit der Dokumentation, wenn ein technisches Problem außen vorgelassen wurde.

835 Ziffer 1 DIN 15750:2013-04: »Diese Norm gilt nicht für die Planung und Errichtung ortsfester Veranstaltungsstätten.«; Ziffer 1 DIN EN ISO 17100:2016-05: Keine Anwendbarkeit auf Dolmetschdienstleistungen.

Fraglich ist, wie sich die immanente Grenze der alternativen Lösungsmöglichkeiten bei Dienstleistungsnormen auswirkt. Für die technischen Normen wird darauf hingewiesen, dass mehrere Lösungsoptionen für ein technisches Problem existieren und eine Norm nur eine Möglichkeit wiedergibt.[836] Bei Dienstleistungsnormen muss zwar von den Erstellern der Norm festgelegt werden, welche Minimalanforderungen an den Sorgfaltsmaßstab des Dienstleisters gestellt werden.[837] Mangels eines technischen Problems[838] kann nicht generell von mehreren Lösungsoptionen gesprochen werden. Allenfalls bestehen Nuancen in der Art und Weise der Dienstleistungserbringung. Aber auch hier kommt dem individuellen Charakter von Dienstleistungen eine besondere Rolle zu. Angesichts der Umstände des Einzelfalls kann eine andere Handlungsweise des Dienstleisters als in der Dienstleistungsnorm vorgesehen angebracht sein.

Weiterhin darf die Dienstleistungsnorm nicht veraltet sein. Angesichts des ständigen technischen Fortschritts besteht bei technischen Normen die »Gefahr der Alterung und Versteinerung«[839]. Da sich Wissenschaft und Technik weiterentwickeln, ist eine regelmäßige Prüfung dahingehend erforderlich, ob die technische Norm noch mit dem aktuellen Stand der Technik übereinstimmt.[840] Eine technische Norm ist veraltet, wenn sie nicht mehr mit der Mehrheitsauffassung der Fachleute übereinstimmt. Vereinzelte Mindermeinungen können nicht dazu führen, dass die Norm veraltet ist.[841]

Für die Dienstleistungsnormen scheint diese Gefahr zunächst nicht im gleichen Maße zu bestehen. So werden viele Dienstleistungsnormen über mehrere Jahre nicht verändert bzw. nur kleine Änderungen vorgenommen, die sich nicht erheblich auf den Inhalt der Norm auswirken.[842] Dieser Unterschied folgt daraus, dass Dienstleistungsnormen sich nicht mit der Lösung eines wissenschaftlich-technischen Problems[843] beschäftigen. Die stärkere rechtliche Prägung[844] führt

836 *Müller-Foell*, Bedeutung Normen, S. 108. Nach *Röthel*, Normkonkretisierung, S. 271 Fn. 198 kommt den immanenten Grenzen der technischen Normen in Form des atypischen Sachverhalts und der Unvollkommenheit eher bei der Anwendung als bei einer Konkretisierung Bedeutung zu. Bei Dienstleistungsnormen werden die Grenzen stärker bei der Rechtskonkretisierung durch den Richter entscheidend sein, da, wie *van Leeuwen*, Services, S. 152, feststellt, die Aufnahme von Dienstleistungsnormen in den Vertrag nicht die Regel darstellt. *Van Leeuwen* bezieht diese Annahme auf die Gesundheits- und Tourismusbranche.

837 *Van Leeuwen*, Services, S. 19.

838 Siehe Ziffer 3.4.d) CEN Guide 15:2012.

839 *Buck-Heeb/Diekmann*, Selbstregulierung, S. 162; MüKo-BGB (2017)/*Wagner*, § 823 Rn. 448.

840 *Müller-Foell*, Bedeutung Normen, S. 108f. Auch *Glinski/Rott*, in: *Eliantonio/Cauffman*, Standardisation, S. 131 (136) führen zur Produktnormung aus, dass ein Grund für ein unzureichendes Sicherheitsniveau in einer Norm darin liegen könne, dass diese im Zeitpunkt einer Einigung bereits von der technischen Entwicklung überholt sei.

841 *Müller-Foell*, Bedeutung Normen, S. 109f.

842 Siehe auch schon Kapitel 2.A.II.

843 Ziffer 3.4.d) CEN Guide 15:2012.

auch dazu, dass Änderungen seltener erforderlich sind. Möglich erscheint Aktualisierungsbedarf etwa bei Qualifikationen des Dienstleisters oder der Aufnahme von zusätzlichen Informationspflichten/Vertragsinhalten. Jedoch wird sich auch hier die Digitalisierung auf Dienstleistungsnormen auswirken, sodass die »Gefahr der Alterung und Versteinerung«[845] stärker droht. Zwar erscheint der Ablauf einer Dienstleistung grundsätzlich nicht einer ständigen dynamischen Entwicklung zu unterliegen, sondern durch wiederkehrende Merkmale gekennzeichnet zu sein. Insofern können für digitalisierte Bereiche jedoch auch Dienstleistungsnormen einem ständigen Wandlungsprozess unterliegen. So führt die Digitalisierung zu neuen Geschäftsmodellen, die bisher nicht existierten.[846]

b) Zwischenergebnis

Bei einer Rezeption von Dienstleistungsnormen sind in ähnlicher Weise wie bei technischen Normen die immanenten Grenzen zu beachten. So können bei der Frage nach dem Anwendungsbereich einer Dienstleistungsnorm atypische Fallkonstellationen auftreten, die insbesondere aus dem einzelfallgeprägten Charakter von Dienstleistungen folgen können. Dienstleistungsnormen enthalten nur den Regelfall der Dienstleistungserbringung. Angesichts dieser atypischen Konstellationen müssen Gerichte prüfen, ob die Norm zur Konkretisierung geeignet ist oder ob ein anderes Verhalten ordnungsgemäß ist.[847]

Der Unvollkommenheit scheinen sich die Ersteller jedoch bewusst zu sein, indem vereinzelt lediglich beispielhafte Vorgaben oder allgemein formulierte Vorgaben gemacht werden, die nach den Umständen des Einzelfalls ausgefüllt werden können.

Auf den ersten Blick scheint die Gefahr der Veralterung nicht so stark ausgeprägt zu sein wie bei technischen Normen. So befassen sich Dienstleistungsnormen gerade nicht mit der Lösung eines technischen Problems.[848] Änderungen werden durch die im Vordringen befindliche Digitalisierung bevorstehen, sodass dann auch bei Dienstleistungsnormen fortschreitender Aktualisierungsbedarf bestehen wird.

---

844 *Busch*, NJW 2010, 3061.

845 *Buck-Heeb/Diekmann*, Selbstregulierung, S. 162.

846 Siehe *Spindler/Thorun*, MMR-Beilage 2016, Heft 6, 1 (5f.). Näher auch Ziffer 2.3 CEN Strategic Plan. Siehe auch die Ausführungen unter Kapitel 2.A.II.

847 *Müller-Foell*, Bedeutung Normen, S. 111: Die Gerichte dürfen nicht unbesehen das Verhalten nach den Anforderungen beurteilen. Sie müssen prüfen, ob bei einer Abweichung auch ein anderes Verhalten als in der Norm vorgesehen den Stand der Technik wahrt.

848 Siehe Ziffer 3.4.d) CEN Guide 15:2012 zu den Zielen der Dienstleistungsnormung.

Der nachfolgende Abschnitt zeigt einige Anknüpfungspunkte auf, über die Dienstleistungsnormen bei einer judikativen Rezeption Wirkung entfalten können.

2. Der allgemein anerkannte Stand fachlicher Erkenntnisse

So wie im Bereich der technischen Normung Begriffe bzw. Technikklauseln wie »allgemein anerkannte Regeln der Technik« oder »Stand der Technik« existieren,[849] könnte eine ähnliche Funktion für die Dienstleistungsnormung der Begriff »allgemein anerkannter Stand fachlicher Erkenntnisse« übernehmen, wie er sich etwa in § 7 I Wohn- und Betreuungsvertragsgesetz findet.[850] Über diesen Begriff können Dienstleistungsnormen rezipiert werden, im Beispiel etwa die DIN-Norm mit Qualitätsanforderungen an Anbieter von betreutem Wohnen für ältere Menschen.[851] Auch wenn dieser Terminus nicht in vielen Rechtsnormen verwendet wird, könnte zur Feststellung einer ordnungsgemäßen Leistungserbringung im Rahmen der vertraglichen Pflichten oder bei der Bestimmung der »im Verkehr erforderlichen Sorgfalt« i. S. d. § 276 BGB gleichsam darauf abgestellt werden, ob ein Verhalten dem Stand fachlicher Erkenntnisse entspricht (dazu unten).

Zu berücksichtigen ist weiterhin, dass Dienstleistungsnormen nur Mindeststandards darstellen und Gerichte auch zu der Ansicht gelangen können, dass ein höher Dienstleistungsstandard als in der Norm vorgesehen angebracht ist.[852] Entscheidend für eine Rezeption wird insbesondere neben der Berücksichtigung der immanenten Grenzen sein, ob die Dienstleistungsnorm tatsächlich dem anerkannten Stand fachlicher Erkenntnisse entspricht.[853] Dies richtet sich wie-

849 *Marburger*, Regeln der Technik, S. 145 ff, 158 ff.; *Nicklisch*, NJW 1982, 2633 (2633 f.); *Nicklisch*, BB 1983, 261 ff.; Ziffer 2.3 DIN SPEC 77226:2013-12. *Röthel*, Normkonkretisierung, S. 269, verweist u. a. auf § 906 I 3 BGB und § 641a III 4 BGB. § 641a III 4 BGB lautete in der alten Fassung: »Wenn der Vertrag entsprechende Angaben nicht enthält, sind die allgemein anerkannten Regeln der Technik zugrunde zu legen.«

850 Beispiel nach DIN SPEC 77226:2013-12, S. 5. Dieser Begriff wird als eine den »Technikklauseln ähnliche Verweisungsmethode« eingestuft. DIN SPEC 77226:2013-12 nennt diesen Begriff im Rahmen der legislativen Rezeption. Zur vorzugswürdigen Zuordnung zur judikativen Rezeption siehe Kapitel 2.C.II.

851 DIN 77800:2006-09. DIN SPEC 77226:2013-12 verweist hier auf die mögliche Heranziehung von DIN CEN/TS 16118:2012-06 (DIN SPEC 77101) (Betreutes Wohnen – Anforderungen an Dienstleistungen für ältere Menschen im Rahmen der Wohnform Betreutes Wohnen). Nach der Einleitung (S.4) soll die Technische Spezifikation ein Leitfaden zur Qualitätssicherung sein.

852 *Van Leeuwen*, Services, S. 36. Siehe auch S. 170 mit Blick auf das Deliktsrecht.

853 Siehe näher *van Leeuwen*, Services, S. 169 zur Ablehnung von Dienstleistungsnormen als branchenüblicher Maßstab im Gesundheitsbereich und den Folgen für die Anwendung im Deliktsrecht. Siehe auch ausführlich zur Frage, ob eine Dienstleistungsnorm dem anerkannten Stand fachlicher Erkenntnisse entspricht, die Ausführungen in Kapitel 2.C.I.1.c).cc).

derum danach, ob sie der Richtigkeitsüberzeugung der Mehrheit der Fachleute entspricht und in der Praxis überwiegend befolgt wird.[854] Ein Gleichlauf zwischen Dienstleistungsnormen und dem anerkannten Stand fachlicher Erkenntnisse ist jedoch nicht anzunehmen. So hat die bisherige Untersuchung gezeigt, dass z. B. im Gesundheitsbereich starker Widerstand gegenüber Dienstleistungsnormen besteht. In anderen Branchen wird bereits mit Dienstleistungsnormen geworben (z. B. Immobilienmakler), sodass sie wohl bereits der Richtigkeitsüberzeugung der Mehrheit der Fachleute entsprechen und in der Praxis angewandt werden.[855]

Auch im Bereich der technischen Normen können diese nicht mit den anerkannten Regeln der Technik gleichgesetzt werden. Technische Normen können schnell veralten und nicht mehr den anerkannten Regeln der Technik entsprechen.[856] Ähnliches gilt für ärztliche Leitlinien, die den medizinischen Standard darlegen können, nicht aber damit identisch sind. Auch hier besteht die Gefahr einer veralteten Leitlinie oder einer Nichtanwendbarkeit auf den konkreten Einzelfall.[857]

Hierbei handelt es sich im Ergebnis um eine Ausprägung der immanenten Grenzen in Form der Veralterung von Normen oder der atypischen Fallkonstellation (s. o.). Bei der Dienstleistungsnormung scheint jedoch noch stärker die Frage im Vordergrund zu stehen, ob sie wirklich der Richtigkeitsüberzeugung der Mehrheit der Fachleute entspricht und bereits angewandt wird. Gerade hier haben sich Unsicherheiten gezeigt.[858]

Übertragen auf den Dienstleistungsbereich stellt sich somit immer bei einer Rezeption über diese Generalklausel die Frage, ob sich hierfür wirklich eine Dienstleistungsnorm eignet.

3. Dienstleistungsnormen zur Bestimmung von Informationspflichten

Dienstleistungsnormen können zur Konkretisierung von vorvertraglichen Informationspflichten im Rahmen von § 242 BGB dienen.[859] So definiert DIN 77800 zu Anbietern der Wohnform »Betreutes Wohnen für ältere Menschen« nach eigener Aussage Mindestqualitätsstandards, um einerseits für Anbieter eine Orientierung zu schaffen und andererseits für Verbraucher die Leistungstransparenz zu ver-

854 Siehe dazu Kapitel 2.C.I.1.c).cc).
855 Siehe Kapitel 2.C.I.1.c).cc).
856 *Buck-Heeb/Diekmann*, Selbstregulierung, S. 162.
857 *Heyers*, ArztR 2016, 201 (209); siehe auch *Wellner*, in: *Geigel*, Haftpflichtprozess, 14. Kapitel Rn. 240.
858 Kapitel 2.C.I.1.c).cc).
859 Zu vorvertraglichen Informationspflichten und § 242 BGB siehe BeckOGK/*Kähler*, § 242 Rn. 3ff.; Rn. 863ff.; Stand 01.01.2019.

bessern.[860] Die Dienstleistungsnorm enthält Vorgaben zu Informationen, die schriftlich vor Vertragsschluss, spätestens bei der Erstberatung, den Interessenten zur Verfügung gestellt werden müssen.[861] Zu diesen Informationen gehören u. a. Aussagen zu den Wohnungsgrößen, Zuschnitten und Ausstattungen[862] oder zum Leistungskatalog des Betreuungsträgers.[863] Ebenso müssen zusätzliche schriftliche Informationen Aussagen zu Einzugsvoraussetzungen und zu vertraglichen Regelungen (Miet- und Betreuungsvertrag) enthalten.[864] Diese Vorgaben könnten von der Rechtsprechung zur Bestimmung vorvertraglicher Informationspflichten im Rahmen eines Anspruchs nach §§ 280 I, 241 II, 311 II BGB herangezogen werden.

Weiterhin bestimmt die Norm, dass eine Beratung vor Vertragsschluss zum Betreuungskonzept durch einen Mitarbeiter des Trägers der Grundleistungen/allgemeinen Betreuungsleistungen erfolgen muss.[865] Die Rechtsprechung könnte auch hier auf diese Vorgabe zurückgreifen, um zu bestimmen, ob einem Kunden Informationen durch die richtige Person zugekommen sind und ob den Informationspflichten Genüge getan wurde.

Umfassende Informationspflichten enthält ebenfalls die Dienstleistungsnorm zu Immobilienmaklern. Neben Informationen für den Käufer als Auftraggeber oder den Verkäufer als Auftragnehmer[866] muss der Makler auch »deutlich machen, wenn der vorgeschlagene Käufer/Verkäufer entweder der Makler selbst ist oder eine (juristische) Person, mit der ihn ein wirtschaftliches Interesse oder eine persönliche Beziehung verbindet.«[867]

Besondere Bedeutung könnte die Dienstleistungsnorm im Rahmen einer Sachwalterhaftung des Maklers nach §§ 311 III, 241 II, 280 I BGB erlangen.[868] So enthält die Norm beispielhafte Vorgaben für Informationen, deren Bereitstellung für den Käufer der Makler sicherstellen muss, wenn der Verkäufer alleiniger Auftraggeber ist. Hierzu zählen z. B. die Beschreibung des Grundstücks (z. B. Grundstücksart, Maßangaben, Lage und Zugang, dem Makler bekannte Umwelt- und Gesundheitsaspekte)[869] oder die Beschreibung der Versorgungseinrichtungen und Kurzdarstellung der baulichen Eigenschaften.[870] Im Rahmen eines

860 Einleitung DIN 77800:2006-09.
861 Ziffer 4.1.1.1 DIN 77800:2006-09.
862 Ziffer 4.1.1.3 DIN 77800:2006-09.
863 Ziffer 4.1.1.4 DIN 77800:2006-09.
864 Ziffer 4.1.1.7 DIN 77800:2006-09.
865 Ziffer 4.1.2.1 DIN 77800:2006-09.
866 Ziffer 3.1.2 und Ziffer 3.1.3 DIN EN 15733:2011-07, wobei die Informationen dort beispielhaft aufgeführt werden. Nach Ziffer 3.1.2. i) muss der Immobilienmakler u. a. beim Käufer als Auftraggeber über ihm offengelegte oder bekannte Mängel informieren.
867 Ziffer 3.4 DIN EN 15733:2011-07.
868 Zur Sachwalterhaftung siehe etwa BeckOK/*Sutschet*, § 311 Rn. 120 f., Stand 01. 02. 2019 sowie *Schlechtriem*, Schuldrecht BT Rn. 540 mit Nachweisen zur Rechtsprechung.
869 Ziffer 4 lit a) DIN EN 15733:2011-07.
870 Ziffer 4 lit e) DIN EN 15733:2011-07.

Anspruchs nach §§ 311 III, 241 II, 280 I BGB könnte die Dienstleistungsnorm herangezogen werden, um eine Pflichtverletzung des Maklers herzuleiten.

4. Verkehrssitte

Dienstleistungsnormen könnten ebenfalls bei einer ergänzenden Vertragsauslegung im Rahmen von § 157 BGB Bedeutung erlangen. Die Bestimmung des § 157 BGB nennt die Verkehrssitte, die bei einer Vertragsauslegung zu berücksichtigen sein kann. Sofern Dienstleistungsnormen in der Praxis bereits überwiegend angewandt werden, könnten sie eine kodifizierte Fassung einer Verkehrssitte darstellen.[871] Ohne dass Dienstleistungsnormen Vertragsbestandteil geworden sind, könnten sie auf diese Weise Auswirkungen auf die Vertragsauslegung und die Leistungspflichten haben. Voraussetzung für eine Zuordnung zu den Verkehrssitten ist jedoch, dass Dienstleistungsnormen auch tatsächlich in einem Dienstleistungsbereich beachtet werden.[872]

Hier wird zwischen verschiedenen Dienstleistungsbranchen zu differenzieren sein. So lassen sich u. a. etwa Immobilienmakler bereits nach Dienstleistungsnormen zertifizieren und werben gegenüber ihren Kunden mit ihrer Einhaltung.[873] Sollte die Dienstleistungsnorm noch weitere Verbreitung und Anwendung unter Immobilienmaklern finden, könnte sich hieraus die Entwicklung zu einer Verkehrssitte ergeben.

In anderen Branchen sind Dienstleistungsnormen noch nicht verbreitet, stoßen insofern sogar auf erheblichen Widerstand, etwa im Gesundheitsbereich.[874] Gerade in Bereichen, in denen Dienstleistungsnormen die Branche noch überzeugen sollen und noch nicht die tatsächliche Praxis wiedergeben, kann noch nicht von einer Verkehrssitte gesprochen werden.[875] Nicht ausgeschlossen ist jedoch, dass Dienstleistungsnormen sich in Zukunft in diesen Bereichen derart etablieren, dass sie als schriftliche Wiedergabe einer Verkehrssitte einzuordnen sein werden. Hierfür wird jedoch erforderlich sein, dass auf die gegen

---

871 So DIN SPEC 77226:2013-12, S. 6; *Busch*, NJW 2010, 3061 (3066); *Najork*, NJW 2006, 2881: So könne DIN 31051 bei der Vertragsauslegung im Rahmen der Verkehrsanschauung berücksichtigt werden.

872 *Marburger*, Regeln der Technik, S. 364 zu technischen Normen; *Zubke-von Thünen*, Technische Normung, S. 396 zu technischen Normen. Zur Streitfrage, ob die Verkehrssitte nur soziale Normen erfasst: *Bachmann*, Private Ordnung, S. 345 ff. mwN.

873 Siehe Nachweise zu Immobilienmaklern und Freizeittauchen bei FN. 693 sowie FN. 646 zu Sprachreiseanbietern.

874 Siehe z. B. *Wienke/Kuball*, MedR 2016, 301 ff.

875 *Spindler*, Unternehmensorganisationspflichten, S. 510 zu Normen, *Breulmann*, Normung, S. 75 zu europäischen technischen Normen.

die Dienstleistungsnormen vorgebrachte Kritik im Gesundheitsbereich[876] eingegangen und etwa mehr medizinisches Fachwissen durch eine entsprechende Besetzung der Normungsgremien eingebracht wird.

Ob die Verkehrssitte als Anknüpfungspunkt für eine rechtliche Wirkung von Dienstleistungsnormen entscheidend sein wird, erscheint jedoch fraglich. Für technische Normen wird die rechtliche Bedeutung einer Zuordnung zu den Verkehrssitten mit Blick auf die vertragliche Beschaffenheit relativiert. Haben technische Normen eine derart »(faktische) Geltung« erlangt, seien sie regelmäßig bereits konkludent vereinbart. Auch wenn sie im Einzelfall nicht konkludent vereinbart seien, könnten sie zur Bestimmung der üblichen Beschaffenheit herangezogen werden. Der Verkehrssitte komme dann insofern keine eigenständige Bedeutung zu.[877]

Zumindest mit Blick auf die konkludente Vereinbarung zeigen sich hier Unterschiede bei Dienstleistungsnormen. Angesichts ihrer rechtlichen Prägung[878] erscheint eine konkludente Vereinbarung von Dienstleistungsnormen zweifelhaft. Zudem werden viele Kunden Dienstleistungsnormen nicht kennen.[879] Jedoch können Dienstleistungsnormen ebenso wie technische Normen im Werkvertragsrecht stattdessen im Rahmen von § 633 II 2 Nr. 2 BGB Berücksichtigung finden bei der Frage, welche Beschaffenheit üblich ist und erwartet werden kann.[880] Eine Bezugnahme auf die Verkehrssitte wäre dann auch hier nicht erforderlich, da die Herleitung einer ordnungsgemäßen Leistung bereits aus der Üblichkeit im Rahmen von § 633 BGB folgen würde.[881]

Für die Konkretisierung vertraglicher Nebenpflichten kann die Verkehrssitte in Gestalt von Dienstleistungsnormen jedoch eigenständige Bedeutsamkeit erlangen.[882] Als vertragliche Nebenpflicht kommt beim Dienstvertrag etwa eine Dokumentationspflicht in Betracht.[883] Eine fachliche Überlegenheit des Dienst-

876 Siehe hierzu die Ausführungen in Kapitel 1.E; *Wienke/Kuball*, MedR 2016 (34), 301ff.; *van Leeuwen*, Services, S. 96f. zur Argumentation bei der Normung der ästhetischen Chirurgie.

877 *Marburger*, Regeln der Technik, S. 505, siehe auch S. 366.

878 *Busch*, NJW 2010, 3061.

879 *Sass*, NZBau 2014, 137 (138) zu technischen Regeln. Siehe auch die Ausführungen zur konkludenten Vereinbarung in Kapitel 2.C.I.2.

880 Zu Regeln der Technik: BeckOK/*Voit*, § 633 Rn. 14, Stand 01.02.2019; für § 633 II 2 Nr. 2 BGB auch Staudinger/*Peters/Jacoby*, § 633 Rn. 177. Siehe zur Diskussion auch *Buck-Heeb/Diekmann*, Selbstregulierung, S. 163 und *Engler*, Regelsetzung S. 64 Fn. 72.

881 *Marburger*, Regeln der Technik, S. 366 zu Regeln der Technik. Siehe auch *Sonnenberger*, Verkehrssitten, S. 203f., nach dessen Ansicht elektrische Beleuchtung als technische Neuerung nicht der Verkehrssitte zugeordnet werden konnte. Falls keine Vereinbarung in Verträgen über Beleuchtung vorhanden sei, so »konnte sich die technische Neuerung über die gesetzliche Bestimmung der Ordnungsmäßigkeit der Leistungspflicht unmittelbar auf die Vertragsdurchführung auswirken.«

882 *Marburger*, Regeln der Technik, S. 366f. zu technischen Regeln.

883 BeckOK/*Fuchs/Baumgärtner*, § 611 Rn. 37f., Stand 01.02.2019 bei freien Dienstverträgen.

leisters kann zu einer Dokumentationspflicht führen, um eine Überprüfungsmöglichkeit durch einen Dritten für den Kunden zu gewährleisten. Ebenso kann aus dem Standesrecht eine Dokumentationspflicht folgen.[884] Um zu entscheiden, ob für die betroffene Dienstleistung eine Dokumentationspflicht als vertragliche Nebenpflicht besteht, könnte auf Dienstleistungsnormen zurückgegriffen werden. Eine Dokumentationspflicht in einer Dienstleistungsnorm könnte für eine solche Nebenpflicht sprechen. Hier wird von Bedeutung sein, ob eine Dienstleistungsnorm eine Verkehrssitte widerspiegelt.[885]

5. Bestimmung der vertraglichen Pflichten

Dienstleistungsnormen können bei der Bestimmung der vertraglichen Pflichten Bedeutung erlangen, auch wenn sie nicht von den Vertragsparteien vereinbart wurden und auch eine Berücksichtigung über die Verkehrssitte ausscheidet.[886]

Anhand zweier Beispiele lässt sich zur Einführung verdeutlichen, wie Dienstleistungsnormen der Rechtsprechung bei der Konkretisierung vertraglicher Pflichten dienen können.

So enthält die Dienstleistungsnorm zur Hörakustik eine Beschreibung zum Ablauf einer Hörgeräteversorgung.[887] Diese Vorgaben könnten von der Rechtsprechung hinzugezogen werden, um festzustellen, ob die Dienstleistung ordnungsgemäß erbracht wurde.

Jedoch können Dienstleistungsnormen nicht nur bei der Konkretisierung der vertraglichen Pflichten bei der Dienstleistung selbst Bedeutung erlangen. Die Dienstleistungsnorm DIN 77800 zum betreuten Wohnen bei älteren Menschen enthält eine Bestimmung zur Ausstattung der Wohnungen, wonach sie die Anforderungen der DIN 18025-2[888] erfüllen müssen.[889] Hier könnte die Dienstleistungsnorm Bedeutung bei der Frage eines Mangels der Wohnung erlangen. Fehlt beim Kauf einer Wohnung im Rahmen eines betreuten Wohnens eine Beschaffenheitsvereinbarung zur Ausstattung, könnte auf die Vorgaben der Dienstleistungsnorm zurückgegriffen werden. Um zu bestimmen, ob sich die Wohnung für den vertraglich vorausgesetzten Gebrauch im Sinne des § 434 I 2 Nr. 1 BGB eignet, könnte auf die Bestimmungen der DIN-Norm Bezug genommen werden.

884 BeckOGK/*Maties*, § 611 Rn. 313, 315, Stand 01.11.2018.

885 Siehe auch *Bachmann*, Private Ordnung, S. 345: Aus Bräuchen könnten innerhalb von §§ 241 II, 242 BGB Nebenpflichten folgen.

886 *Marburger*, Regeln der Technik, S. 505 zu technischen Regeln als Maßstab »normaler Gegenstandsbeschaffenheit«.

887 Ziffer 5 DIN EN 15927:2010-12.

888 Anmerkung: Ersetzt durch u.a. DIN 18040-2:2011-09 Barrierefreies Bauen – Planungsgrundlagen – Teil 2: Wohnungen. Siehe https://www.beuth.de/de/norm/din-18025-2/1993642.

889 Ziffer 4.3.2 DIN 77800:2006-09.

Auch wenn die hier untersuchten Normen unter den Begriff Dienstleistungsnormen fallen, sind die in ihnen behandelten Bereiche nicht insgesamt dem Dienstvertragsrecht i. S. d. §§ 611 ff. BGB zuzuordnen. So kommen verschiedene Vertragstypen in Betracht, über die Dienstleistungsnormen mittels einer Rezeption Rechtswirkungen entfalten können.

So bieten sich Dienstleistungsnormen zur genaueren Bestimmung der vertraglichen Pflichten bei einem Dienst- oder Geschäftsbesorgungsvertrag sowie bei der Ausfüllung (»Konturierung«) des Mangelbegriffs im Werkvertrag an.[890] Die Norm DIN EN 15733 zu Immobilienmaklern kann im Rahmen des Maklervertrages nach § 652 ff. BGB Bedeutung erlangen. Der Gebäudereinigungsvertrag ist als Werkvertrag einzuordnen, wenn die Sauberkeit der Räume mit vom Verpflichteten ausgesuchtem Personal geschuldet ist und keine Weisungsabhängigkeit vom Auftraggeber besteht.[891] Betrifft der Vertrag die Reinigung innerhalb von Schulen, könnte zur genaueren Bestimmung der vertraglichen Pflichten auf die DIN-Norm zu Reinigungsdienstleistungen in Schulgebäuden[892] zurückgegriffen werden. Der Vertrag mit einem Sachverständigen bzw. Gutachter unterliegt, sofern nicht bloß beraten wird, ebenfalls dem Werkvertragsrecht,[893] sodass hier zur Konkretisierung die DIN EN 16775 zu Sachverständigentätigkeiten herangezogen werden kann. Da sich der Vertrag mit einem Sicherheitsdienst nach Dienstvertragsrecht richtet,[894] könnte DIN 77200 zu Sicherungsdienstleistungen innerhalb dieser Vertragsart über eine judikative Rezeption Bedeutung erlangen.

Im Dienstvertragsrecht könnte insbesondere Raum für eine judikative Rezeption von Dienstleistungsnormen bestehen. So wird die Hauptpflicht des Dienstleisters in Form der Verpflichtung zur Dienstleistung prinzipiell durch die Parteivereinbarung näher bestimmt. Jedoch zeigt sich häufig die Schwierigkeit, dass der Inhalt der Leistungspflicht sich im Zeitpunkt des Vertragsschlusses nicht genau festsetzen lässt. So obliegt insbesondere bei Verträgen mit professionellen/selbstständigen Dienstleistern dem Dienstverpflichteten selbst die Konkretisierung der Leistungspflicht, wobei er die Interessen des anderen Teils sorgfältig wahrzunehmen hat.[895] Auch aus dem Berufsbild oder der Tätigkeitsbeschreibung können Leistungspflichten folgen.[896] Bei freien Berufen können

890 *Busch*, NJW 2010, 3061 (3066 »Konturierung des werkvertraglichen Fehlerbegriffs«).

891 OLG Köln, BeckRS 2012, 20570; OLG Hamm, BeckRS 2017, 137122 Rn. 52; BeckOK/*Voit*, § 631 Rn. 39, Stand 01.02.2019; siehe auch *Wietfeld*, NJW 2014, 1606 (1611 mwN).

892 DIN 77400: 2015-09 Reinigungsdienstleistungen – Schulgebäude- Anforderungen an die Reinigung.

893 BeckOK/*Voit*, § 631 Rn. 40, 31, Stand 01.02.2019.

894 BeckOGK/*Schlinker*, § 688 Rn. 9, Stand 01.02.2019.

895 *Schlechtriem*, Schuldrecht BT, Rn. 354 f.; *Mückl*, Vertragsbruch, S. 63, 297 f.

896 BeckOGK/*Maties*, § 611 Rn. 252, Stand 01.11.2018.

insbesondere die Standards der jeweiligen Branche zur Konkretisierung der Leistungspflicht dienen.[897] Sofern Dienstleistungsnormen von der Branche akzeptiert und angewandt werden,[898] können sie bei der Konkretisierung der vertraglichen Hauptleistungspflicht eine Rolle spielen und von der Rechtsprechung herangezogen werden. Angesichts der Erstellung der Dienstleistungsnorm durch u. a. Branchenvertreter zeichnet sie sich zudem durch besonderen Sachverstand aus, infolgedessen sich eine Rezeption anbietet.[899] Insgesamt kommt Dienstleistungsnormen eine »Aufschlüsselungsfunktion« zu. Sie legen Anforderungen an die Dienstleistung fest und enthalten Qualitätsmerkmale, die bei Verträgen mit unvollständiger Leistungsbeschreibung oder schwierig aufzuführenden Qualitätsaspekten im Einzelfall Bedeutung erlangen können.[900]

Grundsätzlich kann eine Dienstleistungsnorm der Rechtsprechung somit eine Orientierung bieten, wie die übliche Art und Weise einer Dienstleistungserbringung regelmäßig erfolgt. So wie technische Normen zur Bestimmung der »normale[n] Beschaffenheit von Gegenständen und Leistungen«[901] dienen können, könnte eine Dienstleistungsnorm eine ähnliche Funktion übernehmen. Voraussetzung für eine Konkretisierung der üblichen Art und Weise der Leistungserbringung wäre, dass eine Dienstleistungsnorm sich in der Praxis durchgesetzt hat und vorwiegend befolgt wird.[902]

Eine Dienstleistungsnorm könnte als Baustein (»building stone«) dienen, um die vertraglichen Pflichten genauer zu bestimmen.[903] *Van Leeuwen* sieht im Vertragsrecht eine Einsatzmöglichkeit von Dienstleistungsnormen darin, dass sie einen objektiven Sorgfaltsmaßstab bestimmen könnten. Als Beispiel weist er darauf hin, dass bei einem Vertrag eines Patienten im Bereich der plastischen Chirurgie ein »implied term«[904] im Vertrag vorhanden sei, dass der Arzt Sachkenntnis und die verkehrsübliche Sorgfalt anwendet (»use reasonable skill and care«[905]). Die Dienstleistungsnorm zur ästhetischen Chirurgie könnte dann zur Konkretisierung dieses Begriffs herangezogen werden. Die Dienstleistungsnorm hätte eine beweisrechtliche Funktion. Sie könnte genutzt werden, um zu bewei-

---

897 BeckOK/*Fuchs/Baumgärtner*, § 611 Rn. 35, Stand 01.02.2019.

898 Zu dieser Voraussetzung einer Anwendung von Dienstleistungsnormen *van Leeuwen*, Services, S. 154f.

899 Siehe dazu die Anforderungen an eine Rezeption bei Kapitel 2.B.I.1., siehe jedoch unter Kapitel 2.D. zur Ablehnung einer Einordnung als antizipierte Sachverständigengutachten.

900 *Reimer*, Qualitätssicherung, S. 212 zu privaten Regelwerken und fachlichen Standards.

901 *Marburger*, Regeln der Technik, S. 505.

902 *Marburger*, Regeln der Technik, S. 505 zu technischen Normen zur Bestimmung der normalen Beschaffenheit.

903 Vgl. *van Leeuwen*, Services, S. 149.

904 *Van Leeuwen*, Services, S. 148. Zum implied term im englischen Recht und Funktionsäquivalenten im deutschen Recht siehe *Schmidt-Kessel*, ZVglRWiss 96 (1997), 101 (134ff.); siehe auch *Mückl*, Vertragsbruch, S. 64.

905 *Van Leeuwen*, Services, S. 148.

sen, dass der Arzt nicht die verkehrsmäßige Sorgfalt bei einem Verstoß gegen die Norm eingehalten hat und somit vertragsbrüchig sei. Jedoch folge nicht aus der bloßen Nichteinhaltung der Dienstleistungsnorm ein Vertragsbruch bzw. eine Vertragsverletzung.[906] Vielmehr diene die Norm dazu, den Bruch des »implied term« zu untermauern.[907]

Diese Einsatzmöglichkeit entspricht übertragen auf das deutsche Recht der Konkretisierungsmöglichkeit vertraglicher Pflichten durch Dienstleistungsnormen. Auch hier könnte sich ein Kunde auf Dienstleistungsnormen berufen, um zu belegen, dass der Dienstleister eine vertragliche Pflicht nicht erfüllt hat. Anders als bei einer konkludenten Einbeziehung von Dienstleistungsnormen ist ihre Einhaltung jedoch nicht vertraglich geschuldet.[908] Somit wird auch hier eine Abweichung von den Vorgaben der Dienstleistungsnorm nicht dazu führen, dass immer ein Verstoß gegen die vertraglichen Pflichten gegeben ist.

Eine derartige (beweisrechtliche) Einsatzmöglichkeit von Dienstleistungsnormen im Vertragsrecht ist nach Ansicht von *van Leeuwen* davon abhängig, dass Gerichte und Vertragsparteien tatsächlich auf Dienstleistungsnormen Bezug nehmen. Voraussetzung hierfür sei, dass sie den Sorgfaltsmaßstab wiedergeben, der von einem Dienstleister erwartet wird. Dies hänge wiederum damit zusammen, ob Dienstleistungsnormen als beruflicher Maßstab von der Praxis angewandt werden.[909]

Übertragen auf das deutsche Recht müssten Gerichte überhaupt auf Dienstleistungsnormen zur Konkretisierung vertraglicher Pflichten zurückgreifen bzw. müssten sich die Vertragsparteien auf diese berufen. Voraussetzung wäre, dass nach deren Ansicht Dienstleistungsnormen die vertraglichen Pflichten angemessen wiedergeben und von Dienstleistern angewandt werden.

Während innerhalb des New Approach von einer Art Legitimierung der Normen durch ein gesetzliches Rahmenwerk ausgegangen werden kann und daher argumentiert werden kann, dass sie den zu erwartenden Maßstab für Produkte wiedergeben, fehlt dieser Rahmen für Dienstleistungsnormen. Ob sich Gerichte oder Vertragsparteien überhaupt gerade auf Dienstleistungsnormen zur Bestimmung des vertraglichen Sorgfaltsmaßstabs bzw. der vertraglichen Pflichten im deutschen Recht berufen werden, ist daher unsicher.[910]

---

906 *Van Leeuwen*, Services, S. 148f.

907 Siehe auch *van Leeuwen*, Services, S. 152.

908 Vgl. *Engler*, Regelsetzung, S. 64 zur stillschweigenden Vereinbarung der anerkannten Regeln der Technik und deren Ausprägung durch DIN-Normen; *Marburger*, Regeln der Technik, S. 503, wonach aus dem im Vertrag festgelegten Verwendungszweck folgen kann, dass ein Gegenstand mit technischen Regeln übereinstimmen soll.

909 *Van Leeuwen*, Services, S. 154f.

910 So *van Leeuwen*, Services, S. 154f.

a) *Der Werkmangel als Folge der Missachtung der Regeln der Technik und die Konsequenzen für die Nichtbeachtung des anerkannten Standes fachlicher Erkenntnisse*

Um zu bestimmen, welche Auswirkungen Dienstleistungsnormen im Vertragsrecht haben können, soll im nachfolgenden Abschnitt auf die Rechtsprechung zur technischen Normung und der Frage eines Mangels im Werkvertragsrecht eingegangen werden.

Im Bereich der technischen Normung geht die Rechtsprechung davon aus, dass die Einhaltung der allgemein anerkannten Regeln der Technik üblicherweise bei Vertragsschluss stillschweigend versprochen wird.[911] Bei deren Nichteinhaltung sei ein Werkmangel gegeben, unabhängig davon, ob sich die Nichteinhaltung der stillschweigend vereinbarten Regeln der Technik negativ auf den Einzelfall auswirkt.[912] Somit führt die Nichteinhaltung der anerkannten Regeln der Technik zu einem Mangel, auch wenn »die Leistung ansonsten fehlerfrei ist, die vereinbarte Beschaffenheit aufweist, für den vertraglich vorausgesetzten Gebrauch geeignet ist oder wirtschaftlich oder technisch vorteilhaft ist.«[913]

Die Literatur verfolgt zum Teil einen anderen Ansatzpunkt und berücksichtigt die allgemein anerkannten Regeln der Technik im Rahmen von § 633 II 2 Nr. 2 BGB.[914] Doch auch über diesen Ansatzpunkt könnte der Verstoß gegen die anerkannten Regeln der Technik regelmäßig zu einem Werkmangel führen. So stellt die zu erwartende und übliche Beschaffenheit einen eigenständigen Aspekt neben der gewöhnlichen Verwendungseignung dar. Somit ist auch unabhängig von einer Funktionsbeeinträchtigung ein Werkmangel regelmäßig zu bejahen, wenn die anerkannten Regeln der Technik nicht eingehalten werden.[915]

Die bisherige Untersuchung hat gezeigt, dass Bedenken gegen eine stillschweigende Vereinbarung des allgemein anerkannten Standes fachlicher Erkenntnisse in Form von Dienstleistungsnormen bestehen. So ließe sich zwar auch vertreten, dass der allgemein anerkannte Stand fachlicher Erkenntnisse bzw. der branchenmäßige Maßstab stillschweigend vereinbart wird. Jedoch erscheint zweifelhaft, dass daraus auch die Einhaltung einer bestimmten Dienstleistungsnorm folgt, selbst wenn sie diesem branchenüblichen Maßstab entspricht. Insbesondere ist hier der Unterschied von Dienstleistungsnormen zu technischen Normen zu berücksichtigen. Da Dienstleistungsnormen stärker rechtlich

911 BGH NJW 2013, 1226; BGH NJW-RR 2011, 1240 (1241); BGH NJW 2014, 3511: als vertraglicher Mindeststandard geschuldet.

912 BGH NJW 2013, 1226 (Leitsätze 2 und 3 der Redaktion, Rn. 9, 12).

913 BeckOGK/*Schmidt*, § 633 Rn. 105, Stand 01.03.2019.

914 Staudinger/*Peters/Jacoby*, § 633 Rn. 177; siehe auch BeckOK/*Voit*, § 633 Rn. 14, Stand 01.02.2019.

915 So BeckOK/*Voit*, § 633 Rn. 14, Stand 01.02.2019.

geprägt sind und vertragliche Pflichten festlegen,[916] kann von einer konkludenten Einbeziehung kaum auszugehen sein. Ein derartiger Wille der Vertragsparteien zur konkludenten Einbeziehung des allgemein anerkannten Standes fachlicher Erkenntnisse in Form von Dienstleistungsnormen würde eine Fiktion darstellen.[917]

Daher erscheint es vorzugswürdig, den branchenüblichen Maßstab bzw. allgemein anerkannten Stand fachlicher Erkenntnisse bei § 633 II 2 Nr. 2 BGB zu berücksichtigen.[918] So wird auch hier regelmäßig ein Werkmangel zu bejahen sein, wenn gegen diesen Maßstab als übliche und zu erwartende Beschaffenheit verstoßen wird.[919] An dieser Stelle kann die Rechtsprechung auch Dienstleistungsnormen heranziehen, wenn sie dem anerkannten Stand fachlicher Erkenntnisse entsprechen.

Ebenso kommt bei einer unerheblichen Abweichung vom anerkannten Stand fachlicher Erkenntnisse in Form einer Dienstleistungsnorm ein Ausschluss bestimmter Mängelrechte in Betracht.[920]

Erforderlich ist eine genaue Differenzierung zwischen dem Verstoß gegen den branchenüblichen Maßstab/dem anerkannten Stand fachlicher Erkenntnisse und dem Verstoß gegen Dienstleistungsnormen. Hierbei bietet sich ein Vergleich zu den technischen Normen und der Frage eines Werkmangels an.

aa) Differenzierung zwischen einem Verstoß gegen die anerkannten Regeln der Technik und einem Verstoß gegen eine DIN-Norm

Auch bei der technischen Normung ist zwischen dem Verstoß gegen eine DIN-Norm und dem Verstoß gegen die anerkannten Regeln der Technik zu differenzieren.[921] DIN-Normen und anerkannte Regeln der Technik sind nicht zwingend gleichzusetzen. Zwar kann eine DIN-Norm diesen entsprechen, jedoch ebenso hinter ihnen zurückbleiben oder auch nur einen »Ausgangspunkt« für eine anerkannte Regel der Technik darstellen.[922]

Die Differenzierung zwischen beiden Begriffen lässt sich anhand eines Beispiels verdeutlichen. So hat die Rechtsprechung im Bereich der technischen

916 *Busch*, NJW 2010, 3061 (3061, 3063).

917 *Sass*, NZBau 2014, 137 (138) zur konkludenten Vereinbarung der Regeln der Technik. Siehe auch Kapitel 2.C.I.2.

918 Vgl. BeckOK/*Voit*, § 633 Rn. 14, Stand 01.02.2019 zu den Regeln der Technik; Staudinger/*Peters/Jacoby*, § 633 Rn. 177.

919 Vgl. BeckOK/*Voit*, § 633 Rn 14, Stand 01.02.2019 zu den Regeln der Technik.

920 So zur stillschweigenden Vereinbarung der anerkannten Regeln der Technik und einer unbedeutenden Abweichung Palandt/*Sprau*, § 633 Rn. 8. Siehe auch BGH NJW-RR 2015, 1300 Leitsatz 1 und JurisPK-BGB/*Genius*, § 633 Rn. 13.

921 Zu den Konsequenzen bei einem Verstoß Kapellmann/Messerschmidt/*Langen*, §13 VOB/B Rn. 48.

922 *Buck-Heeb/Diekmann*, Selbstregulierung, S. 162.

Normung einen Mangel verneint, obwohl gegen eine DIN-Norm verstoßen wurde.[923] Der Kläger machte Schadensersatz für ein Wärmedämmverbundsystem (WDVS) geltend, welches u.a. unter Verstoß gegen DIN-Normen erstellt wurde. Das Gericht kam jedoch zu der Ansicht, dass die lediglich geschuldete Wärmedämmung nicht mangelhaft sei. Die Einhaltung einer DIN-Norm war von den Vertragsparteien nicht ausdrücklich vereinbart worden. Maßgeblich war nach Ansicht des Gerichts, ob die Abweichung von der Norm objektiv die Gebrauchstauglichkeit der Wärmedämmung beeinflusst hat. Das Gericht betonte, dass die anerkannten Regeln der Technik nicht ausschließlich durch DIN-Normen bestimmt werden. Es stellt darauf ab, dass DIN-Normen als private Regelwerke mit Empfehlungscharakter hinter den anerkannten Regeln der Technik zurückbleiben oder sie übersteigen könnten. Falls von einer DIN-Norm abgewichen werde, könne trotzdem deren beabsichtigter Erfolg erzielt werden. Der Verstoß führe nicht zur Annahme eines Mangels, sofern die Abweichung ohne Auswirkungen für das Bauwerk sei. Im entschiedenen Fall bestanden keine Nachteile.[924]

Zwar verpflichtet sich der Unternehmer nach Ansicht der Rechtsprechung regelmäßig stillschweigend zur Einhaltung der anerkannten Regeln der Technik, jedoch nicht zwangsläufig zur Einhaltung von DIN-Normen. So stimmte das WDVS mit den Vertragsvereinbarungen zur Wärmedämmung überein und wurde nach den anerkannten Regeln der Technik errichtet. Der Verstoß gegen eine DIN-Norm führte nicht zu einem Mangel.[925]

bb) Übertragung auf den Bereich der Dienstleistungsnormung

Auch im Dienstleistungsbereich ist zwischen einem Verstoß gegen den anerkannten Stand fachlicher Erkenntnisse und einem Verstoß gegen eine Dienstleistungsnorm zu differenzieren. So wird ein Verstoß gegen den branchenüblichen Maßstab regelmäßig zur Bejahung eines Werkmangels führen, auch wenn bei unbedeutenden Abweichungen unter Umständen Mängelrechte eingeschränkt sein können (s.o.). Jedoch obliegt es der Rechtsprechung, ob sie Dienstleistungsnormen überhaupt zur Bestimmung dieses Maßstabs heranzieht.[926] Das Gericht kann auch zu der Ansicht gelangen, dass die Dienstleistungsnorm nicht dem branchenüblichen Standard entspricht oder auf andere

923 OLG Celle, BeckRS 2011, 26401. Siehe auch OLG Hamm, NJW-RR 1995, 17 (17f.) und *Buck-Heeb/Diekmann*, Selbstregulierung, S. 163f.

924 OLG Celle, BeckRS 2011, 26401. Siehe auch *Schwenker*, IBR 2012, 17.

925 So *Merkens*, jurisPR-PrivBauR 12/2013 Anm. 4.

926 Siehe *Röthel*, Normkonkretisierung, S. 273 zu technischen Regeln u. *Schmidt-Preuß*, in: *Kloepfer*, Selbstbeherrschung S. 89 (95) zu privaten (technischen) Normen und »selbstregulative[n] Auslegungsofferten«.

Regelwerke zurückgreifen.[927] So stellt sich hier immer die Frage, ob die Dienstleistungsnorm tatsächlich dem anerkannten Stand fachlicher Erkenntnisse/dem branchenüblichen Maßstab entspricht. Auch im Dienstleistungsbereich ist der allgemein anerkannte Stand fachlicher Erkenntnisse nicht mit Dienstleistungsnormen gleichzusetzen. Der Verstoß gegen eine (nicht ausdrücklich vereinbarte) Dienstleistungsnorm wird hinsichtlich eines Werkmangels unbeachtlich sein, wenn trotzdem der anerkannte Stand fachlicher Erkenntnisse gewahrt wurde und keine negative Auswirkung für die Dienstleistung besteht. Somit kann auch hier der Verstoß gegen eine Dienstleistungsnorm unbeachtlich sein.

b) Der Werkmangel trotz Einhaltung der anerkannten Regeln der Technik und die Konsequenzen für den Dienstleistungsbereich

Auch wenn die anerkannten Regeln der Technik eingehalten worden sind, kann das Werk mangelhaft sein.[928] So führt der BGH aus, dass auch bei einem den Regeln der Technik entsprechenden Werk ein Mangel vorliegt, »wenn es nicht den Beschaffenheitsvereinbarungen (…) oder den erkennbaren Bedürfnissen des Bestellers (…) entspricht oder es sonst in seiner Gebrauchsfähigkeit eingeschränkt ist (…).« So sei der vertraglich vereinbarte Erfolg geschuldet und nicht ein lediglich mit den Regeln der Technik übereinstimmendes Werk.[929] Wenn die Vertragsparteien die Funktionstauglichkeit des Werks für den vertraglich vorausgesetzten oder gewöhnlichen Gebrauch vereinbart haben und diese durch Einhaltung der anerkannten Regeln der Technik nicht zu erzielen sei, so sei diese Funktionstauglichkeit geschuldet.[930]

Auch im Dienstleistungsbereich wird die Einhaltung des allgemein anerkannten Standes fachlicher Erkenntnisse einen Mangel (bzw. eine Pflichtverletzung außerhalb des Werkvertragsrechts) nicht generell ausschließen. Maßgeblich ist die vertragliche Vereinbarung zwischen den Vertragsparteien.[931] So kann aus den vorrangig zu beachtenden Vereinbarungen folgen, dass ein Leis-

927 Im Gesundheitsbereich bieten sich etwa die ärztlichen Leitlinien an, siehe dazu *Heyers*, ArztR 2016, 201 ff. Siehe auch *van Leeuwen*, Services, S. 155 zur Unsicherheit, ob gerade auf Dienstleistungsnormen zurückgegriffen werden wird.

928 BGH NJW 2013, 545; BeckOK/*Voit*, § 633 Rn. 15, Stand 01.02.2019. Siehe auch Staudinger/*Peters/Jacoby*, § 633 Rn. 182 wonach bei Einhaltung der anerkannten Regeln der Technik zwar ein Mangel, aber kein Verschulden gegeben ist. BGH NJW-RR 2006, 240 zu § 13 Nr. 1 VOB/B a.F.: »Die von der vertraglich vereinbarten Beschaffenheit abweichende Leistung des Unternehmers ist auch dann mangelhaft, wenn ihn kein Verschulden trifft, etwa weil die Ausführung den für diese Zeit anerkannten Regeln der Technik entspricht…« Siehe auch *Kniffka*, in: *Kniffka/Koeble*, 6. Teil Rn. 38.

929 NJW 2013, 545 (545 f.); siehe auch BeckOK/*Voit*, § 633 Rn. 15 Stand 01.02.2019.

930 BGH NJW 2014, 3365 (3365 Rn. 14); BGH NJW 2008, 511 (512 Rn. 15); s.a. MüKo-BGB/*Busche* (2018), § 633 Rn. 14.

931 Staudinger/*Peters/Jacoby*, § 633 Rn. 182 zu einem Mangel trotz Einhaltung der anerkannten Regeln der Technik.

tungsniveau geschuldet ist, welches über den anerkannten Stand fachlicher Erkenntnisse hinausgeht. In diesem Fall wird die Einhaltung einer diesem Maßstab entsprechenden Dienstleistungsnorm nicht genügen, um einen Mangel auszuschließen.

Auch an dieser Stelle erlangt die Differenzierung zwischen Dienstleistungsnormen und den anerkannten Stand fachlicher Erkenntnisse Bedeutung.

So hat die Rechtsprechung im Bereich der technischen Normung einen Sachmangel trotz Einhaltung einer DIN-Norm bejaht.[932] Im zugrundeliegenden Sachverhalt einer Entscheidung des OLG Brandenburg waren die Fugen zwischen einer Fußbodenschutzschicht und Türzargen ungleichmäßig. Zwar befanden sich die Abstände im Rahmen der Toleranzen der DIN-Normen, jedoch werden diese Werte von der Praxis nicht hingenommen.[933] Die aus dem Zusammenwirken unterschiedlicher DIN-Vorschriften folgenden Toleranzen erzielten nicht den Stand der Technik.[934]

Auch im Dienstleistungsbereich kann die Rechtsprechung bei einer Rezeption zu der Ansicht gelangen, dass die Einhaltung der Vorgaben einer Dienstleistungsnorm nicht ausreichend ist. So wird ein Mangel bzw. eine Pflichtverletzung außerhalb des Werkvertragsrechts insbesondere zu bejahen sein, wenn eine Dienstleistungsnorm schon gar nicht dem anerkannten Stand fachlicher Erkenntnisse entspricht oder die Dienstleistungsnorm hinter diesem zurückbleibt. So darf sich ein Dienstleister nicht auf den Vorgaben einer Dienstleistungsnorm »ausruhen«, da seine Leistung dem anerkannten Stand fachlicher Erkenntnisse entsprechen muss.[935] Weiterhin wird die Einhaltung einer Dienstleistungsnorm nicht genügen, wenn die immanenten Grenzen der Dienstleistungsnorm erreicht sind.[936]

932 OLG Brandenburg, NJOZ 2013, 2011 ff. Siehe auch *Buck-Heeb/Diekmann*, Selbstregulierung, S. 163 f. Fn. 27 mwN.

933 OLG Brandenburg, NJOZ 2013, 2011 (2013).

934 OLG Brandenburg, NJOZ 2013, 2011 (2013). Der Begriff »Stand der Technik« soll weiter sein als die »anerkannten Regeln der Technik«, näher MüKo-BGB (2018)/*Busche*, § 633 Rn. 20.

935 Vgl. *von Hayn-Habermann*, NJW-Spezial 2013, 684 zu DIN-Normen. So müsse der Auftragnehmer ein mit den anerkannten Regeln der Technik übereinstimmendes Werk leisten. Er dürfe sich nicht auf Vorgaben der DIN-Norm »ausruhen«. So wäre die Erreichung eines besseren Resultats für den Auftragnehmer im Fall des OLG Brandenburg einfach gewesen.

936 Zu den immanenten Grenzen der Dienstleistungsnormung siehe Kapitel 2.C.III.1.a).

6. Dienstleistungsnormen zur Bestimmung von Verkehrssicherungspflichten und der im Verkehr erforderlichen Sorgfalt im Rahmen des § 276 II BGB

So wie technische Normen der Rechtsprechung sowohl bei der Bestimmung von Verkehrspflichten als auch bei der Bestimmung der im Verkehr erforderlichen Sorgfalt (§ 276 II BGB) dienen können,[937] könnten auch Dienstleistungsnormen einen »guten Anhaltspunkt«[938] für eine Verkehrssicherungspflicht darstellen oder »wertvolle Orientierungspunkte« für die verkehrserforderliche Sorgfalt bieten.[939] Neben einem Vergleich zu den technischen Normen bietet sich ein Vergleich zu ärztlichen Leitlinien an. Auch diese stellen in ähnlicher Weise wie Dienstleistungsnormen »eine zu beachtende Erkenntnisquelle zur Feststellung des relevanten Sorgfaltsstandards«[940] dar.

Innerhalb von Dienstleistungsnormen finden sich einige Bestimmungen, die zur Bestimmung der im Verkehr erforderlichen Sorgfalt hinzugezogen werden können. So sind nach Ziffer 3.2.1 DIN 77600:2004-07 zu Kosmetikdienstleistungen in Parfümerien sämtliche »benötigten Geräte und Utensilien (…) in einwandfreiem technischen Zustand und gereinigt vorzuhalten.« Ebenso müssen personenbezogene Daten u. a. so aufbewahrt werden, »dass ein Einblick durch unbefugte Mitarbeiter oder Dritte ausgeschlossen ist.«[941] Der Immobilienmakler hat Geld, das er im Namen des Auftraggebers verwaltet, gesondert von seinem Betriebsvermögen aufzubewahren.[942] Von Auszubildenden erbrachte Dienstleistungen »müssen unter der vollen Kontrolle und Verantwortung des Hörgeräteakustikers stehen.«[943] Hinsichtlich der Frage, ob die im Verkehr erforderliche Sorgfalt eingehalten wurde, kann ebenfalls berücksichtigt werden, ob eine einschlägige Dienstleistungsnorm Dokumentationspflichten vorsieht[944] und ob diese eingehalten wurden. Ziffer 4.21 DIN 77200-1:2017-11 zu Sicherungsdienstleistungen bestimmt zu Schließmitteln, dass sie auf Wunsch »codiert werden, so dass nicht direkt Name und Anschrift des zu schließenden Bereichs, zu dem sie gehören, festgestellt werden können.«[945]

---

937 *Engler*, Regelsetzung, S. 65 mwN zur Rechtsprechung; s.a. *Finke*, Auswirkungen, S. 21.

938 BeckOK/*Förster*, § 823 Rn. 344, Stand 01.02.2019 zu privaten Regelwerken wie DIN-Normen.

939 MüKo-BGB (2017)/*Wagner*, § 823 Rn. 447 zu technischen Regeln. *Van Leeuwen*, Services, S. 156, weist darauf hin, dass das Deliktsrecht die »ex post« Regulierung betreffe. Das Vertragsrecht könne durch die ausdrückliche Vereinbarung einer Dienstleistungsnorm eine »ex ante« Regulierung bieten.

940 Jauernig/*Mansel*, § 630a Rn. 18 zur vertraglichen Haftung.

941 Ziffer 3.1.8 DIN 77600:2004-07.

942 Ziffer 5.3 DIN EN 15733:2011-07.

943 Ziffer 4.2.1 DIN EN 15927:2010-12.

944 So etwa Ziffer 5.6 DIN EN 16775:2016-02 (Sachverständigendienstleistungen).

945 Zum Beispiel der Vorgängerversion aus DIN 77200:2008-05 und zum vertraglichen Pflichtenprogramm siehe Ziffer 3.4 DIN SPEC 77226:2013-12.

Für den Bereich der technischen Normen wurde in der Literatur untersucht, wie technische Normen im Bereich der Verkehrspflichtverletzung und des Verschuldens wirken können.[946] Im Folgenden soll nicht die umfassende Rechtsprechung und Literatur zur Bedeutung der Einhaltung oder Nichteinhaltung technischer Normen wiedergegeben, sondern einige Grundsätze festgehalten werden.

Die Rechtsprechung betont, dass Bestimmungen wie DIN-Normen zwar »regelmäßig zur Feststellung von Inhalt und Umfang bestehender Verkehrssicherungspflichten herangezogen werden« können und bei der Umfangsbestimmung Bedeutung haben.[947] So kann die Einhaltung von DIN-Normen zur Wahrung der Verkehrspflicht oder der im Verkehr erforderlichen Sorgfalt ausreichen.[948]

Festzuhalten ist jedoch, dass technische Normen hinsichtlich der Festlegung von Verhaltensanforderungen bei Verkehrssicherungspflichten nicht abschließend sind.[949] Entscheidend sind die Umstände des Einzelfalls für die Frage, welche Maßnahmen zur Einhaltung der Verkehrssicherungspflicht notwendig sind.[950] Normen enthalten bloße Mindeststandards,[951] sodass durchaus höhere Anforderungen angebracht sein können.[952] Wer zur Verkehrssicherung verpflichtet ist, muss selbstständig prüfen, ob und welche Maßnahmen erforderlich sind, um Schädigungen zu vermeiden.[953] Aus diesem Grund kann auch trotz Einhaltung einer DIN-Norm eine Verkehrspflichtverletzung bzw. ein Verschulden zu bejahen sein.[954] Exemplarisch dienen hierzu die folgenden Fälle:

---

946 Siehe *Finke*, Auswirkungen, S. 21 ff; *Marburger*, Regeln der Technik, S. 456ff.; *Huth*, Bedeutung, S. 201ff., 230ff. *Huth*, Bedeutung, S. 231, ist der Ansicht, dass bei der Produzentenhaftung nach § 823 I BGB die Unterscheidung zwischen innerer und äußerer Sorgfalt nicht mehr vorgenommen werden sollte.

947 BGH NJW 2008, 3778 (3779 Rn. 16).

948 Siehe *Finke*, Auswirkungen, S. 22 mit Nachweisen zur Rechtsprechung. So richteten sich Urteile zur Frage einer Sorgfaltspflichtverletzung größtenteils danach, ob die technischen Regeln eingehalten wurden oder nicht. Bei Einhaltung der Normen sei regelmäßig die im Verkehr erforderliche Sorgfalt gewahrt, während bei einem Verstoß gegen eine Norm regelmäßig eine Sorgfaltspflichtverletzung angenommen werde. So auch zur Analyse der Rechtsprechung *Marburger*, Regeln der Technik, S. 459f.

949 Siehe BGH NJW 2008, 3775 (3777 Rn. 18); BGH NJW 2008, 3778 (3779 Rn. 16); BGH NJW 2004, 1449 (1450); BeckOK/*Förster*, § 823 Rn. 345, Stand 01.02.2019; BeckOGK/*Spindler*, § 823 Rn. 422, Stand 01.07.2018.

950 BGH NJW 2008, 3778 (3779 Rn. 16); BGH NJW 2004, 1449 (1450).

951 BeckOK/*Förster*, § 823 Rn. 345 Stand 01.02.2019; siehe auch *van Leeuwen*, Services, S. 35: »European standardisation only aims to introduce minimum quality criteria…«.

952 BeckOK/*Förster*, § 823 Rn. 345 zu DIN-Normen, Stand 01.02.2019; BeckOGK/*Spindler*, § 823 Rn. 422 Stand 01.07.2018.

953 BGH NJW 2008, 3778 (3779 Rn. 16).

954 Siehe näher *Marburger*, Regeln der Technik, S. 466 zur Verletzung der äußeren und inneren Sorgfalt trotz einer Normbefolgung. So könne die äußere Sorgfalt nicht beachtet sein, »weil

So wurde die Zuschauerin eines Eishockeyspiels durch einen Puck am Auge verletzt, der aus dem Spielfeld in den Zuschauerbereich gelangte. Trotz Einhaltung einer DIN-Norm bejahte das OLG Nürnberg eine Verkehrspflichtverletzung.[955] Auch wenn DIN-Normen zur Konkretisierung von Verkehrspflichten hinzugezogen werden könnten, legten sie nicht die äußerste Grenze fest und bedürften Ergänzungen.[956] Sofern trotz Befolgung der DIN-Normen eine Rechtsgüterverletzung anderer nicht fernliegend sei, müsse der Verkehrssicherungspflichtige »die erkennbare Gefahrenquelle im Rahmen der Zumutbarkeit beseitigen.« Dies gelte insbesondere, wenn durch die Veranstaltung eine nicht geringe Unfallswahrscheinlichkeit mit einer erheblichen Verletzungsgefahr bestehe.[957]

Auch bejahte der BGH die Verkehrspflichtverletzung und das Verschulden des Betreibers einer Trampolinanlage, obwohl diese der einschlägigen DIN-Norm entsprach.[958] Die Pflichtverletzung bestehe darin, dass die Beklagten Saltosprünge nicht generell untersagt haben oder zumindest nicht expliziter auf die spezifischen Gefahren misslungener Saltosprünge informiert haben.[959] So genügten die angebrachten Warnhinweise nicht zur Warnung vor den besonderen Gefahren misslungener Saltosprünge.[960] Auch die Einhaltung der DIN-Norm könne sie nicht im Rahmen des Verschuldens bei § 276 BGB entlasten.[961] Hier weist der BGH auf den freiwilligen Charakter von DIN-Normen hin – sie stellten »regelmäßig keine abschließenden Verhaltensanforderungen gegenüber Schutzgütern Dritter« auf. Zudem betont der BGH auch hier die Bedeutung der Umstände des Einzelfalls für die Frage, welche Maßnahmen zur Einhaltung der Verkehrssicherungspflicht zu ergreifen seien.[962]

Ebenso wie technische Normen können auch Dienstleistungsnormen bei der Frage einer Verkehrspflichtverletzung und des Verschuldens herangezogen

---

die angewandte technische Regel sicherheitstechnisch unzureichend, fehlerhaft oder unvollständig ist«. Nach Ansicht von *Marburger* ist mit Blick auf die innere Sorgfalt genauer zu differenzieren, näher S. 467f. Schädlich sei stets »positive Kenntnis der Unzulänglichkeit« (S. 467). Auch sei die innere Sorgfalt verletzt, wenn offenkundige Mängel nicht erkannt werden, S. 468. *Finke*, Auswirkungen, S. 27, weist darauf hin, dass bei einem Verschulden trotz Normeinhaltung oft nicht genau in der Rechtsprechung zwischen Sorgfaltspflichtverletzung und Verschulden differenziert werde. Vielmehr werden beide Tatbestandsmerkmale angenommen.

955 OLG Nürnberg, NJW-RR 2016, 33ff.
956 OLG Nürnberg, NJW-RR 2016, 33 (34 Rn. 18).
957 OLG Nürnberg, NJW-RR 2016, 33 (34 Rn. 19).
958 BGH NJW 2008, 3775ff.
959 BGH NJW 2008, 3775 (3776 Rn. 12).
960 BGH NJW 2008, 3775 (3776 Rn. 14).
961 BGH NJW 2008, 3775 (3777 Rn. 18), wobei das Gericht darauf hinweist, dass sich die Ausführungen hauptsächlich auf den technischen und konstruktiven Zustand beziehen.
962 BGH NJW 2008, 3775 (3778 Rn. 18).

werden. So könnten sich Gerichte danach orientieren, ob ihre Anforderungen eingehalten wurden und eine Sorgfaltspflichtverletzung bei einem Verstoß grundsätzlich annehmen.[963]

Zwar sollen technische Regeln nur einen »Ausschnitt« der anerkannten Regeln der Technik wiedergeben.[964] Nach Ansicht von *Finke* ist jedoch bei einer Abweichung von einer Regel eine Sorgfaltspflichtverletzung sehr wahrscheinlich. Die Kodifizierung spreche für einem großen Konsens in der Technik.[965] Mit Blick auf Dienstleistungsnormen erscheint eine allgemeine Übertragbarkeit mit Blick auf den Konsens in der Branche fraglich, sofern Dienstleistungsnormen von Außenseitern (»outsiders«)[966] initiiert werden, die ihre Berufsgruppe nicht hinreichend repräsentieren.[967] Hier wird entscheidend sein, welche Parteien an der Erarbeitung der Norm beteiligt waren.

Maßgeblich werden jedoch allgemein auch bei Dienstleistungsnormen die Umstände des Einzelfalls sein, um zu beurteilen, welche Maßnahmen zur Einhaltung der Verkehrssicherungspflicht notwendig sind.[968] So kann auch trotz Einhaltung einer Dienstleistungsnorm eine Verkehrspflichtverletzung oder ein Verschulden zu bejahen sein. Ein Verschulden lässt sich trotz Normbefolgung bejahen, sofern Mängel der Norm offenkundig sind, etwa durch Veröffentlichungen in Fachzeitschriften.[969] Ob allgemein auf die Richtigkeit des Inhalts der Norm vertraut werden kann,[970] erscheint bei Dienstleistungsnormen wiederum davon abhängig, wer an der bei der Erstellung der Norm mitgewirkt hat. So wie technische Normen nicht unbedingt mit Blick auf die »Sicherheitserwartungen Dritter formuliert« sind oder vom Schutzbereich auf bestimmte Personen, z.B.

963 So *Finke*, Auswirkungen, S. 22 zur Rechtsprechung zu den technischen Normen und der Frage einer Sorgfaltspflichtverletzung. *Marburger*, Regeln der Technik, S. 469, sieht die generelle Annahme eines Sorgfaltsverstoßes bei einer Normabweichung als zu pauschal an, näher S. 469ff. So bestehe kein genereller Erfahrungssatz, dass bei Abweichung von einer Norm gegen die anerkannten Regeln der Technik verstoßen werde. Technische Regeln gäben nur einen Ausschnitt der anerkannten Regeln der Technik wieder. Auch andere technische Lösungen könnten diesen Standard wahren, sodass aus einer Normabweichung nicht allgemein ein Verstoß gegen die anerkannten Regeln der Technik folge. Gleichwohl geht *Marburger* auf Fallgruppen ein, bei denen ein Sorgfaltsverstoß anzunehmen sei, näher S. 469ff. Siehe auch *Huth*, Bedeutung, S. 223ff. Relativierend zu den Unterschieden zur Rechtsprechung *Finke*, S. 22f.

964 *Marburger*, Regeln der Technik, S. 469; siehe ebenso *Finke*, Auswirkungen, S. 23.

965 *Finke*, Auswirkungen, S. 23.

966 *Van Leeuwen*, Services, S. 208.

967 Dazu *van Leeuwen*, Services, S. 208f.

968 Siehe BGH NJW 2008, 3778 (3779 Rn. 16) im Zusammenhang mit DIN-Normen.

969 *Marburger*, Regeln der Technik, S. 468 zur Verletzung der inneren Sorgfalt trotz Normbefolgung; *Finke*, Auswirkungen, S. 28 zu technischen Regeln.

970 Siehe näher *Marburger*, Regeln der Technik, S. 467f., wonach der Anwender angesichts der Erarbeitung durch ein Expertengremium auf die Richtigkeit vertrauen dürfe.

Mitarbeiter, beschränkt sein können,[971] könnte sich im Dienstleistungsbereich die Frage stellen, ob die Interessen des Kunden hinreichend berücksichtigt wurden. So ist zu beachten, dass Normen häufig einen Kompromiss und nicht sämtliche Interessen wiedergeben.[972] Waren maßgeblich Dienstleister an der Erarbeitung beteiligt, muss insbesondere geprüft werden, ob die Norm nur der Festschreibung ihrer eigenen Interessen dient oder ob sie auch die Interessen der Kunden berücksichtigt. Zwar sollen Dienstleistungsnormen über die Qualitätsregelung auch Sicherheitsaspekte verbessern,[973] jedoch werden Dienstleister daran interessiert sein, an sie zu stellende Anforderungen gering zu halten. Hier kann ein Widerspruch zu den schutzwürdigen Interessen des Kunden bestehen. In diesem Fall wird die Einhaltung einer derartigen Dienstleistungsnorm nicht genügen, um eine Verkehrspflichtverletzung oder ein Verschulden zu verneinen.

Weitere Gründe für die nicht abschließende Festlegung von Verkehrssicherungspflichten und des Verschuldensmaßstabes durch Dienstleistungsnormen werden wiederum in den immanenten Grenzen der Dienstleistungsnormen liegen.[974] Hier zeigt sich ihre »Unvollkommenheit«.[975] So muss geprüft werden, ob die spezifische Gefahrenlage angemessen berücksichtigt wird[976] oder ob die Norm den speziellen Fall überhaupt abdeckt.[977]

Finke sieht einen weiteren Grund für die unzureichende Festlegung von Verkehrspflichten durch technische Normen darin, dass sie teilweise ausschließlich auf Standardisierung abzielen oder auf eine Qualitätsfestlegung, die nicht mit Sicherheitsaspekten verknüpft ist. Weder lassen sich aus der Nichtbeachtung dieser Art von Normen Rückschlüsse auf eine Verkehrspflichtverletzung ziehen noch könnten aus der Befolgung Folgerungen für geeignete

971 BeckOK/*Förster*, § 823 Rn. 345, Stand 01.02.2019 mwN zur Rechtsprechung. Siehe ferner *Glinski/Rott*, in: *Eliantonio/Cauffman*, Standardisation, S. 131 (136) zu den Gründen für ein unzureichendes Sicherheitsniveau in Normen: Sofern das Normungskomitee von wenigen Wirtschaftsakteuren dominiert sei, könnten diese ein Interesse daran haben, ihre Produkte zum allgemeinen Standard zu machen.

972 BeckOGK/*Spindler*, § 823 Rn. 422, Stand 01.03.2018.

973 Siehe SWD 2016 (186) final, S. 5: »First, they can raise quality, including safety…«.

974 Zu den immanenten Grenzen siehe Kapitel 2.C.III.1.a). Zu den Grenzen bei technischen Normen *Müller-Foell*, Bedeutung Normen, S. 105ff. und gerade zu Verkehrssicherungspflichten und technischen Normen *Finke*, Auswirkungen, S. 24f. Zu den Gründen für ein Verschulden trotz Normeinhaltung *Finke*, Auswirkungen, S. 28f. Siehe auch *Marburger*, Regeln der Technik, S. 467f.

975 *Müller-Foell*, Bedeutung Normen, S. 105.

976 BeckOGK/*Spindler*, § 823 Rn. 422, Stand 01.03.2018.

977 *Marburger*, Regeln der Technik, S. 459, 467. Siehe auch BeckOK/*Förster*, § 823 Rn. 346 Stand 01.02.2019; BGH NJW-RR 2003, 1459 (1460) zu anderen als in der betroffenen Vorschrift vorgesehenen Gefahren.

Maßnahmen gezogen werden.[978] Dienstleistungsnormen sind zwar auch auf die Standardisierung einer Dienstleistung gerichtet, jedoch soll durch die Festlegung von Qualitätsminimalstandards auch gleichzeitig die Sicherheit verbessert werden.[979]

Im Ergebnis werden stets die Umstände des Einzelfalls entscheidend sein, um zu beantworten, ob die Einhaltung einer Norm zur Wahrung der Verkehrssicherungspflicht oder der im Verkehr erforderlichen Sorgfalt ausreicht. Insbesondere wird auch von Bedeutung sein, wer an der Erarbeitung der Norm mitgewirkt hat und ob die Interessen von schutzbedürftigen Personen hinreichend berücksichtigt wurden.

Van Leeuwen zieht aus dem Fehlen eines New Approach im Dienstleistungsbereich auch Konsequenzen für die Anwendung im Deliktsrecht. Da ein europäischer Regulierungsansatz, der Dienstleistungsnormen mit einer Haftung im Deliktsrecht verknüpft, fehle, hänge die Anwendung von Dienstleistungsnormen im Deliktsrecht von Gerichten und Stakeholdern ab. Unsicher sei jedoch, ob sie überhaupt auf Dienstleistungsnormen Bezug nehmen werden, da sie hierfür den Status als beruflicher Maßstab erlangt haben müssen. Eine Art Legitimierung wie im Rahmen des New Approach sei bei der Dienstleistungsnormung jedoch nicht gegeben, sodass auch andere private Leitlinien oder Regelwerke Anwendung finden könnten. Auch werde Widerstand in der Branche dazu führen, dass nicht auf Dienstleistungsnormen Bezug genommen wird.[980] Auf die Auswirkungen eines New Approach Ansatzes im Dienstleistungsbereich für die Anwendung von Dienstleistungsnormen im Privatrecht wird noch ausführlicher im späteren Verlauf der Untersuchung[981] eingegangen.

D. Die prozessrechtliche Bedeutung von Dienstleistungsnormen

Der nachfolgende Abschnitt widmet sich der Frage, welche Bedeutung Dienstleistungsnormen innerhalb eines Zivilprozesses erlangen können.[982]

978 *Finke*, Auswirkungen, S. 24. Siehe ähnlich zu den Zielen der Normungsorganisationen Müko-BGB (2017)/*Wagner*, § 823 Rn. 448: Zu diesen zählten nicht allein Rechtsgüterschutz und Sicherheit. Das Hauptziel liege in der Standardisierung.

979 Siehe SWD (2016) 186 final, S. 5.

980 *Van Leeuwen*, Services, S. 166f., 168f. Siehe ferner S. 170: Die Festlegung von Minimalanforderungen durch europäische Normen außerhalb des New Approach könne dazu führen, dass Gerichte höhere Anforderungen stellen, die Norm gänzlich ablehnen oder auf andere nationale Normen zurückgreifen.

981 Dazu Kapitel 3.C.II.3.

982 Vgl. ausführlich zur Klage von Geschädigten gegen die Zertifizierungsstelle TÜV Rheinland im Fall von Silikonimplantaten *van Leeuwen*, Services, S. 159ff. Siehe auch EuGH, Urt. v.

Bei der normkonkretisierenden dynamischen Verweisung wird in einer Gesetzesnorm auf einen unbestimmten Rechtsbegriff wie »allgemein anerkannte Regeln der Technik« abgestellt, um die technischen Sicherheitspflichten festzusetzen. Die Gesetzesregelung verweist wiederum gleitend auf technische Normen und bestimmt, dass diese als allgemein anerkannte Regeln der Technik gelten sollen.[983] Nach Ansicht von *Marburger* begründet dies eine widerlegbare gesetzliche Vermutung, dass bei Einhaltung der technischen Regeln die anerkannten Regeln der Technik gewahrt wurden. Es handele sich um eine Beweislastregel.[984] Eine derartige Verweisungsmethode, der auch der New Approach zugeordnet werden kann,[985] existiert im Bereich der Dienstleistungsnormung bisher nicht. Einschränkend weist *Marburger* jedoch bereits bei den technischen Normen darauf hin, dass die Vermutung nur technische Regeln erfasse und nicht rechtliche Bestimmungen in technischen Normen.[986] Dienstleistungsnormen sind gerade rechtlich geprägt,[987] sodass auch aus diesem Grund eine widerlegbare gesetzliche Vermutung für Dienstleistungsnormen ausscheidet.

Eine Einordnung von Dienstleistungsnormen als antizipierte Sachverständigengutachten[988] stößt ebenfalls auf Bedenken.[989] Nahm das Bundesverwaltungsgericht eine derartige Einordnung der TA Luft vor,[990] lehnte es diese Figur für eine Allgemeine Berechnungsgrundlage wiederum ab.[991] Voraussetzung für ein antizipiertes Sachverständigengutachten sind die Sachkunde, Neutralität und Unabhängigkeit der Normungsorganisation.[992] Ebenso wie bei den technischen Normen erscheinen jedoch die Neutralität und Unabhängigkeit[993] bei der Dienstleistungsnormung bedenklich. Auch bei der Dienstleistungsnormung

---

16.2.2017 – C-219/15, ECLI:EU:C:2017:128, EuZW 2017, 318. Zu Dienstleistungsnormen und Zertifizierungen *van Leeuwen*, Services S. 166.

983 *Marburger*, BB-Beilage 4/1985, 16 (21). Dazu Kapitel 2.C.II.2.

984 *Marburger*, Regeln der Technik, S. 401. Nach Ansicht von *Marburger* greift jedoch keine Vermutung, dass bei Nichteinhaltung der technischen Regel gegen die anerkannten Regeln der Technik verstoßen wurde.

985 *Breulmann*, Normung, S. 141.

986 *Marburger*, Regeln der Technik, S. 401.

987 *Busch*, NJW 2010, 3061.

988 Ausführlich zu technischen Regelwerken, der Argumentation und Kritik: *Spindler*, Unternehmensorganisationspflichten, S. 534ff.

989 Gegen eine derartige Einordnung technischer Regeln *Huth*, Bedeutung, S. 93ff.; *Rittstieg*, NJW 1983, 1098ff. Ausführlich zu technischen Regelwerken als antizipierte Sachverständigengutachten *Breuer*, AöR 101 (1976), S. 46 (82ff.).

990 BVerwGE 55, 250 (256, 258); dazu *Müller-Foell*, Bedeutung Normen, S. 124f. Siehe auch BGHZ 111, 63 (67) zu LAI-Hinweisen als antizipierte Sachverständigengutachten; *Röthel*, Normkonkretisierung, S. 273 dortige Fn. 211.

991 BVerwGE 72, 300 (320). Nach Ansicht von *Röthel*, Normkonkretisierung, S. 273 Fn. 211 rückte das BVerwG für Verwaltungsvorschriften von dieser Argumentation wieder ab.

992 *Huth*, Bedeutung, S. 92; *Nicklisch*, NJW 1983, 841 (847) zum Sachverständigengutachten.

993 Ausführlich dazu *Huth*, Bedeutung, S. 93 ff zu technischen Regeln.

besteht der Normungsausschuss »Dienstleistungen« (NADL) zu 75 % aus Vertretern der Wirtschaft, während Verbraucher und öffentliche Hand nur zu 4 bzw. 5 % vertreten sind.[994] Zwar wird dadurch ein hoher Sachverstand gewährleistet, gleichzeitig werden die hauptsächlich vertretenen Dienstleister jedoch ihre eigenen Interessen in die Normungsarbeit einfließen lassen.[995] Auch wenn die entsandten Mitglieder in der Normungsarbeit persönlich unabhängig sind,[996] erscheint eine tatsächliche Unabhängigkeit von ihrem Arbeitgeber in der Praxis fragwürdig.[997] Bei einem derartig hohen Anteil von Wirtschaftsvertretern ist die Objektivität und Neutralität zweifelhaft. Gegen eine Einordnung als antizipierte Sachverständigengutachten spricht auch der Wertungscharakter von Dienstleistungsnormen, der noch höher ausgeprägt ist als bei technischen Normen.[998] Gerade bei Dienstleistungsnormen müssen sich die Beteiligten auf eine bestimmte Art und Weise der Dienstleistungserbringung einigen, sodass hier in erheblichem Maß Abwägungen getroffen werden müssen.[999] Somit können Dienstleistungsnormen nicht als antizipierte Sachverständigengutachten angesehen werden.[1000]

Im Bereich der technischen Normen wie DIN-Normen soll eine widerlegliche (tatsächliche) Vermutung bestehen, dass sie mit den anerkannten Regeln der Technik übereinstimmen.[1001] Für den Unternehmer besteht der Vorteil, dass bei Einhaltung der einschlägigen DIN-Norm die Vermutung einer ordnungsgemäßen Leistung greift.[1002] Wird eine DIN-Norm nicht eingehalten, spricht eine wi-

994 Siehe Internetseite NADL https://www.din.de/de/mitwirken/normenausschuesse/nadl.

995 Siehe *Huth*, Bedeutung, S. 93 zur technischen Normung.

996 Nach Ansicht von *Nicklisch*, NJW 1983, 841 (847) wird dadurch die Unabhängigkeit und Neutralität gesichert.

997 Ausführlich zur Kritik *Huth*, Bedeutung, S. 94f.

998 Aus diesem Grund gegen eine Einordnung als antizipierte Sachverständigengutachten bei technischen Normen, *Nolte*, Rechtliche Anforderungen, S. 165, s.a. S.162 zu den Wertungen. Siehe auch *Röthel*, Normkonkretisierung, S. 272 Fn. 200; *Spindler*, Unternehmensorganisationspflichten, S. 538, zu den Wertungen in technischen Regelwerken. A.A. *Müller-Foell*, Bedeutung Normen, S. 127f., wonach auch Sachverständigengutachten Wertungen enthalten.

999 Siehe dazu auch *van Leeuwen*, Services, S. 55, der darauf hinweist, dass der Umgang zwischen Dienstleister und Kunden genormt wird.

1000 Für eine Behandlung technischer Regelwerke wie Sachverständigengutachten im Prozess, keine Sachverständigengutachten im Sinne der Prozessordnung, *Müller-Foell*, Bedeutung Normen, S. 148. Siehe auch *Heyers*, ArztR 2016, 201 (209): Ärztliche Leitlinien können kein medizinisches Gutachten ersetzen.

1001 *Buck-Heeb/Diekmann*, Selbstregulierung, S. 163; *Busch*, NJW 2010, 3061 (3066); *Kniffka*, in: *Kniffka/Koeble*, 6. Teil Rn. 32; Staudinger/*Peters/Jacoby*, § 633 Rn. 179. Siehe auch BGH NJW 2013, 2271 (2272 Rn. 25).

1002 *Busch*, NJW 2010, 3061 (3066).

derlegbare Vermutung für einen Verstoß gegen die anerkannten Regeln der Technik und für einen Mangel.[1003]

Auch für eine Dienstleistungsnorm könnte eine »Indizwirkung«[1004] oder eine widerlegbare tatsächliche Vermutung sprechen, dass sie mit dem allgemein anerkannten Stand fachlicher Erkenntnisse übereinstimmt bzw. dass bei Einhaltung der jeweiligen Dienstleistungsnorm eine ordnungsgemäße Leistung vorliegt.[1005] So könnten Dienstleistungsnormen zum einen als Schild (»shield«) zur Verteidigung gegen eine Haftung eingesetzt werden. Für einen Dienstleister würde bei Einhaltung der Vorgaben der Dienstleistungsnorm die Vermutung greifen, dass er den anerkannten Stand fachlicher Erkenntnisse gewahrt hat.[1006]

Umgekehrt könnte eine Vermutung oder zumindest eine »Indizwirkung«[1007] greifen, dass bei einem Verstoß gegen die Dienstleistungsnorm die Leistung nicht ordnungsgemäß erbracht wurde.[1008] So könnten Dienstleistungsnormen als Schwert (»sword«) dienen, um eine Haftung zu begründen. Wird gegen eine Dienstleistungsnorm verstoßen, könnte eine Vermutung greifen, dass gegen den anerkannten Stand fachlicher Erkenntnisse verstoßen wurde.[1009]

Die Existenz einer europäischen Norm könnte dazu führen, dass einerseits Dienstleister bei Nichtbefolgung erklären müssten, warum eine Dienstleistungsnorm nicht den branchenüblichen Maßstab widerspiegelt, und dass andererseits Gerichte ebenfalls darlegen müssten, weshalb ein höherer Standard als

1003 OLG-Brandenburg, NJW-RR 2009, 1468; *Busch*, NJW 2010, 3061 (3066).

1004 *Heyers*, ArztR 2016, 201 (207) zu ärztlichen Leitlinien, bei denen eine »Indizwirkung für pflichtgemäßes Handeln« bei Einhaltung einer ärztlichen Leitlinie spreche. Siehe auch *Spickhoff*, in: *Spickhoff*, Medizinrecht, § 630a Rn. 40, wonach die Einhaltung von Leitlinien ein pflichtgemäßes Handeln indiziere mwN zur Rechtsprechung.

1005 Für eine Übertragung der Argumentation zu den technischen Normen *Busch*, NJW 2010, 3061 (3066). *Cafaggi*, in: *Cafaggi/Muir Watt*, Regulatory Function, S. 207 (229) differenziert nach der Art und Weise des Zustandekommens für die Frage, welche Bedeutung private Standards im Prozess haben können.

1006 Siehe *van Leeuwen*, Services, S. 158. So könnte im Deliktsrecht eine Vermutung greifen, dass der Sorgfaltsmaßstab bei Einhaltung der Dienstleistungsnorm gewahrt wurde. So könnte sich der Dienstleister auf die Einhaltung der Dienstleistungsnorm berufen und sie als Schild (»shield«) nutzen.

1007 *Heyers*, ArztR 2016, 201 (208) zu ärztlichen Leitlinien. Bei einem Verstoß könne eine Indizwirkung für einen Behandlungsfehler angenommen werden, jedoch keine Vermutung. Siehe auch *Spickhoff*, in: *Spickhoff*, Medizinrecht, § 630a Rn. 40, wonach ein Verstoß regelmäßig die Verletzung der Sorgfalt indiziere.

1008 Für eine Übertragbarkeit der Argumentation zum Anscheinsbeweis für ein mangelhaftes Werk zu den technischen Normen *Busch*, NJW 2010, 3061 (3066). Siehe als Beispiel für einen Sorgfaltsverstoß und einen Anscheinsbeweis Ziffer 3.4 DIN SPEC 77226:2013-12 zu Ziffer 4.15 DIN 77200:2008-05.

1009 *Van Leeuwen*, Services, S. 158. So könnte im Deliktsrecht eine Vermutung greifen, dass bei einem Verstoß gegen eine Dienstleistungsnorm der Sorgfaltsmaßstab nicht eingehalten wurde.

in einer Dienstleistungsnorm vorgesehen erforderlich ist.[1010] In ihren Wirkungen könnten Dienstleistungsnormen ärztlichen Leitlinien ähneln. Bei einer Abweichung wäre eine Begründung erforderlich (»comply or explain«).[1011] Auch mit Blick auf Dokumentationspflichten in Dienstleistungsnormen könnte ein Verstoß gegen diese für den Dienstleister negative Konsequenzen in Form einer sekundären Darlegungslast für die Einhaltung der Anforderungen der Dienstleistungsnorm haben. Ein reines Bestreiten des Vorbringens des beweisbelasteten Kunden wird insofern nicht genügen, vielmehr müsste der Dienstleister Umstände und Tatsachen vorbringen, weswegen die Dienstleistung ordnungsgemäß erbracht wurde.[1012]

Eine Einordnung von Dienstleistungsnormen unter rein beweisrechtlicher Perspektive erscheint jedoch einseitig.[1013] Ein Anscheinsbeweis kann zudem lediglich für die sog. Identitätsvermutung[1014] angenommen werden, d. h., dass die Norm die Mehrheitsauffassung in Wissenschaft und Praxis wiedergibt[1015] und den allgemein anerkannten Regeln der Technik entspricht[1016] bzw. dem anerkannten Stand fachlicher Erkenntnisse. Ob aus einem Verstoß gegen eine Norm ein Verschulden folgt, ist hingegen eine dem Beweis nicht zugängliche Rechtsfrage.[1017] Auch für eine Dienstleistungsnormen könnte lediglich ein Anscheinsbeweis dahingehend greifen, dass sie mit dem anerkannten Stand fachlicher Erkenntnisse übereinstimmt. Ob im Einzelfall die Einhaltung einer Dienstleis-

---

1010 *Van Leeuwen*, Services, S. 158f.

1011 So *Busch*, der freie Beruf 1-2/2014, 6 (7). So könne die Vermutung greifen, dass bei Einhaltung der Anforderungen die Sorgfalt gewahrt wurde. Siehe auch *Heyers*, ArztR 2016, 201 (208), der auf die Notwendigkeit einer Begründung bei einer Abweichung hinweist. Siehe auch *Spickhoff*, in: *Spickhoff*, Medizinrecht, § 630a Rn. 40: Bei einem Abweichen »erscheint es… angezeigt, dass in einem Sachverständigengutachten dargelegt wird, warum ggf. die Befolgung der Leitlinie nicht angezeigt war.« Siehe auch *Reimer*, Qualitätssicherung, S. 216 zu ärztlichen Leitlinien: »Abweichungen *de facto* begründungspflichtig«.

1012 *Busch*, der freie Beruf 1-2/2014, 6 (7); Ziffer 3.4 DIN SPEC 77226:2013-12.

1013 *Finke*, Auswirkungen, S. 18ff. zu technischen Regeln; *Huth*, Bedeutung, S. 256 zu technischen Normen und zum Anscheinsbeweis bzw. tatsächlicher Vermutung; siehe davor auch schon *Pieper*, BB 1987, 273 (281) zu Regeln der Technik.

1014 *Pieper*, BB 1987, 273 (279).

1015 *Finke*, Auswirkungen, S. 20. Siehe auch *Pieper*, BB 1987, 273 (279, 281).

1016 *Huth*, Bedeutung, S. 256f. Siehe auch *Pieper*, BB 1987, 273 (279, 281).

1017 Zu Regeln der Technik *Pieper*, BB 1987, 273 (279); *Huth*, Bedeutung, S. 257. Siehe auch *Finke*, Auswirkungen, S. 19f. ausführlich zur Differenzierung zwischen der beweisrechtlichen und normativen Ebene. Siehe aber DIN SPEC 77226:2013-12, S. 7, zu Ziffer 4.15 DIN 77200:2008-05, wonach Schlüssel bei Sicherungsdienstleistungen zu codieren sind, dass Name und Anschrift nicht direkt festgestellt werden können. Bei einem Verstoß des Sicherheitsdienstleisters könne ein Anscheinsbeweis für einen Sorgfaltsverstoß sprechen. Das Beispiel nimmt die oben hervorgehobene Differenzierung nicht vor und ist insofern ungenau.

tungsnorm zur Wahrung der Verkehrspflicht genügt, stellt eine Rechtsfrage dar, die dem Beweis nicht zugänglich ist.[1018]

Gleichwohl könnte Zurückhaltung bei der Annahme vorherrschen, dass Dienstleistungsnormen qualifizierte Erfahrungssätze darstellen und ein Anscheinsbeweis für die Einhaltung des allgemein anerkannten Standes fachlicher Erkenntnisse besteht.[1019] Voraussetzung für einen Anscheinsbeweis ist ein typischer Geschehensablauf mit einer hohen Wahrscheinlichkeit der Wiederkehr.[1020] Bei den in Dienstleistungsnormen enthaltenen Beschreibungen vom Ablauf einer Dienstleistung lässt sich durchaus argumentieren, dass sie die typische Art und Weise der Dienstleistungserbringung beschreiben und sich auch wiederholen.[1021]

Während technische Normen schnell veralten können und so nicht mehr den anerkannten Regeln der Technik entsprechen,[1022] trifft für Dienstleistungsnormen ein Argument besonders gegen die Annahme eines Anscheinsbeweises für die Übereinstimmung mit dem anerkannten Stand fachlicher Erkenntnisse zu. So stellt sich immer die Frage, ob Dienstleistungsnormen bereits die Mehrheitsauffassung der Fachleute wiedergeben oder ob sie noch die Experten überzeugen sollen.[1023] So existieren bereits Bereiche, z. B. in der Immobilienmaklerbranche oder bei Sprachreiseanbietern, in denen Dienstleistungsnormen von der Praxis angewandt werden und wohl auch dem anerkannten Stand fachlicher Erkenntnisse entsprechen.[1024] Die Reichweite einer Vermutungswirkung ist jedoch davon abhängig, inwiefern Dienstleistungsnormen von der Praxis als Wiedergabe des branchenmäßigen Maßstabs akzeptiert werden.[1025] Gerade die Untersuchung zu Normung in der Gesundheitsbranche hat jedoch gezeigt, dass einige Dienstleistungsnormen wohl nicht der Mehrheitsauffassung der Experten entsprechen und somit Bedenken hinsichtlich einer Zuordnung zum

1018 Vgl. *Huth*, Bedeutung, S. 257 zu technischen Regeln.

1019 *Huth*, Bedeutung, S. 200f. zurückhaltend zum Anscheinsbeweis bei der Einhaltung von technischen Normen und der Übereinstimmung mit den anerkannten Regeln der Technik. Siehe auch *Spindler*, Unternehmensorganisationspflichten, S. 546 zu privaten Normungen und gegen eine »prima-facie Wiedergabe eines Standes der Organisationstechnik«.

1020 *Spindler*, Unternehmensorganisationspflichten, S. 544.

1021 *Spindler*, Unternehmensorganisationspflichten, S. 545f. kritisch zu einem typischen Geschehensablauf bei der Missachtung von Organisationsnormen.

1022 Hierauf weist *Huth*, Bedeutung, S. 200 hin.

1023 *Huth*, Bedeutung, S. 200 zu technischen Normen. Siehe auch *Falke*, Rechtliche Aspekte, S. 417 zur Widerlegung der Vermutung einer Übereinstimmung mit den anerkannten Regeln der Technik, etwa wegen der fehlenden Beteiligung eines wichtigen Verkehrskreises. Siehe auch *Marburger*, Regeln der Technik, S. 402 zur normkonkretisierenden Verweisung. Die Vermutung könne widerlegt werden, wenn nachgewiesen werde, dass Interessengruppen nicht angemessen im Normungsverfahren repräsentiert und beteiligt waren.

1024 Zu den Beispielen siehe Kapitel 2.C.I.1.c).cc) und FN. 646 und FN. 693.

1025 *Van Leeuwen*, Services, S. 168.

anerkannten Stand fachlicher Erkenntnisse bestehen.[1026] So zeigen sich innerhalb der verschiedenen Dienstleistungsbranchen erhebliche Unterschiede, ob Dienstleistungsnormen den anerkannten Stand fachlicher Erkenntnisse wiedergeben. Angesichts dieser Unsicherheit erscheint es bedenklich, generell einen Anscheinsbeweis für eine Übereinstimmung einer Dienstleistungsnorm mit dem Stand fachlicher Erkenntnisse anzunehmen. Vielmehr ist für jeden Dienstleistungsbereich einzeln zu prüfen, ob die Norm den branchenüblichen Maßstab wiedergibt.[1027]

Gleichwohl sollte der beweisrechtlichen Frage nicht zu viel Bedeutung beigemessen werden. So weist bereits *Marburger* für technische Normen darauf hin, dass der Beweislast bisher keine entscheidende Relevanz hinsichtlich der Frage zugekommen ist, ob eine technische Norm den anerkannten Regeln der Technik entspricht. Bei der Beweiswürdigung erreichten die Gerichte eindeutige Ergebnisse.[1028]

Im Ergebnis können Dienstleistungsnormen als »Konkretisierungsofferte«[1029] im Prozess dienen. Selbst bei Annahme eines Anscheinsbeweises bezüglich der Einhaltung des anerkannten Standes fachlicher Erkenntnisse lässt sich jedoch hieraus noch nicht der Schluss ziehen, dass auch die Verkehrspflicht im Einzelfall oder die im Verkehr erforderliche Sorgfalt gewahrt wurde.[1030]

1026 Siehe hierzu Kapitel 2.C.I.1.c).cc).

1027 Nach Ansicht von *Cafaggi*, in: *Hartkamp/Hesselink/Hondius*, European Civil Code, S. 91 (117) soll die Art und Weise des Zustandekommens der Norm Auswirkungen auf die beweisrechtliche Bedeutung haben.

1028 *Marburger*, Regeln der Technik, S. 465, siehe auch *Huth*, Bedeutung, S. 201.

1029 *Busch*, NJW 2010, 3061 (3062, 3065); Begriff »Konkretisierungsofferten« nach *Röthel*, Normkonkretisierung, S. 273 zu technischen Normen. Siehe auch *Van Leeuwen*, Services, S. 159: »Even if European standards did not have such a strong presumptive impact on liability in tort, they could still be used as a factor to be taken into account in deciding whether or not service providers had breached the required standard of care.«

1030 Vgl. *Huth*, Bedeutung, S. 201 zu technischen Normen.

Kapitel 3

A. Die Entwicklung von Dienstleistungsnormen auf europäischer Ebene

Nach dieser nationalen Untersuchungsperspektive zu den verschiedenen Rezeptionsmechanismen widmet sich das nachfolgende Kapitel der Normung von Dienstleistungen auf europäischer Ebene. Insbesondere stellt sich die Frage, wie Dienstleistungsnormen in das Konzept der europäischen Harmonisierungsbestrebungen einzugliedern sind und welcher Ansatz sich zur Förderung der Dienstleistungsnormung als sinnvoll erweist.

I. Die ersten Schritte der Dienstleistungsnormung

Auch wenn die Dienstleistungsnormung als relativ neues Phänomen (»relatively new phenomenon«)[1031] bezeichnet wird, lässt sich eine kurze historische Entwicklung nachvollziehen.[1032]

Von einer historischen Perspektive aus betrachtet zeigen sich erste Tendenzen zur Entwicklung von Dienstleistungsnormen auf europäischer Ebene in den ersten Jahren nach der Jahrtausendwende.[1033] Im Jahr 2003 legte die Europäische Kommission einen Bericht über die Sicherheit von Dienstleistungen für Verbraucher vor.[1034] Anlass war Art. 20 RL 2001/95/EG über die allgemeine Produktsicherheit. Hiernach soll die Kommission die »Erfordernisse, Möglichkeiten und Prioritäten für eine Gemeinschaftsaktion zur Sicherheit von Dienstleistun-

1031 *Van Leeuwen*, Services, S. 146.

1032 Siehe hierzu *Busch*, Architekten im Binnenmarkt, S. 221f.; *Delimatsis*, ELR 41 (2016), 513 (523ff.); *Micklitz*, Liber amicorum, S. 483 (486ff.).

1033 *Delimatsis*, ELR 41 (2016), 513 (523) zu diesem Zeitpunkt.

1034 Bericht der Kommission an das Europäische Parlament und den Rat über die Sicherheit von Dienstleistungen für Verbraucher vom 6.6.2003, KOM 2003 (313) endg.; siehe auch *Busch*, Architekten im Binnenmarkt, S. 221.

mungsorganisation CEN Untersuchungen zum Normbedarf in verschiedenen Dienstleistungsbereichen vor.[1050]

Nach Erteilung eines ersten Normungsauftrags an CEN sah die Europäische Kommission Bedarf für ein weiteres Mandat. Im Juli 2005 erteilte die Europäische Kommission einen zweiten Auftrag an CEN zur Ausarbeitung eines Normungsprogramms für den Dienstleistungssektor mit dem Mandat M 371.[1051] Die Kommission betonte, dass sie die Erteilung weiterer Normungsaufträge an CEN in Bereichen beabsichtige, in denen während des ersten Programmauftrags Normungsbedarf ermittelt wurde, wie im Bereich von Call-Centern.[1052] Normungsarbeiten könnten für viele Dienstleistungsbereiche von Vorteil sein, sodass die Kommission die Notwendigkeit weiterer Arbeiten sah.[1053] Die Kommission forderte CEN auf, »ein Normungsprogramm zur Fortführung seiner Strategie im Hinblick auf den Einsatz der Normung im Dienstleistungsbereich mit dem Ziel herauszuarbeiten, die Schaffung eines Binnenmarktes für Dienstleistungen weiter zu fördern.« CEN war es freigestellt, einen sektoralen oder horizontalen Ansatz bei Projekten zu wählen, die eine »tief gehende Analyse« eines Bereichs, einer Branche oder eines Verfahrens im Bereich Dienstleistungen bringen sollten.[1054]

Betont wurde wie auch schon im vorhergehenden Mandat M 340 die Notwendigkeit einer Kontaktaufnahme zu den relevanten Interessengruppen. Für die Projekte wurden einige Hauptanforderungen bestimmt, darunter u. a. eine umfangreiche Analyse bereits vorhandener Normen im jeweiligen Dienstleistungsbereich sowie die Ermittlung von Handelshemmnissen unter Berücksichtigung des Beitrags von Normen zu deren Eliminierung. Das Hauptgewicht der jeweiligen Projekte sollte nach Ansicht der Kommission auf der Ermittlung neuer Dienstleistungsbereiche liegen, in denen sich eine europäische Normung als erforderlich erweise, nach Projektbeendigung angegangen werden könne und die

1050 Zitiert nach Europäische Kommission, Zweiter Auftrag an CEN zur Ausarbeitung eines Normungsprogramms für den Dienstleistungssektor vom 19. Juli 2005, M 371 DE, S. 2. Siehe näher *Micklitz*, Liber amicorum, S. 483 (486f.) sowie *van Leeuwen*, Services, S. 46 zum Final Report zu M/340.

1051 Europäische Kommission, Zweiter Auftrag an CEN zur Ausarbeitung eines Normungsprogramms für den Dienstleistungssektor vom 19. Juli 2005, M 371 DE.

1052 Europäische Kommission, Zweiter Auftrag M 371, S. 2. Im Januar 2006 erteilte die Kommission mit dem Mandat M 378 auch einen Normungsauftrag an CEN zur Erarbeitung einer europäischen Norm zu Kundenkontaktzentren. Siehe Europäische Kommission, Normungauftrag an CEN für Kundenkontaktzentren vom 18. Januar 2006, M 378, S. 2. Dazu *Micklitz*, Liber amicorum, S. 483 (487). Zur erarbeiteten Norm DIN EN 15838, *Egle/Keimer/Hafner*, in: *Möller/Schultze*, Produktivität, S. 505 (515ff.).

1053 Europäische Kommission, Zweiter Auftrag M 371, S. 2f.

1054 Europäische Kommission, Zweiter Auftrag M 371, S. 3.

über die Eignung zur vollständigen Integration der relevanten Interessengruppen verfüge.[1055]

Im Zuge des Mandats M 371 veröffentlichte CEN die CHESSS-Studie.[1056] In dieser Studie wurde u. a. die Entwicklung einer einzelnen horizontalen Dienstleistungsnorm vorgeschlagen, die sich mit wesentlichen Aspekten der Dienstleistungserbringung beschäftigen sollte und in allen Branchen anwendbar wäre.[1057] Der Ansatz der CHESSS-Studie mit einer einzigen branchenübergreifenden Dienstleistungsnorm traf bei den Stakeholdern jedoch nicht auf Zustimmung, da nach ihrer Ansicht eine einzige Norm nicht den Besonderheiten verschiedener Dienstleistungsbereiche gerecht werden könne.[1058]

Bedenken hinsichtlich einer allgemeinen horizontalen Dienstleistungsnorm kamen auch von Seiten der Verbraucherorganisation ANEC. Diese sah zwar einige Kernelemente, die bei allen Dienstleistungen mit Qualitätsniveau vorhanden sind, wie gut ausgebildetes Personal und eine klare und vollständige Informationsgewährung. Auch könne eine allgemeine Norm Widersprüche vermeiden, die bei sektorspezifischen Ansätzen auftreten können oder auch Lücken füllen. Allerdings wies ANEC auf die Heterogenität des Dienstleistungssektors hin. Um den Besonderheiten der jeweiligen Branchen gerecht zu werden, könne daraus folgen, dass eine derartige Norm bloß sehr allgemeine Bestimmungen enthalte.[1059]

Neben dieser Bedenken hinsichtlich einer allgemeinen horizontalen Dienstleistungsnorm zeigte sich besonders starker Dissens hinsichtlich einer allgemeinen horizontalen Dienstleistungsnorm, die sich allein mit der Sicherheit von Dienstleistungen beschäftigen sollte. So kamen die Verfasser des Module 3 (Safety in the Delivery of Services) der CHESSS Studie, zu dem Ergebnis, dass eine allgemeine Dienstleistungsnorm über die Sicherheit von Dienstleistungen nicht realisierbar sei, da über kaum eine Frage ein Konsens zu finden war.[1060] So zeigten

1055 Europäische Kommission, Zweiter Auftrag M 371, S. 3f. Siehe auch *Micklitz*, Liber amicorum, S. 483 (487) und *Delimatsis*, ELR 41 (2016), 513 (524f.)

1056 Project M/371-1, CEN's Horizontal European Services Standardization Strategy, CHESSS Feasibility Study, Consolidated Report in response to EU Mandate M/371. Siehe dazu auch *Graz*, in: *Joerges/Falke*, Globalisation, S. 209 (226f.); *Graz*, Power of Standards, S. 96f.; *van Leeuwen*, Services, S. 46.

1057 CHESSS-Study, Consolidated Report, Abschnitt »Conclusions and Recommendations«, Unterabschnitt »Single generic European service standard«, Section 1 S. 17f. Zu möglichen Inhalten der Norm siehe Figure 7 der CHESSS-Study, Consolidated Report, Section 1 S. 20. Siehe auch *van Leeuwen*, Services, S. 46; *Delimatsis*, ELR 41 (2016), 513 (530).

1058 *Van Leeuwen*, Services, S. 46.

1059 ANEC Position Paper, ANEC comments on CEN Horizontal European Services Standardisation Strategy (CHESSS), June 2010, S. 4. Falls eine solche Norm entwickelt werde, solle sie als Unterstützung zur Entwicklung sektorspezifischer Normen dienen.

1060 CEN Horizontal European Services Standardization Strategy (CHESSS). In response to Mandate M/371, Module 3, Safety in the Delivery of Services, Final Report, S. 33.

sich im Rahmen von Interviews mit Experten vielfältige und unterschiedliche Ansichten über die Notwendigkeit und Zweckmäßigkeit einer horizontalen Dienstleistungsnorm zur Sicherheit von Dienstleistungen. Verbrauchervertreter begrüßten tendenziell eher eine horizontale Dienstleistungsnorm über die Sicherheit von Dienstleistungen, während Industrievertreter sich eher dagegen aussprachen. Ein einheitliches Bild bei den Befragten lässt sich jedoch nicht festmachen, da sich auch einige Verbrauchervertreter wegen der Breite des Dienstleistungssektors gegen eine einzige horizontale Dienstleistungsnorm zur Sicherheit aussprachen.[1061]

II. Die Eingliederung von Dienstleistungsnormen in einen europäischen Regulierungsrahmen

Bevor die Eingliederung von Dienstleistungsnormen in einen europäischen Regulierungsrahmen zu untersuchen ist, soll zunächst ein Blick auf die technischen Normen geworfen werden.

Bereits vor Einführung des New Approach im Bereich der technischen Normung wurde versucht, die durch unterschiedliche technische Normen in den Mitgliedstaaten hervorgerufenen Handelshemmnisse zu beseitigen. Eine Rechtsangleichung durch detaillierte Bestimmungen in Richtlinien gestaltete sich jedoch langwierig und komplex.[1062] So mussten die Richtlinien einstimmig im Rat beschlossen werden. Die Detailregelung von technischen Bestimmungen führte weiterhin zu einem langandauernden Verfahren.[1063] Aufgrund dieses zeitaufwändigen Verfahrens entsprachen Richtlinien z.T. noch vor Verabschiedung bereits nicht mehr dem technischen Entwicklungsstand.[1064] Mit der Einführung des New Approach im Jahr 1985 wurde ein Ansatz zur Beseitigung der technischen Handelshemmnisse unternommen, nach dem technische Detailregelungen nicht mehr in Richtlinien vorhanden sind.[1065] So bestimmt die Richtlinie die

1061 Ausführlich zu den verschiedenen Positionen im Rahmen der Experteninterviews, CHESSS Module 3, Final Report, S. 17ff. Gegen eine derartige allgemeine Norm zu Sicherheitsfragen bei Dienstleistungen siehe auch ANEC Position Paper CHESSS, S. 6f. Zu möglichen Sicherheitsaspekten in einer allgemeinen horizontalen Dienstleistungsnorm siehe CHESSS Module 3, Final Report, Conclusion 5-1, S. 37.

1062 *Finke*, Auswirkungen, S. 81. Siehe auch *Hettne*, LIEI 44 no. 4 (2017), 409 (413); *Giannaccari*, Standard Setting, S. 180 und *Schepel*, Private Governance, S. 63 zu den Schwierigkeiten der vorherigen Herangehensweise.

1063 *Wiesendahl*, Technische Normung, S. 50.

1064 *Schepel*, Private Governance, S. 63. Siehe auch *Anselmann*, in: *Müller-Graff*, Technische Regeln, S. 101 (102f.), wonach sie im Zeitpunkt der Verabschiedung bereits von der technischen Entwicklung eingeholt waren. Siehe auch *Wiesendahl*, Technische Normung, S. 51.

1065 *Colombo/Eliantano*, 24 MJ 2 (2017), 323 (324); *Finke*, Auswirkungen, S. 81; *Wiesendahl*, Technische Normung, S. 65ff.

grundlegenden Sicherheitsanforderungen. Die europäischen Normungsorganisationen erarbeiten aufgrund eines Mandats durch die Europäische Kommission technische Normen. Zwar behalten die technischen Normen einen freiwilligen Charakter. Bei Beachtung der technischen Normen besteht jedoch eine Vermutung, dass die Anforderungen der Richtlinie eingehalten wurden.[1066] Hierbei handelt es sich um einen Beispiel der Ko-Regulierung, indem private Regelsetzung mit staatlicher Rechtsetzung verknüpft wird.[1067] Als staatlich initiierte Rechtsetzung lässt sich auch hier von einem »rule making in the shadow of the law« sprechen.[1068]

Der New Approach wird als Durchbruch (»breakthrough«) in der europäischen Regulierungsstrategie angesehen.[1069] So erfolgt ein »outsourcing« bezüglich der technischen Bestimmungen an die Industrie innerhalb von Normungsorganisationen.[1070]

Ebenso wie technische Normen können unterschiedliche nationale Dienstleistungsnormen Handelshemmnisse darstellen.[1071] So stellt sich die Frage, wie Dienstleistungsnormen momentan in einen europäischen Regulierungsrahmen integriert sind.

Einen ersten Einzug in europäische Rechtsinstrumente fand die Dienstleistungsnormung mit der Dienstleistungsrichtlinie RL 2006/123/EG.[1072] Nach Art. 26 V RL 2006/123/EG fördern die Mitgliedstaaten in Zusammenarbeit mit der Kommission die Entwicklung freiwilliger europäischer Standards, um die Vereinbarkeit der von Dienstleistungserbringern aus verschiedenen Mitglied-

---

1066 Entschließung des Rates vom 7. Mai 1985 über eine Neue Konzeption auf dem Gebiet der technischen Harmonisierung und der Normung, Anhang II, Leitlinien einer Neuen Konzeption für die technische Harmonisierung und Normung, Amtsblatt Nr. C 136/2, 3; *Ehricke*, EuZW 2002, 746 (747); *Röthel*, JZ 2007, 755 (758 f). Zum New Approach auch *Gnes*, LIEI 44 no. 4 (2017), S. 367 (367f.); *Kallestrup*, LIEI 44 no. 4 (2017), 381 (388); *Lundqvist*, LIEI 44 no. 4 (2017), 421 (426); *Medzmariashvili*, LIEI 44 no. 4 (2017), 353 (353f.). Siehe auch *Finke*, Auswirkungen, S. 88f. zum CE-Zeichen und zur Verkehrsfähigkeit des Produkts. Zur Überarbeitung des gesetzlichen Rahmenwerkes in den Jahren 2008 und 2012: *Eliantonio/Medzmariashvili*, LIEI 44 no. 4 (2017) 323 (325); *Lundqvist*, LIEI 44 no. 4 (2017) 421 (426). Siehe auch *Tovo*, CMLR 55 (2018), 1187 (1191ff.) zu Neuerungen des New Approach durch VO Nr. 1025/2012.

1067 *Spindler/Thorun*, MMR-Beilage 2016, Heft 6, 1 (7).

1068 *Köndgen*, AcP 206 (2006), 478 (496) zum Deutschen Corporate Governance Kodex als Beispiel für »staatlich initiierte private Regelsetzung, aber unter jederzeitigem staatlichem Widerrufsvorbehalt.« Die Begrifflichkeit »in the shadow of the law« bei *Mnookin/Kornhauser*, 88 The Yale Law Journal 5 (1979), 950 (968).

1069 *Micklitz*, in: *Cafaggi/Muir Watt*, Regulatory Function, S. 16 (21). Siehe auch *Schepel*, Private Governance, S. 66: »... there is no denying the extraordinary success of the New Approach.«

1070 *Lundqvist*, LIEI 44 no. 4 (2017), 421 (425).

1071 *Busch*, NJW 2010, 3061 (3062).

1072 *Busch*, Architekten im Binnenmarkt, S. 221; zu Art. 26 V siehe auch *Micklitz*, Liber amicorum, S. 483 (485).

staaten erbrachten Dienstleistungen, die Information der Dienstleistungsempfänger und die Qualität der Dienstleistungen zu verbessern. Mit diesem Ansatz wurde ein »soft law approach« gewählt, um die Qualität von Dienstleistungen zu regulieren.[1073] Dienstleistungsnormen stellen ein freiwilliges Instrument ohne Rechtsverbindlichkeit zur Qualitätsverbesserung von Dienstleistungen dar.[1074]

Auch wenn Dienstleistungsnormen nun innerhalb von Art. 26 V RL 2006/123/EG erwähnt werden, birgt die Eingliederung von Dienstleistungsnormen in die Richtlinie Unklarheiten.[1075] Dies betrifft zunächst die rechtliche Funktion, die die angenommenen Dienstleistungsnormen übernehmen. Dienstleistungsnormen werden als mögliches Instrument zur Qualitätsverbesserung gesehen. Die Bestimmung des Art. 26 V RL 2006/123/EG enthält jedoch keine Anhaltspunkte dafür, dass Dienstleistungsnormen Detailanforderungen zu Richtlinien über die Sicherheit von Dienstleistungen enthalten und Teil eines New Approach sein könnten. Mit der Dienstleistungsrichtlinie wurde somit kein gesetzliches Rahmenwerk geschaffen, in dem Dienstleistungsnormen eine konkrete Rolle übernehmen.[1076]

Auch erscheint unklar, wie genau die Förderung der Entwicklung von Dienstleistungsnormen durch die Mitgliedstaaten aussehen soll. Nach Ansicht von *van Leeuwen* scheint es sich hierbei nicht um eine durchsetzbare/einklagbare Verpflichtung zu handeln.[1077] Vielmehr erweise sich Art. 26 V RL 2006/123/EG als ein »policy tool«. So sollen sich die Mitgliedstaaten und die Kommission zwar um die Erstellung von Dienstleistungsnormen bemühen, Ergebnisse werden jedoch nicht erwartet. Ob die Verpflichtung des Art. 26 V erfüllt wird, wird nicht über die Anzahl angenommener Dienstleistungsnormen überprüft.[1078] Eine Entwicklung zu einem New Approach im Dienstleistungsbereich ist in Art. 26 V RL 2006/123/EG nicht zu sehen.[1079]

Auch wenn der Dienstleistungsnormung mit Art. 26 V RL 2006/123/EG bereits einen ersten Einzug in ein Rechtsinstrument gefunden hat, sah die Kommission weiteren Handlungsbedarf, insbesondere mit Blick auf das Normungssystem.

1073 *Delimatsis*, ELR 41 (2016), 513 (527).

1074 Siehe auch *van Leeuwen*, Services, S. 47 zum freiwilligen Charakter im Rahmen von Art. 26 V RL 2006/123/EG.

1075 Siehe ausführlich hierzu *van Leeuwen*, Services, S. 47f.

1076 So zutreffend *van Leeuwen*, Services, S. 47. Dort auch kritisch zu einer möglichen Rechtsgrundlage für Mandate der Europäischen Kommission.

1077 *Van Leeuwen*, Services, S. 47f.

1078 *Van Leeuwen*, Services, S. 48.

1079 *Van Leeuwen*, Services, S. 49. A.A. *Micklitz*, in: *Micklitz/Reich/Rott*, EU Consumer Law, S. 215 (251): »The Directive should be understood as a combination of the softened country of origin principle designed to establish freedom of services and freedom of establishment combined with a quasi New Approach type of regulation, meant to shape the quality of services, including contractual rules.« Siehe auch *Micklitz*, in: *Cafaggi/Muir Watt*, Regulatory Function, S. 16 (29, 42) zum New Approach und der RL 2006/123/EG.

In einer Mitteilung aus dem Jahr 2010[1080] betonte die Europäische Kommission die Bedeutung von Normung. Die Förderung internationaler und europäischer Normen für neue Technologien von europäischer Ebene aus könne Unternehmen zu Wettbewerbsvorteilen verhelfen. Erforderlich seien jedoch flexiblere und schnellere Verfahren für die Normungsarbeit. Die Kommission kündigte eine Mitteilung zur Normung sowie einen Rechtsvorschlag zur europäischen Normung an. Auch die Dienstleistungsnormung fand unter ihren geplanten Maßnahmen Erwähnung. Neben einer Verfahrensbeschleunigung bei der Normerarbeitung sei ebenfalls die Entwicklung von Dienstleistungsnormen geplant.[1081]

Die gesteigerte Konzentration der Europäischen Kommission auf die Dienstleistungsnormung zeigte sich ebenfalls im Rahmen der Binnenmarktakte.[1082] Hier schlug die Kommission zwölf Hebel zur Förderung von Wachstum und Vertrauen vor. Zu Dienstleistungen führte die Kommission auf, dass zu ihrer Leitaktion die »Überarbeitung der Rechtsvorschriften zum europäischen Normungssystem [gehöre], mit dem Ziel, das System auf Dienstleistungen auszudehnen und die Normungsverfahren wirksamer, effizienter und integrativer zu gestalten«.[1083] Die Kommission hob mit Blick auf den grenzüberschreitenden Dienstleistungsverkehr bei Dienstleistungen für Unternehmen (Logistik, Facility Management) hervor, dass die Entwicklung von europäischen Dienstleistungsnormen von entscheidender Bedeutung sei.[1084]

Den Verordnungsvorschlag zur europäischen Normung legte die Kommission im Jahr 2011 vor.[1085] Beigefügt war die Mitteilung vom 1.6.2011 »Eine strategische Vision der europäischen Normung: Weitere Schritte zur Stärkung und Beschleunigung des nachhaltigen Wachstums der europäischen Wirtschaft bis zum Jahr 2020«.[1086] Die Kommission betonte den langsamen Fortschritt bei den eu-

1080 Mitteilung der Kommission an das Europäische Parlament, den Rat, den Europäischen Wirtschafts- und Sozialausschuss und den Ausschuss der Regionen. Eine integrierte Industriepolitik für das Zeitalter der Globalisierung. Vorrang für Wettbewerbsfähigkeit und Nachhaltigkeit vom 28.10.2010, KOM 2010 (614) endg.

1081 KOM 2010 (614) endg., S. 14.

1082 Mitteilung der Kommission an das Europäische Parlament, den Rat, den Europäischen Wirtschafts- und Sozialausschuss und den Ausschuss der Regionen, Binnenmarktakte. Zwölf Hebel zur Förderung von Wachstum und Vertrauen, »Gemeinsam für neues Wachstum« vom 13.4.2011, KOM (2011), 206 endg.

1083 KOM (2011) 206 endg., S. 12.

1084 KOM (2011) 206 eng., S. 12. Zum Inhalt siehe auch *Delimatsis*, ELR 41 (2016), 513 (527).

1085 Vorschlag für Verordnung des Europäischen Parlaments und des Rates zur europäischen Normung und zur Änderung der Richtlinien 89/686/EWG und 93/15/EWG des Rates sowie der Richtlinien 94/9/EG, 94/25/EG, 95/16/EG, 97/23/EG, 98/34/EG, 2004/22/EG, 2007/23/EG, 2009/105/EG und 2009/23/EG des Europäischen Parlaments und des Rates vom 1.6.2011, KOM (2011) 315 endg.

1086 KOM (2011) 311 endg.

ropäischen Dienstleistungsnormen. Als bedenklich erachtete sie das starke Wachstum nationaler Dienstleistungsnormen, da hierdurch Handelshemmnisse geschaffen werden könnten. Um der Gefahr sich widersprechender nationaler Normen entgegenzuwirken, erfasse der Verordnungsvorschlag zur europäischen Normung vom Anwendungsbereich her auch Dienstleistungsnormen, wie die Kommission hervorhob. Zudem wies sie auf die Möglichkeit hin, Normungsaufträge zu erteilen.[1087]

Die Verordnung zur europäischen Normung vom 25. Oktober 2012[1088] erfasst von ihrem Anwendungsbereich auch die Normung von Dienstleistungen und schafft damit eine Rechtsgrundlage für die Erteilung von Mandaten im Dienstleistungsbereich.[1089] Gemäß Art. 1 VO Nr. 1025/2012 enthält die Verordnung Vorschriften für die Zusammenarbeit zwischen Normungsorganisationen, den Mitgliedstaaten und der Kommission für die Erarbeitung von europäischen Normen für Produkte und Dienstleistungen zur Unterstützung von Rechtsvorschriften und politischen Maßnahmen der Union. Im ErwG 10 wird hervorgehoben, dass durch die Dienstleistungsrichtlinie eine Verpflichtung zur Förderung der Entwicklung von Dienstleistungsnormen bestehe, der bestehende Rechtsrahmen jedoch nur Produktnormen erfasse. Auch sei die Trennlinie zwischen Produkten und Dienstleistungen nicht immer deutlich. Aus diesen Gründen sei es erforderlich gewesen, den Rechtsrahmen anzupassen.

Durch die europäische Normungsverordnung erfolgte somit eine Eingliederung von Dienstleistungen in den Rechtsrahmen des europäischen Normungssystems.[1090] Erfasst vom Anwendungsbereich der Verordnung sind jedoch nur mandatierte Dienstleistungsnormen, hingegen nicht Dienstleistungsnormen, die von Stakeholdern durch nationale Normungsorganisationen initiiert werden. Für diese Art von Normen ist kein gesetzliches Rahmenwerk gegeben.[1091]

1087 KOM (2011) 311 endg., S. 16f.

1088 Verordnung (EU) Nr. 1025/2012 des Europäischen Parlaments vom 25. Oktober 2012 zur europäischen Normung, zur Änderung der Richtlinien 89/686/EWG und 93/15/EWG des Rates sowie der Richtlinien 94/9/EG, 95/16/EG, 97/23/EG, 98/34/EG, 2004/22/EG, 2007/23/EG, 2009/23/EG und 2009/105/EG des Europäischen Parlaments und des Rates und zur Aufhebung des Beschlusses 87/95/EWG des Rates und des Beschlusses Nr. 1673/2006/EG des Europäischen Parlaments und des Rates, ABl. 2012 L 316/12.

1089 *Van Leeuwen*, Services, S. 49, 51; siehe Art. 10 VO Nr. 1025/2012 sowie ErwG 12 VO Nr. 1025/2012. Zur Normungsverordnung siehe auch *Delimatsis*, ELR 41 (2016), 513 (528ff.) sowie S. 529 zur Ausdehnung des Anwendungsbereichs auf Dienstleistungen: »This addition … indirectly acknowledges the delay (some would call it failure) of the Service Directive in this field«. So wurde Art. 26 V RL 2006/123/EG als nicht ausreichend für die Entwicklung von europäischen Dienstleistungsnormen angesehen, *Delimatsis*, ELR 41 (2016), 513 (529).

1090 *Van Leeuwen*, Services, S. 49.

1091 *Van Leeuwen*, Services, S. 51.

Wird die Normungsverordnung zwar von *Delimatsis* als Schritt zur Ausdehnung eines New Approach auf den Dienstleistungsbereich gesehen,[1092] erscheint diese Sichtweise zunächst zweifelhaft.

Zuzustimmen ist ihm zwar hinsichtlich der Erkenntnis, dass nach der Verordnung der Unterschied zwischen Dienstleistungen und Produkten an Bedeutung verliert (ErwG 10). Nach Art. 10 VI veröffentlicht die Kommission die Fundstelle einer harmonisierten Norm im Amtsblatt, wenn eine harmonisierte Norm den Anforderungen entspricht, die sie abdecken soll und die in den entsprechenden Harmonisierungsvorschriften der Union festgelegt sind. So könnte auch hier der Schluss gezogen werden, dass hieraus eine Konformitätsvermutung bei Einhaltung der Dienstleistungsnorm besteht.[1093] Aber auch wenn ein derartiger Schluss naheliegend ist, ändert es nichts daran, dass bisher keine derartigen Harmonisierungsvorschriften für Dienstleistungen existieren, d. h. bisher überlässt keine Richtlinie im Dienstleistungsbereich die genauere Festlegung von Anforderungen einer Dienstleistungsnorm.[1094] Eine Entwicklung zu einem New Approach im Dienstleistungsbereich kann somit noch nicht aus der Normungsverordnung entnommen werden. Die bloße Aufnahme von Dienstleistungsnormen in den Anwendungsbereich der Normungsverordnung führt noch nicht dazu, dass Dienstleistungsnormen bei der Regulierung von Dienstleistungen eine stärkere Rolle einnehmen.[1095]

Eine Verknüpfung der Dienstleistungsrichtlinie mit der Normungsverordnung befindet sich in Art. 2 der Normungsverordnung VO Nr. 1025/2012. So verweist Art. 2 Abs. 4 lit c) der Normungsverordnung auf Art. 22 Abs. 1, 2 der Dienstleistungsrichtlinie hinsichtlich der zu gewährenden Informationen und zeigt somit, dass diese Informationen genormt werden können.[1096] Ob hier ein Ansatz für einen New Approach zu sehen ist,[1097] erscheint jedoch fraglich, da nur die Normungsmöglichkeit der Informationen aufgezeigt wird, ohne dass die typischen New Approach Charakteristika, wie die Konformitätsvermutung, angedeutet werden. Einen Hinweis für die intendierte Ausdehnung des New Approach im Dienstleistungsbereich findet sich jedoch in einer Bekanntmachung der Kommission »Leitfaden für die Umsetzung der Produktvorschriften der EU 2016«.[1098] Dort heißt es in Ziffer 4.1.2.1 mit Blick auf die Normungsverordnung, dass die Definition der harmonisierten Norm sich »nicht auf die harmonisierten

1092 *Delimatsis*, ELR 41 (2016), 513 (529).

1093 *Delimatsis*, ELR 41 (2016), 513 (529f.). *Delimatsis* verweist fälschlicherweise auf Art. 9.

1094 *Van Leeuwen*, Services, S. 49.

1095 So *Van Leeuwen*, Services, S. 72.

1096 *Delimatsis*, ELR 41 (2016), 513 (529 Fn. 113); *Busch*, EuCML 2016, 197 (198).

1097 In diese Richtung wohl *Busch/Reinhold*, EuCML 2015, 50 (53).

1098 Europäische Kommission, Bekanntmachung der Kommission, Leitfaden für die Umsetzung der Produktvorschriften der EU 2016 (»Blue Guide«), ABl. 2016 C 272/1.

Normen zur Unterstützung der harmonisierten Produktvorschriften beschränkt, da die allgemeine Anwendung harmonisierter Normen in Harmonisierungsrechtsvorschriften für Dienstleistungen in gleicher Weise angestrebt wird, wie das bei den Harmonisierungsrechtsvorschriften der Union für Produkte der Fall ist.« Trotzdem sind derartige Rechtsvorschriften bisher nicht vorhanden.

III. Das Bedürfnis nach Erfahrungen aus der Praxis: Study on the implementation of service standards and their impact on service providers and users

Im Jahr 2012 veröffentlichte die Technopolis Group eine Studie zu Dienstleistungsnormen.[1099] Ziel dieser im Auftrag von CEN durchgeführten Studie war es herauszufinden, wie bereits existierende Dienstleistungsnormen in der Praxis genutzt werden und welche Auswirkungen und Vorteile für Dienstleister und Dienstleistungsempfänger bestehen.[1100]

Nach den Ergebnissen der Studie bestehen durch Dienstleistungsnormen Vorteile sowohl für Dienstleister als auch für Kunden. Die Verwendung von Dienstleistungsnormen führe vor allem zu einer Verbesserung der Qualität einer Dienstleistung. Zudem könnten Dienstleister gegenüber Kunden mit Hilfe der Normen zeigen, dass ihre Dienstleistung einem hohen Niveau entspricht.[1101]

Teil dieser Studie sind auch sechs Fallstudien (Case Studies), in denen Unternehmen und Organisationen darstellen, welche Auswirkungen und Vorteile die Umsetzung europäischer Dienstleistungsnormen für ihre Unternehmen hatten. An dieser Stelle können nicht sämtliche Ergebnisse dieser Fallstudien vorgestellt werden, sodass nur ein kurzer Überblick über die Ergebnisse erfolgt.[1102]

In den Fallstudien berichtet etwa ein Umzugsunternehmen über die Umsetzung der EN 12522:1998 zu Umzugsdienstleistungen. Ein Problem in diesem Bereich stellte häufig das ungenaue Leistungsspektrum dar, sodass bei den Kunden Unzufriedenheit darüber auftrat, welche Leistungen überhaupt erfasst waren. Die Norm zu Umzugsdienstleistungen konnte dazu beitragen, dass die Verträge deutlicher gestaltet sind und alle Parteien über die Reichweite der

1099 *Technopolis Group*, Study on the implementation of service standards and their impact on service providers and users, 2012.

1100 *Technopolis Group*, Study, S. 1, 3.

1101 *Technopolis Group*, Study, S. 59ff. zu den Vorteilen von Dienstleistungsnormen sowie auch ausführlich zu Hindernissen bei der Entwicklung und Nutzung von Dienstleistungsnormen. Siehe dazu auch Kapitel 1.D.I. und Kapitel 1.E.

1102 https://www.cen.eu/work/areas/services/Pages/CaseStudies.aspx zu den einzelnen Fallstudien.

Dienstleistung informiert sind.[1103] Ein Übersetzungsunternehmen sieht die Vorteile in der Umsetzung der Norm EN 15038 u. a. darin, dass sie auf diese Weise ein qualitätsorientiertes Profil präsentieren und so ihre Marktstellung verstärken können. Gerade im Bereich der Übersetzungsdienstleistungen zeigte sich das Problem, dass auf dem Markt viele günstige Übersetzungsdienstleistungen angeboten wurden, die jedoch ein geringes Qualitätsniveau aufwiesen. So fehlte eine Möglichkeit für professionelle Übersetzungsdienstleister, sich von diesen Angeboten abzugrenzen. Die Norm verkörpere nun die »best practice« in diesem Bereich. Die Einhaltung der Norm stelle somit auch eine »business card« dar und diene als marketing tool.[1104] Generell sehen die Unternehmen und Organisationen in den Fallstudien für sich Vorteile in der Nutzung der Dienstleistungsnormen.

IV. Die Entwicklung horizontaler europäischer Dienstleistungsnormen: Das Mandat M/517

Im Jahr 2013 erteilte die Kommission das Mandat M/517 an die Normungsorganisationen CEN, CENELEC und ETSI zur »Planung und Durchführung eines Programms zur Entwicklung horizontaler Dienstleistungsnormen.«[1105] Horizontale Normen zeichnen sich dadurch aus, dass sie branchenübergreifend anwendbar sind und und sich auf Aspekte beziehen, die allen oder den meisten Dienstleistungsbranchen gemein sind.[1106]

In diesem Normungsauftrag ging die Kommission auf die Ergebnisse der CHESSS-Study aus dem Jahr 2008 ein, nach der horizontale Dienstleistungsnormung den grenzüberschreitenden Dienstleistungsverkehr vereinfachen könne. Jedoch hätten sich seit dem Jahr 2008 Veränderungen ergeben. So wies die Kommission darauf hin, dass nationale Normungsinstitute und andere Beteiligte zu einer anderen Sichtweise gekommen seien. Statt einer einzigen umfassenden Dienstleistungsnorm werde die Entwicklung »engerer horizontaler Dienstleistungsnormen« präferiert. Diese könnten sich u.a. mit dem Umgang von Beschwerden oder dem Dienstleistungs-Outsourcing befassen.[1107]

1103 Case Study Furniture removal activities, S. 2.
1104 Case Study Translation Services, S. 1f.
1105 Normungsauftrag an CEN, CENELEC und ETSI. Planung und Durchführung eines Programms zu Entwicklung horizontaler Dienstleistungsnormen vom 24. Januar 2013, M/517 DE. Siehe hierzu auch *Delimatsis*, ELR 41 (2016), 513 (530f.). Das Mandat basiert auf Art. 26 V RL 2006123/EG, *Delimatsis*, ELR 41 (2016), 513 (530).
1106 Für eine Definition siehe SWD (2016) 186 final, S. 4.
1107 Normungsauftrag M/517, S. 2f.

Hier scheint den Bedenken auch Rechnung getragen worden zu sein, die ANEC schon zur CHESSS-Studie geäußert hatte. ANEC hatte schon hier auf die Heterogenität des Dienstleistungssektors hingewiesen, sodass eine einzige allgemeine Dienstleistungsnorm nur sehr allgemeine Bestimmungen enthalten könne.[1108]

Hinter dieser Aufteilung in mehrere horizontale Normen steckte auch die folgende Erwägung, die in dem Mandat M/517 aufgeführt wird. Bei bereits existierenden umfassenderen horizontalen Normen seien einzelne Punkte für Unternehmen nicht anwendbar. Aus diesem Grund wendeten Unternehmen dann die gesamte Norm nicht an, obwohl andere Punkte durchaus für sie nützlich seien. Daher werde die Entwicklung »engerer« horizontaler Dienstleistungsnormen bevorzugt.[1109]

Mit dem Auftrag M/517 werden zweierlei Ziele verfolgt: Zunächst sollen die Normungsorganisationen ein Programm zur Entwicklung europäischer Dienstleistungsnormen festlegen und anschließend Dienstleistungsnormen entwickeln, die dem Marktbedarf Rechnung tragen und einen Beitrag zur Qualitätssteigerung von Dienstleistungen leisten.[1110]

Die Kommission unterteilte das Mandat in 2 Phasen.

Zunächst erhielten die europäischen Normungsorganisationen den Auftrag, in Phase 1 ein Arbeitsprogramm zu entwickeln und Gebiete zur Entwicklung von europäischen Dienstleistungsnormen zu bestimmen. Auch hier wurde noch einmal betont, dass gegenüber einer einzigen horizontalen Dienstleistungsnorm nunmehr der Entwicklung engerer horizontaler Dienstleistungsnormen für bestimmte Aspekte der Vorzug gegeben wird.[1111]

Die Normungsorganisationen sollten untersuchen und vergleichen, welche nationalen und internationalen Normen in gewissen Bereichen existieren und angewandt werden sowie sechs oder sieben Normungsvorschläge anhand von Themenbereichen[1112] vorlegen.[1113] Die Kommission erwartete zum Abschluss der

---

1108 Siehe oben unter Kapitel 3.A.I. und ANEC, Position Paper CHESSS S. 4. Eine allgemeine Norm zur Sicherheit von Dienstleistungen lehnte ANEC ab, Position Paper CHESSS, S. 7f. Siehe zur Ablehnung einer horizontalen Norm zur Sicherheit von Dienstleistungen auch CHESSS Module 3, Final Report, S. 33f. Ob sich die Gefahr sehr allgemeiner Bestimmungen durch die Aufteilung in mehrere Normen ändert, wird unter Kapitel 3.B.VII erörtert.

1109 Normungsauftrag M/517, S. 3.

1110 Normungsauftrag M/517, S. 3.

1111 Normungsauftrag M/517, S. 3.

1112 Im Anhang 1 des Normungsauftrags M/517 werden Gegenstandsfelder mit Themenbereichen genannt. Im Folgenden werden die Gegenstandsfelder mit einigen Themenbereichen (*kursiv*) genannt: Planung (u.a. *Planung der Kundenkontakte*), Information der Kunden (*Beschreibung der Dienstleistung, Geschäftsbedingungen, Vorvertragliche/nachvertragliche Informationen*); Dienstleister (*Personal, Beendigung der Dienstleistung*), Vertrag (*in den Vertrag aufzunehmende Angaben*); Rechnungsstellung (*Einhaltung der*

Phase 1 u. a. einen Bericht mit Überlegungen der Normungsorganisationen sowie ein vorläufiges Arbeitsprogramm.[1114]

Im Februar 2015 legte CEN den Abschlussbericht zu Phase 1 vor.[1115] CEN stellte u. a. die folgenden Ergebnisse fest: So könnten horizontale Dienstleistungsnormen den grenzüberschreitenden Dienstleistungsverkehr vereinfachen und gemeinsame Terminologien schaffen. Nach Umfrageergebnissen sahen Teilnehmer auch Vorteile in einer Reduktion von Transaktionskosten.[1116]

CEN stellte fest, dass 94 nationale, europäische, und internationale Normen sich mit bestimmten Bereichen befassen.[1117] Für die Entwicklung von horizontalen europäischen Dienstleistungsnormen schlug CEN die folgenden Bereiche vor: Service terminology, Information provision to customer, Services procurement, Agreement and contracting, Performance measurement, Customer satisfaction measurement.[1118]

Nach Abschluss von Phase 1 sieht die Phase 2 des Mandats M/517 die tatsächliche Entwicklung horizontaler europäischer Dienstleistungsnormen vor.[1119] Die Kommission hat die Normungsorganisation beauftragt, Dienstleistungsnormen in den Bereichen Performance measurement, Service contracts und Service procurement zu erarbeiten. Mit den Arbeiten wurde Anfang 2016 begonnen.[1120] Im Februar 2016 gründete CEN ein technisches Komitee, CEN TC 447 – Services – Procurement, contracts and performance assessment.[1121] Für die Arbeit bestehen vier Arbeitsgruppen, die sich mit den einzelnen Themen beschäftigen. Eine weitere Gruppe befasst sich mit zukünftigen Projekten.[1122] Erarbeitet werden drei Normen.[1123]

ISO-Normen für die Rechnungsstellung), Beschwerden und Rechtbehelfe (*Einhaltung der europäischen Standards im Bereich Beschwerden und Rechtsbehelfe*).

1113 Normungsauftrag M/517, S. 4f.

1114 Normungsauftrag M/517, S. 5.

1115 CEN, Mandate M/517 for the Programming and Development of Horizontal Service Standards, Phase 1, Final Report, February 2015.

1116 M/517 Phase 1, Final Report, S. 6.

1117 Design of a service, Information provision to customers, Service provider, Agreement, Billing and payment, Complaint and redress, Procurement, Dispute resolution, siehe M/517 Phase 1 Final Report, S. 12.

1118 M/517 Phase 1, Final Report, S. 6.

1119 Normungsauftrag M/517, S. 5f.

1120 http://ec.europa.eu/growth/single-market/services/service-standards_de.

1121 https://www.cen.eu/work/areas/services/Pages/default.aspx unter »European legislation and mandates«.

1122 CEN/TC 447/WG 1 (Verträge), WG 2 (Leistungsmessung), WG 3 (Kommunikation und Einsatz), WG 4 (Ausschreibungen), WG 5 (Arbeitsgruppe – zukünftige Projekte), siehe https://standards.cen.eu/dyn/www/f?p=204:29:0::::FSP_ORG_ID,FSP_LANG_ID:2104178,22&cs=1F92A009D03C0C930ADD33F43FBEDBFF6.

1123 EN 17371-1:2020 Dienstleistungserbringung – Teil 1: Dienstleistungsbeschaffung – Leitlinien für die Bewertung der Kapazität von Dienstleistern und die Bewertung von Dienst-

An dieser Stelle soll kurz auf den Normentwurf zu Dienstleistungsverträgen eingegangen werden.[1124] Ausweislich des Entwurfs soll das Dokument eine »Leitlinie für die Gestaltung, den Inhalt und die Struktur von Dienstleistungsverträgen« darstellen.[1125] Vom Anwendungsbereich ausgeschlossen sind Verträge zwischen Verbrauchern und Unternehmern sowie Bauaufträge.[1126] Die Leitlinie benennt Hauptbestandteile eines Dienstleistungsvertrages. Diese könnten Unternehmen für ihre weiter gefasste Lösung durchdenken und je nach Art der Dienstleistung spezielle Bestandteile auswählen. Klargestellt wird von den Verfassern jedoch, dass die Leitlinie keine Anleitungen zu den gesetzlichen Vorschriften enthalte.[1127] Aufbautechnisch werden, orientiert an den Hauptbestandteilen eines Dienstleistungsvertrages, verschiedene Fragen als Überschriften gewählt,[1128] z. B. »Wer schließt den Dienstleistungsvertrag ab?« (Ziffer 5.2 E DIN EN 17371-2:2020-07), »Was sind die Dienstleistungen – wie werden diese festgelegt, in Auftrag gegeben und was sind die Anforderungen an die Dienstleistung?« (Ziffer 5.3 E DIN EN 17371-2:2020-07) oder »Welches Rechtssystem regelt den Dienstleistungsvertrag?« (Ziffer 5.5 E DIN EN 17371-2:2020-07). Insofern bietet der Normentwurf eine Checkliste[1129] für Elemente, die in Dienstleistungsverträgen behandelt werden können.

Daneben führt der Normentwurf verschiedene Beispielsklauseln auf, die echten Verträgen entnommen wurden[1130] und u. a. dem Bereich Business Process Outsourcing und IT-gestützte Dienstleistungen (IT-enabled services) entstammen.[1131]

---

leistungsangeboten; prEN 17371-2 Dienstleistungserbringung – Teil 2: Dienstleistungsverträge – Leitlinien für die Gestaltung und Struktur von Verträgen; EN 17371-3:2020 Dienstleistungserbringung – Teil 3: Management der Leistungsmessung – Leitlinien für den Mechanismus zur Leistungsmessung im Rahmen von Dienstleistungsverträgen; siehe https://standards.cen.eu/dyn/www/f?p=204:22:0::::FSP_ORG_ID,FSP_LANG_ID:2104178,22&cs=1F92A009D03C0C930ADD33F43FBEDBFF6 und https://standards.cen.eu/dyn/www/f?p=204:32:0::::FSP_ORG_ID,FSP_LANG_ID:2104178,22&cs=1F92A009D03C0C930ADD33F43FBEDBFF6.

1124 E DIN EN 17371-2:2020-07 Dienstleistungserbringung – Teil 2: Dienstleistungsverträge – Leitlinien für die Gestaltung, Inhalt und Struktur von Verträgen, Entwurf.

1125 Ziffer 1 E DIN EN 17371-2:2020-07.

1126 Ziffer 1 E DIN EN 17371-2:2020-07, zur Begrenzung auf den B2B-Bereich siehe auch schon CEN/CENELEC Work Programme 2018, S. 67.

1127 E DIN EN 17371-2:2020-07, Einleitung, S. 5.

1128 Ziffern 5.2–5.12 E DIN EN 17371-2:2020-07. Siehe auch Ziffer 5.1 E DIN EN 17371-2:2020-07.

1129 So CEN/CENELEC Work Programme 2018, S. 67.

1130 E DIN EN 17371-2:2020-07, Anhang B S. 36ff. Dass die Norm Beispielklauseln enthalten wird, wird auch schon im CEN/CENELEC Work Programme 2018, S. 67 erwähnt.

1131 Siehe *Busch*, EuCML 2017, 227 (228). Ein Beispiel hierfür könnte Anhang B zu Ziffer 5.7.2 (Risikoverteilung), Beispiel 1 S. 43, sein. Dort heißt es: »Der [Dienstleister] gewährleistet, sichert zu und verpflichtet sich, dass (…) die Dienstleistungen (…) frei von Schadsoftware sein müssen;« oder Anhang B zu Ziffer 5.3.5.2 (Bestandtteile eines Planes zur Aufrecht-

Insofern lässt sich auch argumentieren, dass die Idee von europäischen Allgemeinen Geschäftsbedingungen in europäischen Dienstleistungsnormen ihre Weiterentwicklung gefunden hat.[1132] Hier zeigen sich gewisse Überschneidungspunkte, auf die kurz eingegangen werden soll.

So erklärte die Kommission im Jahr 2003, die Ausarbeitung von EU-weiten Standardvertragsklauseln fördern zu wollen.[1133] Bei einem Workshop aus dem Jahr 2004 beschloss die Kommission, sich vorerst auf den B2B-Bereich und B2G-Bereich zu konzentrieren.[1134]

Auch bei den Arbeiten unter dem Mandat M/517 zu Dienstleistungsverträgen erfolgt eine Beschränkung dahingehend, dass Verträge zwischen Unternehmern und Verbrauchern nicht erfasst sind.[1135] Zwar werden unter dem Mandat M/517 nur Beispielsklauseln und keine Musterklauseln aufgeführt, jedoch zeigt sich mit der erarbeiteten Checkliste[1136] auch eine Parallele zum Vorschlag der Kommission zu den europäischen Allgemeinen Geschäftsbedingungen. *Whittaker* empfand die Bedeutung des Begriffs AGB nicht als hinreichend deutlich, sodass nach seiner Ansicht auch eine Vorlage für bestimmte Themen, die Vertragsparteien in einem Vertrag behandeln sollen, erfasst sein konnte.[1137] Insofern

---

erhaltung des Geschäftsbetriebs und Notfallwiederherstellung), S. 40: »...regelmäßige Sicherungsverfahren durchführen (d.h. Online-Sicherung jede Nacht und wöchentlich eine vollständige Offline-Sicherung)«. Siehe auch Ziffer 5.3.4.4.4.3 E DIN EN 17371-2:2020-07 zu Vertragsstrafen bei Outsourcing-Vereinbarungen.

1132 Einen Anhaltspunkt hierfür bietet auch die Darstellung bei *Riegel*, Geschäftsbedingungen, S. 33f. So verweist die Kommission in Ziffer 2.2.3.2 KOM (2004) 651 im Zusammenhang mit AGB auf die »Leitlinien zur Anwendbarkeit von Art 81 EG-Vertrag auf Vereinbarungen über horizontale Zusammenarbeit« hin und auf einen Abschnitt zu Normenvereinbarungen (Bekanntmachung der Kommission Nr. 2001/C/3/02, (ABl. C 3/2 vom 6. Januar 2001), Punkt 169 (sic), stattdessen wohl 159). Zwar weist die Kommission auch darauf hin, dass dort Normenvereinbarungen und nicht AGB betroffen sind, dennoch zeigt sich, dass die Kommission hier Annäherungspunkte sieht. Gleichwohl differenziert die Kommission in dem Nachfolgedokument zu den Leitlinien von 2001 zwischen Vereinbarungen über Normen und über Standardbedingungen, siehe näher *Riegel*, Geschäftsbedingungen, S. 34. Siehe auch *Micklitz*, Services Standards, S. 65 zur Ähnlichkeit von AGB und vertragsbezogenen Normen sowie *Micklitz*, Services Standards, S. 21 zu einem möglichen Ersatz von europäischen Vertragsregelungen zu Dienstleistungen durch den Einsatz europäischer Normungsorganisationen.

1133 Mitteilung der Kommission an das Europäische Parlament und den Rat, Ein kohärentes Europäisches Vertragsrecht. Ein Aktionsplan vom 12.2. 2003, KOM (2003) 68 endg., Rn. 85ff. zu den vorgesehenen Maßnahmen; siehe auch *Riegel*, Geschäftsbedingungen, S. 32f.; *Whittaker*, ERCL 1 (2006), 51 (55f.).

1134 *Riegel*, Geschäftsbedingungen, S. 33; *Whittaker*, ERCL 1 (2006), 51 (56). Siehe auch Ziffer 2.2.3 KOM (2004) 651 endg. Zur weiteren Entwicklung des Ansatzes europäischer AGB, auch mit Blick auf Verbraucherverträge, siehe *Riegel*, Geschäftsbedingungen, S. 34f.

1135 Ziffer 1 E DIN E 17371-2:2020-07; siehe CEN/CENELEC Work Programme 2018, S. 67 zur B2B-Beschränkung.

1136 Siehe CEN/CENELEC Work Programme 2018, S. 67.

1137 *Whittaker*, ERCL 1 (2006), 51 (58).

würde auch hier der Ansatz von europäischen Geschäftsbedingungen eine Fortentwicklung in der Dienstleistungsnorm zu Dienstleistungsverträgen mit Blick auf die Checkliste finden. Denn auch der Normentwurf bietet eine Vorlage für Themen, die im Dienstleistungsvertrag enthalten sein können.[1138]

Auch sollte ähnlich wie bei Dienstleistungsnormen der Inhalt der europäischen AGB von den Marktteilnehmern bestimmt werden. Die Kommission sah für sich lediglich eine Rolle als Vermittler, als »ehrlicher Makler«[1139] vor, ohne sich selbst inhaltlich mit den AGB beschäftigen zu wollen. Gleichzeitig beabsichtigte sie jedoch, legislative Hindernisse abbauen.[1140] Ziel des Mandats M/517 ist es ebenfalls, die relevanten Stakeholder bei der Erarbeitung der Normen zu integrieren. So wird im Mandat betont, dass Dienstleistungsempfänger, Dienstleistungserbringer und Organisationen wie ANEC einbezogen werden sollen.[1141] Festzuhalten bleibt, dass somit gewisse Überschneidungspunkte zwischen der Dienstleistungsnorm und den Vorstellungen von europäischen AGB bestehen.[1142]

V. Das Normungspaket der Europäischen Kommission

Parallel zu Erarbeitung von horizontalen Dienstleistungsnormen unter dem Mandat M/517 erhielt die Dienstleistungsnormung verstärkte Aufmerksamkeit mit dem Normungspaket der EU-Kommission vom Juni 2016. In der Mitteilung »Europäische Normen für das 21. Jahrhundert«[1143] betonte die Europäische Kommission die vergleichbaren Vorteile von Dienstleistungsnormen zu Produktnormen und die Entwicklung zu einer Kombination von Produkten und Dienstleistungen (Servitization). Die Kommission erklärte die Dienstleistungsnormung »zu [einer der] zentralen Prioritäten des europäischen Normungssystems«[1144] und legte der Mitteilung eine Arbeitsunterlage der Kommissionsdienststellen[1145] bei. Ein derartiges Dokument hatte die Kommission bereits in

1138 Ziffern 5.2–5.12 E DIN EN 17371-2:2020-07.

1139 Ziffer 2.2.2 KOM (2004) 651; *Riegel*, Geschäftsbedingungen, S. 33.

1140 Ziffer 2.2.2, Ziffer 2.2.3.3 KOM (2004) 651 endg., siehe auch *Riegel*, Geschäftsbedingungen, S. 33f., *Whittaker*, ERCL 1 (2006) 51 (58).

1141 Genauer zu den einzubeziehenden Stellen Ziffer 4 Normungsauftrag M/517.

1142 Zu einer genaueren Untersuchung zu M/517 mit Blick auf den Bereich Dienstleistungsverträge siehe Kapitel 3.B.VII.

1143 Mitteilung der Kommission an das Europäische Parlament, den Rat, den Europäischen Wirtschafts- und Sozialausschuss und den Ausschuss der Regionen, Normungspaket, Europäische Normen für das 21. Jahrhundert vom 1.6.2016, COM (2016) 358 final.

1144 COM (2016) 358 final, S. 11f., Zitat S. 12.

1145 Commission staff working document, Tapping the potential of European service standards to help Europe's consumers and businesses, 1.6.2016, SWD (2016) 186 final.

der Binnenmarktstrategie aus dem Jahr 2015 angekündigt. Hier betonte die Kommission, dass sie »Informationsmaterial zur Normung von Dienstleistungen vorlegen« wolle.[1146]

Im Rahmen der Arbeitsunterlage aus dem Jahr 2016[1147] hoben die Kommissionsdienststellen die Vorteile von Dienstleistungsnormen hervor, wie etwa die Steigerung eines Qualitäts- und Sicherheitsniveaus, die Verbesserung der Kommunikation durch einheitliche Begrifflichkeiten oder eine Kostenreduzierung. Gleichzeitig wiesen sie auf Hindernisse für den grenzüberschreitenden Dienstleistungsverkehr in Form von nationalen Dienstleistungsnormen hin. Zum einen könnten nationale Behörden verlangen, dass ausländische Dienstleister nationale Dienstleistungsnormen einhalten und sich hiernach zertifizieren lassen, selbst wenn sie in ihrem Heimatland bereits eine Zertifizierung erhalten haben oder ähnliche Anforderungen einhalten mussten. Aber auch ohne eine derartige Vorgabe könnten nationale Dienstleistungsnormen als Handelshemmnisse wirken, wenn sie stark verbreitet sind und ihre Einhaltung von Kunden erwartet wird.[1148]

Die Kommissionsdienststellen schlugen Handlungsmaßnahmen vor. Vorrangigen Bedarf sahen sie zunächst darin, einen Überblick über bereits existierende Dienstleistungsnormen zu erlangen. Insbesondere sollte ermittelt werden, in welchen Bereichen nationale Dienstleistungsnormen existieren oder geplant sind. Jährlich soll die Normungsorganisation CEN einen Bericht mit etwaigen Widersprüchen und Doppelungen zwischen nationalen Dienstleistungsnormen vorlegen oder darlegen, in welchen Bereichen Platz für eine europäische Dienstleistungsnorm besteht. Parallel zum Bericht von CEN werden auch die Kommissionsdienststellen einen jährlichen Bericht erstellen. Diese beiden Berichte bilden dann die Grundlage dafür, Bereiche für die Entwicklung von europäischen Dienstleistungsnormen zu entwickeln, die anschließend noch priorisiert werden müssen.[1149] Daneben wies die Kommission im Rahmen des Durchführungsberichts vom 1.6.2016 zur Normungsverordnung in den Jahren 2013–2015 darauf hin, dass »eine vermehrte Ausarbeitung von europäischen Normen für Dienstleistungen erwogen werden kann.«[1150]

1146 Mitteilung der Kommisiion an das Europäische Parlament, den Rat, den Europäischen Wirtschafts- und Sozialausschuss und den Ausschuss der Regionen, Den Binnenmarkt weiter ausbauen: mehr Chancen für die Menschen und die Unternehmen vom 28.10.2015, COM (2015) 550 final, S. 15. Siehe auch COM (2016) 358 final, S. 12.

1147 SWD (2016) 186 final.

1148 SWD (2016) 186 final, S. 5–7.

1149 SWD (2016) 186 final, S. 8.

1150 Bericht der Kommission an das Europäische Parlament und den Rat über die Durchführung der Verordnung (EU) Nr. 1025/2012 in den Jahren 2013 bis 2015 vom 1.6.2016, COM (2016) 212 final, S. 9.

Begrüßt wurde das Normungspaket auch vom Europäischen Parlament. Zu Dienstleistungsnormen äußerte sich das Europäische Parlament u.a. dahingehend, dass europäische Dienstleistungsnormen zum Funktionieren des Binnenmarktes einen Beitrag leisten und die Qualität steigern sollten.[1151]

Das Normungspaket der EU-Kommission[1152] befasste sich weiterhin mit der »Gemeinsamen Normungsinitiative«, wie die Kommission im Rahmen der Binnenmarktstrategie bereits angekündigt hat.[1153] Im Rahmen der Gemeinsamen Normungsinitiative sollen sich u.a. Normungsorganisationen, Industrieverbände, Verbraucherorganisationen, die Kommission und die Mitgliedstaaten beteiligen und das Verfahren der Normerarbeitung beschleunigen und modernisieren.[1154] Im Rahmen eines Maßnahmenpakets der GNI wird im Anhang 1 von COM 2016 (358) unter Punkt 12 die »Förderung einer umfassenderen Entwicklung und Nutzung europäischer Dienstleistungsnormen zur Unterstützung der Integration europäischer Dienstleistungsmärkte« als Maßnahme vorgesehen.[1155] Unter diese Maßnahme[1156] fiel die Entwicklung des CEN Strategic Plan on Services Standardization,[1157] welcher Anfang 2017[1158] veröffentlicht wurde. Auf dessen Inhalt soll kurz eingegangen werden.

Die Strategie richtet sich vor allem an Stakeholder und nationale Normungsorganisationen als Mitglieder von CEN. Ziel ist es insbesondere, einen Rahmen für eine weitere Auseinandersetzung mit den Stakeholdern zu schaffen und ihre Bedürfnisse genauer zu verstehen. Da im Dienstleistungsbereich viele KMU vertreten sind, die sich nicht über die Vorteile der Dienstleistungsnormung im Klaren sind, soll der Strategic Plan Bewusstsein für die Dienstleistungsnormung schaffen. Weiterhin wird mit dem Strategic Plan beabsichtigt, das Engagement von Stakeholdern zu fördern sowie Kriterien zur Identifizierung von Bereichen mit hohem Normungspotential festzulegen. Ebenso soll ermittelt werden, auf welcher Ebene das europäische Normungssystem den Bedürfnissen

1151 Entschließung des Europäischen Parlaments vom 4. Juli 2017 zu dem Thema »Europäische Normen für das 21. Jahrhundert« (2016/2274(INI)), ABl. 2018 C 334/2; siehe Nr. 45, zu Dienstleistungsnormen Nr. 58. Siehe auch *Philipp*, EuZW 2017, 588.

1152 COM (2016) 358 final.

1153 COM (2015) 550 final, S. 15, siehe auch COM (2016) 358 final, S. 3.

1154 COM (2016) 358 final, S. 7, 10. Siehe ausführlich auch Annex I, Anhang, Gemeinsame Normungsinitiative im Rahmen der Binnenmarktstrategie des Beschlusses der Kommission über die Genehmigung und die Unterzeichnung der Gemeinsamen Normungsinitiative vom 1.6.2016, C (2016), 3211 final.

1155 COM (2016) 358 final, S. 15.

1156 CEN Strategic Plan, S. 5, siehe auch CEN/CENELEC Work Programme 2018, S. 63.

1157 CEN Strategic Plan on services standardization to implement the ambitions 2020.

1158 Zu diesem Zeitpunkt der Veröffentlichung Commission staff working document, Information on actions of the Joint Initiative on Standardisation; progress of implementation of the actions foreseen in the AUWPs, including on the development of European services standards (...) SWD (2018) 15 final, S. 15.

der verschiedenen Dienstleistungssektoren besser entsprechen kann.[1159] Zunächst zeichnet sich die Studie durch ihren hohen Informationsanteil aus. So geht die Studie auf neuere Entwicklungen mit Auswirkungen auf den Dienstleistungsbereich ein (Digitalisierung, neue Geschäftsmodelle, ein verändertes Kundenverhalten und die Globalisierung) und zeigt die möglichen Rollen von Normen auf. Weiterhin klärt die Studie darüber auf, welche Arten von Dienstleistungsnormen überhaupt existieren.[1160] Auch etwaige Herausforderungen und Probleme bei der Dienstleistungsnormung (Diversität des Dienstleistungsmarktes, Beteiligung der KMU, Verhältnis zu und möglicher Konflikt mit gesetzlichen Regelungen, Bedenken hinsichtlich einer fehlenden Differenzierungsmöglichkeit durch Normung (»corset«)) werden angesprochen und Lösungsmöglichkeiten thematisiert.[1161]

Anschließend zeigt die Studie Kriterien auf, um vorrangige Bereiche zur Entwicklung von Dienstleistungsnormen zu ermitteln. Zu den wichtigsten Kriterien für deren Entwicklung zählen das Marktbedürfnis oder die ausdrückliche Marktnachfrage, die Unterstützung der Stakeholder, die grenzüberschreitende oder internationale Dimension sowie Marktressourcen. Als grundlegende Voraussetzung für eine weitergehende Beurteilung der Normungseignung wird das Marktbedürfnis oder die Marktnachfrage genannt.[1162]

Die Strategie sieht weiterhin einen Action Plan (Ziffer 6) mit verschiedenen Maßnahmen auf, die an dieser Stelle nicht alle wiedergegeben werden können.

Hier zeigt sich jedoch auch innerhalb der genannten Maßnahmen, dass CEN der Aufklärung der Stakeholder über die Dienstleistungsnormung Priorität zukommen lässt. So soll Stakeholdern insbesondere Informationsmaterial über Dienstleistungsnormen zur Verfügung gestellt werden. Die Normungsorganisation will weiter mit Stakeholdern in Kontakt kommen und einen dauerhaften Dialog erreichen. Zudem sollen Dienstleistungsbereiche mit besonderem Normungspotential ermittelt werden.[1163] Zusammenfassend lässt sich festhalten, dass CEN sich vor allem mit den Stakeholdern auseinandersetzen möchte, um ihre Bedürfnisse zu ermitteln (siehe S. 4 der Strategie).[1164] Da gerade die Marktnachfrage als eine Grundvoraussetzung für ein Normungsvorhaben genannt wird (S. 19 der Strategie), will CEN Stakeholder informieren und sie für die Normungsarbeit gewinnen. Hier zeigt sich, dass effektive Normung nicht ohne

1159 CEN Strategic Plan S. 4f.
1160 CEN Strategic Plan, S. 8–16.
1161 CEN Strategic Plan, S. 16ff., Zitat siehe S. 18. Siehe auch die Ausführungen in Kapitel 1.E.
1162 CEN Strategic Plan, S. 19.
1163 CEN Strategic Plan, S. 23f.
1164 *Van Leeuwen*, Services, S. 70, erkennt auch im Normungsauftrag M/517 die Intention der Kommission, die Bedürfnisse des Marktes genauer zu verstehen.

eine Unterstützung durch die Praxis erfolgreich sein wird und CEN diese nun gerade stark sucht.

VI. Die Bedeutung der Dienstleistungsnormung in den jährlichen Arbeitsprogrammen von CEN in den Jahren 2017–2020

Neben dieser ausführlichen Untersuchung zur Dienstleistungsnormung im Rahmen des Strategic Plans bieten die jährlichen Arbeitsprogramme von CEN/CENELEC einen Überblick über die Normungsaktivitäten im Dienstleistungsbereich. Die Vorlage eines derartigen Arbeitsprogramms sieht Art. 3 VO Nr. 1025/2012 vor.

In den Normungsprogrammen von CEN aus den Jahren 2017–2020 wird auf die Dienstleistungsnormung und auf aktuelle Normungsvorgänge eingegangen, die hier nur teilweise wiedergegeben werden.

So erfolgen in allen vier Jahren Arbeiten unter dem Mandat M/548 (Postdienste)[1165] und unter dem Mandat M/517 (Horizontale Dienstleistungsnormen).[1166] Im Jahr 2017 werden weiterhin u. a. Arbeiten in den Bereichen Security services, Facility management und Interpretation services genannt,[1167] im Jahr 2018 Arbeiten u. a. im Bereich Maintenance,[1168] während im Jahr 2019 die Veröffentlichung einer europäischen Norm zu Tattooing services vorgesehen ist.[1169] Diese geplante Veröffentlichung wird jedoch auch noch im Normungsprogramm für das Jahr 2020 genannt.[1170]

VII. Rückschritte im Bereich der Dienstleistungsnormung? Entwicklungen seit dem Jahr 2018

Auch die Europäische Kommission veröffentlicht jährlich ein Arbeitsprogramm zur Normung. Hierzu enthält die Normungsverordnung in Art. 8 eine Vorgabe. Hiernach soll die Kommission ihre strategischen Prioritäten unter Berücksich-

1165 Durchführungsbeschluss der Kommission vom 1. 8. 2016 über einen Normungsauftrag an das Europäische Komitee für Normung in Bezug auf Postdienste und die Verbesserung der Dienstequalität zur Unterstützung der Richtlinie 97/67/EG des Europäischen Parlaments und des Rates vom 15. Dezember 1997, C (2016) 4876 final, M/548.

1166 CEN/CENELEC Work Programme 2017, S. 12f.; CEN/CENELEC Work Programme 2018, S. 66f.; CEN/CENELEC Work Programme 2019, S. 77f.; CEN/CENELEC Work Programme 2020, S. 70f.

1167 CEN/CENELEC Work Programme 2017, S. 13.

1168 CEN/CENELEC Work Programme 2018, S. 66f.

1169 CEN/CENELEC Work Programme 2019, S. 78.

1170 CEN/CENELEC Work Programme 2020, S. 72.

tigung der langfristigen Wachstumsstrategien der Union aufzeigen, Art. 8 I VO Nr. 1025/2012.

Die Mitteilung der Kommission zum jährlichen Arbeitsprogramm der Union für europäische Normung (AWUP) für das Jahr 2018[1171] erscheint angesichts der Fokussierung der EU-Kommission auf die Dienstleistungsnormung im Normungspaket aus dem Jahr 2016 überraschend, da die Dienstleistungsnormung nicht genauer behandelt wird. So thematisiert die Kommission nunmehr stattdessen stärker die zweite Priorität des europäischen Normungssystems nach der Mitteilung zum Normungspaket[1172]: die IKT-Normung. So werden im AWUP insbesondere »die Herausforderungen und Überlegungen in Bezug auf standardessentielle Patente, IKT-Normung, die internationale Dimension der Normung und autonome Fahrzeuge aufgegriffen.«[1173]

Ein ähnliches Ergebnis zeigt sich im Bericht der Kommission vom Januar 2018 »über die Umsetzung der Normungspolitik der EU und den Beitrag europäischer Normen zur EU-Politik«.[1174] In diesem Bericht geht die Kommission darauf ein, welchen Beitrag die Maßnahmen des letzten AWUP, der IKT-Mitteilung und der Gemeinsamen Normungsinitiative zur Verwirklichung der Ziele aus der Mitteilung »Europäische Normen für das 21. Jahrhundert« geleistet haben.[1175] Die Dienstleistungsnormung wird lediglich kurz thematisiert. So habe die Kommission zur Qualitätsverbesserung einerseits europäische Dienstleistungsnormen im Bereich Postdienste beauftragt sowie andererseits horizontale Dienstleistungsnormen.[1176] Einen Schwerpunkt bildet die Dienstleistungsnormung in dem Bericht jedoch nicht.

Eine beigefügte Arbeitsunterlage der Kommissionsdienststellen gewährt zur Maßnahme 12 der Gemeinsamen Normungsinitiative, die sich mit der Entwicklung der Dienstleistungsnormung befasst, Informationen über den aktuellen Stand der Dienstleistungsnormung. Hier wird betont, dass ein Arbeitsplan festgelegt und »milestones« und »deadlines« bis 2018 gegeben seien und auf die Veröffentlichung der CEN Strategy hingewiesen.[1177]

1171 Mitteilung der Kommission an das Europäische Parlament, den Rat, den Europäischen Wirtschafts- und Sozialausschuss und den Ausschuss der Regionen, Das jährliche Arbeitsprogramm 2018 der Union für europäische Normung vom 25.8.2017, COM (2017) 453 final.

1172 COM (2016) 358 final, S. 12.

1173 COM (2017) 453 final, S. 3.

1174 Bericht der Kommission an das Europäische Parlament, den Rat, den Europäischen Wirtschafts- und Sozialauschuss und den Ausschuss der Regionen über die Umsetzung der Normungspolitik der EU und den Beitrag europäischer Normen zur EU-Politik vom 16.1.2018, COM (2018) 26 final.

1175 COM (2018) 26 final, S. 2.

1176 COM (2018) 26 final, S. 4.

1177 SWD (2018) 15 final, S. 15.

Nach Vorlage des CEN Strategic Plans vermittelt sich der Eindruck, dass nun zunächst eine Ruhephase einkehrt. So werden die Arbeiten an den mandatierten Dienstleistungsnormen wie zu Dienstleistungsverträgen unter dem Mandat M/517 fortgesetzt. Seit 2018 scheint sich die Kommission stärker der IKT-Normung zuzuwenden.[1178] Auch für das Jahr 2019 wird der Dienstleistungsnormung im Arbeitsprogramm der Kommission keine Priorität zugesprochen. Schwerpunkte der Normung liegen u. a. im Bereich des Internets der Dinge, Big Data und Blockchain.[1179] Auch ANEC kritisiert, dass im Entwurf für das Normungsprogramm für das Jahr 2019 die Dienstleistungsnormung nicht besonders erwähnt wird.[1180] Die gleiche Kritik äußert ANEC mit Blick auf den Entwurf für das Arbeitsprogramm für das Jahr 2020.[1181] Auch in der endgültigen Fassung des Normungsprogramms für das Jahr 2020 wird nicht speziell auf die Dienstleistungsnormung eingegangen. Stattdessen werden u. a. das Internet der Dinge und Künstliche Intelligenz thematisiert.[1182] Die weitere Entwicklung der Dienstleistungsnormung bleibt abzuwarten.

VIII. Exkurs: Sicherheit von Dienstleistungen durch Qualitätsregelungen in Dienstleistungsnormen?

Sicherheit stellt keine absolute Größe dar. Sie lässt sich vielmehr als einen »Wert, der nur annäherungsweise erreicht werden kann«, beschreiben.[1183] Mit Blick auf das Verhältnis von Sicherheit und Qualität kann Sicherheit einerseits Grundvoraussetzung für die Qualität von Dienstleistungen sein.[1184]

1178 Siehe auch https://ec.europa.eu/growth/single-market/european-standards/ict-standardisation zur IKT-Normung sowie die Liste zum jährlichen »Rolling plan for ICT standardisation«.

1179 Mitteilung der Kommission an das Europäische Parlament, den Rat, den Europäischen Wirtschafts- und Sozialausschuss und den Ausschuss der Regionen, Das jährliche Arbeitsprogramm der Union für europäische Normung 2019 vom 11.10.2018, COM (2018) 686 final, S. 4.

1180 ANEC Position Paper, Draft Annual Union Work Programme for European Standardisation 2019, S. 7.

1181 ANEC Position Paper, Draft Annual Union Work Programme for European Standardisation 2020, S. 5. Zu Projekten im Entwurf siehe https://ec.europa.eu/docsroom/documents/34764. Siehe auch Anhang der Mitteilung der Kommission an das Europäische Parlament, den Rat, den Europäischen Wirtschafts- und Sozialausschuss und den Ausschuss der Regionen, Das jährliche Arbeitsprogramm der Union für europäische Normung 2020 vom 28.10.2019, COM (2019) 486 final ANNEX.

1182 Mitteilung der Kommission an das Europäische Parlament, den Rat, den Europäischen Wirtschafts- und Sozialausschuss und den Ausschuss der Regionen, Das jährliche Arbeitsprogramm der Union für europäische Normung 2020 vom 28.10.2019, COM (2019) 486 final, S. 5.

1183 *Weiß*, Produktsicherheit, S. 45 zur Produktsicherheit.

Die Europäische Kommission und der Rat betonten im Jahr 2003 vor allem den möglichen Einsatz von Dienstleistungsnormen für die Sicherheit von Dienstleistungen.[1185] Der Rat sah Dienstleistungsnormen als geeignetes Mittel an, um die Sicherheit von Dienstleistungen zu regeln.[1186] So hob der Rat hervor, dass mandatierte Normen für die Sicherheit von Dienstleistungen mitgliedstaatliche Politiken »unterstützen oder ergänzen können.«[1187] Nach Ansicht von *Micklitz* ist dort bereits eine Vorbereitung für die spätere Regelung in Art. 26 der Dienstleistungsrichtlinie zu sehen.[1188]

Nach Art. 26 V RL 2006/123/EG soll die Entwicklung freiwilliger europäischer Normen gefördert werden, um die Vereinbarkeit der von Dienstleistungserbringern aus verschiedenen Mitgliedstaaten erbrachten Dienstleistungen, die Information der Dienstleistungsempfänger und die Qualität zu verbessern. Die Verbesserung der Sicherheit wird hier jedoch nicht als Ziel genannt. Auch die Verbraucherorganisation ANEC bemängelte, dass die Dienstleistungsrichtlinie Sicherheitsaspekte nicht hinreichend beachte[1189] und bezog sich auf eine von ihr in Auftrag gegebene Studie.[1190]

So kritisiert die Studie den fehlenden regulatorischen Rahmen für die Normung im Dienstleistungsbereich. Neben der Empfehlung zur Einführung eines quasi-New Approach im Dienstleistungsbereich befürwortet die Studie weitere Maßnahmen mit Blick auf die Sicherheit von Dienstleistungen. So empfiehlt sie u. a. die Ausdehnung der Richtlinie über die allgemeine Produktsicherheit[1191] auf Dienstleistungen sowie einen Kommissionsvorschlag zur Haftung bei unsiche-

1184 *Van Leeuwen*, Services, S. 144. Siehe auch *van Leeuwen*, Services, S. 213 mit einem Beispiel zur Nähe von Qualität und Sicherheit. Siehe aber *van Leeuwen*, Services, S. 214 mit einem Gegenbeispiel.

1185 KOM 2003 (313) S. 23 Nr. 55, Entschließung des Rates vom 1. Dezember 2003 über die Sicherheit von Dienstleistungen für Verbraucher, ABl. 2003 C 299/01, Ziffer 11. Dazu genauer auch Kapitel 3.A.I.

1186 *Micklitz*, Services Standards, S. 72.

1187 Entschließung des Rates vom 1. Dezember 2003 über die Sicherheit von Dienstleistungen für Verbraucher, ABl. 2003 C 299/01, Ziffer 11.

1188 *Micklitz*, Services Standards, S. 72. Siehe auch *Busch*, Architekten im Binnenmarkt, S. 221, wonach dieser neue Regulierungsansatz einen ersten Einzug in Art. 26 V RL 2006/123/EG bekommen habe. Siehe auch *Micklitz*, Liber amicorum, S. 483 (486): »History demonstrates that the European Commission has systematically prepared the ground for standardising services as a supplement to the Service Directive, thereby overruling possible rejections against privatisation of safety matters.«

1189 ANEC Position Paper on services standardisation, S. 1.

1190 *Micklitz*, Services Standards: Defining the Core Consumer Elements and their Minimum requirements, 2007. Siehe dort etwa S. 57.

1191 RL 2001/95 EG des Europäischen Rats und des Europäischen Parlaments vom 3. Dezember 2011 über die allgemeine Produktsicherheit, ABl. 2002 L 11/4.

ren Dienstleistungen.[1192] Auch die Verbraucherorganisation ANEC schloss sich der Empfehlung der Studie zur Einführung eines »quasi-New Approach« an. So solle auf europäischer Ebene ein gesetzliches Rahmenwerk zur Sicherheit, Qualität und Haftung von Dienstleistungen geschaffen werden.[1193]

Mit Blick auf die Motive für die Dienstleistungserarbeitung ist festzustellen, dass die Kommission und der Rat im Jahr 2003 vor allem den Sicherheitsaspekt hervorheben (s. o.). Das Normungspaket aus dem Jahr 2016 legt hingegen den Fokus auf die Verbesserung des grenzüberschreitenden Dienstleistungsverkehrs.[1194] Daneben steht insbesondere die Qualitätssteigerung im Vordergrund,[1195] ein Aspekt, den auch schon Art. 26 V RL 2006/123/EG betont.[1196] Trotzdem vermittelt sich der Eindruck, dass die Europäische Kommission weiterhin auch die Sicherheit von Dienstleistungen stärken will. So betont die Kommission in der Mitteilung der Kommissionsdienststellen zum Normungspaket, dass Dienstleistungsnormen die Qualität, inklusive die Sicherheit, erhöhen können.[1197] Nach Ansicht der Kommission kann somit auch durch Dienstleistungsnormen die Sicherheit verbessert werden.[1198]

Die Einsatzmöglichkeit von Dienstleistungsnormen zur Stärkung der Sicherheit erkennt auch der Final Report Phase 1 zum Mandat M/517 an. So wird der Hauptbeweggrund für die Entwicklung von horizontalen Dienstleistungsnormen unter dem Mandat in deren Potential zur Förderung des Binnenmarktes für Dienstleistungen gesehen. Trotzdem könnten Dienstleistungsnormen auch zu anderen Zielen wie der Sicherheit beitragen.[1199] Zudem zeigt sich in der Analyse zu typischen Inhalten von Dienstleistungsnormen,[1200] dass die in der Studie von ANEC herausgearbeiteten Basisanforderungen, die bei verbraucher-

---

1192 *Micklitz*, Services Standards, S. 206. Dort ebenso zur Empfehlung eines »quasi-New Approach«.

1193 ANEC Position Paper on services standardisation, S. 2f. Siehe auch S. 3 zur genauen Ausgestaltung des quasi New Approach. Hier verweist ANEC auf das Modell in der Richtlinie 2005/32/EG, welche jedoch durch die Richtlinie 2009/125/EG aufgehoben wurde.

1194 COM (2016) 358 final, S. 11f.; SWD (2016) 186 final, S. 1.

1195 SWD (2016) 186 final, S. 5.

1196 Siehe dazu auch *van Leeuwen*, Services, S. 24. Siehe auch *Micklitz*, in: *Cafaggi/Muir Watt*, Regulatory Function, S. 16 (53) zu europarechtlichen vertraglichen Regelungen zu Dienstleistungen: »The big issue is the regulation of quality of the service which constitutes the major subject of co-regulation and self-regulation.«

1197 SWD (2016) 186 final, S. 5.

1198 Anders wohl zum Unterschied zwischen Qualitäts- und Sicherheitsstandards: *Delimatsis*, ELR 41 (2016), 513 (532) zum jährlichen Arbeitsprogramm der Union im Jahr 2015.: »…the work programme initiates a long awaited discussion: whether safety (as opposed to quality) standards in services should also be part of the agenda of ESOs for the years to come.«

1199 M/517 Phase 1, Final Report, S. 17 Fn. 3.

1200 Siehe Kapitel 1.B.III.1.a).

relevanten Dienstleistungsnormen beachtet werden sollen,[1201] immer mehr respektiert werden. Insgesamt wird deutlich, dass durch die Regelung von Qualitätsbestimmungen auch gleichzeitig die Sicherheit von Dienstleistungen gestärkt wird.

Auch Fragen der Haftung rücken unter dem Mandat M/517 in den Vordergrund.[1202] Mit Blick auf die Sicherheit von Dienstleistungen hat die Europäische Kommission bereits einmal einen Vorschlag zur Haftung von Dienstleistungen vorgelegt,[1203] jedoch wurde dieser wieder zurückgezogen.[1204]

Hojnik betont jedoch zu Recht, dass der Fokus der EU und der Mitgliedstaaten auf die Servitization einer Diskussion über eine Richtlinie zur Haftung von Dienstleistern neuen Schwung geben kann.[1205]

1201 *Micklitz*, Services Standards, S. 193 ff: education and skills; equipment and premises; pre-contractual stage and contract conclusion; content of contract; post-contractual stage; monitoring and inspection. So sehen viele Dienstleistungsnormen, wie auch von der Studie empfohlen (S. 201), Regelungen zu Versicherungen für eine Haftung vor (z. B. Ziffer 7 DIN EN 15733:2011-07). Regelungen zu den Rechten des Kunden bei einer Vertragsverletzung, wie von der Studie empfohlen (S. 201), sind in Dienstleistungsnormen jedoch kaum zu finden, so auch *Busch*, Architekten im Binnenmarkt, S. 229.

1202 Siehe dazu *Delimatsis*, ELR 41 (2016), 513 (531): »Issues of professional liability.... seem to have become priority for the EU Commission. Annex I of the Mandate M 517 could not have been more eloquent on this.«

1203 Vorschlag für eine Richtlinie des Rates über die Haftung von Dienstleistungen v. 24. 10. 1990, ABl. 1991 Nr. C 12/8.

1204 Mitteilung der Kommission Betreffend neue Ausrichtungen in Sachen Haftung bei Dienstleistungen vom 23. 06. 1994, KOM (94) 260. Näher dazu *Micklitz*, in *Micklitz/Reich/Rott*, EU Consumer Law, S. 215 (251); *Wurmnest*, Haftungsrecht, S. 66f. Zu der Dienstleistungsrichtlinie und der Haftung für die Sicherheit von Dienstleistungen siehe *Micklitz*, Services Standards, S. 74. *Micklitz* weist darauf hin, dass die nicht-zwingenden Regelungen in der Dienstleistungsrichtlinie zur Berufshaftpflichtversicherung und zu Sicherheiten wohl als ausreichend angesehen werden. Nach Art. 23 I RL 2006/123/EG können die Mitgliedstaaten sicherstellen, dass Dienstleister, deren Dienstleistungen ein Sicherheitsrisiko darstellen, eine Berufshaftpflichtversicherung abschließen oder eine vergleichbare Sicherheit oder Vorkehrung vorsehen. Siehe auch zu dieser Bestimmung *Micklitz*, in: *Micklitz/Reich/Rott*, EU Consumer Law, S. 215 (252).

1205 Siehe näher *Hojnik*, CMLR 53 (2016), 1573 (1601). Siehe auch *Micklitz*, in: *Micklitz/Reich/Rott*, EU Consumer Law, mit »Proposed draft for a EC regulation/directive on the liability for the safety of services«, S. 253ff. nach der Studie von *Magnus/Micklitz*, Liability for the Safety of Services, S. 573–580.

B. Die Einordnung von europäischen Dienstleistungsnormen in ein europäisches Harmonisierungskonzept

Im Anschluss an diese Darstellung zur historischen Entwicklung von europäischen Dienstleistungsnormen stellt sich die Frage, wie diese in das Konzept der europäischen Harmonisierungsbestrebungen einzuordnen sind. Europäische Dienstleistungsnormen als private Regelungsinstrumente[1206] werden bei den europäischen Normungsorganisationen erstellt[1207] und unterfallen somit nicht den klassischen Regulierungsinstrumenten wie der Richtlinie und Verordnung. Auch ein New Approach wurde bisher nicht für den Dienstleistungsbereich entwickelt.[1208] Dennoch können auch Dienstleistungsnormen als selbstregulative Maßnahme einen Beitrag zur Harmonisierung leisten.[1209]

Sie können als Auslegungshilfe für Richtlinien und Verordnungen dienen und bei unbestimmten Rechtsbegriffen und Generalklauseln »Harmonisierungslücken« schließen. Insofern sind sie als »Teil eines erweiterten Acquis communautaire« einzuordnen und nehmen die Rolle eines »Harmonisierungsverstärkers« ein.[1210] Die Europäische Kommission ordnet Dienstleistungsnormen eine hervorgehobene Rolle zur Vervollständigung des Binnenmarktes für Dienstleistungen zu.[1211] Insofern könnten Dienstleistungsnormen »eine ›dritte Spur‹ der Qualitätssicherung zwischen staatlicher Rahmensetzung und freiberuflicher Selbstregulierung«[1212] darstellen.

1206 Siehe BGH, NJW 2013, 2271 (2272 Rn. 26) zu DIN Normen: »private technische Regelungen mit Empfehlungscharakter«.

1207 Zum Verfahren der Normerstellung auf europäischer Ebene siehe Kapitel 1.C.

1208 *Van Leeuwen*, Services, S. 45, 146.

1209 Zur Rolle der Selbst-Regulierung zur Harmonisierung des europäischen Vertragsrechts: *Cafaggi*, in: *Collins*, Standard Contract Terms, S. 93ff. Siehe auch *Micklitz*, Service Standards, S. 21, wonach Dienstleistungsnormung zur Harmonisierung von Verträgen führen könnte.

1210 *Busch*, NJW 2010, 3061 (3066). Siehe auch *Delimatsis*, in: *Delimatsis*, The Law, Economics and Politics, S. 1 (5) zur Funktion von *soft law* wie Normen als »gap-fillers for ›harder‹ forms of law.«

1211 Siehe etwa SWD (2016) 186 final, S.1; COM (2015) 550 final, S. 15.

1212 *Busch*, der freie Beruf 1-2/2014, 6. Siehe auch *Busch*, Architekten im Binnenmarkt, S. 280f.

I. Die Rolle der Selbst- und Ko-Regulierung in der Europäischen Union

Der Einsatz eines nicht-gesetzgeberischen Instruments in Form von Dienstleistungsnormen zur Vervollständigung des Binnenmarktes ist insofern nicht neu. Auf europäischer Ebene wird der Einsatz von Selbst- und Ko-Regulierung schon seit längerer Zeit erörtert.[1213]

Im Weißbuch aus dem Jahr 2001 betonte die Kommission, dass sie weniger Eingriffe »von oben« vornehmen müsse »und ihre klassischen Politikinstrumente durch nichtgesetzgeberische Maßnahmen« ergänzen müsse.[1214] Rechtsvorschriften seien »oft nur Teil einer umfassenderen Lösung, die förmliche Bestimmungen mit anderen nicht bindenden Instrumenten... oder auch Selbstverpflichtungen innerhalb eines gemeinsam festgelegten Rahmens verknüpft.« Auch die Ko-Regulierung wurde hier als mögliches Instrument zum Erreichen von EU-Zielen genannt.[1215]

Im Jahr 2002 folgte die Mitteilung zum Aktionsplan »Vereinfachung und Verbesserung des Regelungsumfelds.« Die Kommission schlug die stärkere Nutzung der Ko-Regulierung vor.[1216] Auch wies die Kommission auf Alternativen zur Rechtsetzung in Form der Selbstregulierung hin, sodass auf einen Rechtsakt verzichtet werden könne. Hier findet sich auch die folgende Formulierung mit Blick auf ein Verhalten der Kommission: »Sie kann weiter – etwa durch Empfehlungen – den Rückgriff auf die Selbstregulierung zwischen den betroffenen Parteien anregen, um den Erlass von Rechtsvorschriften zu vermeiden, ohne dabei jedoch auszuschließen, dass doch ein Rechtsakt erlassen wird, wenn sich die Selbstregulierung als unzureichend oder unwirksam erweist.«[1217]

Insofern lässt sich aus diesem älteren Dokument ein Rückschluss auf das aktuelle Verhalten der Kommission zur Dienstleistungsnormung ziehen. So zeigt sich momentan, dass die Kommission die Dienstleistungsnormung durch ein

---

1213 Siehe zum Folgenden auch *Eliantonio/Medzmariashvili*, LIEI 44 no. 4 (2017), 323 (323f.). Siehe auch *Micklitz*, in: *Cafaggi/Muir Watt*, Regulatory Function S. 16 (17) zur Regulierung von Dienstleistungen in der EU zur Gestaltung besonderer Bereiche vertraglicher Beziehungen: »...overall tendency to combine traditional with less traditional instruments, although the latter are gaining more and more importance in terms of quantity and quality...« Siehe auch S. 28, wonach im europäischen Dienstleistungsrecht eine Tendenz besteht, sich von traditionellen Regulierungsinstrumenten zu nicht-traditionellen Instrumenten zu bewegen. Zu den Begriffen »traditional regulatory instruments« und »less traditionell regulatory instruments«: *Ogus*, in: *Cafaggi/Muir Watt*, Regulatory Funktion S. 3 (7f.).

1214 Kommission der Europäischen Gemeinschaften, Europäisches Regieren. Ein Weissbuch vo 25.7.2001, KOM (2001) 428 endg., S. 5.

1215 KOM (2001) 428 endg., S. 27. Siehe auch *Delimatsis*, CMLR 47 (2010), 1049 (1068).

1216 Mitteilung der Kommission, Aktionsplan »Vereinfachung und Verbesserung des Regelungsumfelds« vom 5.6.2002, KOM (2002) 278 endg., S. 13.

1217 KOM (2002) 278 endg., S. 12.

verstärktes Engagement fördern und voranbringen will. Gleichzeitig schließt sie jedoch damit ein gesetzgeberisches Vorgehen nicht aus. Vielmehr wäre dies der nächste Schritt, sofern ihr jetziges Vorgehen sich nicht als hinreichend förderlich erweist.

In der Interinstitutionellen Vereinbarung zwischen Parlament, Rat und der Kommission über bessere Rechtsetzung aus dem Jahr 2003 wurde auch auf den Subsidiaritäts- und Verhältnismäßigkeitsgrundsatz hingewiesen, sodass Rechtsvorschriften nur dort erlassen werden sollen, wo es erforderlich ist. In bestimmten Fällen könne auf alternative Regulierungsmechanismen zurückgegriffen werden.[1218] Auch hier wurde auf die Selbst- und Ko-Regulierung eingegangen.[1219]

Die Selbst- und Ko-Regulierung griff die Kommission auch in der Mitteilung »Bessere Ergebnisse durch bessere Rechtsetzung – Eine Agenda der EU« aus dem Jahr 2015 auf. Hier hob die Kommission auch »gut-konzipierte nichtgesetzgeberische Möglichkeiten« als etwaige Lösungsansätze hervor und verwies zusätzlich auf die Grundsätze für eine bessere Selbst- und Ko-Regulierung.[1220] Insofern zeigt sich, dass Dienstleistungsnormen als selbstregulatorische Maßnahmen[1221] sich in ein langfristiges Konzept auf europäischer Ebene einordnen.

II. Der Begriff »soft law«

Mit der Dienstleistungsnormung wurde in der Dienstleistungsrichtlinie ein »soft law approach«[1222] gewählt. Erweist sich der Begriff »soft law« auch als schwierig zu definieren,[1223] und ist er auch nicht unumstritten,[1224] fallen nach *Senden*

1218 Europäisches Parlament, Rat, Kommission, Interinstitutionelle Vereinbarung »Bessere Rechtsetzung«, ABl. 2003 C 321/2 Ziffer 16, siehe auch *Eliantonio/Medzmariashvili*, LIEI 44 no. 4 (2017), 323 (323f.)

1219 Interinstitutionelle Vereinbarung »Bessere Rechtsetzung«, ABl. 2003 C 321/3, Ziffern 18–23. Diese Interinstitutionelle Vereinbarung wurde mit der Vereinbarung aus dem Jahr 2016 ersetzt, welche sich hauptsächlich mit delegierten Rechtsakten und Durchführungsrechtsakten beschäftigt; Interinstitutionelle Vereinbarung zwischen dem Europäischen Parlament, dem Rat der Europäischen Union und der Europäischen Kommission über bessere Rechtsetzung, Interinstitutionelle Vereinbarung vom 13. April 2016 über bessere Rechtsetzung, ABl. 2016 L 123/1; siehe *Eliantonio/Medzmariashvili*, LIEI 44 no. 4 (2017), 323 (323 Fn. 3). Siehe auch *Dawson*, CMLR 53 (2016), 1209 (1231) zu den Unterschieden zwischen den beiden Vereinbarungen mit Blick auf alternative Regulierungsmechanismen.

1220 COM (2015) 215 final, Ziffer 3.1 und dortige Fn. 7; siehe auch *Eliantonio/Medzmariashvili*, LIEI 44 no. 4 (2017) 323 (324).

1221 Zur Selbstregulierung siehe *Spindler/Thorun*, MMR-Beilage 2016, Heft 6, 1 (5).

1222 *Delimatsis*, ELR 41 (2016), 513 (527).

1223 *Müller-Graff*, EuR 2012, 18. So sei der Begriff »soft law« in der Literatur »eine Domäne des Völkerrechts und der Selbstbindung privater Unternehmen, vergleichsweise wenig bislang

hierunter Verhaltensregeln, die zwar selbst nicht rechtlich bindend sind, aber dennoch gewisse (indirekte) Rechtswirkungen haben. Diese sind auch beabsichtigt und können praktische Auswirkungen haben.[1225] Wird diese Definition des *soft law* auf europäische Dienstleistungsnormen übertragen, enthalten diese nicht bindende Verhaltensregeln, insbesondere mit Blick auf Vorgaben für den Dienstleistungserbringer. Diese Normen könnten Rechtswirkungen mit praktischen Auswirkungen haben.

Auch wenn der Begriff *soft law* angesichts des nicht-bindenden Charakters mit Flexibilität verbunden wird, sollte nicht übersehen werden, dass die Rechtswirkungen eines derartigen Instruments wiederum die Flexibilität in Zweifel ziehen können.[1226]

Korkea-Aho weist auf die Differenzierung zwischen rechtlicher Verbindlichkeit und rechtlichen Wirkungen hin (»legal bindingness and legal effects«). Die rechtlichen Wirkungen von *soft law* beziehen sich auf das Potential, legitime Erwartungen bei Individuen und Unternehmen hervorzurufen oder Rechtsbegriffe (»terms of hard law«) zu definieren oder zu verdeutlichen.[1227]

Übertragen auf die Dienstleistungsnormung bedeutet es, dass trotz des freiwilligen Charakters von Dienstleistungsnormen die Einhaltung der Voraussetzungen vom Markt erwartet und auf diese Weise eine Rechtsangleichung erreicht wird.[1228] Momentan scheint sich jedoch, auch angesichts des relativ neuen Normungsfeldes der Dienstleistungsnormung[1229] und der vor allem im Gesundheitsbereich fehlenden Akzeptanz,[1230] eine derartige Entwicklung noch nicht anzubahnen.

---

des Europäischen Unionsrechts.« Siehe dort auch kritisch zu verschiedenen Begriffsdefinitionen S. 20. Zu weiteren Definitionen in der Literatur *Senden*, Soft Law, S. 111f.

1224 Zur Kritik am Begriff »soft law« siehe etwa die Nachweise bei *Senden*, Soft Law, S. 109f.

1225 »Rules of conduct that are laid down in instruments which have not been attributed legally binding force as such, but nevertheless may have certain (indirect) legal effects, and that are aimed at and may produce practical effects.«, *Senden*, Soft Law, S. 112. Siehe auch *Delimatsis*, CMLR 47 (2010), 1049 (1069). Eine Definition bietet auch *Müller-Graff*, EuR 2012, 18 (22), der als Beispiel auch technische Normen nennt.

1226 Näher *Korkea-Aho*, 16 MJ 3 (2009) 271 (273).

1227 *Korkea-Aho*, 16 MJ 3 (2009) 271 (275).

1228 Nach Ansicht von *van Leeuwen*, Services, S. 20, genügt Marktdruck allein nicht, um eine Rechtsannäherung (convergence) zu erreichen. *Van Leeuwen* sieht die Annäherung als einen Prozess aus zwei Phasen: zunächst erfolgt die Normerstellung auf europäischer Ebene und anschließend die Anwendung im Privatrecht auf nationaler Ebene. Entscheidend für eine Rechtsannäherung sei die zweite Phase in Form der Anwendung der Norm durch die Praxis. Diese Anwendung in der Praxis führe dann zu einer Anwendung im Zivilrecht.

1229 *Van Leeuwen*, Services, S. 146: s.a. *Delimatsis*, ELR 41 (2016), 513: »unchartered territory«.

1230 Zur fehlenden Akzeptanz im Gesundheitsbereich siehe etwa: *Wienke/Kuball*, MedR 2016, 301 ff; *Bundesärztekammer*, Dossier 10. April 2014.

Daneben kann die konkrete Ausgestaltung der Eingliederung einer grundsätzlich freiwillig zu befolgenden Norm auch zu einem »faktischen Befolgungszwang«[1231] führen. Gerade mit Blick auf die Ko-Regulierung erweist sich ein tatsächlich freiwilliger Charakter als zweifelhaft. So ist im New Approach die Einhaltung einer technischen Norm zwar nicht zwingend, da die Richtlinienkonformität auch auf andere Weise dargelegt werden kann als durch Befolgung der Norm. Allerdings begründet die Einhaltung die widerlegbare Vermutung der Richtlinienkonformität, sodass für Unternehmen die Einhaltung der Norm der einfachste Weg ist, die Richtlinienkonformität sicherzustellen.[1232]

Existiert bis jetzt zwar kein New Approach im Dienstleistungsbereich,[1233] sind im Verlauf dieser Arbeit jedoch andere Ansätze genauer zu untersuchen, mittels derer sich *soft law* im Bereich der Dienstleistungsnormung derart entwickeln kann, dass trotz einer fehlenden Rechtsverbindlichkeit eine Rechtsangleichung erzielt werden kann.[1234] So ist zu ermitteln, auf welche Weise der *soft law*-Ansatz bei Dienstleistungsnormen sich weiterentwickeln lässt, sodass er stärker in Richtung einer Ko-Regulierung tendiert. Zunächst ist jedoch auf die verschiedenen Funktionen von *soft law* einzugehen.

III. Funktionen von *soft law*

An dieser Stelle lässt sich an die Untersuchung von *Senden* anknüpfen, in der sie *soft law* drei Funktionen[1235] zuordnet.

Zunächst kann *soft law* eine sogenannte »pre-law function« haben.[1236] Ein *soft law*-Instrument geht einer späteren Gesetzgebung voraus.[1237] *Senden* unterteilt die »pre-law function« noch einmal in zwei Kategorien. So kann *soft law* zunächst verabschiedet werden, um die Notwendigkeit und das Bedürfnis nach einer späteren gemeinschaftsrechtlichen Gesetzgebung beurteilen zu können. Weiterhin kann *soft law* dazu dienen, eine spätere Gesetzgebung zu vereinfachen,

---

1231 *Röthel*, JZ 2007, 755 (759).

1232 Siehe dazu *Buck-Heeb/Diekmann*, Selbstregulierung, S. 170; *Hettne*, LIEI 44 no. 4 (2017), 409 (416f.); *Röthel*, JZ 2007, 755 (759).

1233 *Van Leeuwen*, Services, S. 146.

1234 Siehe auch *Busch*, JbJgZRWiss 2007, 293 (310ff.) zum *soft law* als Harmonisierungsinstrument.

1235 Hierzu zählen die *pre-law, post-law* und *para-law function*, siehe *Senden*, Soft law, S. 119f. Die *pre-law* und *para-law function* wurden von *Thürer*, in: *Jacot-Guillarmod/Pescatore*, L'avenir, S. 131 (133) ermittelt, so *Senden*, Soft Law, S. 119. Siehe auch *Knauff*, Regelungsverbund, S. 378ff., der zwischen rechtsvorbereitendem, rechtsbegleitendem und rechtsersetzendem Soft Law differenziert.

1236 *Senden*, Soft Law, S. 120.

1237 *Korkea-Aho*, 16 MJ 3 (2009), 271 (275).

indem Unterstützung für die darin enthaltenen Regeln geschaffen oder erhöht wird.[1238] Insofern ist das *soft law*-Instrument für Mitgliedstaaten auch mit Blick auf eine spätere Gesetzgebung relevant. Denn bei gesetzgeberischen Maßnahmen wollen sich Mitgliedstaaten in Verhandlungen einmischen, Änderungen vorschlagen oder aber ein gesetzgeberisches Handeln komplett verhindern. Das Ignorieren des *soft law*-Instrumentes, indem auf die fehlende rechtliche Verbindlichkeit abgestellt wird, entspricht somit nicht den Interessen der Mitgliedstaaten.[1239]

Als zweite Funktion nennt *Senden* die »post-law function«. Hier dient ein *soft law*-Instrument dazu, zeitlich nach einer gesetzlichen Regelung diese zu ergänzen oder zu unterstützen. So kann *soft law* die richtige Auslegung und einheitliche Anwendung der gesetzlichen Regelung vereinfachen.[1240]

Neben diesen beiden Funktionen kann *soft law* auch eine sogenannte »para-law function« übernehmen. Hier wird es als Alternative zu einer gesetzgeberischen Regulierung eingesetzt. *Soft law* kann in dieser Funktion einerseits eine dauerhafte Alternative sein, andererseits auch eine bloß zeitweise Vorgehensweise vor einer späteren gesetzlichen Regulierung darstellen.[1241] Es wird hier für Bereiche genutzt, in denen Mitgliedstaaten sensibel gegenüber gemeinsamen gesetzlichen Bestimmungen sind und gesetzliche Maßnahmen blockieren könnten.[1242]

Ein derartiger Ansatz könnte sich gerade für Dienstleistungen als sinnvoll erweisen, da deren Regulierung sich in der Union als schwierig erwiesen hat.

So sah der ursprüngliche Entwurf der Dienstleistungsrichtlinie noch das Herkunftslandsprinzip vor. In die verabschiedete Richtlinie wurde dieses Prinzip jedoch nicht aufgenommen. Hier zeigt sich das fehlende Vertrauen innerhalb der Mitgliedstaaten. So werden Dienstleistungen und Dienstleistungserbringer aus anderen Mitgliedstaaten mit Misstrauen gesehen, die die vermeintlich besondere Qualität und Sicherheit heimischer Dienstleistungen bedrohen.[1243] Erweisen sich klassische Regulierungsansätze als nicht zu erreichen und sind Mitgliedstaaten gegenüber gemeinsamen Bestimmungen zurückhaltend, könnte über *soft law* hingegen eine Rechtsangleichung erzielt werden.[1244] In dieser Hinsicht könnten

1238 *Senden*, Soft Law, S. 120.

1239 *Korkea-Aho*, 16 MJ 3 (2009), 271 (275).

1240 *Senden*, Soft Law, S. 120. Diese Funktion kann manchmal auch dazu dienen, Kompetenzregeln nicht anwenden zu müssen, so *Korkea-Aho*, 16 MJ 3 (2009) 271 (276).

1241 *Senden*, Soft Law, S. 120.

1242 *Korkea-Aho*, 16 MJ 3 (2009), 271 (280).

1243 *Delimatsis*, CMLR 47 (2010), 1049 (1052 f). Siehe auch *Delimatsis*, CMLR 47 (2010), 1049 (1050), der auf die fehlende »›thinking European‹ mentality« (COM (2002) 441 final, S. 45 englische Fassung) hinweist.

1244 Siehe hierzu *Korkea-Aho*, 16 MJ 3 (2009), 271 (273); siehe auch *Delimatsis*, CMLR 47 (2010), 1049 (1051) zum fehlenden Herkunftslandsprinzip in der Dienstleistungsrichtlinie und der Rolle von Codes of Conduct als »alternative, soft method of progressive

Dienstleistungsnormen angesichts der Schwierigkeiten einer gesetzlichen Regulierung eine »para-law«-Funktion übernehmen.

Zwar beschränkt *Senden* ihre Untersuchung zu *soft law* im europäischen Gemeinschaftsrecht auf diejenigen Instrumente, die einseitig von der Kommission und vom Rat der Europäischen Union stammen. Sie befasst sich nicht mit Selbstregulierung und Ko-Regulierung sowie mit Normen von CEN.[1245] Dennoch können aus dieser Kategorisierung auch Schlussfolgerungen für Dienstleistungsnormen gezogen werden, um zu ermitteln, ob sie als Alternative zu einer Gesetzgebung zur Rechtsangleichung beitragen können. Als Vergleichsmaßstäbe bieten sich insbesondere europäische Dienstleistungsnormen an, die von der Kommission mandatiert wurden, aber auch solche, bei denen sich die Kommission stärker in den Normungsprozess einbringt.

Damit *soft law* als Alternative zur Gesetzgebung dienen kann und eine »para-law«-Funktion übernimmt,[1246] muss es neben der allgemeinen Definition von *Senden* zum *soft law* (s. o.) noch weitere Merkmale besitzen. Hierfür müssen *soft law*-Instrumente die gleichen allgemeinen Elemente wie gesetzgeberische Instrumente aufweisen. Hiervon ausgenommen ist die rechtliche Bindungswirkung. So müssen normative Verhaltensregeln in *soft law*-Instrumenten genereller Natur sein, d. h. sie müssen auf objektivierte festgelegte Situationen und offene Personengruppen anwendbar sein. Weiterhin müssen diese generellen Regeln auch externer Natur sein und auf Außenstehende wie Mitgliedstaaten, Individuen oder Unternehmen anwendbar sein. Entscheidend ist darüber hinaus, dass ähnliche Ziele wie bei einem gesetzgeberischen Handeln verfolgt werden. Gesetzgeberische Maßnahmen enthalten positive Integrationsmaßnahmen, die auf Harmonisierung oder Vereinheitlichung nationaler Gesetze zielen.[1247]

Können europäische Dienstleistungsnormen auch unter die allgemeine Definition von *Senden* gefasst werden, stellt sich die Frage, ob sie ebenso die weiteren von *Senden* aufgeführten Voraussetzungen erfüllen.

---

rule-making«. Vgl. auch *Whittaker*, ERCL 1 (2006), 51 (53) zum Ansatz der Kommission zu einheitlichen europäischen AGB mittels eines soft law Ansatzes: »How much less threatening, both to national legal tradition and to freedom of contract to leave the necessary harmonisation of normative regulation to the parties themselves, acting through their representatives!«.

1245 *Senden*, Soft Law, S. 113, 30. Zu den Instrumenten, die *Senden* als *soft law* einordnet, siehe *Senden*, Soft Law, S. 219 ff. Siehe weiter *Schwarze*, in: *Iliopoulos-Strangas/Flauss*, S. 234 ff. zu den Formen des Soft Law in der Europäischen Union. Kennzeichnend sei u. a., dass regelmäßig ein Organ der EU agiere und Verhaltensregeln aufstelle.

1246 *Senden*, Soft Law, S. 458.

1247 *Senden*, Soft Law, S. 117, 458. Zur Definition von Harmonisierung (harmonization) und Rechtsvereinheitlichung (unification), *Senden*, Soft Law, S. 45 f., 458.

Dienstleistungsnormen beinhalten normative Verhaltensregeln.[1248] Sie sind genereller Natur und enthalten Vorgaben für den Dienstleistungserbringer in objektiv bestimmbaren Situationen. Weiterhin sind sie auch nach außen hin anwendbar und somit externer Natur.

Mit Blick auf die verfolgten Ziele sind Dienstleistungsnormen ebenfalls mit einer gesetzgeberischen Maßnahme vergleichbar, die auf Harmonisierung oder Rechtsvereinheitlichung abzielt.

So verfolgt die Europäische Kommission mit europäischen Dienstleistungsnormen das Ziel, den europäischen Binnenmarkt für Dienstleistungen zu verbessern.[1249] Nach Art. 26 V RL 2006/123/EG fördern die Mitgliedstaaten in Zusammenarbeit mit der Kommission die Entwicklung von freiwilligen europäischen Standards, um u. a. die Vereinbarkeit der von Dienstleistungserbringern aus verschiedenen Mitgliedstaaten erbrachten Dienstleistungen und die Qualität der Dienstleistungen zu verbessern.

Europäische Dienstleistungsnormen verkörpern insofern positive Integrationsmaßnahmen. An die Stelle einer gegenseitigen Anerkennung nationaler Regelungen tritt eine europäische Norm mit Vorgaben zum Sorgfaltsmaßstab.[1250] Insofern beinhaltet eine Dienstleistungsnorm positive Maßnahmen und zielt auf Harmonisierung. Hierunter fällt die Schaffung von Regeln, die ein gemeinsames Ziel verfolgen, gleichsam aber Raum für nationale Spezifikationen belassen.[1251] Europäische Dienstleistungsnormen sollen Anforderungen für die Qualität der Dienstleistung festlegen. Gleichzeitig enthalten sie bloße Minimalanforderungen, sodass auch höhere Anforderungen gestellt werden können.[1252] Gleichsam lässt sich neben dieser Harmonisierungsabsicht auch eine Vereinheitlichungsstruktur[1253] erkennen. Nationale Dienstleistungsnormen können Handelshemmnisse darstellen[1254] und europäische Dienstleistungsnormen diese nationalen Normen ersetzen.

1248 Siehe die Ausführungen in Kapitel 2.A.III.

1249 Siehe z. B. SWD (2016) 186 final, S. 1: »These [Anm.: European service standards] could contribute to services market integration …«.

1250 Siehe *van Leeuwen*, Services, S. 35. Siehe *van Leeuwen*, Services, S. 34 zu Art. 26 RL 2006/123/EG und der Entwicklung zu einer positiven Integration.

1251 *Senden*, Soft Law, S. 45: »The notion of harmonisation can be said to refer to integration processes that do not lead to the creation of uniform law, but rather to the creation of common frameworks or legal rules establishing a common goal, which leave room for divergent national specification.«

1252 *Van Leeuwen*, Services, S. 35 f.

1253 *Senden*, Soft Law, S. 46: »Unification is of a higher intensity, as it aims at the establishment *of common, uniform EC rules* replacing national ones, with the aim of making a certain legal relation subject to the same rules.« (Hervorhebung im Original).

1254 *Busch*, NJW 2010, 3061 (3062). Siehe zu den Barrieren, die durch nationale Normen für Dienstleister bestehen SWD (2016) 186 final, S. 7.

Insgesamt erfüllen Dienstleistungsnormen als *soft law* somit die Voraussetzungen der »para-law«-Funktion. Gleichzeitig lässt sich auch eine »post-law«-Funktion feststellen, da sie die Bestimmungen der Dienstleistungsrichtlinie in Art. 26 V RL 2006/123/EG ergänzen.[1255] Möglich scheint auch eine »pre-law«-Funktion, indem sich die Kommission ein späteres gesetzgeberisches Handeln vorbehält.[1256]

IV. Effektivität eines reinen *soft law*-Ansatzes?

Mit einem reinen *soft law*-Ansatz scheint die Dienstleistungsnormung bis jetzt jedoch nicht besonders erfolgreich zu sein. So wurde Art. 26 V RL 2006/123/EG allein auch als »insufficient strong driver« für die Schaffung europäischer Dienstleistungsnormen angesehen.[1257] So stellt sich die Frage, ob eine Rechtsangleichung allein über soft law effektiv sein kann oder ob ein gesetzliches Rahmenwerk wie beim New Approach notwendig ist.

In dieser Hinsicht steht *van Leeuwen* einer Rechtsannäherung durch Dienstleistungsnormen außerhalb eines rechtlichen Rahmens skeptisch gegenüber. Das Fehlen eines europäischen Regulierungsrahmens führe dazu, dass die Anwendung von Dienstleistungsnormen im Vertrags- und Deliktsrecht von den Stakeholdern und Gerichten auf nationaler Ebene abhänge.[1258] Bei Normen im Rahmen des New Approach lasse sich argumentieren, dass die Anwendung im Privatrecht nötig sei, um die Effektivität des New Approach sicherzustellen. Für europäische Dienstleistungsnormen bestehe jedoch kein europäischer Regulierungsrahmen, der die Anwendung von europäischen Dienstleistungsnormen fördere. So sei kein europäischer Anstoß für eine Rechtsannäherung gegeben. Eine Rechtsangleichung sei somit von der Anwendung von europäischen Dienstleistungsnormen als Sorgfaltsmaßstab im nationalen Recht abhängig. Bei

1255 Siehe auch *Cafaggi*, in: *Collins*, Standard Contract Terms, S. 93 (94) zur Funktion von selbstregulativen Maßnahmen als Ersatz und Ergänzung von gesetzgeberischen Maßnahmen.

1256 Vgl., wenn auch nicht direkt zur *pre-law* Funktion: *Korkea-Aho*, 16 MJ 3 (2009), 271 (280): So könne europäisches *soft law*, das von der Kommission ausgeht, auch dazu dienen, das Interesse der Kommission an einer legislativen Reform zu verstecken. So seien den europäischen *soft law*-Dokumenten Erwartungen für nationale Maßnahmen zu entnehmen, wobei auch gesetzgeberische Maßnahmen möglich sind; näher dortige S. 280–283, insb. S. 281 zur Empfehlung 2005/162/EG, ABl. 2005 L 52/51.

1257 *Delimatsis*, ELR 41 (2016), 513 (529). Siehe auch zur Normungsverordnung und der Erweiterung des Anwendungsbereichs auf Dienstleistungen sowie der Möglichkeit, Mandate im Bereich der Dienstleistungsnormung zu erteilen: »This addition to the Regulation indirectly acknowledges the delay (some would call it failure) of the Service Directive in this field.«

1258 *Van Leeuwen*, Services, S. 155, 167f., 170f.

den Gerichten sei unsicher, inwiefern sie eine Verbindung zwischen europäischen Dienstleistungsnormen und einer Haftung herstellen werden. Stakeholder seien ebenfalls zurückhaltend hinsichtlich einer Anwendung angesichts von Repräsentationsproblemen, unzureichender Transparenz und Zugänglichkeit im Normungsverfahren.[1259]

Neben der fehlenden Kontrollmöglichkeit mit Blick auf die beteiligten Personengruppen im Normungsverfahren[1260] zeigt *van Leeuwen* auf, dass ein fehlender Regulierungsrahmen sich negativ auf die mit Dienstleistungsnormen verfolgten Ziele auswirkt. Im Rahmen des New Approach sollen Normen zu einem funktionierenden Binnenmarkt beitragen. Dienstleistungsnormen hingegen würden häufig nicht mit diesem Ziel verfasst. Vielfach stünden Marktschutz und Marktzersplitterung als Ziele hinter der Erstellung von europäischen Dienstleistungsnormen.[1261] Mit der Norm zu Gästeführern sollten ortsansässige Gästeführer geschützt werden, sodass hier protektionistische Erwägungen hinter der Erarbeitung der Norm standen.[1262] Das Fehlen eines gesetzlichen Rahmenwerks wie des New Approach führe dazu, dass die Ziele der Normung nicht kontrolliert werden können.[1263] Diese Feststellung zu privater Regelsetzung ist nicht neu. Auch *Cafaggi* hebt hervor, dass private Regelsetzung einerseits zu einer rechtlichen Integration beitragen kann, diese jedoch andererseits auch, sogar beabsichtigt, das Ziel verfolgen könne, Märkte zu segmentieren.[1264]

Das Bild, das *van Leeuwen* zeichnet, erweist sich als pessimistisch. Nach seiner Ansicht muss die EU mehr Kontrolle über die mit der Dienstleistungsnormung verfolgten Ziele gewinnen. Die Bestimmung des Art. 26 V RL 2006/123/EG und die Normungsverordnung genügten hierfür nicht. Ein New Approach würde sicherstellen, dass Dienstleistungsnormen zum Funktionieren des Binnenmarktes beitragen.[1265]

Ein reiner *soft law*-Ansatz scheint somit nicht ausreichend zu sein, um über Dienstleistungsnormen eine Rechtsangleichung zu erzielen. Vielmehr erweist sich *soft law* als besser dafür geeignet zu sein, gesetzgeberische Regelungen zu ergänzen und zu unterstützen.[1266]

1259 *Van Leeuwen*, Services, S. 215f. Siehe dort S. 215: »no European driver for convergence«.

1260 *Van Leeuwen*, Services, S. 209f.

1261 *Van Leeuwen*, Services, S. 210f.

1262 *Van Leeuwen*, Services, S. 214. Siehe näher hierzu auch *van Leeuwen*, Services, S. 131, 134f., 209, 211.

1263 *Van Leeuwen*, Services, S. 210.

1264 *Cafaggi*, in: *Hartkamp/Hesselink/Hondius*, European Civil Code, S. 91 (98f.). Als Beispiel nennt er technische Normen, die das Ziel verfolgten, bestimmte Unternehmen von einem Markt fernzuhalten.

1265 *Van Leeuwen*, Services, S. 212.

1266 *Cafaggi*, in: *Hartkamp/Hesselink/Hondius*, European Civil Code, S. 91 (100): »Public and private regulation complement rather than substitute one another, although in many

V. Die Einstellung der Europäischen Kommission zu einem New Approach im Dienstleistungsbereich

Um die Dienstleistungsnormung stärker voranzubringen, könnte der New Approach auch im Dienstleistungsbereich eingeführt werden. Einen derartigen Ansatz verfolgt etwa der »Discussion Draft of a Directive on Online Intermediary Platforms«[1267] der *Research Group on the Law of Digital Services* mit Blick auf Reputationssysteme. Dort heißt es in Art. 8 II: »A reputational feedback system must comply with standards of professional diligence«. Die Bestimmung des Art. 8 III stellt wiederum hierfür eine Konformitätsvermutung auf, falls das Reputationssystem freiwilligen nationalen Normen entspricht, die europäische Normen umsetzen, auf welche im Amtsblatt der EU verwiesen wird.[1268] Auf diesem Entwurf baut die endgültige Fassung der »ELI Model Rules on Online Platforms«[1269] auf.[1270]

So stellt sich die Frage, welche Position die Kommission hinsichtlich einer Einführung des New Approach im Dienstleistungsbereich vertritt.

Van Leeuwen hat mit Vertretern von DG Enterprise im Jahr 2012 ein Interview geführt. Zu diesem Zeitpunkt war die Europäische Kommission unsicher über die Vorteile von Dienstleistungsnormen, da immer noch wenige Dienstleistungsnormen existierten und die Dienstleistungsnormung auf den Widerstand von Stakeholdern traf. Bevor weitere Schritte unternommen werden, wollte die Kommission den Widerstand der Stakeholder ebenso wie die Bedenken hinsichtlich einer Wirkung von Dienstleistungsnormen als Hindernisse für den grenzüberschreitenden Dienstleistungsverkehr untersuchen. So habe die Kommission Hinweise erhalten, dass europäische Dienstleistungsnormen Hindernisse für den Binnenmarkt darstellen könnten. Angesichts dieser Zurückhaltung gegenüber der europäischen Dienstleistungsnormung bereitete die Kommission zu der Zeit nicht die Entwicklung eines New Approach vor. Sie sah die Not-

---

contextes, private rule-making has anticipated public regulation, or in de-regulatory ages, has substituted public regulation, being (mistakenly) described as an alternative to legislation.«

1267 *Research Group on the Law of Digital Services*, EuCML 2016, 164 (166ff.).

1268 Bestimmungen der Art. 8 II, III bei *Research Group on the Law of Digital Services*, EuCML 2016, 164 (166f.). Siehe *Busch*, EuCML 2017, 227 (228) und *Busch*, in: *Artz/Gsell*, Verbrauchervertragsrecht, S. 1 (16).

1269 Veröffentlicht bei *Busch/Dannemann/Schulte-Nölke/Wiewiórowska-Domagalska/Zoll*, EuCML 2020, 61, 67ff.

1270 *Busch/Dannemann/Schulte-Nölke/Wiewiórowska-Domagalska/Zoll*, EuCML 2020, 61 (62). Art. 5 II, III stellt nun eine Konformitätsvermutung auf, wenn ein Reputationssystem mit freiwilligen Normen übereinstimmt, die von einer nationalen, europäischen oder internationalen Normungsorganisation angenommen wurden, wie ISO 20488:2018 (Online Consumer Reviews), EuCML 2020, 61 (68).

wendigkeit weiterer Untersuchungen und Überlegungen über die Vorteile von Dienstleistungsnormen.[1271]

Ob die Kommission jedoch immer noch eine derart zurückhaltende Haltung gegenüber Dienstleistungsnormen einnimmt, ist zweifelhaft.

Diese Schlussfolgerung lässt sich aus dem umfassenden Normungspaket der Europäischen Kommission vom 1.6.2016 ziehen, welches u.a. das jährliche Arbeitsprogramm der Union für die europäische Normung 2017 enthält[1272] sowie die Mitteilung »Europäische Normen für das 21. Jahrhundert« umfasst.[1273] Gerade in dieser Mitteilung wird die Dienstleistungsnormung nunmehr als eine der »zentralen Prioritäten des europäischen Normungssystems« genannt.[1274] So betont die Kommission, dass freiwillige europäische Dienstleistungsnormen ebenso Vorteile wie Produktnormen nach sich ziehen können, bemängelt jedoch die mangelnde Anzahl von europäischen Dienstleistungsnormen. So entgingen Dienstleistern, die grenzüberschreitend agieren wollen, viele Möglichkeiten. Es seien Rufe nach »konzertierten europäischen Maßnahmen« aufgekommen.[1275] Die hohe Bedeutung der Dienstleistungsnormung kommt ebenfalls mit der beigefügten Arbeitsunterlage der Kommissionsdienststellen zur Dienstleistungsnormung zum Ausdruck.[1276] Auch in ihrem Arbeitsprogramm für das Jahr 2017 schlägt die Europäische Kommission zur Dienstleistungsnormung u.a. vor, europäische Dienstleistungsnormen stärker zu entwickeln, wobei ein Rahmen zur Überwachung nationaler und sonstiger Dienstleistungsnormen sowie der Markterfordernisse bestehen soll. So sollen Bereiche für die Entwicklung von europäischen Dienstleistungsnormen identifiziert, Prioritäten erstellt und die Entwicklung veranlasst werden.[1277]

Durch das Normungspaket zeigt sich, dass die Europäische Kommission stärker Wert auf die Entwicklung von Dienstleistungsnormen legt und ihre Vorteile anerkennt. Eine zurückhaltende Haltung gegenüber Dienstleistungs-

---

1271 *Van Leeuwen*, Services, S. 70f. Im Interview wurde mit Blick auf Dienstleistungsnormen als mögliche Handelshemmnisse auf die Norm zu Gästeführern Bezug genommen. Siehe auch dort S. 72: »This caution is the result of indications that European standardisation of services might actually be used for market protection purposes rather than for market integration purposes.«

1272 Mitteilung der Kommission an das Europäische Parlament, den Rat und den Europäischen Wirtschafts- und Sozialausschuss, Das jährliche Arbeitsprogramm der Union für europäische Normung 2017 vom 1.6.2016, COM (2016) 357 final.

1273 COM (2016) 358 final.

1274 COM (2016) 358 final, S. 12.

1275 COM (2016) 358 final, S. 11f. Zitat S. 12. Siehe auch AFNOR, Livre Blanc, S. 8 zur geringen Anzahl von Dienstleistungsnormen in Frankreich.

1276 SWD (2016) 186 final.

1277 COM (2016) 357 final, S. 4.

normen[1278] scheint die Kommission insoweit zu dem Zeitpunkt nicht mehr einzunehmen. Während *van Leeuwen* noch auf Bedenken der Kommission hinweist, dass europäische Dienstleistungsnormen als Markthindernisse wirken können,[1279] betont die Kommission in ihrer Mitteilung allein etwaige Probleme für den grenzüberschreitenden Dienstleistungsverkehr durch nationale Dienstleistungsnormen.[1280]

Dennoch verdeutlicht die Kommission im Normungspaket, dass sie mehr Kontrolle über die europäische Dienstleistungsnormung gewinnen will.[1281] So vermittelt sich der Eindruck, dass sie die Entwicklung von europäischen Dienstleistungsnormen stärker überwachen will.

Erkennbar wird diese Feststellung u. a. durch das Arbeitsprogramm der Union für europäische Normung 2017. Eine Analyse der Kommission soll erforschen, ob »Konflikte oder Überschneidungen zwischen nationalen Dienstleistungsnormen beziehungsweise Lücken mit Blick auf die zehn Prioritäten der Kommission bestehen.« Über die Erteilung von Normungsaufträgen oder über eine Empfehlung an CEN zur Entwicklung von Normen will sie auf der Grundlage eines jährlichen Berichts an Parlament und Rat entscheiden. Weiterhin will sie sich bis Ende 2016 mit europäischen und nationalen Einrichtungen und Interessenvertretern »auf Prioritätskriterien für europäische Dienstleistungsnormen verständigen.«[1282] An die Normungsorganisation CEN erteilt sie u. a. die Empfehlung, eine Liste für Bereiche zur Entwicklung europäischer Dienstleistungsnormen zu unterbreiten, da zwischen nationalen Dienstleistungsnormen eventuell Konflikte oder Überschneidungen bestehen oder sie lückenhaft sind. Die Kommission betont, dass sie die Entwicklung sowie Anwendung europäischer Dienstleistungsnormen fördern, Hemmnisse für Dienstleister eliminieren und »praktische Lösungen vorlegen« will.[1283] Ebenso wird die Kommission ab 2017 vor der Verabschiedung des jährlichen Arbeitsprogramms der Union für europäische Normung einen Gesamtbericht über die Durchführung der Normungspolitik an das Europäische Parlament und den Rat vorlegen, der u. a. Informa-

---

1278 So noch *van Leeuwen*, Services, S. 70f. Siehe nunmehr aber auch *van Leeuwen*, in: *Eliantonio/Cauffman*, Standardisation, S. 110 (114), der die aktivere Rolle der Kommission unter Verweis auf die Mitteilung zum Normungspaket (COM (2016) 358 final) anerkennt.

1279 »One of its primary concerns is that European standardisation of services could actually act as an obstacle to free movement«, *van Leeuwen*, Services, S. 71.

1280 COM (2016) 358 final, S. 11. Siehe auch SWD (2016) 186 final, S. 7.

1281 Siehe nunmehr auch *van Leeuwen*, in: *Eliantonio/Cauffman*, Standardisation, S. 110 (114), wonach die verstärkte Aktivität der Kommission darauf zurückzuführen sei, dass sie die mit der Dienstleistung verfolgten Ziele stärker kontrollieren möchte.

1282 COM (2016) 357 final, S. 4. Neuere Erkenntnisse zu den Ergebnissen für die Prioritätskriterien sind nicht ersichtlich. Jedoch enthält der CEN Strategic Plan Kriterien, um Dienstleistungsbereiche mit Normungspotential ermitteln, Ziffern 5. – 5.5 CEN Strategic Plan, S. 18ff.

1283 Siehe ausführlich COM (2016) 357 final, S. 5.

tionen über die Entwicklung europäischer Dienstleistungsnormen enthält.[1284] Daneben betont die Europäische Kommission in der Mitteilung der Kommissionsdienststellen die Möglichkeit zur Erteilung von Normungsaufträgen.[1285]

Auffällig ist, dass die Kommission den Normungsorganisationen detaillierte Handlungsempfehlungen an die Hand gibt. So scheint sie deren Arbeitsweise stärker im Blickfeld haben zu wollen.[1286]

Van Leeuwen betonte bereits, dass sich mit dem Mandat M/517 das Verhältnis zwischen der Kommission und CEN von einem Kooperationsverhältnis eher zu einem hierarchischen Überwachungsverhältnis gewandelt hat. Zwar bleibe CEN die Arbeit überlassen, inwiefern sich die Vorstellungen der Kommission umsetzen lassen, jedoch seien die Grenzen und der Umfang von der Kommission vorgegeben.[1287] Insofern setzt sich dieses von *van Leeuwen* festgestellte hierarchische Verhältnis bzw. die Einflussnahme der Kommission auch im Normungspaket fort.

Zwar wird innerhalb des Normungspakets nicht die Ausdehnung des New Approach auf Dienstleistungsnormen thematisiert. In der Arbeitsunterlage der Kommissionsdienststellen wird jedoch als Vorteil von Dienstleistungsnormen aufgeführt, dass in einigen Fällen das Aufzeigen der Einhaltung von Dienstleistungsnormen den effizientesten Weg für Dienstleister darstellt, um gesetzliche Anforderungen zu erfüllen.[1288] Innerhalb ihres Arbeitsprogramms empfiehlt die Kommission jedoch den Mitgliedstaaten, »die Möglichkeiten auszuloten, die eine Anwendung europäischer Dienstleistungsnormen bietet, wenn sie Rechtsvorschriften, welche die Marktzugangsbedingungen in Dienstleistungsbranchen berühren, einführen oder überarbeiten.«[1289] Somit deutet die Kommission auf die Möglichkeit einer legislativen Rezeption auf nationaler Ebene hin, ohne jedoch auf die Möglichkeit eines New Approach auf europäischer Ebene hinzuweisen.

Van Leewen hebt hervor, dass ein New Approach sicherstellen würde, dass europäische Dienstleistungsnormen zum Funktionieren des Binnenmarktes beitragen. Falls dieser Schritt zu weit sei, solle die Kommission wenigstens mehr Kontrolle über die Ziele hinter der europäischen Dienstleistungsnormung übernehmen und die Vereinbarkeit von Normungsprojekten mit den Bestimmungen zur Freizügigkeit überprüfen.[1290] Gerade im Rahmen des Normungs-

1284 COM (2016) 357 final, S. 9.

1285 SWD (2016) 186 final, S. 8, S. 11.

1286 SWD (2016) 186, S. 8. So wird der Normungsorganisation eine Liste von Kriterien und Fragen vorgeschlagen, um die Bereiche zur Entwicklung von Dienstleistungsnormen zu priorisieren. Siehe auch die Empfehlungen an CEN im jährlichen Arbeitsprogramm COM (2016) 357 final, S. 5.

1287 *Van Leeuwen*, Services, S. 69f.

1288 SWD (2016) 186 final S. 6.

1289 COM (2016) 357 final, S. 5.

1290 *Van Leeuwen*, Services, S. 212.

pakets wird deutlich, dass die Europäische Kommission die Entwicklung von europäischen Dienstleistungsnormen stärker im Blick haben und Einfluss nehmen möchte. Letztendlich zeigt sich, dass sie die Entwicklung kontrollieren will, damit sich europäische Dienstleistungsnormen nicht in die falsche Richtung entwickeln (»develop in the wrong direction«)[1291] und etwaige Hindernisse darstellen.[1292] Ob sich daraus ein New Approach in Zukunft entwickelt, bleibt abzuwarten. Ein Hinweis für eine derartige Entwicklung lässt sich jedoch der Bekanntmachung der Kommission zum Leitfaden für die Umsetzung der Produktvorschriften der EU 2016 (»Blue Guide«) entnehmen, wonach auch harmonisierte Normen im Dienstleistungsbereich angestrebt werden.[1293]

VI. Ein Mittelweg zwischen Selbst- und Ko-Regulierung

Zum Zeitpunkt der Untersuchung von *van Leeuwen* vertrat die Kommission eine skeptische Haltung gegenüber der Dienstleistungsnormung und sah die Einführung eines New Approach nicht vor.[1294] Die bisherige Untersuchung hat jedoch verdeutlicht, dass die Kommission gegenüber der Dienstleistungsnormung diese Einstellung im Normungspaket nicht mehr vertritt, sondern die Dienstleistungsnormung fördern will.

Ein New Approach als Form der Ko-Regulierung[1295] ist zwar konkret noch nicht ersichtlich. Dennoch zeigt sich, dass die Kommission verstärkt Kontrolle über die Dienstleistungsnormung gewinnen will. Die Einführung eines New Approach in Zukunft ist daher nicht ausgeschlossen, wie auch im Leitfaden für die Umsetzung der Produktvorschriften (»Blue Guide«) aus dem Jahr 2016 (s. o.) angedeutet wird.

Bei Betrachtung des Harmonisierungsansatzes bei Dienstleistungsnormen ist festzustellen, dass die Kommission mittlerweile einen Mittelweg zwischen Selbstregulierung und Ko-Regulierung einschlägt.

1291 *Van Leeuwen*, Services, S. 71.

1292 *Van Leeuwen*, Services, S. 71. Siehe auch *van Leeuwen*, Services, S. 223: »Stricter control of European standardisation of services by the Commission would ensure that standardisation activities were consistent with free movement law and would contribute to the functioning of the internal market.«

1293 Ziffer 4.1.2.1 Bekanntmachung der Kommission, Leitfaden für die Umsetzung der Produktvorschriften der EU 2016 (»Blue Guide«) vom 26.7.2016, ABl. 2016 C 272/40.

1294 *Van Leeuwen*, Services, S. 71.

1295 *Spindler/Thorun*, MMR-Beilage 2016, Heft 6, 1 (7f.). Nach deren Ansicht könnten bei Annahme eines weiten Begriffsverständnisses auch Normen zur Ko-Regulierung gezählt werden, die nicht innerhalb des harmonisierten Produktsicherheitsbereichs erarbeitet werden. Für die Zwecke dieser Untersuchung wird dieses weite Begriffsverständnis jedoch nicht zugrunde gelegt.

Illustrieren lässt sich dieser Mittelweg zum einen anhand des Mandats M/517. Zwar existiert hier kein gesetzliches Rahmenwerk, jedoch hat die Kommission ein Mandat für die Erarbeitung horizontaler Dienstleistungsnormen erteilt. Auch über ein derartiges Vorgehen kann die Kommission mehr Kontrolle über Dienstleistungsnormen erhalten, ohne einen New Approach einzuführen.[1296] Die Kommission entscheidet anhand der Normungsvorschläge von Phase 1, welche Normen unter dem Mandat tatsächlich erarbeitet werden sollen.[1297] Insofern könnte eine derartige Vorgehensweise eine Zwischenstufe zwischen einer kompletten Selbstregulierung und einer Ko-Regulierung in Form eines New Approach darstellen. Auch bei dieser Handlungsform übernimmt die Kommission die Rolle des Dirigenten (»orchestrator«[1298]) und gewinnt Kontrolle über die Dienstleistungsnormung.[1299]

Doch auch abseits eines erteilten Mandats versucht die Kommission Kontrolle über die Dienstleistungsnormung zu erhalten, wie z. B. im Arbeitsprogramm der Union für das Jahr 2017 deutlich wird.[1300]

Eine Selbstregulierung ohne stärkere Einflussnahme durch die Kommission hat sich bisher nicht als erfolgreich erwiesen. Somit setzt die Kommission nunmehr darauf, dass ein selbstregulatives Handeln nur mit einer stärkeren Involvierung der Kommission erfolgreich ist, wenn sie ein gesetzgeberisches Handeln ersetzen soll.[1301] Insofern kann sich *soft law* bei einem Engagement der Kommission auch zu *hard law* entwickeln[1302] bzw. in Richtung einer Ko-Regulierung.[1303] Bei dem von der Kommission gewählten Mittelweg zwischen Selbst- und

1296 Siehe die Empfehlung von *van Leeuwen*, Services, S. 223 für eine stärkere Einmischung und häufigere Mandatserteilung durch die Kommission. Siehe auch *van Leeuwen*, Services, S. 212 für eine stärkere Kontrolle durch die Kommission.

1297 Siehe Normungsauftrag M/517, S. 5f., auch Fn. 11 des Normungsauftrags M/517 sowie dessen S. 7. Dazu *van Leeuwen*, Services, S. 70.

1298 *Delimatsis*, ELR 41 (2016), 513 (531) zu M/517.

1299 *Van Leeuwen*, Services, S. 70: »...the Commission is pulling the strings.« Siehe auch *van Leeuwen*, Services, S. 69 zum Überwachungsverhältnis.

1300 Dazu Kapitel 3.B.V.

1301 Vgl. *Delimatsis*, CMLR 47 (2010), 1049, 1067: »The involvement of the Commission is likely to become even more active when self-regulation substitutes for EU action that comes under the competence of the EU, such as the creation and proper functioning of a genuine internal market for services.«

1302 Vgl. *Korkea-Aho*, 16 MJ 3 (2009), 271 (273). Sie zeigt verschiedene Kategorien auf, welche rechtlichen Wirkungen *soft law* haben kann und wie sich *soft law* in *hard law* entwickeln kann. Zu einer der Kategorien zählt sie die Kooperation der Kommission mit nichtstaatlichen Akteuren auf nationaler Ebene, wodurch Auswirkungen auf die *soft law*-Bestimmungen in ihrer Bedeutung bestehen.

1303 Vgl.*van Leeuwen*, Services, S. 34, wenn auch zur Beteiligung der Mitgliedstaaten: »The increased involvement of Member States... could transform the soft law character of European standards. The development from pure self-regulation towards something which looks more like co-regulation ....«

Ko-Regulierung handelt es sich somit auch um ein »new mode of governance«[1304] und ein »rule-making in the shadow of the law«.[1305] Ein gesetzgeberisches Handeln könnte erfolgen, falls ein selbstregulatives Handeln mit Einflussnahme der Kommission nicht erfolgreich ist,[1306] wie es auch schon in anderen Fällen geschah.[1307]

Das verstärkte Engagement der Kommission könnte auch eine Reaktion auf das von *van Leeuwen* beschriebene »EU paradox of convergence« sein. So sei die Kommission zwar daran interessiert, dass Dienstleistungsnormen zu einem funktionierenden Binnenmarkt beitragen. Jedoch ergreife sie nicht die ihr zur Verfügung stehenden Maßnahmen, um dies sicherzustellen bzw. dass Dienstleistungsnormen auch mit Freizügigkeitsbestimmungen vereinbar sind. Das »EU paradox of convergence« bestehe in der Kluft zwischen der Rhetorik der EU und ihrer Handlungen. Als mögliche Gründe nennt er die Unsicherheit der Kommission darüber, ob Dienstleistungsnormen das richtige Instrument zur Regulierung des Binnenmarktes für Dienstleistungen und zur Rechtsannäherung seien. Aus diesem Grund schaffe sie auch kein gesetzliches Rahmenwerk. Angesichts des Widerstands der Stakeholder wolle sie erst weiter erforschen, so mit dem Mandat M/517, wie Dienstleistungsnormen, zum Binnenmarkt beitragen können.[1308] Ob sich dieses »paradox of convergence« durch die momentane Vorgehensweise der Kommission auflöst, wird noch erörtert.[1309]

1304 Vgl. *Köndgen*, AcP 206 (2006), 477 (486) mit Blick auf den New Approach. Begriff »New Modes of Governance« bei *Héritier*, in: *Héritier*, Common Goods, S. 185.

1305 Vgl. *Köndgen*, AcP 206 (2006), 478 (496) zum Deutschen Corporate Governance Kodex. Siehe dazu auch die Ausführungen zum New Approach unter Kapitel 3.A.II und FN. 1068 zur ursprünglichen Herkunft des Begriffs.

1306 Vgl. *Köndgen*, AcP 206 (2006), 477 (498f.) zur »Europäische[n] Vereinbarung eines freiwilligen Verhaltenskodex über vorvertragliche Informationen für wohnungswirtschaftliche Kredite vom 5.3.2001« und der »Empfehlung der Kommission vom 01.03.2001 über vorvertragliche Informationen, die Darlehensgeber, die wohnungswirtschaftliche Darlehen anbieten, den Verbrauchern zur Verfügung stellen müssen«, K (2001) 477, ABl L 69, S. 25 vom 10.3.2001. Die Kommission forderte die Kreditinstitute auf, den Kodex umzusetzen. Siehe *Köndgen*, AcP 206 (2006), 477 (499): »Der Richtlinienknüppel, mit dem die Kommission in ihrer Empfehlung für den Fall defizitärer Umsetzung offen gedroht hat, kann also vorerst im Sack bleiben. Aber die Drohung beweist: Der Schatten des Rechts ist über diesem Kodex besonders lang.«

1307 Der Verhaltenskodex (siehe FN. 1306) war nicht besonders erfolgreich, sodass der *soft law*-Ansatz nicht weiterverfolgt wurde. Stattdessen wurde die Wohnimmobilienkreditrichtlinie verabschiedet, siehe näher *Schäfer*, VuR 2014, 207ff.

1308 *Van Leeuwen*, Services, S. 220. Als zweiten möglichen Grund nennt *van Leeuwen* Desinteresse der Kommission. So könnte die Bedeutung von europäischen Dienstleistungsnormen als so gering eingeschätzt werden, dass sie keine wirklichen Barrieren darstellen.

1309 Dazu Kapitel 3.C.

VII. Die Eignung einer horizontalen Norm zur Förderung der Dienstleistungsnormung

Das Mandat M/517 könnte somit einen Einstieg in eine stärker von der Kommission kontrollierte und vorgegebene Dienstleistungsnormung sein.

Unter dem Mandat M/517 werden in Phase 2 horizontale Dienstleistungsnormen entwickelt.[1310] Positive Erfahrungen mit Blick auf erfolgreiche horizontale Normen wie ISO 9001 zum Qualitätsmanagement und ISO 14001 zum Umweltmanagement hätten zu der Frage geführt, ob dieser Erfolg auch auf den Dienstleistungsbereich übertragen werden kann, wo bisher ein sektorspezifischer Ansatz verfolgt wurde.[1311]

Im zugrundeliegenden Mandat hebt die Kommission hervor, dass sich die Entscheidung über Normungsvorschläge auf »Stellungnahmen von Organisationen der Interessenträger und die erwartete Marktakzeptanz…« stützen solle.[1312] Auch hinsichtlich der Erarbeitung des Normungsprogramms und der Dienstleistungsnormen wird die Einbeziehung von Dienstleistungsempfängern und Dienstleistungserbringern betont.[1313] Für die Kommission sind somit die Ansichten der Stakeholder für die zu erarbeitenden Dienstleistungsnormen von erheblicher Bedeutung.[1314] Denn wenn die Kommission erhofft, mit den unter M/517 erarbeiteten Normen eine Zunahme des grenzüberschreitenden Dienstleistungsverkehr zu bewirken,[1315] ist entscheidend, dass die Stakeholder gegenüber diesen Normen positiv eingestellt sind und eine mögliche Rechtsangleichung nicht an deren Widerstand scheitert, die Normen anzuwenden.

Möchte die Kommission die Dienstleistungsnormung mit dem Mandat M/517 auch vorantreiben und die Akzeptanz bei den Stakeholdern verbessern, stellt sich jedoch die Frage, ob hierzu gerade eine horizontale Norm geeignet ist. Soll das Mandat M/517 ein Schritt zu einer stärker von der Kommission kontrollierten Dienstleistungsnormung sein, bestehen Zweifel daran, dass dies der richtige Ansatzpunkt ist, um Dienstleistungsnormen als Harmonisierungsinstrument zu etablieren. Da diese Norm auf vielerlei Branchen anwendbar sein muss, ist fraglich, ob eine derart breit aufgestellte Norm geeignet ist, die Leistungsfähigkeit von Dienstleistungsnormen als Mittel zur Rechtsangleichung zu testen.

1310 Genauer zum Inhalt von M/517 siehe Kapitel 3.A.IV.

1311 So explizit M/517 Phase 1, Final Report, S. 8. Eine horizontale Herangehensweise für Dienstleistungsnormen empfahl auch *Micklitz*, Services Standards, S. 209.

1312 Normungsauftrag M/517, S. 4.

1313 Normungsauftrag M/517, S. 6.

1314 Siehe auch die Ausführungen bei *van Leeuwen*, Services, S. 70 zur Bedeutung der Ansicht der Stakeholder für die Kommission. So sei die Kommission daran interessiert, die Ansichten der Stakeholder genauer zu verstehen.

1315 Normungssauftrag M/517, S. 3.

Bei horizontalen Normen treten bereits bei der Erarbeitung Probleme auf, die sich auf den Erfolg der Norm auswirken können. So erweist es sich gerade bei horizontalen Normen als schwierig, Personen für deren Entwicklung zu gewinnen. Wurde bereits innerhalb der CHESSS-Study zum Mandat M 371 darauf hingewiesen,[1316] zeigt sich diese Feststellung wiederum im Phase 1 Final report zum Mandat M/517. Hier wurden Bedenken hinsichtlich der Beteiligung der Stakeholder geäußert. So könnte es schwieriger sein, sie für die Erarbeitung horizontaler Normen zu gewinnen als bei einem sektorspezifischen Ansatz.[1317]

Für den Bereich »Agreement – service contracts« zeigte sich nach den Ergebnissen von Telefoninterviews der Studie für den Phase 1 Final report zum Mandat M/517 ein geringes Interesse der Befragten, sich an der Normungsarbeit zu beteiligen.[1318] So ist das Thema derart allgemein gefasst, dass einige Branchen ein Engagement für sich wahrscheinlich als nicht lohnenswert betrachten. Zwar sieht der Final report auch Ansatzpunkte vor, wie trotzdem eine hinreichende Beteiligung erzielt werden kann. Als mögliche Beteiligte nennt der Final report u. a. Verbände für Outsourcing-Unternehmen (outsourcing organizations) und Business Service Provider.[1319] Eventuell ist hier auch der Grund dafür zu sehen, dass für die Dienstleistungsnorm zu Dienstleistungsverträgen mit Beispielsklauseln für Business Process Outsourcing und IT-gestützte Dienstleistungen gearbeitet wird,[1320] da in diesen Branchen tatsächlich eine Beteiligung erreicht werden konnte. Da die Norm zu Dienstleistungsverträgen auf Verträge zwischen Unternehmern und Verbrauchern nicht anwendbar sein soll,[1321] scheint an dieser Stelle auch auf die Ergebnisse der Befragungen eingegangen worden zu sein.[1322]

Auch inhaltlich birgt eine horizontale Norm Herausforderungen. Veranschaulichen lässt sich dieses anhand der geplanten Norm zu Dienstleistungsverträgen unter dem Mandat M/517. Zwar werden Vorteile in einer Norm zum Bereich »Agreement and Contracting« für die Entwicklung eines Binnenmarktes für Dienstleistungen im Final Report gesehen, gleichzeitig wird jedoch auch die

---

1316 CHESSS-Study, Consolidated Report, Ziffer 3 Abschnitt »Potential Risks & Limitations«, Section 1 S. 26. Siehe auch *Graz*, in: *Joerges/Falke*, Globalisation, S. 209 (226f.).

1317 M/517 Phase 1, Final Report, S. 54.

1318 M/517 Phase 1, Final Report, S. 27, S. 45. Siehe auch M/517 Phase 1, Final Report, S. 46. Siehe auch CEN Strategic Plan, S. 16, der auf die Schwierigkeiten einer angemessenen Interessenrepräsentation, insbesondere bei horizontalen Aspekten, hinweist.

1319 Siehe näher M/517 Phase 1, Final Report, S. 54f.

1320 Siehe *Busch*, EuCML 2017, 227 (228). Siehe auch FN. 1131.

1321 Ziffer 1 E DIN EN 17371-2:2020-97; siehe auch schon CEN/CENELEC Work Programme 2018, S. 67 zur Beschränkung auf den B2B-Bereich.

1322 So gaben die Interviewten an, dass die Normung von Vereinbarungen im B2B-Bereich einfacher sei, näher M/517 Phase 1, Final Report, S. 46.

Schwierigkeit erkannt, Konsens nicht nur über Länder hinweg, sondern auch über Branchen hinweg, zu erzielen.[1323]

Zudem erscheint fraglich, ob ein horizontaler Ansatz geeignet ist, die Akzeptanz[1324] und Anwendung von Dienstleistungsnormen zu fördern.

Zwar hat die Kommission in dem Normungsauftrag M/517 festgestellt, dass der Erarbeitung »engerer« horizontalen Normen nunmehr der Vorzug gegenüber einer einzigen umfassenden Dienstleistungsnorm gegeben wird. Jedoch ist zweifelhaft, dass engere horizontale Normen tatsächlich dem in M/517 genannten Marktbedarf[1325] entsprechen. Dies spiegelt sich in dem mangelnden Interesse der Stakeholder an einer Beteiligung bei der Erarbeitung wider, wie im Bereich zu Dienstleistungsverträgen.[1326] Auch besteht bei horizontalen Normen die Gefahr, dass sie angesichts der Vielfältigkeit des Dienstleistungssektors bloß sehr allgemeine Bestimmungen enthalten. Diese Bedenken äußerte ANEC bereits mit Blick auf die CHESSS-Studie und dem Ansatz einer einzigen allgemeinen horizontalen Dienstleistungsnorm.[1327] Diese Befürchtungen gelten jedoch gleichermaßen, wenn engere horizontale Dienstleistungsnormen entwickelt werden.[1328] Auch diese müssen über mehrere Branchen hinweg anwendbar sein.

Diese Schlussfolgerung zeigt sich auch im Normentwurf zu Dienstleistungsverträgen unter dem Mandat M/517. So enthält dieser sehr allgemeine Bestimmungen, worüber sich die Verfasser jedoch bewusst sind.[1329] Im Dokument finden sich vielfach Beschreibungen und Hinweise auf Aspekte, die die Vertragsparteien bei der Vertragserstellung beachten sollen. Hierzu zählen etwa die eindeutige Festlegung und Identifizierung der Vertragsparteien (Ziffer 5.2 E DIN EN 17371-2:2020-07) oder die Beschreibung der Dienstleistung im Vertrag (Ziffer 5.3.1 E DIN EN 17371-2:202-07). Trotzdem versuchen die Verfasser, verschiedene Konstellationen in Dienstleistungsverträgen in die Leitlinie einzuarbeiten. Das

1323 M/517 Phase 1, Final report, S. 45. Im nationalen Konsultationsprozess wurden teilweise auch Bedenken hinsichtlich einer Beschränkung der Vertragsfreiheit geäußert. Der Report weist jedoch darauf hin, dass die Norm gar nicht Anforderungen festlegen wolle, sondern nur darauf hinweisen solle, welche im Vertrag enthalten sein sollen, S. 45. Siehe auch M/517 Phase 1, Final Report, S. 245 zur Kritik am Punkt »Agreement«.

1324 Siehe auch CHESSS-Study, Consolidated Report, Ziffer 1 Abschnitt »Potential Risks & Limitations«, Section 1 S. 25, wonach traditionell Abneigung gegenüber horizontaler Normung bestehe, sowohl innerhalb der Normungsgemeinschaft als auch darüber hinaus.

1325 Siehe Normungsauftrag M/517, S. 3. Siehe auch M/517 Phase 1, Final Report, S. 8 zum Marktbedarf.

1326 M/517 Phase 1, Final Report, S. 46 zu Agreement and contracting.

1327 ANEC Position Paper CHESSS S. 4.

1328 Auf die Gefahr sehr allgemeiner Regelungen in Musterverträgen (standard contracts) weist auch ALMEGA (Employer and Trade organisation for Swedish service sector) hin, M/517 Phase 1, Final Report, S. 254.

1329 Siehe etwa Ziffer 4.1 E DIN EN 17371-2:2020-07: »Wie sieht ein guter Dienstleistungsvertrag aus? Was unter »gut« zu verstehen ist, schwankt in Abhängigkeit von den Umständen…«.

Dokument weist darauf hin, dass Unterschiede bestehen können, ob eine Dienstleistung ausführlich beschrieben werden müsse oder »ob der Schwerpunkt auf der Zusammensetzung der zu erbringenden Dienstleistung liegen sollte.«[1330] Diese Vorgehensweise ändert jedoch nichts daran, dass die Beschreibungen der Leitlinie sehr abstrakt bleiben.

Der allgemeine Charakter des Dokuments wird ebenfalls im Abschnitt zu Kündigungsrechten deutlich. Hier führt der Entwurf häufige Auslöser für eine Kündigung auf. Welcher Partei das Kündigungsrecht zustehe und ob ein angemessener Auslöser für eine Kündigung existiere, sei von der Art der Vereinbarung und dem anwendbaren Recht abhängig.[1331]

Die fehlende Praktikabilität eines allgemeinen Ansatzes führt wohl auch dazu, dass zur Verdeutlichung auf bestimmte Branchen zurückgegriffen wird. So seien Vertragsstrafen häufig in Outsourcing-Vereinbarung enthalten.[1332] Als Beispiel für eine Dienstleistung im Bereich der Verarbeitung personenbezogener Daten nennt der Entwurf Callcenter-Dienstleistungen.[1333]

Auch sollen Beispiele aus tatsächlichen Verträgen im Anhang B die beschriebenen Bestandteile eines Dienstleistungsvertrages veranschaulichen.[1334] So werden Klauseln zu Reinigungsdiensten[1335] oder aus den Bereichen Business Process Outsourcing und IT-gestützte Dienstleistungen aufgeführt.[1336]

Vermutlich ist es schwierig, allgemeine Bestimmungen für sämtliche Dienstleistungsbereiche zu entwickeln, sodass bei der Normerstellung auf bestimmte Branchen, und damit sektorspezifisch, zurückgegriffen wird.

Insofern kann die Entwicklung auch als teilweise Abkehr von einem horizontalen Ansatz gesehen werden, da verstärkt mit spezifischen Dienstleistungsbereichen gearbeitet wird. Andererseits lässt sich hier der Versuch erkennen, über einen branchenspezifischen Ansatz Kernelemente herauszuarbeiten, um diese wiederum für eine horizontale Norm zu nutzen.[1337] Denn gerade die

1330 Ziffer 5.3.1 E DIN EN 17371-2:2020-07.

1331 Ziffer 5.9.2 E DIN EN 17371-2:2020-07.

1332 Ziffer 5.3.4.4.4.3 E DIN EN 17371-2:2020-07.

1333 Ziffer 5.10.3 E DIN EN 17371-2:2020-07.

1334 Anhang B E DIN EN 17371-2:2020-07, S. 36.

1335 Siehe Anhang B E DIN EN 17371-2:2020-07, S. 37 zu einer Beispielsklausel zur Beschreibung der Dienstleistung (5.3.1) bei Reinigungsdiensten.

1336 Siehe *Busch*, EuCML 2017, 227 (228) und FN. 1131.

1337 Der Final Report zu M/517 Phase 1 empfiehlt, für bestimmte Bereiche ein gemeinsames Rahmenwerk aus Normen mit allgemeinen Aspekten zu schaffen, welche durch sektorspezifische Regelungen ergänzt werden können, S. 56f. Siehe dort S. 57: »This approach is recommended above that of starting in particular sectors…« Der Final Report scheint eine Herangehensweise über bestimmte Bereiche vorzusehen.

Abstraktheit einer horizontalen Norm stellt für die Beteiligten eine Herausforderung dar.[1338]

Sicherlich bietet ein horizontaler Ansatz den Vorteil, dass sich widersprechende sektorspezifische Normen vermieden werden. Dennoch wird auch im Final Report zu M/517 Phase 1 festgestellt, dass trotz gewisser Elemente, die Gebiete teilen, eine Ergänzung durch sektorspezifische Regelungen notwendig sein kann. Beispielhaft erwähnt der Final Report u. a. den Bereich »Agreement and contracting«. Somit wird auch hier anerkannt, dass ein allein horizontaler Ansatz nicht ausreichend ist.[1339]

Im Ergebnis bestehen Bedenken dahingehend, dass die Förderung der Dienstleistungsnormung durch die Kommission mittels einer horizontalen Norm dazu beitragen wird, die Akzeptanz und Anwendung von Dienstleistungsnormen zu fördern.

So hat die Untersuchung gezeigt, dass ein Engagement der Stakeholder bei einer horizontalen Norm nicht leicht zu erreichen ist. Aufgrund der hohen Abstraktheit ist es schwierig für die Stakeholder, einen Mehrwert in der Erarbeitung einer horizontalen Norm zu sehen. Vielmehr benötigen sie einen Bezug zu ihrer Branche, um ein Interesse an der Erarbeitung einer Norm zu entwickeln.[1340] Diese Sichtweise erklärt auch die Bezugnahme auf spezifische Branchen bei der Erarbeitung der Norm zu Dienstleistungsverträgen unter dem Mandat M/517.[1341]

Letztendlich ist zweifelhaft, dass eine horizontale Norm geeignet ist, Dienstleistungsnormen als Harmonisierungsinstrument verstärkt zu etablieren. So möchte die Kommission zwar die Dienstleistungsnormung verstärkt fördern und über ein vermehrtes eigenes Engagement diese auch voranbringen. Es ist jedoch unwahrscheinlich, dass ein horizontaler Ansatz geeignet ist, das Bewusstsein für die Dienstleistungsnormung unter den Stakeholdern zu stärken. Zum einen fühlen sich viele Stakeholder nicht angesprochen und sehen kein dringendes

---

1338 Siehe M/517 Phase 1, Final Report, S. 163. Im Rahmen des Europäischen Seminars war das Thema von horizontalen Normen abstrakt für die Stakeholder. Teilnehmer drückten die Notwendigkeit einer Bezugnahme auf einen bestimmten Bereich aus, in dem die zukünftige Norm angewendet werden soll, um ihre Meinung bezüglich eines Interesses an der Entwicklung horizontaler Normen auszudrücken.

1339 Siehe M/517 Phase 1, Final Report, S. 56f. Auch ANEC empfahl 2010 in der Stellungnahme zur CHESSS-Studie, dass eine horizontale Norm als »support tool« für sektorspezifische Normen dienen solle, ANEC Position Paper CHESSS, S. 4. Siehe auch CHESSS-Study, Consolidated Report, Abschnitt »Conclusions and Recommendations«, Unterabschnitt »Single generic European service standard«, Section 1 S. 21, wonach eine horizontale Norm auch als »support tool« für sektorspezifische Ansätze dienen könne.

1340 Siehe M/517 Phase 1, Final Report, S. 163. Siehe auch schon CHESSS-Study, Consolidated Report, Abschnitt »Next Steps«, Unterabschnitt »Stakeholder Engagement«, Section 1 S. 29, wonach es für einzelne Stakeholder schwierig sei, ihr zeitliches und finanzielles Engagement zu rechtfertigen, wenn nicht nur ihre eigene Branche betroffen ist.

1341 Siehe zu den Beispielklauseln *Busch*, EuCML 2017, 227 (228).

Bedürfnis für ein Engagement. Zum anderen besteht die Gefahr sehr allgemeiner Bestimmungen, die durch sektorspezifische Regelungen wiederum ergänzt werden müssten.

Für das weitere Vorgehen kann eine Aussage von *Pascal Gautier*, Referatsleiter »Management and Services«, AFNOR, im Zusammenhang mit Projekten unter dem Mandat M 371 herangezogen werden. Hier äußerte er sich zu horizontalen und sektoralen Normen. Nach seiner Ansicht sollte ein sektoraler Ansatz bevorzugt werden, sodass Nähe zu bestimmten Branchen vorhanden bleibe. Er formulierte wie folgt: »...it is much better (....), to privilege in other words a so-called Swiss army knife effect where each blade has its distinct use.«[1342]

So stellt sich die Frage, ob die Kommission ihr Engagement zur Förderung von europäischen Dienstleistungsnormen nicht stärker sektorspezifisch ausrichten sollte. So könnte sie ebenso für bestimmte Branchen Mandate erteilen und sich stärker in den Normungsprozess einschalten. Der gewählte Mittelweg zwischen Selbst- und Ko-Regulierung könnte auch hier dazu beitragen, dass Dienstleistungsnormen als Mittel zur Rechtsangleichung dienen. Gleichzeitig wäre bei diesem sektoralen Ansatz die von *van Leeuwen* geforderte Kontrolle durch die Kommission gegeben.[1343] Über diese Vorgehensweise besteht ebenfalls die Möglichkeit sicherzustellen, dass Dienstleistungsnormen tatsächlich zum Funktionieren des Binnenmarktes beitragen und nicht andere Gründen[1344] hinter ihrer Erarbeitung stehen.

VIII. Vergleich zu anderen europäischen Harmonisierungsansätzen mit Blick auf einen horizontalen Ansatz

Die oben beschriebenen Probleme bei der Verwirklichung eines horizontalen Ansatzes im Bereich der Dienstleistungsnormung weisen gewisse Parallelen zu den Schwierigkeiten einer horizontalen Harmonisierung im Bereich des Europäischen Vertragsrechts auf.[1345] Die Diskussion um eine horizontale Dienstleistungsnorm ruft insoweit Erinnerungen an die Kontroversen um den Common

1342 Zitiert nach *Graz*, in: *Joerges/Falke*, Globalisation, S. 209 (228).

1343 *Van Leeuwen*, Services, S. 212, siehe auch *van Leeuwen*, Services, S. 223 für die verstärkte Erteilung von Mandaten.

1344 Näher *van Leeuwen*, Services, S. 210f. Als Beispiel nennt *van Leeuwen* die Norm zu Gästeführern, deren Ziel es sei, lokale Gästeführer zu schützen. Die Norm zur ästhetischen Chirurgie wurde dafür kritisiert, dass mit ihr versucht werde, den Markt für eine bestimmte Personengruppe zu schützen oder ihr vorzubehalten. Siehe auch *van Leeuwen*, Services, S. 96f. zur Norm zur ästhetischen Chirurgie und zur Kritik daran.

1345 Auf eine umfassende Darstellung der Entwicklung des europäischen Verbraucherrechts sei an dieser Stelle nur verwiesen: Siehe *Busch*, in: *Artz/Gsell*, Verbrauchervertragsrecht, S. 1 (2ff.); *Reich*, ZEuP 2010, 7ff.; *Schulte-Nölke*, EuCML 2015, 135ff.

Frame of Reference (CFR),[1346] die Verbraucherrechterichtlinie (VRRL)[1347] und den Verordnungsvorschlag über ein Gemeinsames Europäisches Kaufrecht (GEK)[1348] hervor.[1349]

Während der europäische Gesetzgeber zuvor zumeist einen sektoralen Ansatz verfolgt hatte, bei dem nur bestimmte Teilbereiche in Richtlinien geregelt wurden (z. B. Haustürgeschäfte, Pauschalreisen, Timesharing und Fernabsatz),[1350] zielten die oben genannten Großprojekte auf eine umfassende und sektorübergreifende Harmonisierung. Mit Blick auf die angeführten großen Projekte wird jedoch deutlich, dass ein solcher umfassender Ansatz bisher wenig erfolgreich war. Wie *Gsell* zutreffend feststellt, ist es »der Europäischen Kommission trotz mehrerer Anläufe nicht gelungen (...), Kernbereiche des Vertragsrechts über eng begrenzte punktuelle Einzelgegenstände (...) hinaus allgemein zu harmonisieren.«[1351]

Ein Grund für das Scheitern von Projekten mit einem umfassenden Ansatz mag darin liegen, dass eine horizontale und thematisch breit angelegte Harmonisierung nicht den Bedürfnissen des Marktes entspricht. So verweist *Busch*[1352] mit Blick auf die Entwicklungen des Verbraucherrechts auf *Basedow*, der im Jahr 2008 feststellte: »Wer die europäische Integration über einige Jahrzehnte hinweg beobachtet hat, weiß, dass am Anfang jeglicher Harmonisierungsarbeit das praktische Bedürfnis steht, und dies ist im Zweifel ökonomisch und sektorspezifisch.«[1353]

Als Reaktion auf das politische Scheitern der Großprojekte ist inzwischen eine Rückkehr zum »problem-driven approach« festzustellen.[1354] Die Kommission

---

1346 KOM (2003) 68 endg., Ziffer 59; KOM (2004) 651, S. 3.

1347 Richtlinie 2011/83/EU des Europäischen Parlaments und des Rates vom 25. Oktober 2011 über die Rechte der Verbraucher, zur Abänderung der Richtlinie 93/13/EWG des Rates und der Richtlinie 1999/44/EG des Europäischen Parlaments und des Rates sowie zur Aufhebung der Richtlinie 85/577/EWG des Rates und der Richtlinie 97/7/EG des Europäischen Parlaments und des Rates, ABl. 2011 L 304/64.

1348 Vorschlag für eine Verordnung des Europäischen Parlaments und des Rates über ein Gemeinsames Europäisches Kaufrecht vom 11.10.2011, KOM 2011 (635) endg.

1349 Dazu etwa *Busch*, in: *Artz/Gsell*, Verbrauchervertragsrecht, S. 1 (3ff.). Siehe auch *Schulte-Nölke*, EuCML 2015, 135 (136); *Zöchling-Jud*, AcP 212 (2012), 550ff. Zum (D)CFR *Schulte-Nölke*, NJW 2009, 2161ff. Zur Kritik in der Literatur am DCFR siehe etwa *Jansen/Zimmermann*, NJW 2009, 3401ff. sowie *Martens*, EuZW 2010, 527 (528).

1350 *Busch*, in: *Artz/Gsell*, Verbrauchervertragsrecht, S. 1 (3). Zu Defiziten des sektoralen Ansatzes zusammenfassend *Zöchling-Jud*, AcP 212 (2012), 550 (550f.).

1351 *Gsell*, ZUM 2018, 75 (79).

1352 *Busch*, in: *Artz/Gsell*, Verbrauchervertragsrecht, S. 1 (9).

1353 *Basedow*, ZEuP 2008, 673 (676).

1354 *Busch*, in: *Artz/Gsell*, Verbrauchervertragsrecht, S. 1 (9). Der Begriff entstammt COM (2016) 288, S. 5, Communication from the Commission to the European Parliament, the Council, the European Economic and Social Committee and the Committee of Regions, Online

verfolgte mit den beiden Richtlinienvorschlägen bzw. nunmehr Richtlinien[1355] zum (Online-)Warenhandel und zu digitalen Inhalten »einen sehr fokussierten, problemorientierten Ansatz« anstatt, wie bei dem Vorschlag über ein Gemeinsames Europäisches Kaufrecht, eine umfängliche Regelung anzustreben.[1356] So stellte *Staudenmayer* fest, dass der »allgemeine Trend der Beschränkung auf das wirklich unabdingbare Maß der Regelung im Vergleich zu der deutlich detaillierten Regelung des Vorschlags zum GEK (…) an vielen Stellen der Richtlinienvorschläge« zum Ausdruck kam.[1357] Begrüßte *Staudenmayer* diese Entwicklung auch mit Blick auf die schnelle technische Entwicklung,[1358] scheint der Grund aber auch in der schwierigen Umsetzung eines horizontalen Ansatzes zu liegen. So sind die bisherigen Bemühungen für eine umfassende Harmonisierung oder einen horizontalen Ansatz gescheitert, oder aber, wie im Fall der Verbraucherrechterichtlinie, auf einen »Torso«[1359] heruntergebrochen worden. Betrachtet man Regelungen zu missbräuchlichen Klauseln als »horizontale Regelungen«[1360], scheiterte auch hier eine Regelung innerhalb der Verbraucherrechterichtlinie.[1361]

Hier könnte auch eine Verbindung zwischen den Entwicklungen im Bereich des Vertragsrechts und der Dienstleistungsnormung bestehen. Möglicherweise ist ein Grund für das verstärkte Engagement der Kommission im Gebiet der Dienstleistungsnormung auch das Scheitern der Rechtsangleichung im Bereich des Vertragsrechts.[1362]

Wenn es der Kommission bisher nicht gelungen ist, gesetzliche Regelungen über bestimmte punktuelle Gegenstände hinaus zu harmonisieren,[1363] ist es kaum vorstellbar, dass gerade ein horizontaler Ansatz im Bereich der Dienstleistungsnormung deren Akzeptanz fördern wird. Bereits innerhalb der gesetzlichen Harmonisierungsbestrebungen stieß ein umfassender Regelungsansatz

---

Platforms and the Digital Single Market. Opportunities and Challenges for Europe, 25.5. 2016.

1355 Richtlinie (EU) 2019/771 des Europäischen Parlaments und des Rates vom 20. Mai 2019 über bestimmte vertragsrechtliche Aspekte des Warenkaufs, zur Änderung der Verordnung (EU) 2017/2394 und der Richtlinie 2009/22/EG sowie zur Aufhebung der Richtlinie 19999/44/EG, ABl. 2019 L 136/28; Richtlinie (EU) 2019/770 des Europäischen Parlaments und des Rates vom 20. Mai 2019 über bestimmte vertragsrechtliche Aspekte der Bereitstellung digitaler Inhalte und digitaler Dienstleistungen, ABl. 2019 L 136/1.

1356 *Staudenmayer*, ZEuP 2016, 801 (804).

1357 *Staudenmayer*, ZEuP 2016, 801 (805).

1358 *Staudenmayer*, ZEuP 2016, 801 (805).

1359 *Zöchling-Jud*, AcP 212 (2012), 550 (553); *Busch*, in: *Artz/Gsell*, Verbrauchervertragsrecht, S. 1 (6).

1360 *Reich*, ZEuP 2010, 7 (20) zu den Ergebnissen des EC Consumer Law Compendium.

1361 Siehe zur Entwicklung innerhalb der VRRL *Schulte-Nölke*, EuCML 2015, 135 (136).

1362 In diese Richtung wohl *Schulte-Nölke*, EuCML 2015, 135 (137f.).

1363 *Gsell*, ZUM 2018, 75 (79).

auf Widerstand,[1364] sodass eine erhöhte Akzeptanz unter den Stakeholdern bei einer Dienstleistungsnorm mehr als zweifelhaft ist.

Die bisherigen horizontalen umfassenden Ansätze der Europäischen Kommission haben sich nicht als erfolgreich erwiesen. Zeigen sich mit dem Mandat M/517 auch Parallelen zu einer horizontalen Verbraucherrechterichtlinie,[1365] sollten die hieraus gezogenen Schlüsse nicht ignoriert werden. Eine umfassende Regelung ist hier nicht gelungen, vielmehr wurden die Fernabsatzrichtlinie- und die Haustürrichtlinie neu aufgelegt.[1366]

Übertragen auf die Dienstleistungsnormung lässt sich hieraus der Schluss ziehen, dass die Kommission mit Blick auf ihr Engagement zur Förderung der Dienstleistungsnormung verstärkt auf einen sektoralen Ansatz setzen sollte.

Denn wenn das »praktische Bedürfnis« sektorspezifisch ist,[1367] wäre es für die Kommission sinnvoller, Mandate sektorspezifisch zu erteilen.

In diesem Fall würde sich auch ein stärkeres Engagement der betroffenen Stakeholder als wahrscheinlicher erweisen. Angesichts der Tatsache, dass Konsequenzen für ihre eigene Branche bevorstehen, hätten sie den Anreiz, ihre Position einzubringen.[1368]

Aufgrund der Nähe von Dienstleistungsnormen zu Vertragstexten bietet sich auch ein Vergleich zu Musterverträgen als Mittel rechtlicher Integration an. Auch eine rechtliche Integration durch Musterverträge ist allein sektorspezifisch.[1369]

Die Vorteile sektoraler Mandate könnte die Kommission auch mit den Normungsaufträgen M/548 für Postdienste[1370] und M/558 zu Online-Glücksspieldienstleistungen[1371] erkannt haben.

Bei der Verfolgung eines sektorspezifischen Ansatzes wäre jedoch eine »Binnenkohärenz«[1372] zwischen den einzelnen sektorspezifischen Normen zu

1364 Zum DCFR siehe *Jansen/Zimmermann*, NJW 2009, 3401; zu den vorgebrachten Kritiken am GEK: *Schulte-Nölke*, EuCML 2015, 135ff. und Nachweise bei *Ostendorf*, ZRP 2016, 69ff.

1365 *Busch*, in: *Artz/Gsell*, Verbrauchervertragsrecht, S. 1 (15f.).

1366 *Busch*, in: *Artz/Gsell*, Verbrauchervertragsrecht, S. 1 (6).

1367 *Basedow*, ZEuP 2008, 673 (676). Siehe auch *Busch*, in: *Artz/Gsell*, Verbrauchervertragsrecht, S. 1 (9).

1368 Zum stärkeren Engagement der Stakeholder im Rahmen des New approach *van Leeuwen*, Services, S. 210.

1369 *Cafaggi*, in: *Hartkamp/Hesselink/Hondius*, European Civil Code, S. 91 (111): »Obviously, legal integration through contract standardization is limited and sector-specific.« Siehe auch dortige S. 111 zu einem Wunsch nach Koordinierung durch die Kommission.

1370 Siehe FN. 1165.

1371 Durchführungsbeschluss der Kommission vom 4.4.2018 über einen Normungsauftrag an das Europäische Komitee für Normung in Bezug auf eine europäische Norm für Berichterstattung zur Unterstützung der Überwachung von Online-Glücksspieldienstleistungen durch die Glücksspiel-Regulierungsbehörden der Mitgliedstaaten vom 4.4. 2018, C (2018) 1815 final, M/558.

1372 *Busch* in: *Artz/Gsell*, Verbrauchervertragsrecht, S. 1 (9) zu Einzelrechtsakten auf europäischer Ebene.

beachten. Darüber hinaus hat die bisherige Untersuchung gezeigt, dass ein verstärkter Abgleichungsbedarf zwischen gesetzlichen Bestimmungen und Dienstleistungsnormen besteht. Herangezogen werden könnten jedoch der DCFR[1373] und die DIN-Terminologietabelle[1374] bei der Formulierung von Dienstleistungsnormen, sodass sichergestellt würde, dass Dienstleistungsnormen mit gesetzlichen Regelungen übereinstimmen[1375] und eine Kohärenz zwischen den einzelnen Normen besteht. Auf diese Weise könnte gewährleistet werden, dass die Welt des Rechts (»world of law«) und die Welt der (europäischen) Normung (»world of European standardisation«) doch noch zusammengeführt werden.[1376]

IX. Zwischenergebnis

Versucht die europäische Kommission, die Dienstleistungsnormung durch ein stärkeres Engagement ihrerseits und das Mandat M/517 voranzubringen, erweist sich ein horizontaler Ansatz als ungeeignet, die Dienstleistungsnormung zu fördern.

So ist es zunächst schwierig, überhaupt Stakeholder für die Erarbeitung einer horizontalen Norm zu gewinnen.[1377] Stakeholder sehen nicht die Vorteile eines Engagements für ihre Bereiche, da sie auf die Notwendigkeit eines Branchenbezugs hinweisen, um überhaupt ihre Positionen zu einer horizontalen Norm zu äußern.[1378] Darüber hinaus bergen horizontale Normen die Gefahr sehr allgemeiner Bestimmungen.[1379] Diese Gefahr realisiert sich auch im Normentwurf zu Dienstleistungsverträgen (E DIN EN 17371-2:2020-07).

Aufgrund der Schwierigkeiten, eine horizontale Norm zu Dienstleistungsverträgen zu erstellen, wird wiederum auf bestimmte Sektoren zurückgegriffen, wie die Erarbeitung mit Beispielklauseln für Business Process Outsourcing und IT-gestützte Dienstleistungen unter dem Mandat M/517 zeigt.[1380] Insofern wird der horizontale Ansatz indirekt aufgegeben, indem auf bestimmte Sektoren Bezug genommen wird. Gleichwohl ist diese Vorgehensweise ein Weg, um horizontale Bestimmungen über einen branchenspezifischen Ansatz zu gewinnen.

1373 *Busch*, in: *Artz/Gsell*, Verbrauchervertragsrecht, S. 1 (10), wenn auch zu sektorspezifischen und problembezogenen Einzelrechtsakten.

1374 DIN SPEC 77226:2013-12.

1375 Siehe auch DIN Terminologietabelle, S. 3. Siehe auch *van Leeuwen*, Services, S. 222 zur stärkeren Einbeziehung von Juristen.

1376 *Van Leeuwen*, Services, S. 216 zu den Begriffen und der momentanen Diskrepanz.

1377 Siehe etwa M/517 Phase 1 Final Report, S. 46, S. 27.

1378 Zu diesem Problem M/517 Phase 1, Final Report, S. 163.

1379 ANEC Position Paper CHESSS, S. 4 bereits zur CHESSS-Study.

1380 *Busch*, EuCML 2017, 227 (228).

Diese Erkenntnisse aus den verschiedenen Branchen können wiederum für die horizontale Norm genutzt werden.

Hat die Kommission im Mandat M/517 zwar das mangelnde Interesse von Unternehmen an umfassenden horizontalen Dienstleistungsnormen erkannt, ist auch hinsichtlich »engerer« horizontaler Normen zweifelhaft, dass sie dem im M/517 hervorgehobenem Marktbedarf entsprechen.[1381] Das praktische Bedürfnis ist vielmehr sektorspezifisch.[1382]

Diese Erkenntnis stützt sich auf Erfahrungen im Bereich des europäischen Verbraucherrechts. Nachdem sich umfassende Regelungsansätze wie u.a. das GEK als nicht erfolgreich erwiesen, wurde auch hier ein problemorientierter Ansatz mit den Richtlinienvorschlägen zum (Online-)Warenhandel und zu digitalen Inhalten[1383] verfolgt.[1384] Aufgrund dieser Rückschlüsse im Bereich der gesetzlichen Harmonisierungsbestrebungen ist es unwahrscheinlich, dass im Bereich der Normung ein Erfolg über einen horizontalen Ansatz erreicht werden kann.

Für die Kommission wäre es daher erfolgsversprechender, sektorspezifische Mandate zu erteilen, um die Dienstleistungsnormung und die Akzeptanz unter den Stakeholdern zu fördern.

C. Ein Blick in die Zukunft: Die weitere Entwicklung der Dienstleistungsnormung

Hat die Kommission mit dem Normungspaket einen Schritt unternommen, um die Dienstleistungsnormung voranzubringen und zu fördern, ist seitdem wieder eine Ruhephase festzustellen. So kommt der Dienstleistungsnormung in den Arbeitsprogrammen der Union für die europäische Normung in den Jahren 2018 bis 2020 keine besondere Rolle zu. Stattdessen liegt im Normungsprogramm für das Jahr 2018 ein Schwerpunkt im Bereich der IKT-Normung.[1385]

Mit ihren bisherigen Initiativen unter dem Mandat M/517 und dem Normungspaket versucht die Kommission, die Aufmerksamkeit der Stakeholder auf die Dienstleistungsnormung zu lenken.[1386]

1381 Normungsauftrag M/517, S. 3.
1382 *Basedow*, ZEuP 2008, 673 (676).
1383 *Staudenmayer*, ZEuP 2016, 801 (804). Siehe auch *Busch*, in: *Artz/Gsell*, Verbrauchervertragsrecht, S. 1 (9) allgemein zu Entwicklungen im Vertragsrecht.
1384 Zu den Richtlinien siehe FN. 1355.
1385 COM (2017) 453 final, Ziffer 2.1; COM (2018) 686 final; COM (2019) 486 final. Siehe bereits Kapitel 3.A.VII.
1386 Siehe auch M/517 Phase 1, Final Report, S. 57 zur Notwendigkeit, die Aufmerksamkeit zu wecken.

So verfolgt die Kommission mit dem Mandat M/517 das Ziel, die Bedürfnisse und Interessen der Stakeholder herauszufinden und mehr »input« von ihnen zu bekommen.[1387] Im Normungspaket betont die Kommission die Notwendigkeit, Stakeholder gezielter zu informieren.[1388] Das fehlende Bewusstsein und Verständnis für das Normungssystem sind nach der Arbeitsunterlage der Kommissionsdienststellen im Bereich von Dienstleistungsnormen noch stärker ausgeprägt im Vergleich zu anderen Normarten, sodass Maßnahmen zur Steigerung des Bewusstseins insbesondere den Fokus auf Dienstleistungsnormen legen sollen.[1389]

Trotzdem vermittelt sich der Eindruck, dass die Kommission die Dienstleistungsnormung nunmehr wiederum zurückstellt. Wenn das Mandat M/517 dazu dienen soll, herauszufinden, welchen Beitrag Dienstleistungsnormen für den Binnenmarkt leisten können,[1390] sollen die Ergebnisse wahrscheinlich abgewartet werden, bevor weitere Schritte unternommen werden. Die bisherige Untersuchung hat jedoch gezeigt, dass ein horizontaler Ansatz ungeeignet ist, um die Dienstleistungsnormung innerhalb der EU voranzubringen.

Das von *van Leeuwen* festgestellte »EU paradox of convergence«[1391] setzt sich trotz des Mandats M/517 und des Normungspakets fort. So betont die Europäische Kommission zwar die Vorteile europäischer Dienstleistungsnormen für den Binnenmarkt[1392] und will deren Entwicklung voranbringen.[1393] Gleichzeitig geht sie die tatsächliche Umsetzung des Instruments Dienstleistungsnormen zur Förderung des Binnenmarktes nur halbherzig an und ergreift in den aktuellen Normungsprogrammen keine weiteren konkreten Maßnahmen. Insofern besteht auch weiterhin die Kluft zwischen den Maßnahmen der EU und ihren Worten.[1394]

1387 *Van Leeuwen*, Services, S. 70. *Van Leeuwen* weist auch darauf hin, dass das Mandat dann auf die Wünsche der Stakeholder gestützt sei und nicht so sehr der »top-down« Normung zuzuordnen sei. Insofern sei auch ein Unterschied zu mandatierten Dienstleistungsnormen zu sehen, welche die europäische Gesetzgebung ergänzen sollen.

1388 COM (2016) 357 final, S. 5, Ziffer 2.2.

1389 SWD (2016) 186 final, S. 11.

1390 *Van Leeuwen*, Services, S. 220.

1391 *Van Leeuwen*, Services, S. 220.

1392 COM (2016) 358 final, S. 11; SWD 2016 (186) final, S. 5f.; siehe auch schon COM 2015 (550) final, S. 15.

1393 COM (2016) 357 final, S. 4.

1394 Zum »EU paradox of convergence«: *van Leeuwen*, Services, S. 220.

I. Die Einführung eines New Approach im Dienstleistungsbereich

Die Europäische Kommission hat in den vergangenen Jahren mehrfach das Potential der Dienstleistungsnormung hervorgehoben.[1395] Jedoch erkennt auch die Kommission, dass der bisherige Erfolg in Form von tatsächlich erarbeiteten Normen gering ist. So sind lediglich 1–2 % aller europäischen Normen Dienstleistungsnormen.[1396]

Der einfachste Weg um die Dienstleistungsnormung voranzubringen und effektiv als Mittel zur Stärkung des Binnenmarktes einzusetzen, wäre die Einführung des New Approach im Dienstleistungsbereich.

Zwar versucht die Kommission mit dem Mandat M/517, mehr Kontrolle über die Dienstleistungsnormung zu gewinnen. Auch das Normungspaket zeigt, dass die Kommission mehr Einfluss auf die Dienstleistungsnormung gewinnen möchte, etwa indem sie den Normungsorganisationen detaillierte Handlungsempfehlungen gibt.[1397]

Ob nun der gewählte Mittelweg einen stärkeren Anstieg von Dienstleistungsnormen auch unabhängig von einem erteilten Mandat bewirken wird, ist zweifelhaft. Der horizontale Ansatz unter dem Mandat M/517 erweist sich zudem als ungeeignet, die Dienstleistungsnormung zu fördern. Eine Akzeptanzsteigerung und eine auch ohne Mandatserteilung stärkere Dienstleistungsnormung sind daher unwahrscheinlich.

Ein effektiverer und einfacherer Weg, um die Dienstleistungsnormung nun tatsächlich voranzubringen, wäre die Einführung des New Approach im Dienstleistungsbereich. Wenn die Qualität der »holy grail« einer jeden gesetzlichen Regelung zu Dienstleistungen ist[1398] und der Kommission gerade die Steigerung der Qualität von Dienstleistungen ein hohes Anliegen ist,[1399] wäre die Einführung des New Approach ein konsequenter Weg. Auch die Normungsverordnung sieht Normen und insbesondere harmonisierte Normen bei der Ko-Regulierung in ErwGr 25 als wichtiges Instrument an, um die europäische Gesetzgebung zu vervollständigen.[1400]

1395 Siehe z. B. KOM (2011) 206 endg., S. 12; KOM (2004) 674 endg., S. 6 (Mitteilung der Kommission an das Europäische Parlament und den Rat über die Rolle der europäischen Normung im Rahmen der europäischen Politik und Rechtsvorschriften vom 18. 10. 2004).

1396 SWD (2016) 186 final, S. 4.

1397 SWD (2016) 186 final, S. 8. Ausführlich hierzu Kapitel 3.B.V. und Kapitel 3.B.VI.

1398 *Delimatsis*, CMLR 47 (2010), 1049 (1052).

1399 Siehe etwa COM (2016) 358 final, S. 4 f.; SWD 2016 (186) final, S. 5 nennt die Steigerung der Qualität als ersten Vorteil der Dienstleistungsnormung.

1400 Siehe hierzu auch *Senden*, LIEI 44 no. 4 (2017), 337 (340). *Senden* verweist auf ErwGr 24, richtigerweise ErwGr 25, sowie Titel 3 mit der Überschrift »Europäische Normen und Dokumente der europäischen Normung zur Unterstützung der Rechtsvorschriften und der Politik der Union.«

1. Bedenken hinsichtlich einer Delegation von Rechtsetzungsbefugnissen

Aus europarechtlicher Perspektive bestehen jedoch Zweifel an der Zulässigkeit einer derartigen Verweisungsmethode.[1401] Der europäische Gesetzgeber verweist auf die technischen Normen, deren Fundstellen im Amtsblatt veröffentlicht werden und die von der Kommission mandatiert sind. Jedoch erfolgt die inhaltliche Ausarbeitung der Normen durch die europäischen Normungsorganisationen.[1402] Einige Stimmen in der Literatur nehmen daher eine unzulässige Delegation von Rechtsetzungsbefugnissen an die europäischen Normungsorganisationen an.[1403] So bestehen Zweifel, ob die Anforderungen der *Meroni*-Rechtsprechung[1404] eingehalten werden.[1405] Mit Blick auf die *Meroni*-Rechtsprechung sei weder eine förmliche Delegationsanordnung gegeben noch handele es sich um eng begrenzte Ausführungsbefugnisse.[1406]

Zwar lässt sich ein Konflikt mit der *Meroni*-Rechtsprechung bereits mit der Argumentation vermeiden, dass die Einhaltung der Normen freiwillig ist und von ihnen keine Bindungswirkung ausgeht. Die Richtlinienkonformität könne auch auf anderem Wege als durch Einhaltung der Norm dargestellt werden. So sei das Problem einer Kompetenzübertragung überhaupt nicht gegeben.[1407] Auch die

1401 Siehe hierzu *Breulmann*, Normung, S. 175ff.; *Rönck*, Normen, S. 170ff., 201ff.; *Marburger/Enders*, Jahrbuch UTR 27 (1994), 333 (364ff.). Zur Darstellung der verschiedenen Ansichten siehe *Finke*, Auswirkungen, S. 97f. und *Ehricke*, EuZW 2002, 747 (749) zur Kritik.

1402 Siehe hierzu *Röthel*, JZ 2007, 755 (760). Die »materielle Rechtsetzung« werde nicht vom Gemeinschaftsgesetzgeber vorgenommen.

1403 *Breulmann*, Normung, S. 234ff.; s.a. *Lübbe-Wolff*, VVdStRL 60 (2000), 246 (268f. zur Neuen Konzeption. Dort S. 268: [läuft] »auf eine faktische Delegation von Normsetzungskompetenzen« [hinaus]); *Rönck*, Normen, S. 188ff., 224f.; *Roßnagel*, DVBl. 1996, 1181 (1184–1186); *Schulte*, in: *Rengeling*, Handbuch Umweltrecht, Rn. 119f. Siehe zu den Ansichten *Röthel*, JZ 2007, 755 (760). AA im Ergebnis *Marburger/Enders*, Jahrbuch UTR 27 (1994) S. 333 (368): »zweckmäßige und rechtliche zulässige Regelungsform«.

1404 EuGH, Rs. 9/56; Slg. 1958, 11 (40ff.) – Meroni I; EuGH Rs. 10/56, Slg. 1958, 53 (75ff.) – Meroni II. Zusammenfassung bei *Callies*, in: *Callies/Ruffert*, § 13 EUV Rn. 47ff.: So dürfen nur solche Befugnisse übertragen werden, die dem übertragenden Organ selbst primärrechtlich zukommen. Weiterhin ist eine Entscheidung des übertragenden Organs über die Übertragung erforderlich. Die Übertragung muss explizit aus der Entscheidung erfolgen. Es dürfen lediglich eng umgrenzte Ausführungsbefugnisse und keine Ermessensbefugnisse übertragen werden. Das übertragende Organ muss die Ausübung beaufsichtigen. Die Entscheidungen müssen vom EuGH gerichtlich überprüfbar sein sowie begründet und veröffentlicht werden.

1405 Ablehnend *Breulmann*, Normung, S. 230ff.; *Roßnagel*, DVBl. 1996, 1181 (1186); *Schulte*, in: *Rengeling*, Handbuch Umweltrecht Rn. 115–119; s.a. *Schepel*, Private Governance, S. 226f. Siehe auch *Volpato*, CMLR 54 (2017), 591 (602) und *van Leeuwen*, Services, S. 43 zu den Argumenten in der Literatur.

1406 *Breulmann*, Normung, S. 233, 235, der aber grundsätzlich die Verallgemeinerungsfähigkeit der Meroni-Rechtsprechung ablehnt, siehe dort S. 229.

1407 Siehe die Ausführungen bei *Colombo/Eliantonio*, 24 MJ 2 (2017), 323 (334). Nach Ansicht von *Colombo/Eliantonio*, 24 MJ 2 (2017), 323 (334) vertreten gerade die EU-Institutionen

Europäische Kommission weist in ihrem Leitfaden für die Umsetzung der Produktvorschriften der EU aus dem Jahr 2016 mehrfach darauf hin, dass die Anwendung der Normen freiwillig sei.[1408] Dieser Sichtweise einer fehlenden Delegation von Rechtsetzungsbefugnissen kann jedoch die faktische Verbindlichkeit von technischen Normen entgegengehalten werden.[1409]

Durch die Einführung des New Approach für Dienstleistungen könnte auch Dienstleistungsnormen eine faktische Verbindlichkeit[1410] zukommen. Auch hier würde sich die Frage nach der Anwendbarkeit und Vereinbarkeit mit der *Meroni*-Rechtsprechung stellen. Schlussfolgerungen könnten aus dem Schlussantrag des Generalanwalts und der EuGH-Entscheidung in der Rechtssache *James Elliott* gezogen werden.

In der Rechtssache *James Elliott* zu einer harmonisierten technischen Norm im Rahmen des New Approach geht der Generalanwalt auf die Kontrolle der Kommission auf das Verfahren der Normerarbeitung durch CEN ein.[1411] Nach seiner Ansicht handelt »es sich um einen Fall von ›kontrollierter‹ Delegation von Normung an eine privatrechtlich organisierte Normungsorganisation.«[1412] Zumindest implizit scheint er die Anwendung der *Meroni*-Doktrin und auch ihre Einhaltung zu bejahen, auch wenn, wie *Colombo/Eliantano* anmerken, eine ausdrückliche Äußerung fehlt.[1413] Eine derartige Einordnung könnte nach Ansicht von *Volpato* die Box der Pandora (»potential of opening a Pandora's box«) mit Blick auf die Rechtmäßigkeit der Verweisungsmethode nach dem New Approach öffnen.[1414] Denn der Vereinbarkeit des New Approach mit der *Meroni*-

und die Normungsorganisationen eine auf freiwillige Anwendung gerichtete Ansicht. Siehe hierzu auch *Schettini Gherardini*, »Harmonised Standards and the EU Court of Justice: beware not to open Pandora's box«, in European Law Blog (2016), der ebenso die freiwillige Natur betont: https://europeanlawblog.eu/2016/05/27/harmonised-european-standards-and-the-eu-court-of-justice-beware-not-to-open-pandoras-box/. Einen Verstoß gerade gegen die *Meroni*-Rechtsprechung ablehnend *Ehricke*, EuZW 2002, 746 (750). Einen Verstoß gegen den Grundsatz der begrenzten Einzelermächtigung ablehnend *Schmidt-Preuß*, VVDStRL 56 (1997), 160 (209f.).

1408 Europäische Kommission, Bekanntmachung der Kommission, Leitfaden für die Umsetzung der Produktvorschriften der EU 2016 (»Blue Guide«), ABl. 2016 C 272/1, siehe etwa Ziffer 4.1.2., 4.1.2.2. Siehe auch *Colombo/Eliantonio*, 24 MJ 2 (2017), 323 (334 Fn. 74).

1409 *Colombo/Eliantonio*, 24 MJ 2 (2017), 323 (335); *Rönck*, Normen, S. 201 ff; 206, 224 (Verstoß gegen das Demokratieprinzip). Zu »de facto binding rules«: *Hofmann/Rowe/Türk*, Administrative Law, S. 593.

1410 Zu den Begriffsvarianten in der Literatur bei technischen Normen *Röthel*, JZ 2007, 755 (759 Fn. 77).

1411 GA *Campos Sanchez-Bordona*, Schlussantrag vom 28.01.2016- C-613/14, ECLI:EU:2016:C:63, BeckRS 2016, 80189, Rn. 46ff.

1412 GA *Campos Sanchez-Bordona*, Schlussantrag vom 28.01.2016- C-613/14, ECLI:EU:2016:C:63, BeckRS 2016, 80189 Rn. 55.

1413 *Colombo/Eliantano*, 24 MJ 2 (2017), 323 (335).

1414 *Volpato*, CMLR 54 (2017), 591 (601).

Rechtsprechung stehen wie bereits erwähnt in der Literatur erhebliche Bedenken entgegen, insbesondere mit Blick auf den Ermessensspielraum der Normungsorganisationen bei der Erarbeitung der Normen.[1415] Da Normen nicht nur technische Regeln enthalten, sondern mit politischen Entscheidungen einhergingen, sei ein Ermessensspielraum gegeben.[1416]

Zwar löst die Entscheidung in der Rechtssache *James Elliott* nicht eindeutig das Rätsel (»conundrum«) um die Legitimität der Rolle der Normungsorganisationen.[1417] Der EuGH thematisiert nicht die Frage einer Delegation von Rechtsetzungsbefugnissen. Wie *Volpato* feststellt, befasst sich der EuGH im Urteil zwar nicht mit der rechtlichen Beziehung zwischen den Normungsorganisationen und der Europäischen Kommission.[1418] Auch wenn der EuGH nicht auf die *Meroni*-Grundsätze eingeht,[1419] können dem Urteil jedoch einige Anhaltspunkte zur Frage einer Delegation von Rechtsetzungsbefugnissen entnommen werden.[1420]

Volpato zieht die Entscheidung des EuGH in der Rechtssache *Short Selling*[1421] als Vergleich heran.[1422] Dieses Urteil wird auch als Auflockerung der Meroni-Rechtsprechung gesehen.[1423] Hier entschied der EuGH, dass die der ESMA (Europäische Wertpapier- und Marktaufsichtsbehörde) nach Art. 28 VO Nr. 236/2012 zustehenden Befugnisse mit der *Meroni*-Rechtsprechung vereinbar sind.[1424] So sei die Ausübung der Befugnisse der ESMA an »verschiedene Bedingungen und Kriterien geknüpft, die den Handlungsspielraum der ESMA begrenzen.«[1425] Die Befugnisse

1415 Näher Ausführungen bei *Volpato*, CMLR 54 (2017), 591 (602). Siehe auch *Hofmann/Rowe/Türk*, Administrative Law, S. 248 zur Meroni-Rechtsprechung und politischen Wertungen in Normen.

1416 Näher *Medzmariashvili*, LIEI 44 no. 4 (2017), 353 (359). Siehe auch *Colombo/Eliantano*, 24 MJ 2 (2017), 323 (335): So seien europäische Normen nicht bloße technische Übersetzungen von Kommissionsentscheidungen. Vielmehr bleibe Raum für politische Bewertungen und damit auch Ermessensbewertungen. Siehe auch *Schepel*, Private Governance, S. 256 zu politischen Bewertungen im New Approach.

1417 *Volpato*, CMLR 2017, 591, 602: »…the judgement does not unequivocally solve the conundrum of the legitimacy of the standard-setting organizations's role within the institutional balance of the EU.« Ebenso zur fehlenden Thematisierung der Beziehung zwischen ESOS und der Kommission: *Tovo*, CMLR 55 (2018), 1187 (1190).

1418 *Volpato*, CMLR 54 (2017), 591 (601).

1419 *Lundqvist*, LIEI 44 no. 4 (2017) 421 (429).

1420 *Volpato*, CMLR 54 (2017), 591 (602).

1421 EuGH, Urt. v. 22.1.2014 – C-270/12, ECLI:EU:C:2014:18, NJW 2014, 1359.

1422 *Volpato*, CMLR 54 (2017), 591 (602).

1423 *Medzmariashvili*, LIEI 44 no. 4 (2017), 353 (359 »softening the Meroni doctrine«). Siehe auch *Eliantonio*, LIEI 44 no. 4 (2017), 395 (396): »loosening Meroni requirements«.

1424 EuGH, Urt. v. 22.1.2014 – C-270/12, ECLI:EU:C:2014:18, NJW 2014, 1359 (Rn. 53).

1425 EuGH, Urt. v. 22.1.2014 – C-270/12, ECLI:EU:C:2014:18, NJW 2014, 1359 (Rn. 45); siehe auch *Volpato*, CMLR 54 (2017), 591, (602) mit Verweis auf Rn. 50–53.

seien genau begrenzt, sodass der ESMA kein »weites Ermessen« zustehe, das nach der *Meroni*-Rechtsprechung zur Unvereinbarkeit mit dem AEUV führe.[1426]

Diese Erwägungen überträgt *Volpato* zutreffend auf die Ausführungen des EuGH in der Rechtssache *James Elliott.* Auch in dieser Entscheidung betont der EuGH die Kontrolle durch die Europäische Kommission[1427] und die durch die New Approach-Richtlinie geschaffene Lenkung. Es handele sich um eine »notwendige und durch die in dieser Richtlinie definierten wesentlichen Anforderungen streng geregelte Durchführungsmaßnahme«.[1428] So scheint nach Ansicht der Richter dieser rechtliche Rahmen ausreichend zu sein, um das Ermessen der Normungsorganisationen zu begrenzen.[1429]

Ebenso betont der EuGH in der Rechtssache *Short Selling*, dass die Befugnisse mit Blick auf die Ziele der übertragenden Behörde gerichtlich überprüft werden können.[1430] *Volpato* weist zu Recht darauf hin, dass auch dieser Aspekt für die Frage der Zulässigkeit einer Delegation hinzugezogen werden kann. Auch in der Entscheidung in der Rechtssache *James Elliott* erklärt sich der EuGH für die Auslegung einer harmonisierten technischen Norm zuständig, sodass nun auch im begrenzten Umfang eine gerichtliche Überprüfbarkeit gegeben ist.[1431] Auch wenn der EuGH in der Rechtssache *James Elliott* anders als der Generalanwalt nicht von einer kontrollierten Delegation spricht und somit nicht die Box der Pandora (»Pandora's box«)[1432] öffnet, scheinen die Anforderungen, die in der Rechtssache *Short Selling* aufgeführt wurden, zumindest teilweise erfüllt zu sein.[1433]

Das Urteil kann daher als Schritt gewertet werden, den New Approach mit den vom EuGH aufgestellten Kriterien zur Delegation von Rechtsetzungsbefugnissen in Einklang zu bringen.[1434] Ebenso sehen *Klindt/Wende* die Entscheidung als

---

1426 EuGH, Urt. v. 22.1.2014 – C-270/12, ECLI:EU:C:2014:18, NJW 2014, 1359 (Rn. 53f.); *Volpato*, CMLR 54 (2017), 591 (602).

1427 *Volpato* bezieht sich auf die Kontrolle der »europäischen Institutionen«, der EuGH geht jedoch gerade auf die Kontrolle durch die Kommission ein. Nach Ansicht von *Senden*, LIEI 44 no. 4 (2017), 337 (350) räumt der EuGH mit der Betonung der Kontrolle durch die Kommission implizit die Bedenken aus, die nach der *Meroni*-Rechtsprechung für die Delegation von Rechtsetzungsbefugnissen aufgestellt werden.

1428 EuGH, Urt. v. 27.10.2016 – C-613/14, ECLI:EU:C:2016:821, EuZW 2017, 63 (Rn. 43); *Volpato*, CMLR 54 (2017), 591 (602).

1429 *Volpato*, CMLR 54 (2017), 591 (602).

1430 EuGH, Urt. v. 22.1.2014 – C-270/12, ECLI:EU:C:2014:18, NJW 2014, 1359 (Rn. 53).

1431 *Volpato*, CMLR 54 (2017), 591 (602).

1432 *Volpato*, CMLR 54 (2017), 591 (601).

1433 Zweifelnd angesichts der bloßen Möglichkeit einer gerichtlichen Überprüfung im Rahmen einer Vorlage für die Auslegung nach Art. 267 AEUV *Colombo/Eliantonio*, 24 MJ 2 (2017), 323 (336).

1434 *Volpato*, CMLR 54 (2017), 591 (603): »The judgment… arguably represents a step towards reconciling the system of the New Approach with the institutional principles enshrined in the Court's case law…«. Nach Ansicht von *Medzmariashvili* ist nach der Entscheidung in

»Grundlage« für die Vereinbarkeit des New Approach mit europäischem Verfassungsrecht an. Voraussetzung für eine Delegation von Rechtsetzungsbefugnissen sei zumindest die gerichtliche Überprüfbarkeit der Regelungen bei unterbliebener Kontrolle durch den Gesetzgeber.[1435] Zwar erklärt sich der EuGH nun für die Auslegung harmonisierter technischer Normen nach Art. 267 AEUV zuständig, jedoch wird die volle gerichtliche Überprüfbarkeit der Normen weiterhin bezweifelt, insbesondere mit Blick auf eine Nichtigkeitsklage nach Art. 263 AEUV.[1436] Auch aus diesem Grund sind *Colombo/Eliantonio* der Ansicht, dass nach der Rechtssache *James Elliott* die harmonisierten technischen Normen eher als Fall einer unkontrollierten Delegation einzuordnen sind.[1437] Allerdings besteht im Rahmen von Art. 267 AEUV daneben auch die Möglichkeit, über die Gültigkeit der Norm zu entscheiden.[1438] So könnte überprüft werden, ob eine

---

der Rechtssache C-270/12 die Rechtmäßigkeit einer Delegation von einer administrativen und richterlichen Kontrolle abhängig. Auch wenn Kontrollmechanismen durch die VO Nr. 1025/2012 und der EUGH nach der Rechtssache *James Elliott* für die Auslegung einer harmonisierten Norm zuständig ist, sei eine umfängliche Kontrolle noch nicht gegeben, *Medzmariashvili*, LIEI 44 no. 4 (2017), 353 (366, s.a. 361f., 364f.).

1435 *Klindt/Wende*, EuZW 2017, 66 (67).

1436 *Volpato*, CMLR 54 (2017), 591 (601); näher *Colombo/Eliantonio*, 24 MJ 2 (2017), 323 (329ff.). Dort auch, S. 333: »...the gap in the legal protection against allegedly unlawful HTSs [Anm.: harmonized technical standards] does not seem to have been filled after *James Elliott.*« Die Möglichkeit einer Nichtigkeitsklage wohl bejahend *Nusser*, NJW 2017, 315. Siehe näher zur Nichtigkeitsklage auch *Eliantonio*, LIEI 44 no. 4 (2017), 395 (397–399). Sie weist auch auf die unterschiedliche Argumentation des Generalanwalts und des EuGH hin (S. 398). Während der Generalanwalt die harmonisierten Normen als »Handlungen der Organe, Einrichtungen und sonstigen Stellen der Union« nach Art. 267 AEUV ansieht (GA *Campos Sanchez-Bordona*, Schlussantrag vom 28.01.2016- C-613/14, ECLI:EU:C:2016:63, BeckRS 2016, 80189 Rn. 40), stellt der EuGH darauf ab, dass er auch »für die Auslegung von Handlungen zuständig ist, die, obwohl sie nicht von derartigen Einrichtungen vorgenommen wurden, ... den Charakter von Maßnahmen zur Durchführung oder Anwendung eines Rechtsakts der Union hatten« (EuGH, Urt. v. 27.10.2016 – C-614/14, ECLI:EU:C:2016:821, EuZW 2017, 63 Rn. 34). Zu diesen Auswirkungen auf die Nichtigkeitsklage *Eliantonio*, LIEI 44 no. 4 (2017), 353 (398); *Volpato*, CMLR 54 (2017) 591 (601). Später *Volpato/Eliantonio*, in: *Eliantonio/Cauffman*, Standardisation, S. 91 (103) zur Nichtigkeitsklage im Hinblick auf die Veröffentlichung der Referenz einer Norm in der Reihe L des Amtsblatts als Durchführungsbeschluss; siehe Durchführungsbeschluss (EU) 2018/2048 der Kommission vom 20. Dezember 2018 über die harmonisierte Norm für Websites und mobile Anwendungen zur Unterstützung der Richtlinie (EU) 2016/2102 des Europäischen Parlaments und des Rates, ABl. 2018 L 327/84. Siehe ausführlich *Volpato/Eliantonio*, »The Butterfly Effect of Publishing References to Harmonised Standards in the L Series«, abrufbar unter https://europeanlawblog.eu/2019/03/07/the-butterfly-effect-of-publishing-references-to-harmonised-standards-in-the-l-series/.

1437 *Colombo/Eliantonio*, 24 MJ 2 (2017), 323 (336).

1438 Better Regulation Tool 18, https://ec.europa.eu/info/sites/info/files/file_import/better-regulation-toolbox-18_en_0.pdf, S. 114; *Volpato/Eliantonio*, in: *Eliantonio/Cauffman*, Standardisation, S. 91 (102); zweifelnd noch *Eliantonio*, LIEI 44 no. 4 (2017), 395 (405), ob die Entscheidung *James Elliott* auch diesen Weg ermöglicht.

Norm die Vorgaben des Mandats wahrt oder verfahrensrechtliche Vorgaben nicht einhält.[1439]

2. Zwischenergebnis

Der Streit um eine Delegation von Rechtsetzungsbefugnissen an die Normungsorganisationen wird auch durch die Rechtssache *James Elliott* nicht gelöst.[1440] Trotzdem ist das Urteil als ein weiterer Schritt in der »juridification«[1441] der Normung einzuordnen.[1442] So werden Normen hier von der Reichweite des Rechts (»reach of law«) eingeholt.[1443] Sieht das Europäische Parlament im Jahr 2010 die Notwendigkeit, »eine klare Trennungslinie zwischen dem Erlass von Rechtsvorschriften und der Normung zu ziehen, um jedweder falschen Auslegung im Hinblick auf die Zielvorgaben der Rechtsvorschriften und das gewünschte Maß an Schutz vorzubeugen«,[1444] so zeigt sich auch, dass eine derartige Trennlinie schwierig zu ziehen ist, da harmonisierte Normen stark mit europäischem Recht verflochten (»intertwined«) sind.[1445] Bedenken hinsichtlich einer unzulässigen Übertragung von Rechtsetzungsmacht würden sich auch bei einer Ausdehnung des New Approach auf den Dienstleistungsbereich stellen. Denn gerade ein Ermessensspielraum, der den Normungsorganisationen übertragen wird, bildet einen Hauptkritikpunkt an der Zulässigkeit des New Approach.[1446] Da Dienstleistungsnormen sich noch nicht einmal mit technischen Festlegungen beschäftigen, sondern sich die Beteiligten vielmehr auf eine gemeinsame Definition der Dienstleistungsqualität einigen müssen,[1447] könnte hier der Vorwurf eines unzulässigen Ermessenspielraums noch stärker ins Gewicht fallen.

1439 *Hettne*, LIEI 44 no. 4 (2017), 409 (417).

1440 Siehe auch *Medzmariashvili*, LIEI 44 no. 4 (2017), 353 (365): »...the prospect of fully-fledged judicial control over delegated power to the ESOs is at an embryonic stage.«

1441 Begriff bei *Schepel*, 20 MJ 4 (2013), 521.

1442 *Volpato*, CMLR 54 (2017), 591 (597); *Colombo/Eliantonio*, 24 MJ 2 (2017), 323 (325). Siehe auch *Volpato*, CMLR 54 (2017), 591 (599) zu u. a. der Rechtssache C-227/06 (*Commission v. Belgium*) und C-171/11 (*Fra.bo.*).

1443 Siehe *Eliantonio/Volpato*, LIEI 44 no. 4 (2017) 323 (325). So versuchten offizielle Rechtsinstrumente, Europäische Normung von der Reichweite des Rechts fernzuhalten, indem etwa der freiwillige Charakter betont wird, während auf richterlicher Ebene Fälle zu harmonisierten technischen Normen den EuGH beschäftigen.

1444 Entschließung des Europäischen Parlaments vom 21. Oktober 2010 zur Zukunft der europäischen Normung, Ziffer 15., ABl. 2012 C 70 E 60.

1445 *Eliantonio/Medzmariashvili*, LIEI 44 no. 4 (2017), 323 (335).

1446 Siehe die Ausführungen bei *Volpato*, CMLR 54 (2017) 591 (602). Siehe auch zu einem Ermessensspielraum infolge politischer Wertungen *Colombo/Eliantonio*, 24 MJ 2 (2017), 323 (335). Siehe auch *Schepel*, Private Governance, S. 256 zu politischen Wertungen.

1447 *Van Leeuwen*, Services, S. 55.

II. Vorteile eines New Approach im Dienstleistungsbereich

Die Einführung eines New Approach im Dienstleistungsbereich könnte die Dienstleistungsnormung in mehreren Bereichen positiv beeinflussen.

1. Die Auswirkungen auf die Einbeziehung der wesentlichen Stakeholder

Ein New Approach für Dienstleistungen könnte sich zunächst auf das Verfahren der Normerarbeitung und die Einbeziehung der wesentlichen Stakeholder auswirken. Aufgrund des quasi-gesetzlichen Effekts (»quasi-legal effect«), den Normen durch die Einbettung in ein gesetzliches Rahmenwerk erhalten, besteht für Stakeholder ein stärkerer Anreiz, am Normungsverfahren teilzunehmen.[1448]

So muss für Dienstleistungsnormen sichergestellt werden, dass Normen nicht nur von Außenseitern (»outsiders«[1449]), d.h. einer nicht-repräsentativen Minderheit innerhalb der Branche, initiiert und erarbeitet werden. Als Beispiel nennt *van Leeuwen* u.a. die Norm zu Gästeführern. Diese wurde von einer Gruppe von Gästeführern initiiert, nach deren Verständnis ein Gästeführer örtlich ausgebildet ist und die dortigen Qualifikationen besitzt. Infolgedessen stoßen Normungsinitiativen auch auf Widerstand, wenn sie von einer nicht-repräsentativen Gruppe ausgehen.[1450]

Durch die Ausdehnung des New Approach könnte somit auch im Dienstleistungsbereich eine Anregung für eine stärkere Beteiligung der Stakeholder geschaffen werden. Auf diese Weise könnte der Initiierung und der Erarbeitung von Normen durch nicht-repräsentative Minderheiten entgegengewirkt werden, sodass auch der Widerstand gegen die Dienstleistungsnormung abnehmen wird. So kontrolliert die Kommission im Rahmen des New Approach, welche Parteien am Normungsverfahren teilnehmen.[1451]

Doch auch im Rahmen der Normungsverordnung VO Nr. 1025/2012 besteht noch Verbesserungsbedarf hinsichtlich der Beteiligung der wesentlichen Stakeholder.

1448 *Van Leeuwen*, Services, S. 210. Siehe auch *Delimatsis*, ELR 41 (2016), 513 (522) allgemein zu den Wirkungen des New Approach: »...incorporated by reference in the EC legislature, as they are published in the Official Journal of the EU, thereby giving a quasi-legislative status to the output of European standards organisations – ESOSs.«

1449 *Van Leeuwen*, Services, S. 208 zum Gesundheits- und Tourismusbereich.

1450 Siehe näher *van Leeuwen*, Services, S. 208f.

1451 Siehe *van Leeuwen*, Services, S. 210, wonach die Dominanz von Außenseitern im Rahmen des New Approach angesichts der Kontrolle der Kommission weniger problematisch sei. Zum Widerstand bei nicht-repräsentativen Normungsinitiativen siehe dort S. 208. Zu den Abstimmungsregeln bei CEN siehe Ziffer 6.2.2 CEN/CENELEC GO Teil 2:2018. Kritisch zur Vorgängerbestimmung und den Abstimmungsregeln *van Leeuwen*, Services, S. 209f.

So betont Erwägungsgrund 2 der Normungsverordnung VO Nr. 1025/2012, dass die europäische Normung sich auf die Grundsätze der WTO zur Normung (Kohärenz, Transparenz, Offenheit, Konsens, Freiwilligkeit der Anwendung, Unabhängigkeit von Einzelinteressen und Effizienz) stützt. Wichtig sei die angemessene Einbeziehung aller interessierten Kreise, einschließlich der Behörden und der KMU. Erwägungsgrund 22 geht auf die gesellschaftlichen Auswirkungen von Normen ein und die daraus folgende Notwendigkeit der Unterstützung von Verbraucherorganisationen sowie von Vertretern ökologischer und sozialer Interessen. Nach Art. 5 VO Nr. 1025/2012 fördern die europäischen Normungsorganisationen eine angemessene und wirkungsvolle Beteiligung aller einschlägigen Interessenvertreter, einschließlich KMU, Verbraucherorganisationen und Interessenvertretern ökologischer und sozialer Interessen an ihren Normungstätigkeiten.[1452] Die Vorgaben und Absichten scheinen *Kallestrup* mit Blick auf eine Äußerung der Organisation ECOS zur Normungsverordnung nicht hinreichend verwirklicht zu sein. Auch wenn die Normungsverordnung Vorgaben zur Beteiligung von sozialen Stakeholdern enthalte, kritisiert ECOS, dass in der Realität die effektive Beteiligung von sozialen Stakeholdern weder auf europäischer noch auf nationaler Ebene gesichert sei.[1453]

Mit Blick auf die Repräsentation von Verbraucherinteressen soll die Beteiligung der Verbraucherorganisation ANEC im Normungsverfahren zwar sicherstellen, dass die Einbeziehung der Verbraucher nicht nur über die nationalen Normungsorganisationen erfolgt. Denn auch dort zeigen sich Repräsentationsdefizite, sodass Verbraucherinteressen direkt auf europäischer Ebene eingebracht werden sollen und nicht nur über die nationalen Delegationen.[1454] *Van Gestel/Micklitz* kritisieren jedoch die fehlende institutionelle Rolle der Verbraucherorganisation ANEC im Rahmen des New Approach. Mit der Normungsverordnung seien nur recht weiche Vorgaben zur Beteiligung der Stakeholder eingeführt worden, da europäische Normungsorganisationen die Beteiligung »fördern« und »erleichtern« sollen (Art. 5 VO Nr. 1025/2012).[1455] Zudem hat die Verbraucherorganisation ANEC lediglich einen Beobachterstatus in den Technischen Kommittees. Sie verfügt jedoch nicht über ein Stimmrecht.[1456]

1452 Siehe zu den Bestimmungen *Kallestrup*, LIEI 44 no. 4 (2017), 381 (392).

1453 Zitiert nach *Kallestrup*, LIEI 44 no. 4 (2017), 381 (392).

1454 Zu diesem Problem siehe *Giannaccari*, Standard Setting, S. 222–224, insb. 223f.

1455 *Van Gestel/Micklitz*, CMLR 50 (2013), 145 (179); *Hettne*, LIEI 44 No. 4 (2017), 409 (416). Siehe auch *Micklitz*, in: *Cafaggi/Muir Watt*, Regulatory Function, S. 16 (47) zum fehlenden formal-rechtlichen Status von Verbraucherorganisationen in der Dienstleistungsrichtlinie. Siehe *Micklitz*, Services Standards, S. 208 zur Empfehlung eines rechtlichen Status der Verbraucherrepräsentation. Kritisch zur Normungsverordnung auch *van Leeuwen*, Services, S. 139.

1456 Hierzu *Cauffman/Gérardy*, in: *Eliantonio/Cauffman*, Standardisation, S. 64 (82); CEN-CENELEC Guide 25:2017 »The concept of Partnership with European Organizations and

Auch die Europäische Kommission sieht innerhalb des Normungspakets aus dem Jahr 2016 die Notwendigkeit, eine stärkere Einbindung der Stakeholder zu erreichen und die Kommunikation zu verbessern. So soll innerhalb der Gemeinsamen Normungsinitiative (GNI) ein Austausch zwischen u. a. Normungseinrichtungen, KMU, Verbraucherorganisationen, Mitgliedstaaten und der Kommission stattfinden. Ziel ist es u. a. die Normerstellung »nach Schwerpunkten zu bündeln«.[1457] Nach Ansicht der Kommission verlangt gerade die Schwerpunktsetzung nach einem Dialog zwischen der EU und den Interessenträgern. Ebenso sei eine gemeinsame Analyse zur Marktrelevanz und den politischen Anforderungen erforderlich. Die Ansichten der sozialen und gesellschaftlichen Interessenträger müssten beachtet werden und die Industrie bei einem erweiterten Informationsaustausch mit der Kommission früh eingebunden werden.[1458] So schlägt die GNI auch einen runden Tisch zur Marktrelevanz von Normen (Standards Market Relevance Roundtable – SMARRT), die »wirksame Beteiligung aller Interessenträger am europäischen Normungssystem« sowie die »Förderung einer umfassenden Entwicklung und Nutzung europäischer Dienstleistungsnormen zur Unterstützung der Integration europäischer Dienstleistungsmärkte« vor.[1459] Auch im Arbeitsprogramm der Union für das Jahr 2018 wird mit Blick auf die Gemeinsame Normungsinitiative und die Maßnahmen des Normungspakets betont, dass diese »weiter entwickelt und umgesetzt werden« sollen. Zu den sogenannten Schlüsselbereichen für das Jahr 2018 soll die »umfassendere Integration und Beteiligung der Interessenträger am Normungsprozess auf verschiedenen Ebenen« zählen.[1460]

Letztendlich schafft die Kommission durch ihre Maßnahmen einen Anreiz, sich an der Normung zu beteiligen. Gerade das Anbieten einer öffentlichen Plattform – wie hier im Rahmen der Gemeinsamen Normungsinitiative – zum Austausch der Stakeholder ordnen *Spindler/Thorun* den sogenannten »positiven Anreizen« für die Ko-Regulierung durch staatliche Einrichtungen zu.[1461]

---

other stakeholders«, Ziffer 1.2.2. Siehe auch *Cauffman/Gérardy*, in: *Eliantonio/Cauffman*, Standardisation, S. 64 (83), wonach der tatsächliche Einfluss der Partnerorganisationen auf das Normungsverfahren gering sei.

1457 Pressemitteilung EK: http://europa.eu/rapid/press-release_IP-16-1962_de.htm. Siehe auch zur Joint Initiative on Standardisation: http://europa.eu/rapid/press-release_MEMO-16-1963_en.htm.

1458 COM (2016) 358 final, S. 8.

1459 COM (2016) 358 final, Anhang I, Nr. 6, Nr. 9 und Nr. 12, S. 15.

1460 COM (2017) 453 final, Ziffer 5. Die Arbeiten der Gemeinsamen Normungsinitative sollen im Jahr 2019 abgeschlossen werden, so COM (2018) 686 final, Ziffer 5.

1461 *Spindler/Thorun*, MMR-Beilage 2016 Heft 6, 1 (19), dort auch zu negativen Anreizen.

So ist nicht auszuschließen, dass die Kommission sich erhofft, die Beteiligung an der Normung so zu fördern, dass sie in Zukunft diese Strukturen auch für einen New Approach-Ansatz nutzen kann.[1462]

Zeigt zwar auch der Bericht zur Durchführung der Normungsverordnung, dass generell Schwierigkeiten mit Blick auf ein Engagement der Verbraucher und sozialen und gesellschaftlichen Interessengruppen bestehen,[1463] so könnten ein New Approach und die verstärkte Einbeziehung von Stakeholdern durch die Maßnahmen des Normungspakets ein Engagement erhöhen. Die Einbeziehung der relevanten Interessengruppen, insbesondere der KMU, die den Dienstleistungssektor dominieren, ist von entscheidender Bedeutung für die Entwicklung und Verbreitung von Dienstleistungsnormen.[1464] Insofern könnte der Kritik an der Selbst- und Ko-Regulierung, dass wesentliche Stakeholder nicht berücksichtigt werden,[1465] entgegengewirkt werden. Ein New Approach könnte somit grundsätzlich für eine stärkere Beteiligung der Stakeholder sorgen, selbst wenn sich auch unter diesem Regelungsregime noch Verbesserungsbedarf zeigt.[1466]

2. Die Folgen von Servitization und Digitalisierung

Die Einführung des New Approach im Dienstleistungsbereich wäre auch ein sinnvoller Schritt mit Blick auf die Servitization und die Digitalisierung. Auch die Europäische Kommission sieht die Notwendigkeit, das Europäische Normungssystem zu reformieren.

So betont die Europäische Kommission in ihrer Mitteilung »Europäische Normen für das 21. Jahrhundert«, dass sich das Normungsumfeld »im Wandel« befinde. So übten neue Technologien, »die fortschreitende Integration digitaler Lösungen in globale industrielle Wertschöpfungsketten sowie der sich rasch weiterentwickelnde internationale Kontext Druck auf das ESS [Anm.: Europäi-

---

1462 Siehe auch *Spindler/Thorun*, MMR-Beilage 2016, Heft 6, 1 (14 Förderung der Bereitschaft zur Mitwirkung als Grundvoraussetzung für einen Einsatz von Ko-Regulierung); 17 zur Einbeziehung der relevanten Stakeholder als Mindestvoraussetzung der Standardsetzung).

1463 Bericht der Kommission an das Europäische Parlament und den Rat über die Durchführung der Verordnung (EU) Nr. 1025/2012 in den Jahren 2013 und 2015 vom 1.6.2016, COM (2016) 212 final, S. 5, zur geringeren Beteiligung von Verbrauchern und sozialen und gesellschaftlichen Interessenvertretern gegenüber KMU auf europäischer Ebene. Siehe *van Leeuwen*, Services, S. 51, wonach nicht-mandatierte Dienstleistungsnormen, die von Stakeholdern durch nationale Normungsorganisationen initiiert werden, nicht der Normungsverordnung unterfallen.

1464 So bereits als Schlussfolgerung aus 2 Umfragen im Jahr 2008: *Blind/Mangelsdorf*, Standardisierung, S. 28.

1465 *Spindler/Thorun*, MMR-Beilage 2016, Heft 6, 1 (12).

1466 *Kallestrup*, LIEI 44 no. 4 (2017), 381 (393) zum Verbesserungsbedarf bei der Ko-Regulierung mit Blick auf die Stakeholder Beteiligung.

sche Normungssystem] aus«.[1467] Die Kommission hebt hervor, dass sich Geschäftsmodelle ausweiten und verändern (»diversifizieren«) und sich die Grenzen zwischen Produkten, Dienstleistungen und IKT immer mehr auflösen. Notwendig sei ein »wirksames, offenes, transparentes, integratives und flexibles« europäisches Normungssystem.[1468]

So strebt die Gemeinsame Normungsinitiative als Forum zum Austausch zwischen u.a. Normungseinrichtungen, Industrie, Verbrauchervertretern, Kommission und Mitgliedstaaten[1469] die Modernisierung des Verfahrens der Normerarbeitung an. So soll bis Ende 2019 das Verfahren der Normerarbeitung moderner und schneller gemacht sowie nach Schwerpunkten zusammengefasst werden.[1470] Auch betont die Kommission mit Blick auf Dienstleistungsnormen, dass Produkte häufiger mit Dienstleistungen kombiniert werden (»Servitization«) und diese Entwicklung durch fehlende passende Dienstleistungsnormen gegenüber den Produktnormen gehemmt werde.[1471] Zwar erwähnt die Europäische Kommission hier nicht die Möglichkeit eines New Approach für Dienstleistungen.

Jedoch sprechen auch gerade diese von der Kommission erwähnten neueren Geschäftsmodelle und die Servitization für eine Ausdehnung des New Approach, um auf neue Entwicklungen flexibel reagieren zu können.[1472]

Spindler/Thorun heben hervor, dass die Informationsgesellschaft Merkmale aufweist, die für staatliche Regulierungsansätze Herausforderungen bieten. Neben den bereits genannten neuen Geschäftsmodellen zählen hierzu u.a. eine hohe Innovationsgeschwindigkeit und grenzüberschreitende Dienstleistungen. Diese Merkmale verlangten u.a., dass Regeln flexibel und rasch gesetzt, aber auch angepasst werden können.[1473]

Zu den Stärken einer Ko-Regulierung zählt gerade die Möglichkeit, flexibel auf sich ändernde Umstände reagieren zu können.[1474] So wurde im Bereich der technischen Normung der New Approach eingeführt, um flexibel auf technische

1467 COM (2016) 358 final, S. 2.
1468 COM (2016) 358 final, S. 6.
1469 Pressemitteilung EK http://europa.eu/rapid/press-release_IP-16-1962_de.htm.
1470 COM (2016) 358 final, S. 7, 10.
1471 COM (2016) 358 final, S. 12. Siehe auch ErwG 10 VO Nr. 1025/2012 zur schwierigen Trennbarkeit von Produktnormen und Dienstleistungsnormen. Auf diese Sichtweise der Verordnung weist auch *Delimatsis*, ELR 41 (2016), 513 (529) hin.
1472 Siehe auch *Hojnik*, CMLR 53 (2016), 1575 (1577): »Economic studies show that servitization is one of the economic megatrends of modern society, along with globalization, encompassing a broad range of business models that are currently occurring on the market.«
1473 So *Spindler/Thorun*, MMR-Beilage 2016, Heft 6, 1 (5f.).
1474 *Spindler/Thorun*, MMR-Beilage 2016, Heft 6, 1 (Tabelle 2 S. 10, S. 11). *Spindler/Thorun* weisen auch darauf hin, dass eine stärkere Berücksichtigung der Ko-Regulierung bei der Informationsgesellschaft von verschiedenen Akteuren gefordert werde, MMR-Beilage 2016, Heft 6, 1 (11).

Innovationen reagieren zu können, da eine Regelung in Richtlinien sich als zu langwieriger Prozess darstellte.[1475] Wie *Spindler/Thorun* ausführen, ist auch ein Vorteil der Ko-Regulierung, dass anders als zur gesetzlichen Regelung keine »one size fits all«-Regelung getroffen wird, sondern die Marktumstände berücksichtigt und an die Besonderheiten angepasste Bestimmungen getroffen werden können.[1476]

Angesichts der neuen Herausforderungen durch die Informationsgesellschaft und die Servitization[1477] wäre auch ein New Approach für Dienstleistungen eine sinnvolle Möglichkeit, um flexible Anpassungsmöglichkeiten innerhalb eines Regulierungskonzepts zu schaffen. Denn gerade durch die Verbindung von Produkten und Dienstleistungen ist für digitale Dienstleistungen auch technisches Wissen erforderlich.[1478]

Wenn die Kommission anführt, dass Technologiezyklen sich schnell vollziehen, Produkte und Dienstleistungen nicht leicht unterschieden werden können und ein flexibles Normungssystem erforderlich sei,[1479] wäre die Einführung eines New Approach für Dienstleistungen eine logische Konsequenz.

Es erscheint fraglich, ob angesichts der Herausforderungen durch Digitalisierung und Servitization gesetzliche Bestimmungen zu Dienstleistungen ohne einen New Approach-Ansatz geregelt werden können. So droht in diesem Fall auch die Gefahr, dass die Regeln schnell veralten und nicht an die jeweiligen Umstände angepasst werden können.[1480]

Somit wäre auch aus diesen Gründen die Einführung des New Approach im Dienstleistungsbereich ein sinnvoller Schritt.

1475 *Finke*, Auswirkungen, S. 81. Siehe auch die Ausführungen unter Kapitel 3.A.II.

1476 *Spindler/Thorun*, MMR-Beilage 2016, Heft 6, 1 (12).

1477 Siehe *Hojnik*, CMLR 53 (2016), 1575 (1623): »…we are in the midst of *a servitiziation-digitalization-globalization* hurricane.« (Hervorhebung im Original).

1478 Siehe dazu *Busch*, EuCML 2016, 197 (198): »Second, the use of the standards seems particularly appropriate for digital services, where regulation requires ›a more technological approach‹.«

1479 COM (2016) 358 final, S. 6.

1480 Siehe auch unter Kapitel 3.A.II., wonach vor Einführung des New Approach im technischen Bereich Richtlinien schnell nicht mehr dem technischen Stand entsprachen.

3. Die Auswirkungen eines New Approach auf die Anwendung von Dienstleistungsnormen im Privatrecht

Die Ausdehnung des New Approach für Dienstleistungen könnte weiterhin einen positiven Effekt auf die Anwendung von Dienstleistungsnormen im Privatrecht ausüben.[1481] Aktuell zeigt sich das Bild, dass Normen nicht mit Blick auf eine Anwendung im Zivilrecht entwickelt werden.[1482]

Zu den Auswirkungen des New Approach auf das nationale Privatrecht äußerte sich der EuGH in der Rechtssache *James Elliott.* So entschied der EuGH, dass die Bestimmung einer New Approach-Richtlinie so auszulegen sei, »dass die Vermutung der Brauchbarkeit eines im Einklang mit einer harmonisierten Norm hergestellten Produkts für den nationalen Richter bei der Feststellung der Handelsüblichkeit oder Brauchbarkeit dieses Produkts nicht bindend ist, wenn allgemeine nationale Rechtsvorschriften über den Verkauf von Produkten wie die im Ausgangsverfahren in Rede stehenden verlangen, dass ein Bauprodukt diese Merkmale aufweist.«[1483]

Die Konformitätsvermutung sei allein darauf gerichtet, dass ein im Einklang mit den Normvoraussetzungen stehendes Bauprodukt frei in der Union verkehren könne. Da der Zweck der Richtlinie nur auf die Beseitigung von Handelshemmnissen ausgelegt sei, harmonisiere die Richtlinie nicht nationale Rechtsvorschriften über den Kauf von Bauprodukten. Für die Entscheidung über die Einhaltung einer vertraglichen Anforderung nationalen Rechts seitens einer Vertragspartei entfalte die Brauchbarkeitsvermutung keine Bindungswirkung.[1484] Somit weist der EuGH darauf hin, dass der New Approach-Ansatz keine unmittelbaren Auswirkungen auf das nationale Privatrecht hat.[1485]

Die Brauchbarkeitsvermutung ist daher nicht bindend für die Frage, ob ein Produkt von »handelsüblicher Beschaffenheit« ist.[1486]

1481 Vgl. näher *van Leeuwen,* Services, S. 55f. zu den technischen Normen unter den New Approach Richtlinien und der Anwendung im Privatrecht. Siehe allgemein auch *van Leeuwen,* in: *Eliantonio/Cauffman,* Standardisation, S. 110 (125), wonach Gerichte im Zivilrecht europäische Normen aus verfahrensrechtlicher und inhaltlicher Sicht (procedural and substantive legitimacy) beurteilen, d.h., ob die Norm u.a. von einer repräsentativen Gruppe erstellt wurde und in der Branche angewandt wird. Nach Ansicht von *van Leeuwen* kann dieser zivilrechtliche Ansatz mit der »input legitimacy« und »output legitimacy« aus dem Bereich des öffentlichen Rechts verglichen werden.

1482 *Van Leeuwen,* in: *Eliantonio/Cauffman,* Standardisation, S. 110 (129).

1483 EuGH, Urt. v. 27.10.2016 – C-613/14, ECLI:EU:C:2016:821, EuZW 2017, 63 Leitsatz 3.

1484 EuGH, Urt. v. 27.10.2016 – C-613/14, ECLI:EU:C:2016:821, EuZW 2017, 63 Rn. 57–59, 51.

1485 Nach Ansicht von *Purnhagen,* European Journal of Risk Regulation, 8 (2017) 586 (598) bezieht sich der EuGH nur auf die fehlende Bindungswirkung der Brauchbarkeitsvermutung beim nationalen Vertragsrecht. Der EuGH äußere sich nicht zu nationalem Recht, welches EU-Recht umsetze.

1486 Siehe hierzu auch *Volpato,* CMLR 54 (2017), 591 (596), wonach Gerichte die Brauchbarkeitsvermutung nicht anwenden könnten, um Generalklauseln wie »handelsübliche Qua-

Auch wenn der New Approach keine direkten Auswirkungen auf die Anwendbarkeit von Normen im Zivilrecht hat,[1487] hebt *van Leeuwen* zutreffend den »stamp of approval« von Seiten der Europäischen Union durch die Eingliederung in einen europäischen Rechtsrahmen hervor. Diese Würdigung könnte auch Auswirkungen auf die Anwendung im Privatrecht haben.[1488]

Ist die Brauchbarkeitsvermutung nach der Entscheidung *James Elliott* zwar nicht bindend, so spricht das Urteil einem nationalen Richter doch die besondere Würdigung einer im Rahmen des New Approach ergangenen Norm nicht ab.[1489] Der »stamp of approval«[1490] durch die Europäische Union lässt sich ungeachtet dessen nicht leugnen. Auch bei einer Ausdehnung des New Approach auf Dienstleistungen könnten Dienstleistungsnormen hiervon profitieren, sodass die Rechtsprechung sie eventuell vermehrt anwenden würden. Trotz der fehlenden Bindungswirkung einer Konformitätsvermutung für das nationale Vertragsrecht[1491] könnte aus einem New Approach-Ansatz zumindest eine Befassungspflicht[1492] oder Auseinandersetzungspflicht[1493] mit den einschlägigen Dienstleistungsnormen im Privatrecht folgen.

---

lität« genauer zu bestimmen. Siehe zu der Vorgabe nationalen irischen Rechts zu Waren »von handelsüblicher Beschaffenheit« EuGH, Urt. v. 27.10.2016 – C-613/14, ECLI:EU:C:2016:821 Rn. 27, EuZW 2017, 63.

1487 So auch bereits *van Leeuwen*, Services, S. 55, 215.

1488 *Van Leeuwen*, Services, S. 56. Siehe auch *Micklitz*, in: *Cafaggi/Muir Watt*, Regulatory Function, S. 16 (48), wenn auch unklar bzgl. der Ablehnung (repudiation): »In practice, however, these rules, as far as they result from European co-regulation, benefit from higher repudiation and an increased legitimacy. Therefore indirect pressure for convergence might be high.«

1489 AA wohl *Volpato*, CMLR 54 (2017), 591 (596).

1490 *Van Leeuwen*, Services, S. 56. Siehe auch *Köndgen*, AcP 206 (2006), 478 (485f.), der auf die erhöhte Verbindlichkeit der Normen beim New Approach hinweist. Siehe auch *Möllers/Fekonja*, ZGR 2012, 777 (792f.), die auf die Rechnungslegungsstandards des DRSC und die Empfehlungen der Regierungskommission Corporate Governance hinweisen. Diesen komme durch die Rezeption und die Veröffentlichung ein »gewisses Maß staatlicher Autorität« zu. Sie seien innerhalb der Rechtsquellen höher einzustufen als unverbindliche Kommentarliteratur.

1491 EuGH, Urt. v. 27.10.2016 – C-613/14, ECLI:EU:C:2016:821, EuZW 2017, 63 Leitsatz 3; *Purnhagen*, European Journal of Risk Regulation 8 (2017), 586 (597f.).

1492 *Möllers/Fekonja*, ZGR 2012, 777 (784) zu sekundären Rechtsquellen, zu denen auch private Regelsetzung zugeordnet werden könne, S. 786. Die Gerichte treffe bei den Empfehlungen des DCGK und den Deutschen Rechnungslegungsstandards eine »Befassungs- und subsidiäre Befolgungspflicht«, S. 796. Angesichts der Entscheidung des EuGH in der Rechtssache *James Elliott* lässt sich mit Blick auf eine Anwendung im Privatrecht jedoch nicht von einer Befolgungspflicht sprechen, da die Konformitätsvermutung für das nationale Vertragsrecht nicht bindend ist.

1493 Hierzu *Röthel*, Normkonkretisierung, S. 274 Fn. 216 für eine eventuelle Auseinandersetzungspflicht der Rechtsprechung mit technischen Normen, ohne dass aber auf den New Approach Bezug genommen wird.

Wie *van Leeuwen* zutreffend feststellt, hängt ohne einen gesetzlichen Rahmen die Anwendung von Dienstleistungsnormen im Zivilrecht vom nationalen Privatrecht ab. Es besteht kein gesetzlicher Rahmen, der die Anwendung von Dienstleistungsnormen fördert.[1494] Obwohl der New Approach nicht direkt das Privatrecht beeinflusst,[1495] wird sich die fehlende öffentliche Billigung negativ auf die Bereitschaft der Stakeholder und Gerichte auswirken, Dienstleistungsnormen überhaupt anzuwenden.[1496] Auch wird die Rechtsprechung strenger bei der Überprüfung von nicht-mandatierten Dienstleistungsnormen sein, da ohne ein gesetzliches Rahmenwerk keine Kontrolle von Seiten der Union besteht.[1497] Hier könnte jedoch gerade die Ausdehnung eines New Approach auf Dienstleistungsnormen sicherstellen, dass Dienstleistungsnormen mit geltendem Recht vereinbar sind und eine strengere gerichtliche Überprüfung durch den Richter nicht erforderlich wäre. Wie *van Leeuwen* betont, wird im Rahmen des New Approach der gesetzliche Rahmen durch die Union kontrolliert.[1498] Eine Rolle kam zunächst den »New Approach consultants« zu. CEN, CENELEC ernannten im Einvernehmen mit der Kommission/EFTA unabhängige Experten. Sie sollten während des Verfahrens der Normerarbeitung sicherstellen, dass die Norm den wesentlichen Anforderungen der Richtlinie entspricht und mit dem Mandat übereinstimmt.[1499] Zum 1. 4. 2018 wurden die »New Approach consultants« durch die »Harmonized Standards Consultants« für das Verfahren nach Art. 10 V VO Nr. 1025/2012 ersetzt. Sie sollen beurteilen, inwiefern Entwürfe mit Normungsaufträgen übereinstimmen und die wesentlichen Anforderungen der Richtlinie behandeln oder unterstützen.[1500]

Nach Art. 10 V 2 VO Nr. 1025/2012 prüft die Kommission gemeinsam mit den europäischen Normungsorganisationen die Übereinstimmung der von den europäischen Normungsorganisationen erarbeiteten Schriftstücke mit ihrem ursprünglichen Auftrag. Wesentlich für die Kontrolle ist, dass die Kommission vor Veröffentlichung der Fundstelle der Norm im Amtsblatt einseitig beurteilt, ob sie

1494 *Van Leeuwen*, Services, S. 147, 215.

1495 *Van Leeuwen*, Services, S. 55.

1496 *Van Leeuwen*, Services, S. 72f.

1497 *Van Leeuwen*, Services, S. 56.

1498 *Van Leeuwen*, S. 222, S. 56.

1499 Siehe näher *Medzmariashvili*, LIEI 44 no. 4 (2017), 353 (361f.) zum damaligen CEN/CENELEC Guide 15 »Tasks and responsibilities of the New Approach Consultants« . Siehe auch https://boss.cen.eu/reference%20material/Profiles/Pages/consultant.aspx.

1500 https://www.cencenelec.eu/News/Brief_News/Pages/TN-2018-008.aspx. Siehe näher zu den Harmonized Standards Consultants: https://boss.cen.eu/developingdeliverables/EN/Pages/ENforOJEU.aspx. Siehe dazu näher auch *Cuccuru*, in: *Eliantonio/Cauffman*, Standardisation, S. 48 (61f.). Zu den Reaktionen der Stakeholder zu einem noch auszuarbeitenden Leitfaden zu den praktischen Aspekten zur Umsetzung der Normungsverordnung hinsichtlich der Harmonized Standards Consultants (HAS): EK, Results of the consultation of stakeholders, Abschnitt VI.b.

den wesentlichen Anforderungen der Richtlinie entspricht.[1501] Da Dienstleistungsnormen noch stärker als technische Normen mit gesetzlichen Regelungen interagieren,[1502] wäre eine derartige Kontrolle durch einen New Approach-Ansatz auch sinnvoll. Auf diese Weise könnte sichergestellt werden, dass Dienstleistungsnormen infolge ihrer Vereinbarkeit mit den gesetzlichen Bestimmungen der Richtlinie tatsächlich Rechtswirkungen auch im Privatrecht entfalten können.[1503] Selbst wenn der New Approach das Privatrecht nicht direkt beeinflusst,[1504] erhalten Dienstleistungsnormen so einen »stamp of approval«.[1505]

Bei Einführung eines New Approach für Dienstleistungen könnte die verstärkte Anwendung von Dienstleistungsnormen im Privatrecht auch aus der Funktion des gesetzlichen Rahmenwerkes hergeleitet werden. So ließe sich die Anwendung damit begründen, dass nur so der New Approach effektiv durchgesetzt werden kann. Bei einer Nichtanwendung im Privatrecht könnten Hindernisse für den Binnenmarkt entstehen. Indirekt geriete auf diese Weise die Effektivität des gesetzlichen Rahmenwerks in Gefahr.[1506]

Insgesamt zeigt sich, dass ein New Approach-Ansatz positive Auswirkungen für die Anwendung von Dienstleistungsnormen im Privatrecht haben kann.

1501 Siehe näher zum Verfahren der doppelten Konformitätskontrolle *Tovo*, CMLR 55 (2018), 1187 (1192f.). Zu der zugrundeliegenden Bestimmung vor Veröffentlichung siehe Art. 10 VI VO Nr. 1025/2012. Siehe auch https://boss.cen.eu/developingdeliverables/EN/Pages/ENforOJEU.aspx unter 2.2 NOTE zur finalen Entscheidung der Kommission über die Veröffentlichung der Fundstelle. Siehe näher auch *Glinski/Rott*, in: *Eliantonio/Cauffman*, Standardisation, S. 131 (138) zur Überprüfung durch die Europäische Kommission. Siehe ferner die Mitteilung der Kommission an das Europäische Parlament, den Rat und den Europäischen Wirtschafts- und Sozialausschuss »Harmonisierte Normen: Verbesserte Transparenz und Rechtssicherheit für einen uneingeschränkt funktionierenden Binnenmarkt« vom 22.11.2018, COM (2018) 764 final, S. 3, 7: Die Kommission hebt ihre Verantwortung hinsichtlich der Übereinstimmung der harmonisierten Normen mit den harmonisierten Rechtsvorschriften hervor, welche durch die Rechtsprechung des EuGH bestätigt werde.

1502 *Van Leeuwen*, Services, S. 56.

1503 Siehe allgemein zu dieser Notwendigkeit, Dienstleistungsnormen und gesetzliche Bestimmungen aufeinander abzustimmen unabhängig von einem New Approach: DIN Terminologietabelle, S. 3.

1504 *Van Leeuwen*, Services, S. 55.

1505 *Van Leeuwen*, Services, S. 56.

1506 So *van Leeuwen*, Services, S. 215 zu Produktnormen und Hindernissen für den Warenverkehr bei einer Nichtanwendung im Privatrecht. Siehe auch *van Leeuwen*, Services, S. 154 zur Effektivität des New Approach: »The claimants could argue that compliance with the European standard should be implied in the contract as a matter of EU law.«

4. Die Auslegungsbefugnis für Dienstleistungsnormen

Die Einführung des New Approach im Dienstleistungsbereich hätte weiterhin positive Auswirkungen mit Blick auf die einheitliche Auslegung von europäischen Dienstleistungsnormen. So entschied der EuGH in der Rechtssache *James Elliott*, dass eine harmonisierte technische Norm Teil des Unionsrechts ist und der EuGH für deren Auslegung in einem Vorabentscheidungsverfahren zuständig ist.[1507] Bei Einführung eines New Approach im Dienstleistungsbereich wäre der EuGH somit für die Auslegung von europäischen Dienstleistungsnormen zuständig.

Ohne die Einführung eines New Approach scheinen diese Dienstleistungsnormen angesichts der vom EuGH aufgestellten Kriterien nicht als Teil des Unionsrechts einzuordnen zu sein. Als entscheidend[1508] für die Einordnung als Teil des Unionsrechts und die Zuständigkeit des EuGH sieht der Gerichtshof die Konformitätsvermutung in der Richtlinie und die Veröffentlichung im Amtsblatt an. Anhand der Bestimmungen der Norm könne festgestellt werden, ob die Konformitätsvermutung anwendbar sei (Rn. 40). Zudem stellt der EuGH darauf ab, dass es sich um »eine notwendige und durch die in dieser Richtlinie definierten wesentlichen Anforderungen streng geregelte Durchführungsmaßnahme« handele. Diese werde »auf Initiative und unter der Leitung und Aufsicht der Kommission erstellt«. Für die Entfaltung von Rechtswirkungen sei die Veröffentlichung der Fundstelle im Amtsblatt durch die Kommission maßgebend.[1509]

Bei den von der Kommission mandatierten Dienstleistungsnormen bestehen weder eine Konformitätsvermutung in einer Richtlinie noch wird die Fundstelle im Amtsblatt der EU veröffentlicht. Allerdings lässt sich hier das Kriterium der Kontrolle durch die Kommission bejahen, auf das der EuGH auch mit Blick auf die Initiierung und Aufsicht in der Rechtssache *James Elliott* eingeht.[1510]

So betont der EuGH, dass die betreffende Norm im Rahmen eines Auftrags der Kommission an die Normungsorganisation CEN erarbeitet wurde. Hier wird darauf abgestellt, dass die Kommission im Auftrag den Anwendungsbereich

1507 EuGH, Urt. v. 27.10.2016 – C-613/14, ECLI:EU:C:2016:821, EuZW 2017, 63 Rn. 40, 47. Siehe auch EuGH, Urt. v. 14.12.2017 – C-630/16, ECLI:EU:C:2017:971 Rn. 35: So sei »eine harmonisierte Norm im Licht des ihr zugrunde liegenden Auftrags (Mandats) auszulegen.«; *Cuccuru*, in: *Eliantonio/Cauffman*, Standardisation, S. 48 (54).

1508 Siehe *Klindt/Wende*, EuZW 2017, 66 (63, 67) zu den maßgeblichen Kriterien. Nach Ansicht von *Tovo*, CMLR 55 (2018) 1187 (1194) ist die Veröffentlichung der Fundstelle dafür entscheidend, ob Normen Teil des Unionsrechts sind.

1509 EuGH, Urt. v. 27.10.2016 – C-613/14, ECLI:EU:C:2016:821, EuZW 2017, 63 Rn. 43. Vgl. auch *Senden*, LIEI 44 no. 4 (2017) 337 (341) zu harmonisierten Normen: »While still being adopted by a private organization, a HS is thus not only a standard mandated by a public body but also a top-down highly conditioned, supervised and recognized form of private regulation.«

1510 EuGH, Urt. v. 27.10.2016 – C-613/14, ECLI:EU:C:2016:821EuZW 2017, 63 Rn. 44f.

vorgegeben und einen Rahmen aufgestellt habe. Zudem müsse die Normungseinrichtung vor Annahme des Auftrags ein Arbeitsprogramm vorlegen, welches von der Kommission zu genehmigen sei. Die Arbeiten unter dem erteilten Mandat seien von der Kommission ständig zu begleiten. Weiterhin müsse die Kommission regelmäßig unterrichtet werden und ihrerseits die Schluss-Entwürfe genehmigen.[1511]

Dieses Kontrollkriterium lässt sich auch auf den Normungsauftrag M/517 übertragen. Auch hier erteilt die Kommission den Normungsorganisationen den Auftrag, ein vorläufiges Arbeitsprogramm zu erarbeiten (S. 3) und sechs oder sieben Normungsvorschläge auszuwählen (S. 4). Für deren Auswahl gibt sie Kriterien vor (S. 4). Die Kommission hält zudem fest, welche Ergebnisse sie in Phase 1 erwartet (S. 5). Anhand der Ergebnisse wird sie bestimmte Normungsvorhaben genehmigen (S. 5).

Somit ist zumindest eines der Kriterien aus der Rechtssache *James Elliott* erfüllt, sodass auch diese mandatierten Normen außerhalb des New Approach als Teil des Unionsrechts[1512] angesehen werden könnten. Ob allerdings die Erfüllung lediglich eines Kriteriums hierzu ausreicht, ist zweifelhaft. So werden mandatierte Dienstleistungsnormen wohl nicht als Teil des Unionsrechts angesehen werden können, da der EuGH in der Rechtssache *James Elliott* u. a. insbesondere auf die Konformitätsvermutung abstellt.[1513] Für europäische Dienstleistungsnormen, die nicht mandatiert sind, wird eine Auslegungsbefugnis nach den Kriterien erst recht nicht gegeben sein.[1514] Eine Bestätigung dieser Sichtweise zur fehlenden Zugehörigkeit zum Unionsrecht lässt sich der Entscheidung des EuGH in der Rechtssache *Mitnitsa Varna* hinsichtlich einer harmonisierten Norm entnehmen. Hier führt der EuGH aus, dass eine einzelne Bestimmung in einer von der Kommission mandatierten Norm nicht zum Unionsrecht gehöre. So verweise die im Urteil relevante Richtlinie nur hinsichtlich einer bestimmten Thematik auf die Norm, mit der sich die konkrete Bestimmung jedoch nicht befasse. Mangels Richtlinienverweises sei diese spezifische Bestimmung daher nicht als Teil des Unionsrechts anzusehen.[1515] Somit wird durch die Entscheidung

1511 EuGH, Urt. v. 27.10.2016 – C-613/14, ECLI:EU:C:2016:821, EuZW 2017, 63 Rn. 44f.

1512 CEN/CENELEC sieht die Beteiligung der Kommission als entscheidend für die Einordnung als Teil des Unionsrechts an, CEN/CENELEC, Position Paper, S. 4. Für eine Einordnung von Regeln aus europäischen Musterverträgen als Teil des EU-Vertragsrechts: *Cafaggi*, in: *Hartkamp/Hesselink/Hondius*, European Civil Code, S. 91 (111).

1513 So auch *Nusser*, NJW 2017, 315. Siehe EuGH, Urt. v. 27.10.2016 – C-613/14, ECLI:EU:C:2016:821, EuZW 2017, 63 Rn. 40.

1514 Siehe auch Kapitel 2.B.I.3. zur Frage der Publizität und Zugänglichkeit von Dienstleistungsnormen nach der Entscheidung in der Rechtssache *James Elliott*.

1515 EuGH, Urt. v. 22.02.2018 – C-185/17, ECLI:EU:C:2018:108 Rn. 38–42; *Volpato/Eliantonio*, in: *Eliantonio/Cauffman*, Standardisation, S. 91(102).

die Bedeutung des Richtlinienverweises für die Zuordnung einer mandatierten Norm zum Unionsrecht verdeutlicht.

Somit können bei europäischen Dienstleistungsnormen außerhalb eines New Approach Schwierigkeiten mit Blick auf ihre Auslegung in den verschiedenen Mitgliedstaaten auftreten. Vergleichbare Probleme wurden bereits in der Literatur mit Blick auf europäische Allgemeine Geschäftsbedingungen erörtert.[1516] Bei einer Übersetzung der Dienstleistungsnormen in verschiedene Sprachen besteht die Gefahr verschiedener Interpretationen bei der Übersetzung. So werden europäische Dienstleistungsnormen in den offiziellen Sprachen Deutsch, Englisch und Französisch veröffentlicht.[1517] Jedoch werden sie auch in andere Sprachen übersetzt. Nach der CEN Geschäftsordnung Teil 3 kommt anderen Sprachfassungen im Falle einer Notifizierung beim CEN-CENELEC-Management-Zentrum der gleiche Status wie den Originalfassungen zu.[1518] Zwar wird auch hier betont, dass infolge der Übersetzung »der Inhalt der Europäischen Norm weder erweitert noch eingeengt werden.«[1519] Dennoch können Begriffe falsch übersetzt werden oder, insbesondere bei rechtlich geprägten Begriffen in Dienstleistungsnormen, in bestimmten Ländern in der Form nicht existieren und nicht die gleiche Bedeutung haben.[1520] Bei unterschiedlichen Übersetzungen besteht zudem die Gefahr verschiedener Interpretationen, welche am nationalen Recht orientiert sein können.[1521] Wie *Riegel* feststellt, sind bei einem Richter die »Vorstellungen naturgemäß von seinem eigenen nationalen Recht und seiner Rechtskultur geprägt…«[1522]

Insofern könnten europäische Dienstleistungsnormen unterschiedlich ausgelegt werden,[1523] wenn der EuGH mangels eines New Approach keine Ausle-

1516 Siehe *Whittaker*, ERCL 1 (2006), 51 (60f.).

1517 Zu den offiziellen Sprachen siehe Ziffer 8.1.1 CEN/CENELEC GO-Teil 2:2018, siehe zu den offiziellen Fassungen der Europäischen Norm ZC.1 CEN/CENELEC-GO Teil 3:2017 und CEN/CENELEC GO-Teil 3:2019. Siehe auch *Senden*, in: *Eliantonio/Cauffman*, Standardisation, S. 20 (44), die ebenfalls auf die Gefahr unterschiedlicher Interpretationen bei Übersetzungen von Normen hinweist.

1518 ZC. 4 CEN/CENELEC GO-Teil 3:2017 und CEN/CENELEC GO-Teil 3:2019.

1519 ZC. 4 CEN/CENELEC GO-Teil 3:2017 und CEN/CENELEC GO-Teil 3:2019.

1520 *Riegel*, Geschäftsbedingungen, S. 73 zu europäischen AGB.

1521 Siehe zu europäischen Allgemeinen Geschäftsbedingungen *Whittaker*, ERCL 1 (2006), 51 (60).

1522 *Riegel*, Geschäftsbedingungen, S. 74. Siehe ferner zur Gefahr unterschiedlicher Auslegungen von Richtlinien der Standardisierungsorganisationen und einer »lex mercatoria« der Standardisierung: *Contreras*, ERPL 2 (2019), 245ff.

1523 Siehe zur Auslegung von Dienstleistungsnormen auch *van Leeuwen*, Services, S. 18, 21. Nach Ansicht von *van Leeuwen* kann sich ein Richter bei der Auslegung direkt auf die europäische Norm stützen, auch wenn weiterhin nationale Interpretationsmöglichkeiten bestehen. Hier sei ein Unterschied zu europäischen Richtlinien zu sehen, bei denen sich der Richter für seine Entscheidung hauptsächlich auf das nationale Umsetzungsgesetz stützen

gungsbefugnis für die Dienstleistungsnormen hat.[1524] Außerhalb eines New Approach kann der EuGH somit nicht die verschiedenen Sprachfassungen vergleichen und bei unterschiedlichen Ergebnissen über andere Auslegungsgrundsätze feststellen, wie ein Begriff unionsweit zu verstehen ist.[1525]

Auch aus diesem Grund wäre die Einführung eines New Approach der einfachste Weg, um sicherzustellen, dass Dienstleistungsnormen einheitlich ausgelegt werden und zur Rechtsangleichung beitragen.

Mit Blick auf die Zuständigkeit des EuGH im Rahmen des New Approach kann auch die im Verhältnis zur Entscheidung in der Rechtssache *James Elliott* spätere Aussage des Generalanwalts in der Sache *Dockevičius*[1526] vom Grundgedanken auf harmonisierte Normen übertragen werden.[1527] Werde eine externe Rechtsmaßnahme von einem Unionsorgan ins Unionsrecht übernommen und mit Rechtsfolgen verbunden, indem die Maßnahme intern faktisch durchgesetzt wird, könne es später nicht geltend machen, dass die Rechtsmaßnahme infolge der Ausarbeitung durch Dritte keine Handlung des Organs sei. Dies führe zu unvereinbaren Lücken in der gerichtlichen Kontrolle.[1528] Ordnet der EuGH harmonisierte Normen zwar nicht als Handlungen der Institutionen nach Art. 267 AEUV ein,[1529] betont er jedoch die Bedeutung der Normen für die Konformitätsfeststellung mit der Richtlinie (Rn. 40). Auch aus diesem Grund ist

---

werde. *Van Leeuwen* geht jedoch nicht auf die Probleme mit Blick auf die verschiedenen Sprachfassungen von Dienstleistungsnormen ein.

1524 Siehe auch *Whittaker*, ERCL 1 (2006) 51 (60) zu europäischen Allgemeinen Geschäftsbedingungen und der nicht gegebenen Auslegungsmöglichkeit durch den EuGH.

1525 Vgl. *Riegel*, Geschäftsbedingungen, S. 74 zu unionsweiten AGB. *Riegel* und *Whittaker*, ERCL 1 (2006) 51 (61) verweisen auch auf den (D)CFR als Hilfsmittel für nationale Gerichte bei der Auslegung. Nach Ansicht von *Whittaker* müsste der EuGH dann über die Auslegung des CFR entscheiden können. Ähnlich auch *Riegel*, Geschäftsbedingungen, S. 75 für eine »einheitliche europäische Auslegungsinstanz«. Siehe ferner CEN/CENELEC, Position Paper, S. 7 und *Senden*, in: *Eliantonio/Cauffman*, Standardisation, S. 20 (44), wonach die Kommission momentan diskutiert, ob die Verfügbarkeit harmonisierter Normen auf sämtliche Sprachen der EU-Mitgliedstaaten ausgedehnt werden soll.

1526 Die Rechtssache betraf die Frage, ob der EuGH für die Auslegung einer Geschäftsordnung zuständig ist, die als Anhang einer Kommissionentscheidung veröffentlicht wurde. Anders als der Generalanwalt sah sich der EuGH als nicht zuständig für die Auslegung einer Geschäftsordnung im Anhang einer Kommissionsentscheidung, EuGH, Urt. v. 15.06.2017 – C-587/15, ECLI:EU:C:2017:463, BeckRS 2017, 113111. Der EuGH stellte auf die fehlende Beteiligung der Union bei der Erarbeitung ab, EuGH, Urt. v. 15.06.2017 – C-587/15, ECLI:EU:C:2017:463, BeckRS 2017, 113111 Rn. 39.

1527 Für eine mögliche Übertragung der nachfolgenden Argumentation auf harmonisierte Normen auch *Tovo*, CMLR 55 (2018), 1187 (1201).

1528 GA *Bobek*, Schlussanträge v. 23.3.2017 – C-587/15, ECLI:EU:C:2017:234, BeckRS 2017, 104535 Rn. 88, der die Entscheidung in der Rechtssache *James Elliott* zur Begründung der Zuständigkeit heranzieht, Rn. 86. Siehe hierzu auch *Volpato/Eliantonio*, in: *Eliantonio/Cauffman*, Standardisation, S. 91 (101). Siehe auch *Tovo*, CMLR 55 (2018), 1187 (1201).

1529 EuGH, Urt. v. 27.10.2016 – C-613/14, ECLI:EU:C:2016:821, EuZW 2017, 63 Rn. 34.

die Zuständigkeit des EuGH für die Auslegung von harmonisierten Normen von großer Bedeutung, da ansonsten hier das Argument der unzulänglichen gerichtlichen Kontrolle ins Gewicht fiele.

Die Ausdehnung eines New Approach auf den Dienstleistungsbereich könnte im Ergebnis für Rechtssicherheit mit Blick auf die einheitliche Auslegung von Dienstleistungsnormen durch die Zuständigkeit des EuGH führen.

Schlussteil

A. Zusammenfassung

I. Erstes Kapitel

Das erste Kapitel gewährt zunächst einen Überblick über die verschiedenen Unterteilungsansätze zu Dienstleistungsnormen. Zeigt sich hier ein großes Spektrum an Normen, die unter den Begriff der Dienstleistungsnorm fallen, so legt die Untersuchung den Schwerpunkt auf solche Normen, die die Leistung selbst beschreiben.[1530] Hinsichtlich des Aufbaus von Dienstleistungsnormen wird deutlich, dass die Vorgaben der Normungsorganisationen auf die technische Normung zugeschnitten sind und die Dienstleistungsnormung noch nicht eigenständig berücksichtigen. Auffällig ist zudem die Ähnlichkeit von Dienstleistungsnormen zu gesetzgeberischen Maßnahmen, indem etwa in Einleitungen auf die Beweggründe für die Erarbeitung eingegangen wird.[1531] Bei Betrachtung der verschiedenen Elemente von Dienstleistungsnormen kristallisierte sich bereits deren rechtliche Prägung[1532] heraus. So bestimmen Dienstleistungsnormen häufig vorvertragliche und vertragliche Pflichten. Sollen Dokumente nach der CEN/CENELEC-Geschäftsordnung zwar keine vertragsrechtlichen Bestimmungen enthalten, kommt hier wiederum der Zuschnitt auf die technische Normung zum Ausdruck. Die rechtliche Prägung von Dienstleistungsnormen führt auch dazu, dass diese Vorgabe kaum einzuhalten ist.[1533] Hinsichtlich des Inhalts von Dienstleistungsnormen zeigt sich, dass häufig nicht die eigentliche Leistung, sondern vielmehr die Begleitumstände der Dienstleistung beschrieben werden. Durch diese Festlegung von Rahmenbedingungen, z. B. Qualifikationsvorgaben, soll ein Qualitätsniveau erarbeitet werden.[1534] Weiterhin untersucht die Arbeit die

1530 Siehe Kapitel 1.B.III.
1531 Kapitel 1.B.III.1.
1532 Siehe Kapitel 1.B.III.2, S. 37.
1533 Kapitel 1.B.III.2., S. 37–39.
1534 Siehe Kapitel 1.B.III.3.

verschiedenen Funktionen von Dienstleistungsnormen. So betont die Europäische Kommission deren Einsatz zur Förderung des grenzüberschreitenden Dienstleistungsverkehrs und zur Qualitätsverbesserung. Gleichwohl wird auch das Potential von Dienstleistungsnormen mit Blick auf neue Entwicklungen, wie die Servitization erkannt.[1535]

Dennoch hat die Arbeit auch verschiedene Herausforderungen der Dienstleistungsnormung herausgearbeitet. Diese bestehen u. a. in einer angemessenen Interessenrepräsentation der relevanten Stakeholder, insbesondere der KMU. Auch zeigt die Arbeit, dass Dienstleistungsnormung innerhalb der verschiedenen Branchen nicht immer positiv aufgefasst wird. Insbesondere im Gesundheitsbereich stößt Normung durch private europäische Normungsorganisationen auf Widerstand.[1536]

II. Zweites Kapitel

Nach diesem einführenden Kapitel widmet sich das zweite der Rechtsnatur von Dienstleistungsnormen sowie den verschiedenen Rezeptionsmechanismen. In diesem Kapitel bietet sich insbesondere ein Vergleich zur technischen Normung an. Mangels einer Rechtsetzungsbefugnis von Normungsorganisationen kommt zunächst eine Einordnung von Dienstleistungsnormen als Gewohnheitsrecht in Betracht.[1537]

Hier ist jedoch bereits das Erfordernis der langandauernden Übung abzulehnen. Zunächst scheint ein Vorteil gegenüber der technischen Normung in der geringeren Anpassungsbedürftigkeit von Dienstleistungsnormen an neuere Entwicklungen zu bestehen. Gleichwohl wird in Zukunft die zunehmende Digitalisierung auch auf die Aktualisierungsbedürftigkeit von Dienstleistungsnormen Einfluss haben. Da diese Normen in der Praxis jedoch noch nicht so verbreitet sind, dass eine Abweichung nur ausnahmsweise erfolgt,[1538] ist bereits das Erfordernis der langandauernden Übung abzulehnen. Vielmehr sind auch Dienstleistungsnormen private Regelungen mit Empfehlungscharakter.[1539] Gleichwohl zeigen sich im Vergleich zu technischen Normen Unterschiede. So ist die rechtssatzartige Struktur, die schon bei den technischen Regeln herausgearbeitet wurde, noch stärker ausgeprägt. So werden Anforderungen an den Dienstleister aufgestellt. Formulierungen mit »muss/müssen« veranschaulichen den imperativen Charakter von Dienstleistungsnormen. Daneben hebt die Arbeit

1535 Kapitel 1.D.I–III.
1536 Kapitel 1.E., S. 49, 51–54.
1537 Kapitel 2.A.II.
1538 Kapitel 2.A.II., S. 59f.
1539 Kapitel 2.A.III., S. 62.

hervor, dass Dienstleistungsnormen noch stärker Wertungen enthalten als technische Normen. So müssen sich die Beteiligten über einen Qualitätsbegriff einigen und diskutieren nicht über technische Aspekte.[1540]

Anschließend untersucht die Arbeit, inwiefern Dienstleistungsnormen die Anforderungen für eine staatliche Rezeption privater Regelwerke erfüllen. Beispielhaft soll hier nur auf die Anforderung einer angemessenen Interessenrepräsentanz eingegangen werden. So erweist sich das Kriterium der Objektivität und Neutralität des Normgebers als kritisch. Sollen die interessierten Kreise zwar in den Arbeitsausschüssen in einem angemessenen Verhältnis zueinander stehen (siehe Ziffer 5.4 DIN 820-1:2014-06), ist die angemessene Interessenrepräsentanz jedoch tatsächlich problematisch. Eine Herausforderung besteht in der Einbeziehung der KMU bei der Entwicklung von Normen. So haben viele Dienstleister noch nicht an der Normungsarbeit mitgewirkt. Auf der einen Seite ist es für große Unternehmen einfacher, sich in den Normungsprozess einzubringen, da z. B. ein finanzieller Beitrag geleistet werden muss. Andererseits wurden Normungsprojekte auch schon von Minderheiten initiiert, die ihre Berufsgruppe nicht hinreichend repräsentieren.[1541]

Die nicht hinreichende Interessenrepräsentanz wird auch Auswirkungen auf die Rezeption von Dienstleistungsnormen haben. Sofern in einer Norm Minderheiteninteressen, wie z. B. Verbraucherinteressen, nicht berücksichtigt wurden, wird die Rechtsprechung von den Anforderungen der Dienstleistungsnorm abweichen.[1542]

Daneben stellt die Arbeit fest, dass angesichts der rechtlichen Prägung von Dienstleistungsnormen ein erhöhter Abgleichungsbedarf mit gesetzlichen Regelungen besteht. Da einige Bestimmungen in Dienstleistungsnormen hier Defizite aufweisen, sollten bei ihrer Erarbeitung verstärkt Juristen mitwirken, um Widersprüche zu vermeiden.[1543]

Mit Blick auf die verschiedenen Rezeptionsmechanismen widmet sich die Untersuchung der privatautonomen, legislativen und judikativen Rezeption.

Sieht *van Leeuwen* eine fehlende Bereitschaft der Dienstleister zur vertraglichen Inbezugnahme von Dienstleistungsnormen im Tourismus- und Gesundheitsbereich,[1544] hat die Untersuchung jedoch gezeigt, dass einige Dienstleister, z. B. Immobilienmakler, mit der Einhaltung von Dienstleistungsnormen und einer Zertifizierung werben. Insofern kommt eine konkludente Beschaffenheitsvereinbarung in Betracht. Eine generelle Ablehnung von Dienstleistern mit

1540 Siehe Kapitel 2.A.III, S. 64–67.
1541 Kapitel 2.B.I.2, S. 74–76.
1542 Siehe hierzu Kapitel 2.B.I.2.c).
1543 Kapitel 2.B.II.
1544 *Van Leeuwen*, Services, S. 152.

Blick auf eine vertragliche Inbezugnahme von Dienstleistungsnormen ist somit nicht festzustellen.

Die ausdrückliche Inkorporation einer Dienstleistungsnorm in einen Vertrag legt jedoch das geschuldete Leistungsniveau nicht abschließend fest, sofern nach den Vertragsumständen ein übliches Dienstleistungsniveau geschuldet ist und die Dienstleistungsnorm nicht dem »allgemein anerkannten Stand fachlicher Erkenntnisse« entspricht. Die Frage, ob eine Dienstleistungsnorm dem allgemein anerkannten Stand fachlicher Erkenntnisse entspricht, lässt sich nicht pauschal beantworten, sondern wird für jeden Dienstleistungsbereich einzeln zu beantworten sein. Ob eine Norm der Richtigkeitsüberzeugung der Mehrheit der Fachleute entspricht, erweist sich zumindest für den Gesundheitsbereich angesichts des erheblichen Widerstands gegenüber der Normung als zweifelhaft. Auch bei einer Initiierung durch eine nicht-repräsentative Minderheit wird die Überzeugung der Mehrheit der Fachleute nicht gegeben sein. In anderen Branchen können Dienstleistungsnormen durchaus schon zum anerkannten Stand fachlicher Erkenntnisse gezogen werden, so z. B. im Bereich der Sprachreisen. Somit kann die ausdrückliche Inkorporation einer Dienstleistungsnorm mit Unsicherheiten für den Dienstleister hinsichtlich des geschuldeten Leistungsniveaus verbunden sein.[1545]

Abgesehen von der Werbung eines Dienstleisters mit einer Dienstleistungsnorm ist mit Blick auf eine konkludente Einbeziehung des allgemein anerkannten Standes fachlicher Erkenntnisse in Form von Dienstleistungsnormen Zurückhaltung geboten. So werden viele Vertragsparteien Dienstleistungsnormen nicht kennen, sodass ihre Einbeziehung auch nicht konkludent vereinbart wird.[1546]

Im Rahmen der judikativen Rezeption[1547] werden die immanenten Grenzen der Dienstleistungsnormung untersucht, wie sie bereits für die technischen Normen herausgearbeitet wurden. Auch bei Dienstleistungen können atypische Situationen vorliegen, die in der Norm nicht berücksichtigt wurden. Sonderfälle können insbesondere auf die Individualität der Dienstleistung zurückgeführt werden. Gleichwohl berücksichtigen einige Dienstleistungsnormen ihre Unvollkommenheit, indem lediglich beispielhafte Vorgaben gegeben werden. Die fortschreitende Digitalisierung wird auch dazu führen, dass Dienstleistungsnormen schneller aktualisiert werden müssen.

Bei der Untersuchung verschiedener Anknüpfungspunkte für eine judikative Rezeption zeigt sich u. a. eine Einsatzmöglichkeit von Dienstleistungsnormen zur Konkretisierung vertraglicher Pflichten, etwa im Dienstvertrags- und Werkver-

1545 Ausführlich Kapitel 2.C.I. und die Untergliederungspunkte, S. 101–118.
1546 Kapitel 2.C.I.2.
1547 Ausführlich hierzu Kapitel 2.C.III sowie die Untergliederungspunkte.

tragsrecht. Hinsichtlich der Frage eines Werkmangels wird auch hier zwischen einem Verstoß gegen eine DIN-Norm und dem Verstoß gegen den anerkannten Stand fachlicher Erkenntnisse zu differenzieren sein. Während der Verstoß gegen den anerkannten Stand fachlicher Erkenntnisse regelmäßig zu einem Werkmangel führen wird, kann der Verstoß gegen eine nicht vereinbarte Dienstleistungsnorm unbeachtlich sein. Dies wird der Fall sein, wenn trotz einer Normabweichung der anerkannte Stand fachlicher Erkenntnisse gewahrt wurde. Auch im Deliktsrecht können Dienstleistungsnormen zur Konkretisierung von Verkehrssicherungspflichten und zur Bestimmung der im Verkehr erforderlichen Sorgfalt hinzugezogen werden. Ebenso wie im Bereich der technischen Normung werden jedoch die Umstände des Einzelfalls entscheidend sein, um festzustellen, ob die Einhaltung der Anforderungen ausreicht. Maßgeblich ist hier weiterhin, wessen Interessen die Norm wiedergibt. So werden Dienstleister versuchen, an sie zu stellende Anforderungen gering zu halten. Sofern schutzwürdige Interessen nicht hinreichend bei der Normerarbeitung berücksichtigt wurden, wird die Einhaltung der Dienstleistungsnorm nicht ausreichen, um einer Verkehrssicherungspflicht nachzukommen.

Mit Blick auf die prozessrechtliche Einordnung von Dienstleistungsnormen[1548] kommt die Annahme eines antizipierten Sachverständigengutachtens nicht in Betracht. Hiergegen spricht insbesondere der hohe Wertungscharakter von Dienstleistungsnormen. Ein Anscheinsbeweis käme allenfalls hinsichtlich dahingehend in Betracht, dass eine Dienstleistungsnorm dem anerkannten Stand fachlicher Erkenntnisse entspricht, so wie bei technischen Normen ein Anscheinsbeweis hinsichtlich der Übereinstimmung mit den anerkannten Regeln der Technik angenommen wird. Dagegen spricht jedoch die bereits erwähnte Unsicherheit hinsichtlich der Übereinstimmung einer Dienstleistungsnorm mit dem anerkannten Stand fachlicher Erkenntnisse. Vielmehr ist diese Frage für verschiedene Dienstleistungsbranchen unterschiedlich zu beantworten, sodass ein genereller Anscheinsbeweis nicht sachgerecht ist.

III. Drittes Kapitel

Nach dieser vorrangig nationalen Perspektive widmet sich das dritte Kapitel der Bedeutung von Dienstleistungsnormen auf europäischer Ebene.

Hier zeigt sich das folgende Bild: In den frühen Jahren nach der Jahrtausendwende rückten Dienstleistungsnormen auf europäischer Ebene in den Fokus.[1549] Neben der Erteilung von zwei Normungsmandaten (M/340 und M/371)

1548 Kapitel 2.D.
1549 Kapitel 3.A.I., S. 161.

wurden freiwillige europäische Normen in Art. 26 V RL 2006/123/EG eingegliedert. Werden Dienstleistungsnormen in Art. 26 V der Dienstleistungsrichtlinie zwar u. a. als Mittel der Qualitätsverbesserung angesehen, so ist hier jedoch keine Entwicklung zu einem New Approach im Dienstleistungsbereich zu sehen. Im Jahr 2012 wurden Dienstleistungen in den Anwendungsbereich der Normungsverordnung aufgenommen. Nach Art. 10 VI VO Nr. 1025/2012 veröffentlicht die Kommission die Fundstelle einer harmonisierten Norm im Amtsblatt der Union, wenn sie den Anforderungen entspricht, die sie abdecken soll und die in den entsprechenden Harmonisierungsvorschriften festgelegt sind. Bisher exisitieren jedoch keine derartigen Harmonisierungsvorschriften für Dienstleistungen.[1550] Zwar wird in Ziffer 4.1.2.1 des Leitfadens für die Umsetzung der Produktvorschriften der EU 2016 (»Blue Guide«) erwähnt, dass die Normungsverordnung die Definition der »harmonisierten Norm« nicht auf harmonisierte Normen zu Produktvorschriften beschränke, »da die allgemeine Anwendung harmonisierter Normen in Harmonisierungsvorschriften für Dienstleistungen in gleicher Weise angestrebt wird…«.[1551] Ein derartiger Schritt ist bisher aber nicht erkennbar.

Vielmehr beschreitet die Kommission einen Mittelweg zwischen einer Selbstregulierung und einer Ko-Regulierung. So erhielt die Dienstleistungsnormung mit dem Normungspaket aus dem Jahr 2016 einen erneuten Aufschwung, indem sie »zu [einer der] zentralen Prioritäten des europäischen Normungssystems«[1552] erklärt wurde. So zeigt sich im Rahmen des Normungspaketes, dass die Kommission verstärkt Kontrolle über die Dienstleistungsnormung gewinnen, den Prozess überwachen und sich einmischen will.[1553] Ein reiner *soft law*-Ansatz über Art. 26 V RL 2006/123/EG hat sich nicht als erfolgreich erwiesen, sodass nun ein Mittelweg gewählt wird. Verdeutlichen lässt sich diese Feststellung auch anhand des Mandats M/517. So hat die Kommission einen Normungsauftrag für die Entwicklung horizontaler Dienstleistungsnormen erteilt. Ihre Rolle als Dirigent (»orchestrator«[1554]) zeigt sich u. a. darin, dass sie anhand von Normungsvorschlägen entscheidet, welche Normen erarbeitet werden sollen.[1555]

Die Arbeit untersucht weiterhin, inwieweit dieses Mandat der richtige Weg ist, um die Akzeptanz der Stakeholder für Dienstleistungsnormen zu steigern und

1550 Kapitel 3.A.I.-II.

1551 Europäische Kommission, Bekanntmachung der Kommission, Leitfaden für die Umsetzung der Produktvorschriften der EU 2016 (»Blue Guide«), ABl. 2016 C 272/40. Siehe Kapitel 3.A.II., S. 171f.

1552 COM (2016) 358 final, S. 12.

1553 Siehe Kapitel 3.B.V. und Kapitel 3.B.VI. zur Kontrolle der Kommission und zum beschrittenen Mittelweg.

1554 *Delimatsis*, ELR 41 (2016), 513 (531).

1555 Kapitel 3.B.VI., S. 202f.

diese Normen als Mittel zur Rechtsangleichung einzusetzen. Der Ansatz über eine horizontale Norm erweist sich hierfür jedoch als ungeeignet. Zunächst zeigen sich Schwierigkeiten, Stakeholder für eine Beteiligung zu gewinnen. Angesichts des branchenübergreifenden Ansatzes erkennen sie nicht den Anreiz einer Beteiligung für sich. Auch inhaltlich birgt eine horizontale Norm die Gefahr sehr allgemeiner Bestimmungen. Hier ist erstaunlich, dass die Kommission nicht stärker die Rückschlüsse der Verbraucherorganisation ANEC zur CHESSS-Study berücksichtigt hat, die bereits auf diese Gefahr hingewiesen hat. Zwar erkennt die Kommission im Mandat M/517, dass gegenüber einer einzigen horizontalen Norm nunmehr »engere« horizontale Normen bevorzugt werden. Ein Unterschied mit Blick auf allgemeine Bestimmungen ist jedoch nicht ersichtlich. Diese Feststellung spiegelt sich auch im Normentwurf zu Dienstleistungsverträgen (E DIN EN 17371-2:2020-07) unter dem Mandat M/517 wider. Zudem zeigt sich, dass für Stakeholder die Erarbeitung horizontaler Normen schwierig ist, da sie einen Bezug zu bestimmten Branchen benötigen, um ihre Position auszudrücken. Da unter dem Mandat M/517 hinsichtlich des Normentwurfs für Dienstleistungsverträge auch mit Beispielklauseln aus bestimmten Bereichen gearbeitet wird, lässt sich in diesem Rückgriff bei der Erstellung einerseits eine Abwendung von einem horizontalen Ansatz sehen. Gleichzeitig erweist sich dieser Weg als Versuch, über bestimmte Branchen Gemeinsamkeiten für eine horizontale Norm herauszufinden.[1556]

Im Ergebnis birgt horizontale Normung sowohl Schwierigkeiten mit Blick auf die Gewinnung von Stakeholdern als auch mit Blick auf einen inhaltlichen Mehrwert.

Die mangelnde Eignung einer horizontalen Norm zur Förderung der Dienstleistungsnormung tritt auch in einem Vergleich zu anderen europäischen Harmonisierungsansätzen mit einem derartigen Ansatz hervor.[1557]

Hier zieht die Arbeit einen Vergleich zu einem beabsichtigten Common Frame of Reference, der Verbraucherrechterichtlinie und zu dem Versuch eines Gemeinsamen Europäischen Kaufrechts. Auch bei diesen Ansätzen erwies sich ein umfassender Regelungsansatz als nicht erfolgreich. Vielmehr zeigt sich insgesamt, dass das praktische Bedürfnis sektorspezifisch ist.[1558]

Aus diesem Grund dürfte es für die Kommission zielführender sein, vermehrt sektorspezifisch Normungsaufträge erteilen, um Dienstleistungsnormen zu fördern. Hier wird auch die Beteiligung der Stakeholder einfacher zu erreichen sein, da sie die tatsächliche Relevanz für ihre Branche erkennen können.[1559]

1556 Kapitel 3.B.VII.
1557 Siehe hierzu Kapitel 3.B.VIII.
1558 Kapitel 3.B.VIII.
1559 Kapitel 3.B.IX.

Daneben wäre ein effektiver Weg die Einführung eines New Approach im Dienstleistungsbereich. Bestehen zwar nach wie vor Bedenken hinsichtlich der Legitimität dieses Regulierungsansatzes mit Blick auf die *Meroni*-Rechtsprechung,[1560] erweist sich die Entscheidung des EuGH in der Rechtssache C-613/14 (*James Elliott*) als weiterer Schritt in der »juridification« der Normung.[1561] Wurden lange Zeit harmonisierte Normen als »Integration through de-legalisation«[1562] angesehen,[1563] ist hiergegen jedoch einzuwenden, dass auch die Ko-Regulierung mit staatlicher Rechtsetzung einhergeht.[1564]

So erklärt sich der EuGH nunmehr in der Rechtssache *James Elliott* für die Auslegung einer harmonisierten Norm zuständig. Die Ausdehnung eines New Approach auf den Dienstleistungsbereich brächte auch hier den Vorteil mit sich, dass der EuGH Dienstleistungsnormen einheitlich auslegen könnte.[1565] Außerhalb eines New Approach ist eine derartige Auslegungsbefugnis wohl nicht gegeben, auch nicht bei mandatierten Dienstleistungsnormen.[1566]

Weitere positive Effekte könnte der New Approach mit Blick auf die Einbeziehung der wesentlichen Stakeholder mit sich bringen.[1567] So ist ohne einen derartigen Ansatz das Risiko höher, dass Normen von einer nicht-repräsentativen Minderheit initiiert werden. Denn der New Approach gewährleistet eine Kontrolle durch die Kommission mit Blick auf die beteiligten Personen. Gleichwohl besteht auch im Rahmen des New Approach Verbesserungsbedarf mit Blick auf die Einbeziehung der wesentlichen Stakeholder. So sollte auch hier noch mehr Augenmerk auf das Verfahren der Normerstellung gelegt werden.[1568]

1560 Siehe Kapitel 3.C.I.1.

1561 Kapitel 3.C.I.2., S. 223. Zum Begriff *Schepel*, 20 MJ 4 (2013), 521.

1562 *Joerges*, ELR 33 (2008), 291.

1563 So *Colombo/Eliantonio*, 24 MJ 2 (2017), 323 (325); *Schepel*, 20 MJ 4 (2013), 521 (525).

1564 Siehe *Spindler/Thorun*, MMR-Beilage 2016, Heft 6, 1 (8), wonach Ko-Regulierung und De-Regulierung nicht zu verwechseln seien. Siehe auch *Joerges*, ELR 33 (2008), 291 (311): »This ›private transnationalism‹ has been severed from national law, but is not delegalised.«

1565 Siehe weiterführend *Volpato/Eliantonio*, in: *Eliantonio/Cauffman*, Standardisation, S. 91 (104) zur Entscheidung des EuGH C-587/15 und der abgelehnten Auslegungsbefugnis im Rahmen von Art. 267 zu einer privaten Geschäftsordnung im Anhang einer Kommissionsentscheidung.

1566 Siehe hierzu Kapitel 3.C.II.4.

1567 Kapitel 3.C.II.1.

1568 Siehe auch *Kallestrup*, LIEI 44 no. 4 (2017), 381 (393) zur Ko-Regulierung. Nach Ansicht von *Eliantonio*, LIEI 44 no. 4 (2017), 395 (405f.) ist angesichts einer unzulänglichen ex ante-Kontrolle die ex-post Kontrolle durch richterliche Überprüfung umso wichtiger. Siehe auch *Senden*, LIEI 44 no. 4 (2017), 337 (352), wonach der EuGH vor allem die ex-post Kontrolle betont. Für die Gewährung einer rechtlichen Position der Verbraucherrepräsentation im Rahmen eines quasi New-Approach bereits im Jahr 2007 *Micklitz*, Services Standards, S. 208. Siehe auch die Ausführungen unter Kapitel 3.C.II.1.

Die Möglichkeit einer gerichtlichen Kontrolle trägt jedoch dazu bei, die geringe »input legitimacy« im Normungsverfahren zu kompensieren.[1569]

Mit Blick auf die fortschreitende Servitization wäre die Ausdehnung des New Approach ebenfalls sinnvoll, da Produkte und Dienstleistungen immer stärker miteinander kombiniert werden. Gleiches gilt für die zunehmende Digitalisierung.[1570] Ein Beispiel für einen New Approach-Ansatz bietet der »Discussion Draft of a Directive on Online Intermediary Platforms«.[1571]

Ein weiterer Vorteil der Ausdehnung des New Approach besteht indirekt darin, dass auf diese Weise auch die Anwendung von Dienstleistungsnormen im Privatrecht gefördert wird. So lässt sich ein »stamp of approval« von Seiten der Union feststellen, der sich auch auf die Bereitschaft von Stakeholdern und Gerichten auswirken kann, Dienstleistungsnormen im nationalen Privatrecht zur Konkretisierung von unbestimmten Rechtsbegriffen heranzuziehen.[1572] Zwar versucht die Kommission auch über das Normungspaket Kontrolle über die Dienstleistungsnormung zu gewinnen. Auch diese Tätigkeit könnte sich positiv auf die Bereitschaft auswirken, Dienstleistungsnormen anzuwenden. Wenn *soft law* über die Anerkennung der Gerichte stärkere Rechtsverbindlichkeit bekommt,[1573] könnte auch auf diese Weise eine vermehrte Anwendung von Dienstleistungsnormen im Privatrecht erreicht werden. Allerdings erweist sich diese Vorgehensweise als unsicherer Weg. Bei einem New Approach besteht ein gesetzliches Rahmenwerk. Hier lässt sich argumentieren, dass die Anwendung der Normen auch im Privatrecht erforderlich ist, um dessen Effektivität zu sichern.[1574]

Auch könnte ein New Approach dazu beitragen, dass Dienstleistungsnormen tatsächlich zum Funktionieren des Binnenmarktes beitragen und nicht Beweggründe wie die Marktabschottung hinter ihrer Erarbeitung stehen. So zeigten gerade Normen zu Gästeführern und zur ästhetischen Chirurgie, dass ihre Erarbeitung nicht die Verbesserung des Binnenmarktes beabsichtigte.[1575]

1569 *Volpato/Eliantonio*, in: *Eliantonio/Cauffman*, Standardisation, S. 91 (94). Siehe auch *Tovo*, 55 CMLR (2018) 1187 (1212f.): »The ex post judicial control of HSs would moreover allow both to complement and to ensure the compliance with the reinforced participatory rights of societal stakeholders.«

1570 Kapitel 3.C.II.2.

1571 Kapitel 3.B.V., S. 198.

1572 Kapitel 3.C.II.3. Zum Begriff *van Leeuwen*, Services, S. 56. Siehe kritisch zur Rechtsangleichung ohne einen gesetzlichen Rahmen *van Leeuwen*, Services, S. 147, 155, 170f., 215.

1573 Siehe *Korkea-Aho*, 16 MJ 3 (2009), 271 (273), wonach *soft law* durch richterliche Anerkennung sich zu *hard law* entwickeln kann, insbesondere durch die Rechtsprechung der europäischen Gerichte.

1574 Kapitel 3.C.II.3., S. 233.

1575 Zu der Problematik siehe Kapitel 3.B.IV, S. 197. Siehe hierzu näher *van Leeuwen*, Services, S. 210–212.

Bestehen nunmehr Vorteile mit Blick auf eine Einführung des New Approach im Dienstleistungsbereich, sind konkrete Maßnahmen hierzu jedoch nicht ersichtlich.

Darüber hinaus scheint die Kommission die Dienstleistungsnormung wieder aus ihrem Blickfeld zu verlieren. So findet die Dienstleistungsnormung in den Arbeitsprogrammen der Union für europäische Normung in den Jahren 2018 bis 2020 keine besondere Erwähnung mehr. Vielmehr treten nunmehr die IKT-Normung und Normung im Bereich des Internets der Dinge und Big Data in den Vordergrund. Im Normungsprogramm für das Jahr 2020 wird u. a. der Normung im Bereich Künstlicher Intelligenz ein hoher Stellenwert eingeräumt.[1576]

Hat die Kommission das Potential von Dienstleistungsnormen zur Förderung des grenzüberschreitenden Dienstleistungsverkehrs zwar erkannt, ergreift sie jedoch nicht die geeigneten Maßnahmen, um die Dienstleistungsnormung tatsächlich voranzubringen. Das »EU paradox of convergence«[1577] in Form der Divergenz zwischen den Maßnahmen und Worten der EU wird somit weiterhin nicht gelöst. Als geeignete Maßnahmen käme einerseits ein New Approach im Dienstleistungsbereich in Betracht oder die verstärkte Erteilung von Normungsaufträgen, die jedoch sektorspezifisch erfolgen sollten.

B. Ausblick

In Zukunft wird die Dienstleistungsnormung noch stärker an Relevanz gewinnen mit Blick auf technische Normen mit Dienstleistungselementen, digitalen Geschäftsmodellen und dem Internet of Things. Ein Beispiel für das Internet of Things besteht in Form von vernetzten Fahrzeugen, mit Dienstleistungen wie Navigation oder Werkstattdiensten im Auto. Eine Weiterentwicklung hierzu wird das vollautonome Fahren sein.[1578]

Bereits in einer Studie des wissenschaftlichen Dienstes der Europäischen Kommission aus dem Jahr 2014 wurde die Dienstleistungsnormung als eine der fünf Prioritätenbereiche für die Normung identifiziert. Angesichts der Entwicklung des Dienstleistungsbereichs (»from product ownership to service leasing«[1579]) und der steigenden Anzahl von Produkten, die cloud-basiert als Dienstleistung angeboten werden, würden Dienstleistungsnormen zum Aufzeigen eines Qualitätsniveaus benötigt.[1580]

1576 Kapitel 3.A.VII.
1577 Kapitel 3.C. Zum Begriff *van Leeuwen*, Services, S. 220.
1578 *Kiparski/Sassenberg*, CR 2018, 596 (601).
1579 JRC Foresight Study, S. 6, 33.
1580 JRC Foresight Study, S. 6f., 33. Siehe auch AFNOR Livre Blanc, S. 16.

Auf Ebene der internationalen Normung rückt die Sharing Economy ins Blickfeld.[1581] Hinsichtlich der Verordnung zur Förderung von Fairness und Transparenz für gewerbliche Nutzer von Online-Vermittlingsdiensten[1582] kommt zu Art. 11 (Internes Beschwerdemanagementsystem) ein Einsatz der ISO-Norm zum Beschwerdemanagement für das Verfahren im Unternehmen in Betracht.[1583]

Es wäre es zu begrüßen, wenn die Kommission ihren mit dem Normungspaket begonnen Schritt zur stärkeren Förderung der Dienstleistungsnormung wieder aufgreifen und die Dienstleistungsnormung durch geeignete Maßnahmen nunmehr effektiv voranbringen würde.

1581 Siehe ISO/TC 324 Sharing Economy, https://www.iso.org/committee/7314327.html.

1582 Verordnung (EU) 2019/1150 des Europäischen Parlaments und des Rates vom 20. Juni 2019 zur Förderung von Fairness und Transparenz für gewerbliche Nutzer von Online-Vermittlungsdiensten, ABl. 2019 L 186/57.

1583 ISO 10002:2018 Quality management – Customer satisfaction – Guidelines for complaints handling in organizations. Siehe auch *Busch*, EuCML 2017, 227 (228), wonach eine Norm zu Plattformdiensten sich an ISO 10002 und ISO 20488 orientieren könnte.

Literaturverzeichnis

Anselmann, Norbert, Die Bezugnahme auf harmonisierte technische Regeln im Rahmen der Rechtsangleichung, in: *Müller-Graff, Peter-Christian,* (Hrsg.), Technische Regeln im Binnenmarkt, Baden-Baden 1991, S. 101–114 (zitiert: *Anselmann,* in: *Müller-Graff,* Technische Regeln).

Augsberg, Steffen, Rechtsetzung zwischen Staat und Gesellschaft. Möglichkeiten differenzierter Steuerung des Kapitalmarktes, Berlin 2003 (zitiert: *Augsberg,* Rechtsetzung).

Bachmann, Gregor, Legitimation privaten Rechts, in: *Bumke, Christian/Röthel, Anne,* (Hrsg.), Privates Recht, Tübingen 2012, S. 207–227 (zitiert: *Bachmann,* in: *Bumke/Röthel,* Privates Recht).

Bachmann, Gregor, Private Ordnung. Grundlagen privater Regelsetzung, Tübingen 2006 (zitiert: *Bachmann,* Private Ordnung).

Bachmann, Gregor, Privatrecht als Organisationsrecht, in: *Witt, Carl-Heinz/Casper, Matthias/Bednarz, Liane* (u. a.), (Hrsg.), Die Privatisierung des Privatrechts. Rechtliche Gestaltung ohne staatlichen Zwang. Jahrbuch Junger Zivilrechtswissenschaftler 2002, Stuttgart, München, Hannover (u. a.) 2003, S. 9–29 (zitiert: *Bachmann,* JbJgZivRWiss).

Backherms, Johannes, Das DIN Deutsche Institut für Normung e.V. als Beliehener, Köln, Berlin, Bonn (u. a.) 1978 (zitiert: *Backherms,* DIN).

Backherms, Johannes, Zur Einführung: Recht und Technik, JuS 1980, 9–14.

Basedow, Jürgen, Kodifikationsrausch und kollidierende Konzepte – Notizen zu Marktbezug, Freiheit und System im Draft Common Frame of Reference, ZEuP 2008, 673–676.

Battis, Ulrich/Gusy, Christoph, Technische Normen im Baurecht, Düsseldorf 1988 (zitiert: *Battis/Gusy,* Technische Normen).

Beck-online.de Grosskommentar BGB, hrsg. v. *Artz, Markus/Ball, Wolfgang/Benecke, Martina (u. a.)* München 2019 (zitiert: BeckOGK/*Bearbeiter,* Stand).

Beck-online.de Grosskommentar HPflG, hrsg. v. *Spickhoff, Andreas,* München 2019 (zitiert: BeckOGK-HPflG/*Bearbeiter,* Stand).

Beck'scher Online-Kommentar BGB, hrsg. v. *Bamberger, Heinz Georg/Roth, Herbert/Hau, Wolfgang, (u. a.),* 49. Edition, München Stand 01.02.2019 (zitiert: BeckOK/*Bearbeiter,* Stand).

Becker, Florian, Kooperative und konsensuale Strukturen in der Normsetzung, Tübingen 2005 (zitiert: *Becker,* Strukturen).

Blind, Knut, The Economics of Standards. Theory, Evidence, Policy, Cheltenham, UK/ Northhampton, MA, USA 2004 (zitiert: *Blind,* Economics of Standards).

Böhm, Monika, Der Normmensch: materielle und prozedurale Aspekte des Schutzes der menschlichen Gesundheit vor Umweltschadstoffen, Tübingen 1996 (zitiert: *Böhm,* Normmensch).

Botzem, Sebastian/Dobusch, Leonard, Standardization Cycles: A Process Perspective on the Formation and Diffusion of Transnational Standards, Organization Studies 33 (5–6), 2012, 737–762.

Breuer, Rüdiger, Direkte und indirekte Rezeption technischer Regeln durch die Rechtsordnung, AöR 101 (1976), 46–88.

Breulmann, Günter, Normung und Rechtsangleichung in der Europäischen Wirtschaftsgemeinschaft, Berlin 1993 (zitiert: *Breulmann,* Normung).

Brunner, Andreas, Technische Normen in Rechtsetzung und Rechtsanwendung, Basel, Frankfurt a.M. 1991 (zitiert: *Brunner,* Technische Normen).

Buck-Heeb, Petra/ Dieckmann, Andreas, Selbstregulierung im Privatrecht, Tübingen 2010 (zitiert: *Buck-Heeb/Diekmann,* Selbstregulierung).

Bumke, Christian/Röthel, Anne, Auf der Suche nach einem Recht des privaten Rechts, in: *Bumke, Christian/Röthel, Anne,* (Hrsg.), Privates Recht, Tübingen 2012, S. 1–20 (zitiert: *Bumke/Röthel,* in: *Bumke/Röthel,* Privates Recht).

Busch, Christoph, Architekten im Binnenmarkt: Harmonisierung von Vertragsrecht und Ordnungsrahmen für Dienstleistungen in der Europäischen Union, in: *Zetsche, Dirk/ Neefs, Andreas/Makoski, Bernadette* (u.a.) (Hrsg.), Recht und Wirtschaft. Jahrbuch Junger Zivilrechtswissenschaftler 2007, Stuttgart, München, Hannover (u.a.) 2008, S. 293–327 (zitiert: *Busch,* JbJgZivRWiss 2007).

Busch, Christoph, Architekten im Binnenmarkt. Dienstleistungsvertragsrecht zwischen Marktöffnung und Qualitätssicherung, Habilitationsschrift, Osnabrück 2012 (zitiert: *Busch,* Architekten im Binnenmarkt).

Busch, Christoph, DIN-Normen für Dienstleistungen – Das Europäische Normungskomitee produziert Musterverträge, NJW 2010, 3061–3066.

Busch, Christoph, Qualitätsstandards für Freie Berufe: Dienstleistungsnormung statt Berufsrecht, der freie Beruf 1-2/2014, 6–7.

Busch, Christoph, Towards a »New Approach« for the Platform Ecosystem: A European Standard for Fairness in Platform-to-Business Relations, EuCML 2017, 227–228.

Busch, Christoph, Towards a »New Approach« in European Consumer Law: Standardisation and Co-Regulation in the Digital Single Market, EuCML 2016, 197–198.

Busch, Christoph, Wandlungen des Verbrauchervertragsrechts auf dem Weg zum digitalen Binnenmarkt. Standortbestimmung und europäische Legislativoptionen, in: *Artz, Markus/Gsell, Bettina,* (Hrsg.), Verbrauchervertragsrecht und digitaler Binnenmarkt. Die europäischen Richtlinienvorschläge zum Fernabsatz von Waren und zur Bereitstellung digitaler Inhalte, Tübingen 2018, S. 1–17 (zitiert: *Busch,* in: *Artz/Gsell,* Verbrauchervertragsrecht).

Busch, Christoph/Dannemann, Gerhard/Schulte-Nölke, Hans/Wiewiórowska-Domagalska, Aneta/Zoll, Fryderyk, The ELI Model Rules on Online Platforms, EuCML 2020, 61–70.

Busch, Christoph/Reinhold, Simon, Standardisation of Online Dispute Resolution Services: Towards a More Technological Approach, EuCML 2015, 50–58.

Büthe, Tim /Mattli, Walter, The New Global Rulers. The Privatization of Regulation in the World Economy, Princeton (u.a.) 2011 (zitiert: *Büthe/Mattli,* Global rulers).

Cafaggi, Fabrizio, Private Regulation in European Private Law, in: *Hartkamp, Arthur/ Hesselink, Martijn/Hondius, Ewoud H. (u. a.),* (eds.), Towards a European Civil Code, 4. Ed., The Netherlands 2011, S. 91–126 (zitiert: *Cafaggi*, in: *Hartkamp//Hesselink/ Hondius,* European Civil Code).

Cafaggi, Fabrizio, Product safety, private standard-setting and information networks, in: *Cafaggi, Fabrizio/Muir Watt, Horatia,* (eds.), The Regulatory Function of European Private Law, Cheltenham, UK/Northhamption, MA, USA 2009, S. 207–258 (zitiert: *Cafaggi*, in: *Cafaggi/Muir Watt,* Regulatory Function).

Cafaggi, Fabrizio, Self-Regulation in European Contract Law, in: *Collins, Hugh* (ed.), Standard Contract Terms in Europe: A basis for and a Challenge to European Contract Law, The Netherlands 2008, S. 93–139 (zitiert: *Cafaggi*, in: *Collins*, Standard Contract Terms).

Calliess, Christian/Ruffert, Matthias, EUV/AEUV. Das Verfassungsrecht der Europäischen Union mit Europäischer Grundrechtecharta, 5. Aufl., München 2016 (zitiert: *Bearbeiter,* in: *Calliess/Ruffert*).

Calliess, Gralf-Peter, Transnationales Verbrauchervertragsrecht, RabelsZ 68 (2004), 244–287.

Calliess, Gralf-Peter/Maurer, Andreas, Transnationales Recht – eine Einleitung, in: *Calliess, Gralf-Peter* (Hrsg.), Transnationales Recht. Stand und Perspektiven, Tübingen 2014, S. 1–36 (zitiert: *Calliess/Maurer*, in: *Calliess*, Transnationales Recht).

Cauffman, Caroline/Gérardy, Marie, Competition Law as a Tool to Ensure the Legitimacy of Standard-setting by European Standardisation Organisations, in: *Eliantonio, Mariolina/Cauffman, Caroline*, The Legitimacy of Standardisation as a Regulatory Technique. A Cross-disciplinary and Multi-level Analysis, Cheltenham, UK, Northampton, MA, USA 2020, S. 64–90 (zitiert: *Cauffman/Gérardy*, in: *Eliantonio/Cauffman*, Standardisation).

Colombo, Carlo/Eliantonio, Mariolina, Harmonized technical standards as part of EU law: Juridification with a number of unresolved legitimacy concerns? Case C-613/14 James Elliot Construction Limited v. Irish Asphalt Limited, EU:C:2016:821, 24 MJ 2 (2017), 323–340.

Contreras, Jorge L., Private Law, Conflict of Laws, and a Lex Mercatoria of Standards-Development Organizations, ERPL 2 (2019), 245–268.

Craig, Paul, UK, EU and global administrative law. Foundations and challenges, Cambridge 2015 (zitiert: *Craig*, Foundations and challenges).

Cuccuru, Pierluigi, Regulating by Request: On the Role and Status of the ›Standardisation Mandate‹ under the New Approach, in: *Eliantonio, Mariolina/Cauffman, Caroline*, The Legitimacy of Standardisation as a Regulatory Technique. A Cross-disciplinary and Multi-level Analysis, Cheltenham, UK, Northampton, MA, USA 2020, S. 48–63 (zitiert: *Cuccuru*, in: *Eliantonio/Cauffman*, Standardisation).

Dawson, Mark, Better Regulation and the Future of EU Regulatory Law and Politics, CMLR 53 (2016), 1209–1236.

De Vries, Henk J., Standardisation. A developing field of research, in: *Delimatsis, Panagiotis* (ed.), The Law, Economics and Politics of International Standardisation, Cambridge 2015, S. 19–41 (zitiert: *De Vries*, in: *Delimatsis*, The Law, Economics and Politics).

Debus, Alfred G., Verweisungen in deutschen Rechtsnormen, Berlin 2008 (zitiert: *Debus*, Verweisungen).

Delimatsis, Panagiotis, »Thou shall not... (dis)trust«: Codes of Conduct and Harmonization of Professional Standards in the EU, CMLR 47 (2010), 1049–1087.

Delimatsis, Panagiotis, Introduction: continuity and change in international standardisation, in: *Delimatsis, Panagiotis* (ed.), The Law, Economics and Politics of International Standardisation, Cambridge 2015, S. 1–16 (zitiert: *Delimatsis*, in: *Delimatsis*, The Law, Economics and Politics).

Delimatsis, Panagiotis, Standardisation in Services – European Ambitions and Sectoral Realities, ELR 41 (2016), 513–534.

Denninger, Erhard, Verfassungsrechtliche Anforderungen an die Normsetzung im Umwelt- und Technikrecht, Baden-Baden 1990 (zitiert: *Denninger*, Anforderungen).

Di Fabio, Udo, Verlust der Steuerungskraft klassischer Rechtsquellen, NZS 1998, 449–455.

Dreier, Thomas/Schulze, Gernot; unter Mitwirkung von Specht, Louisa, Urheberrechtsgesetz. Verwertungsgesellschaftengesetz, Kunsturhebergesetz, Kommentar, 6. Aufl. München 2018 (zitiert: *Bearbeiter*, in: *Dreier/Schulze*).

Dressler, Wolf-Dieter, Ärztliche Leitlinien und Arzthaftung, in: *Brander, Hans Erich/Hagen, Horst/Stürner, Rolf*, (Hrsg.), Festschrift für Karlmann Geiß zum 65. Geburtstag, Köln, Berlin, Bonn (u. a.) 2000, S. 379–388 (zitiert: *Dressler*, FS Geiß).

Ebers, Martin, Rechte, Rechtsbehelfe und Sanktionen im Unionsprivatrecht, Tübingen 2016 (zitiert: *Ebers*, Rechtsbehelfe).

Egle, Ulrich/Keimer, Imke/Hafner, Nils, KPIs zur Steuerung von Customer Contact Centern, in: *Möller, Klaus/Schultze, Wolfgang*, (Hrsg.), Produktivität von Dienstleistungen, Wiesbaden 2014, S. 505–543 (zitiert: *Egle/Keimer/Hafner*, in: *Möller/Schultze*, Produktivität).

Ehricke, Ulrich, Dynamische Verweise in EG-Richtlinien auf Regelungen privater Normungsgremien, EuZW 2002, 746–753.

Eliantonio, Mariolina, Judicial Control of the EU Harmonized Standards: Entering a Black Hole?, LIEI 44 no. 4 (2017), 395–408.

Eliantonio, Mariolina/Medzmariashvili, Megi, Hybridity under Scrutiny: How European Standardization Shakes the Foundations of EU Constitutional and Internal Market Law, LIEI 44 no. 4 (2017), 323–336.

Engler, Carolin Marie, Private Regelsetzung, Berlin 2017 (zitiert: *Engler*, Regelsetzung).

Enneccerus, Ludwig/Nipperdey, Hans Carl, Allgemeiner Teil des Bürgerlichen Rechts, 1. Halbband: Allgemeine Lehren, Personen, Rechtsobjekte, 14. Aufl. 1952 (zitiert: *Enneccerus/Nipperdey*, Allgemeiner Teil des Bürgerlichen Rechts).

Erman, Walter Alexander (Begr.), BGB. Bürgerliches Gesetzbuch, Handkommentar mit AGG, EGBGB (Auszug), ErbbauRG, HausratsVO, LPartG, ProdHaftG, UKlaG, VAHRG und WEG. Kommentar, hrsg. v. *Grunewald, Barbara/ Maier-Reimer, Georg/Westermann, Harm Peter*, Band 1 – §§ 1-761, AGG, 15. Aufl., Köln 2017 (zitiert: Erman/ *Bearbeiter*).

Falke, Josef, Rechtliche Aspekte der Normung in den EG-Mitgliedstaaten und der EFTA, Band 3 Deutschland, Luxemburg 2000 (zitiert: *Falke*, Rechtliche Aspekte).

Faure, Michael/Philipsen, Niels, Standardisation from a Law and Economics Perspective, in: *Eliantonio, Mariolina/Cauffman, Caroline*, The Legitimacy of Standardisation as a Regulatory Technique. A Cross-disciplinary and Multi-level Analysis, Cheltenham, UK, Northampton, MA, USA 2020, S. 156–178 (zitiert: *Faure/Philipsen*, in: *Eliantonio/ Cauffman*, Standardisation).

Feuerich, Wilhelm E./Weyland, Dag, Bundesrechtsanwaltsordnung. Berufsordnung, Fachanwaltsordnung, Partnerschaftsgesellschaftsgesetz, Recht für Anwälte aus dem Gebiet der Europäischen Union, Patentanwaltsordnung, Kommentar, bearbeitet v. *Weyland* (u. a.), 9. Aufl., München 2016 (zitiert: Feuerich/Weyland/*Bearbeiter*).

Feuerstein, Franz, Standardisierung und Zertifizierung im Sicherheitsgewerbe, in: *Stober, Rolf/Olschok, Harald* (Hrsg.), Handbuch des Sicherheitsgewerberechts, München 2004, S. 539–559 (zitiert: *Feuerstein,* in: *Stober/Olschok,* Handbuch des Sicherheitsgewerberechts, Rn.).

Finke, Katja, Die Auswirkungen der europäischen technischen Normen und des Sicherheitsrechts auf das nationale Haftungsrecht, München 2001 (zitiert: *Finke,* Auswirkungen).

Geigel, Der Haftpflichtprozess mit Einschluss des materiellen Haftpflichtrechts, hrsg. v. *Haag, Kurt,* 27. Aufl., München 2015 (zitiert: *Bearbeiter,* in: *Geigel,* Haftpflichtprozess).

Germelmann, Claas Friedrich, Private Regelwerke im Geltungsbereich der Warenverkehrsfreiheit – Konsequenzen der Fra.bo-Entscheidung für die technische Normung in Deutschland, GewArch 2014, 335–342.

Giannaccari, Andrea, Standard Setting and the Law. A Comparative Perspective, Rom 2018 (zitiert: *Giannaccari,* Standard Setting).

Glinski, Carola/Rott, Peter, Deficient Standards by European Standardisation Organisations: Between State Liability and Tort Liability, in: *Eliantonio, Mariolina/Cauffman, Caroline,* The Legitimacy of Standardisation as a Regulatory Technique. A Cross-disciplinary and Multi-level Analysis, Cheltenham, UK, Northampton, MA, USA 2020, S. 131–155 (zitiert: *Glinski/Rott,* in: *Eliantonio/Cauffman,* Standardisation).

Gnes, Matteo, Do Administrative Law Principles Apply to European Standardization: Agencification or Privatization, LIEI 44 no. 4 (2017), 367–380.

Grabitz, Eberhard/Hilf, Meinhard/Nettesheim, Martin (Hrsg.), Das Recht der Europäischen Union, Band I, II, III, München 66. Ergänzungslieferung – Stand Februar (zitiert: *Bearbeiter,* in: *Grabitz/Hilf/Nettesheim*).

Graf von Westfalen, Friedrich, Anmerkung zu EuGH C-613/14 – James Elliott, IWRZ 2017, 75–76.

Graz, Jean-Christophe, International Standards and the Service Economy, in: *Joerges, Christian/Falke, Josef* (eds.), Karl Planyi, Globalisation and the Potential of Law in Transnational Markets, Oxford and Portland, Oregon 2011, S. 209–229 (zitiert: *Graz,* in: *Joerges/Falke,* Globalisation).

Graz, Jean-Christophe, The Power of Standards. Hybrid Authority and the Globalisation of Services, Cambridge 2019 (zitiert: *Graz,* Power of Standards).

Gsell, Beate, Der europäische Richtlinienvorschlag zu bestimmten vertragsrechtlichen Aspekten der Bereitstellung digitaler Inhalte, ZUM 2018, 75–82.

Gsell, Beate, Die Bedeutung technischer Normen, des Stands der Technik und des verkehrsüblichen Zustands bei der Vermietung von Wohn- und Geschäftsräumen, WuM 2011, 491–499.

Hahn, Rüdiger/Weidtmann, Christian, Transnational Governance, Deliberative Democracy, and the Legitimacy of ISO 26000: Analyzing the Case of a Global Multistakeholder Process, Business & Society 2016, Vol. 55 (I), 90–129.

Hartlieb, Bernd/Hövel, Albert/Müller, Norbert, Normung und Standardisierung. Grundlagen, 2. Aufl., Berlin, Wien, Zürich 2016 (zitiert: *Hartlieb/Hövel/Müller,* Normung).

Herchen, André, Die Änderung der anerkannten Regeln der Technik nach Vertragsschluss und ihre Folgen, NZBau 2007, 139–145.

Héritier, Adrienne, New Modes of Governance in Europe: Policy-Making without Legislating? in: *Héritier, Adrienne*, (ed.), Common Goods. Reinventing European and International Governance, Lanham Maryland 2002, S. 185–206 (zitiert: *Héritier*, in: *Héritier*, Common Goods).

Hettne, Jörgen, Standards, Barriers to Trade and EU Internal Market Rules: Need for a Renewed Approach?, LIEI 44 no. 4 (2017), 409–420.

Heyers, Johannes, Bedeutung von Leitlinien für die Arzthaftung, ArztR 8/2016, 201–209.

Hoffmann-Riem, Wolfgang/Schmidt-Aßmann, Eberhard/Voßkuhle, Andreas, (Hrsg.), Grundlagen des Verwaltungsrechts. Methoden, Maßstäbe, Aufgaben, Organisation. Band 1, München 2006 (zitiert: *Bearbeiter*, in: *Hoffmann-Riem/Schmidt-Aßmann/Voßkuhle*).

Hofmann, Herwig C.H./Rowe, Gerard C./Türk, Alexander H., Administrative Law and the Policy of the European Union, Oxford 2011 (zitiert: *Hofmann/Rowe/Türk*, Administrative Law).

Hojnik, Janja, The Servitization of Industry: EU Law Implications and Challenges, CMLR 53 (2016), 1575–1624.

Hommelhoff, Peter/Schwab, Martin, Staats-ersetzende Privatgremien im Unternehmensrecht, in: *Drenseck, Walter/Seer, Roman* (Hrsg.), Festschrift für Heinrich Wilhelm Kruse zum 70. Geburtstag, Köln 2001, S. 693–718 (zitiert: *Hommelhoff/Schwab*, FS Kruse).

Huth, Rainer, Die Bedeutung technischer Normen für die Haftung des Warenherstellers nach § 823 BGB und dem Produkthaftungsgesetz, Frankfurt am Main 1992 (zitiert: *Huth*, Bedeutung).

Jank, Viktoria, Produktstandardisierung für Versicherungen – eine verbraucher- und binnenmarktfreundliche Alternative?, Karlsruhe 2018 (zitiert: *Jank*, Produktstandardisierung).

Jansen, Nils/Zimmermann, Reinhard, Was ist und wozu der DCFR?, NJW 2009, 3401–3406.

Jarass, Hans D., Der rechtliche Stellenwert technischer und wissenschaftlicher Standards Probleme und Lösungen am Beispiel der Umweltstandards, NJW 1987, 1225–1231.

Jauernig, Bürgerliches Gesetzbuch mit Rom-I-, Rom-II-VO, EuUnthVO/HUntProt und EuErbVO, hrsg. v. *Stürner, Rolf*, 17. Aufl. München 2018 (zitiert: Jauernig/*Bearbeiter*).

Joerges, Christian, Integration through de-legalisation?, ELR 33 (2008), 291–312.

Juris Praxiskommentar BGB, hrsg. v. *Herberger, Maximilian/Martinek, Michael/Rüßmann, Helmut (u. a.)*, Band 2 – Schuldrecht, Saarbrücken 8. Aufl. 2017 (zitiert: JurisPK-BGB/*Bearbeiter*).

Kallestrup, Morten, Stakeholder Participation in European Standardization: A Mapping and an Assessment of Three Categories of Regulation, LIEI 44 no. 4 (2017), 381–394.

Kapellmann, Klaus/Messerschmidt, Burkhard (Hrsg.), VOB Teile A und B, Vergabe- und Vertragsordnung für Bauleistungen mit Vergabeverordnung (VgV), 6. Aufl., München 2018 (zitiert: Kapellmann/Messerschmidt/*Bearbeiter*).

Kiparski, Gerd/Sassenberg, Thomas, Internet of Things – Aktuelle Entwicklungen und Branchenbesonderheiten bei Connected Cars, eHealth und Co., CR 2018, 596–603.

Kirchhof, Ferdinand, Private Rechtsetzung, Berlin 1987 (zitiert: *Kirchhof*, Private Rechtsetzung).

Klindt, Thomas/Wende, Susanne, Anmerkung zu EuGH C-613/14 – James Elliott, EuZW 2017, 66–67.

Kloepfer, Michael, Instrumente des Technikrechts, in: *Schulte, Martin/Schröder, Rainer*, (Hrsg.), Handbuch des Technikrechts, Allgemeine Grundlagen, Umweltrecht, Gentechnikrecht, Energierecht, Telekommunikations- und Medienrecht, Patentrecht, Computerrecht, 2. Aufl., Berlin, Heidelberg 2011, S. 151–199 (zitiert: *Kloepfer*, in: *Schulte/Schröder*, Handbuch).

Knauff, Matthias, Der Regelungsverbund: Recht und Soft Law im Mehrebenensystem, Tübingen 2010 (zitiert: *Knauff*, Regelungsverbund).

Kniffka, Rolf/Koeble, Wolfgang, (Hrsg.), Kompendium des Baurechts. Privates Baurecht und Bauprozess, 4. Aufl., München 2014 (zitiert: *Bearbeiter*, in: *Kniffka/Koeble*).

Köndgen, Johannes, Privatisierung des Rechts. Private Governance zwischen Deregulierung und Rekonstitutionalisierung, AcP 206 (2006), S. 477–525.

Korkea-Aho, Emilia, EU Soft Law in Domestic Legal Systems: Flexibility and Diversity Guaranteed?, 16 MJ 3 (2009), 271–290.

Kroitzsch, Hermann, Die Wettbewerbsregeln in kartell- und wettbewerbsrechtlicher Sicht, GRUR 1965, 12–20.

Kypke, Ulrich, Technische Normung und Verbraucherinteresse. Strukturelle, konzeptionelle und steuerungspolitische Probleme technischer Regelwerke, Köln 1982 (zitiert: *Kypke*, Verbraucherinteresse).

Lamb, Irene, Kooperative Gesetzeskonkretisierung. Verfahren zur Erarbeitung von Umwelt- und Technikstandards, Baden-Baden 1995 (zitiert: *Lamb*, Gesetzeskonkretisierung).

Lübbe-Wolff, Gertrude, Konfliktmittlung beim Erlaß technischer Regeln, in: *Hoffmann-Riem, Wolfgang/Schmidt-Aßmann, Eberhard*, (Hrsg.), Konfliktbewältigung durch Verhandlungen, Band 2 – Konfliktmittlung in Verwaltungsverfahren, Baden-Baden 1990, S. 87–109 (zitiert: *Lübbe-Wolff*, in: *Hoffmann-Riem/Schmidt-Aßmann*, Konfliktbewältigung).

Lübbe-Wolff, Gertrude, Verfassungsrechtliche Fragen der Normsetzung und Normkonkretisierung im Umweltrecht, ZG 1991, 219–248.

Lübbe-Wolff, Gertrude, Zweiter Beratungsgegenstand: Europäisches und nationales Verfassungsrecht, in: Die deutsche Staatsrechtslehre in der Zeit des Nationalsozialismus. Europäisches und nationales Verfassungsrecht. Der Staat als Wirtschaftssubjekt und Auftraggeber. Berichte und Diskussionen auf der Tagung der Deutschen Staatsrechtslehrer in Leipzig vom 4. bis 6. Oktober 2000, VVDStRL 60 (2000), S. 246–287.

Lundqvist, Björn, European Harmonized Standards as ›Part of EU Law‹: The Implications of the *James Elliott* Case for Copyright Protection and, Possibly, for EU Competition Law, LIEI 44 no. 4 (2017), 421–436.

Magnus, Ulrich, UN-Kaufrecht – Aktuelles zum CISG, ZEuP 2017, 140–164.

Magnus, Ulrich/Micklitz, Hans-W., Chapter III: Reflections on liability for defective services, in: *Magnus, Ulrich/Micklitz, Hans-W.*, Liability for the Safety of Services, Baden-Baden 2006, S. 573–580 (zitiert: *Magnus/Micklitz*, Liability for the Safety of Services).

Marburger, Peter, Die Regeln der Technik im Recht, Köln, Berlin, Bonn (u. a.) 1979 (zitiert: *Marburger*, Regeln der Technik).

Marburger, Peter, Technische Normen im Recht der technischen Sicherheit, BB-Beilage 4/1985, 16–22.

Marburger, Peter/Enders, Rainald, Technische Normen im Europäischen Gemeinschaftsrecht, in: *Breuer, Rüdiger/Kloepfer, Michael/Marburger, Peter (u. a.)* (Hrsg.), Jahrbuch des Umwelt- und Technikrechts 1994 (Bd. 27), S. 333–368 (zitiert: *Marburger/Enders*, Jahrbuch UTR).

Martens, Sebastian A.E., Ein Europa, ein Privatrecht – Die Bestrebungen zur Vereinheitlichung des Europäischen Privatrechts, EuZW 2010, 527–530.

Mataija, Mislav, Private Regulation and the Internal Market. Sports, Legal Services, and Standard Setting in EU Economic Law, Oxford 2016 (zitiert: *Mataija*, Private Regulation).

Maurer, Hartmut/Waldhoff, Allgemeines Verwaltungsrecht, 19. Aufl. München 2017 (zitiert: *Maurer/Waldhoff*, Verwaltungsrecht).

Mavroidis, Petros, C., Standardising Trade in Services?, in: *Delimatsis, Panagiotis* (ed.), The Law, Economics and Politics of International Standardisation, S. 160–166, Cambridge 2015 (zitiert: *Mavroidis*, in: *Delimatsis*, The Law, Economics and Politics).

Medzmariashvili, Megi, Delegation of Rulemaking Power to European Standards Organizations: Reconsidered, LIEI 44 no. 4 (2017), 353–366.

Merkens, Dieter, Unverhältnismäßigkeit der Nachbesserung, anerkannte Regeln der Technik und DIN-Normen, jurisPR-PrivBauR 12/2013 Anm. 4.

Metz, Rainer, Selbstverpflichtung contra staatliche Regulierung – eine Scheinalternative, VuR 2012, 85–86.

Micklitz, Hans-W, Reforming European Union Unfair Terms Legislation in Consumer Contracts, ERCL 4 (2010), 347–383.

Micklitz, Hans-W., (Selbst-) Reflektionen über die wissenschaftlichen Ansätze zur Vorbereitung einer europäischen Vertragsrechtskodifikation, GPR 2007, 2–15.

Micklitz, Hans-W., Liablity for defective products and services, in: *Micklitz, Hans-W./Reich, Norbert/Rott, Peter*, Understanding EU Consumer Law, Antwerp, Oxford, Portland 2009, Chapter 6, S. 215–262 (zitiert: *Micklitz*, in: *Micklitz/Reich/Rott*, EU Consumer Law).

Micklitz, Hans-W., Regulatory strategies on services contracts in EC law, in: *Cafaggi, Fabrizio, Muir Watt, Horatia* (eds.), The Regulatory Function of European Private Law, Cheltenham (UK)/ Northhampton, MA, USA 2009 (zitiert: *Micklitz*, in: *Cafaggi/Muir Watt*, Regulatory Function).

Micklitz, Hans-W., The Service Directive – Consumer contract law making via standardisation, in: *Colombi Ciacchi, Aurelia/Godt, Christine/Rott, Peter (u.a.)*, (Hrsg.) Haftungsrecht im dritten Millenium. Liability in the Third Millennium. Liber Amicorum Gert Brüggemeier, Baden-Baden 2009, S. 483–508 (zitiert: *Micklitz*, Liber amicorum).

Mnookin, Robert H./Kornhauser, Lewis, Bargaining in the Shadow of the Law: The Case of Divorce, 88 The Yale Law Journal 5, (1979), 950–997.

Mohr, Peter Michael, Technische Normen und Freier Warenverkehr in der EWG. Deutsche überbetriebliche technische Normen und ihre staatliche Rezeption als Maßnahmen gleicher Wirkung wie mengenmäßige Einfuhrbeschränkungen gemäß Art. 30, 36 EWG-Vertrag, Köln, Berlin, Bonn (u.a.) 1990 (zitiert: *Mohr*, Normen).

Möllers, Thomas M.J., Standards als sekundäre Rechtsquellen. Ein Beitrag zur Bindungswirkung von Standards, in: *Möllers, Thomas M.J.*, (Hrsg.), Geltung und Faktizität von Standards, Baden-Baden 2009, S. 143–171 (zitiert: *Möllers*, in: *Möllers*, Standards).

Möllers, Thomas M.J./Fekonja, Benjamin, Private Rechtsetzung im Schatten des Gesetzes. Ein Beitrag zur Bindungswirkung privaten Rechts am Beispiel des Deutschen Corporate

Governance Kodex und der Deutschen Rechnungslegungs Standards, ZGR 2012, 777–816.

Mückl, Patrick, Der Vertragsbruch des Dienstleisters. Deutsches Recht, Englisches Recht und Entwurf des Gemeinsamen Referenzrahmens, München 2010 (zitiert: *Mückl,* Vertragsbruch).

Müller-Foell, Martina, Die Bedeutung technischer Normen für die Konkretisierung von Rechtsvorschriften, Heidelberg 1987 (zitiert: *Müller-Foell,* Bedeutung Normen).

Müller-Graff, Peter-Christian, Das »Soft Law« der europäischen Organisationen, EuR 2012, 18–33.

Müller-Graff, Peter-Christian, Die horizontale Direktwirkung der Grundfreiheiten, EuR 2014, 3–30.

Münchener Kommentar zum Bürgerlichen Gesetzbuch, hrsg. v. *Säcker, Franz Jürgen/Rixecker, Roland/Oetker, Hartmut/Limperg, Bettina,* Band 5/1, Schuldrecht – Besonderer Teil III/1, 7. Aufl., München 2018 (zitiert:MüKo-BGB (2018)/*Bearbeiter*).

Münchener Kommentar zum Bürgerlichen Gesetzbuch, hrsg. v. *Säcker, Franz Jürgen/Rixecker, Roland/Oetker, Hartmut/Limperg, Bettina,* Band 6, Schuldrecht – Besonderer Teil IV, §§ 705–853, Partnerschaftsgesellschaftsgesetz, Produkthaftungsgesetz, 7. Aufl., München 2017 (zitiert: MüKo-BGB (2017)/*Bearbeiter*).

Münchener Kommentar zum Bürgerlichen Gesetzbuch, hrsg. v. *Säcker, Franz Jürgen/Rixecker, Roland/Oetker, Hartmut/Limperg, Bettina,* Band 4, Schuldrecht – Besonderer Teil II, §§ 611–704, EFZG, TzBfG, KSchG, 6. Aufl., München 2012 (zitiert:MüKo-BGB (2012)/*Bearbeiter*).

Münchener Kommentar zum Bürgerlichen Gesetzbuch, hrsg. v. *Säcker, Franz Jürgen/Rixecker, Roland/Oetker, Hartmut/Limperg, Bettina,* Band 4, Schuldrecht – Besonderer Teil II, 7. Aufl., München 2016 (zitiert: MüKo-BGB (2016)/*Bearbeiter*).

Münchener Kommentar zum Bürgerlichen Gesetzbuch, hrsg. v. *Säcker, Franz Jürgen/Rixecker, Roland/Oetker, Hartmut/Limperg, Bettina,* Band 12, Internationales Privatrecht II, Internationales Wirtschaftsrecht, Einführungsgesetz zum Bürgerlichen Gesetzbuche (Art. 50-253), 7. Aufl., München 2018 (zitiert:MüKo-IPR/*Bearbeiter*).

Münchener Kommentar zum HGB, hrsg. v. *Schmidt, Karsten,* Band 7 – Transportrecht. Viertes Buch. Handelsgeschäfte (§§ 407–475h); Fünftes Buch. Seehandel (§§ 476–619); CMR, CIM, MÜ; CMNI; 3. Aufl., München 2014 (zitiert: MüKo-HGB/*Bearbeiter*).

Najork, Eike, Der Facility Management-Vertrag, NJW 2006, 2881–2884.

Nelson, Philip, Information and Consumer Behavior, Journal of Political Economy, Vol. 78 no. 2 (Mar. - Apr.,1970), 311–329.

Nicklisch, Fritz, Funktion und Bedeutung technischer Standards für die Rechtsordnung, BB 1983, 261–269.

Nicklisch, Fritz, Technische Regelwerke – Sachverständigengutachten im Rechtssinne?, NJW 1983, 841–850.

Nicklisch, Fritz, Technische Regelwerke und zulässige Abweichungen – am Beispiel der Druckbehälterverordnung, BB 1982, 833–836.

Nicklisch, Fritz, Wechselwirkungen zwischen Technologie und Recht. Zur kontrollierten Rezeption wissenschaftlich-technischer Standards durch die Rechtsordnung, NJW 1982, 2633–2644.

Nolte, Rüdiger, Rechtliche Anforderungen an die technische Sicherheit von Kernanlagen: zur Konkretisierung des § 7 Abs. 2 Nr. 3 AtomG, Berlin 1984 (zitiert: *Nolte*, Rechtliche Anforderungen).

Nusser, Jens, Anmerkung zu EuGH C-613/14 – James Elliott, NJW 2017, 315.

Ogus, Anthony, The regulation of services and the public-private divide, in: *Cafaggi, Fabrizio/Muir Watt, Horatia*, (eds.) The Regulatory Function of European Private Law, Cheltenham, UK/ Northhampton, MA, USA 2009, S. 3–15 (zitiert: *Ogus*, in: *Cafaggi/Muir Watt*, Regulatory Function).

Ossenbühl, Fritz, Die verfassungsrechtliche Zulässigkeit der Verweisung als Mittel der Gesetzgebungstechnik, DVBl. 1967, 400–408.

Ostendorf, Patrick, Geplanter neuer Rechtsrahmen für Online-Warenhandel und Bereitstellung digitaler Inhalte im Europäischen Binnenmarkt, ZRP 2016, 69–72.

Palandt, Otto (Begr.), Bürgerliches Gesetzbuch: mit Nebengesetzen insbesondere mit Einführungsgesetz (Auszug) einschließlich Rom I-, Rom II- und Rom III-Verordnungen sowie EU-Güterrechtsverordnungen, Haager Unterhaltsprotokoll und EU-Erbrechtsverordnung, Allgemeines Gleichbehandlungsgesetz (Auszug), Wohn- und Betreuungsvertragsgesetz, Unterlassungsklagengesetz, Produkthaftungsgesetz, Erbbaurechtsgesetz, Wohnungseigentumsgesetz, Versorgungsausgleichsgesetz, Lebenspartnerschaftsgesetz, Gewaltschutzgesetz, 78. Aufl., München 2019 (zitiert: Palandt/*Bearbeiter*).

Philipp, Otmar, Binnenmarkt: Einfaches europäisches Normungssystem gewünscht, EuZW 2017, 588.

Pieper, Helmut, Die Regeln der Technik im Zivilprozeß, BB 1987, 273–282.

Plischka, Hans Peter, Technisches Sicherheitsrecht. Die Probleme des technischen Sicherheitsrechts dargestellt am Recht der überwachungsbedürftigen Anlagen (§ 24 GewO), Berlin 1969 (zitiert: *Plischka*, Sicherheitsrecht).

Posner, Eric A., Law and social norms, Second Printing, First Harvard University Press paperback edition, Cambridge (Massachusetts), London (England) 2002 (zitiert: *Posner*, Law and social norms).

Praxiskommentar zum Urheberrecht, hrsg. v. *Wandtke, Artur-Axel/Bullinger, Winfried*, 4. Aufl., München 2014 (zitiert: Wandtke/Bullinger/*Bearbeiter)*.

Purnhagen, Kai P., Voluntary »New Approach« Technical Standards are Subject to Judicial Scrutiny by the CJEU! – The Remarkable CJEU judgment »Elliott« on Private Standards, European Journal of Risk Regulation 8 (2017), 586–598.

Reich, Norbert, Von der Minimal- zur Voll- zur »Halbharmonisierung«. Ein europäisches Privatrechtsdrama in fünf Akten, ZEuP 2010, 7–39.

Reimann, Günther, Wettbewerb und »gute Sitten«, WuW 1957, 621–626.

Reimer, Franz, Qualitätssicherung. Grundlagen eines Dienstleistungsverwaltungsrechts, Baden-Baden 2010 (zitiert: *Reimer*, Qualitätssicherung).

Research group on the Law of Digital Services, Discussion Draft of a Directive on Online Intermediary Platforms, EuCML 2016, 164–169.

Rheinbay, Peter/Günther, Andreas, Rechtsfragen des Dienstleistungsangebots – Wettbewerbsrecht und Haftung, in: *Bruhn, Manfred/Stauss, Bernd* (Hrsg.), Dienstleistungsqualität. Konzepte-Methoden-Erfahrungen, 2. Aufl., Wiesbaden 1995, S. 107–127 (zitiert: *Rheinbay/Günther*, in: *Bruhn/Stauss*, Dienstleistungsqualität).

Riegel, Christian, Einheitliche unionsweite Geschäftsbedingungen für Verbraucherverträge. Lässt sich dieses Ziel verwirklichen?, Baden-Baden 2013 (zitiert: *Riegel,* Geschäftsbedingungen).

Rittstieg, Andreas, Das »antizipierte Sachverständigengutachten« – eine falsa demonstratio?, NJW 1983, 1098–1100.

Rönck, Rüdiger, Technische Normen als Gestaltungsmittel des Europäischen Gemeinschaftsrechts. Zulässigkeit und Praktikabilität ihrer Rezeption zur Realisierung des Gemeinsamen Marktes, Berlin 1995 (zitiert: *Rönck,* Normen).

Roßnagel, Alexander, Europäische Techniknormen im Lichte des Gemeinschaftsvertragsrechts, DVBl. 1996, 1181–1189.

Röthel, Anne, Entstaatlichung des Rechts. Eine Einführung, in: *Müller, Rudolf* für die Österreichische Juristenkommission (Hrsg.), Entstaatlichung des Rechts. 58. Jahrestagung der Deutschen Sektion der Internationalen Juristenkommission (gemeinsam veranstaltet mit der Österreichischen Juristenkommission) vom 18. bis 20. Oktober 2013 in München. Vorträge und Diskussionen, Wien 2014, S. 17–29 (zitiert: *Röthel,* in: ÖJK/*Müller*).

Röthel, Anne, Lex mercatoria, lex sportiva, lex technica – Private Rechtsetzung jenseits des Nationalstaats?, JZ 2007, 755–763.

Röthel, Anne, Normkonkretisierung im Privatrecht, Tübingen 2004 (zitiert: *Röthel,* Normkonkretisierung).

Sass, Wolfgang, Technische Regeln und das Werkvertragsrecht, NZBau 2014, 137–145.

Schäfer, Frank, L., Wohnimmobilienkreditrichtlinie, VuR 2014, 207–216.

Schanze, Erich, International Standards: Functions and Links to Law, in: *Nobel, Peter,* (ed.) International Standards and the Law, Bern 2005, S. 43–66 (zitiert: *Schanze,* in: *Nobel,* International Standards and the Law).

Scharpf, Fritz W., Regieren in Europa. Effektiv und demokratisch? Frankfurt/New York 1999 (zitiert: *Scharpf,* Regieren in Europa).

Schepel, Harm, Between standards and regulation. On the concept of ›de facto mandatory standards‹ after *Tuna II* and *Fra.bo,* in: *Delimatsis, Panagiotis* (ed.), The Law, Economics and Politics of international standardisation, Cambridge 2015, S. 199–214 (zitiert: *Schepel,* in: *Delimatsis,* The Law, Economics and Politics).

Schepel, Harm, The Constitution of Private Governance. Product Standards in the Regulation of Integrating Markets, Oxford and Portland, Oregon 2005 (zitiert: *Schepel,* Private Governance).

Schepel, Harm, The New Approach to the New Approach: The Juridification of Harmonized Standards in EU Law, 20 MJ 4 (2013), 521–533.

Schepel, Harm/Falke, Josef, Legal aspects of standardisation of the EC and EFTA, Volume 1, Comparative Report, Luxemburg 2000 (zitiert: *Schepel/Falke,* Legal aspects).

Schlechtriem, Peter, Schuldrecht Besonderer Teil, 6. Aufl., Tübingen 2003 (zitiert: *Schlechtriem,* Schuldrecht BT).

Schmahl, Stefanie/Jung, Florian, Horizontale Drittwirkung der Warenverkehrsfreiheit? Überlegungen im Anschluss an EuGH, Urt. v. 12.7.2012 – C-171/11, EuZW 2012, 797 – DVGW, NVwZ 2013, 607–612.

Schmidt-Kessel, Martin, Implied Term – auf der Suche nach dem Funktionsäquivalent, ZVglRWiss 96 (1997), 101–155.

Schmidt-Preuß, Matthias, Normierung und Selbstnormierung aus der Sicht des Öffentlichen Rechts, ZLR 1997, 249–267.

Schmidt-Preuß, Matthias, Private technische Regelwerke – Rechtliche und politische Fragen, in: *Kloepfer, Michael,* (Hrsg.) Selbstbeherrschung im technischen und ökologischen Bereich. Selbststeuerung und Selbstregulierung in der Technikentwicklung und im Umweltschutz, Erstes Berliner Kolloquium der Gottlieb Daimer- und Karl Benz-Stiftung, Berlin 1998, S. 89–101. (zitiert: *Schmidt-Preuß,* in: *Kloepfer,* Selbstbeherrschung).

Schmidt-Preuß, Matthias, Zweiter Beratungsgegenstand: Verwaltung und Verwaltungsrecht zwischen gesellschaftlicher Selbstregulierung und staatlicher Steuerung, in: Kontrolle der auswärtigen Gewalt. Verwaltung und Verwaltungsrecht zwischen gesellschaftlicher Selbstregulierung und staatlicher Steuerung. Berichte und Diskussion auf der Tagung der Vereinigung der Deutschen Staatsrechtslehrer in Dresden vom 2. bis 5. Oktober 1996, VVDStRL 56 (1997), S. 160–344.

Schmidt, Vivien A., Democracy and Legitimacy in the European Union Revisited: Input, Output and ›Throughput‹, Political Studies 2013, Vol. 61, 2–22.

Scholz, Rupert, Technik und Recht, in: *Wilke, Dieter* (Hrsg.), Festschrift zum 125jährigen Bestehen der Juristischen Gesellschaft zu Berlin, Berlin, New York 1984, S. 691–714 (zitiert: *Scholz,* FS Juristische Gesellschaft).

Schulte-Nölke, Hans, Arbeiten an einem europäischen Vertragsrecht – Fakten und populäre Irrtümer, NJW 2009, 2161–2167.

Schulte-Nölke, Hans, The Brave New World of EU Consumer Law – Without Consumers, or Even Without Law?, EuCML 2015, 135–139.

Schulte, Martin, Materielle Regelungen: Umweltnormung, in: *Rengeling, Hans-Werner,* (Hrsg.), Handbuch zum deutschen und europäischen Umweltrecht, Band I – Allgemeines Umweltrecht, 2. Aufl., Köln, Berlin, Bonn (u. a.) 2003, S. 497–550 (zitiert: *Schulte,* in: *Rengeling,* Handbuch Umweltrecht).

Schulze, Reiner, (Schriftleitung), Bürgerliches Gesetzbuch. Handkommentar, 10. Aufl., Baden-Baden 2019 (zitiert: Hk-BGB/*Bearbeiter).*

Schwarze, Jürgen, Soft Law im Recht der Europäischen Union, in: *Iliopoulos-Strangas, Julia/Flauss, Jean-François,* (Eds.), Das soft law der europäische Organisationen/The Soft Law of European Organisations/La soft law des organisations européennes, Baden-Baden, Athen, Bern 2012, S. 233–252 (zitiert: *Schwarze,* in: *Iliopoulos-Strangas/Flauss,* Soft Law).

Schweitzer, Heike, Standardisierung als Mitttel zur Förderung und Beschränkung des Handels und des Wettbewerbs. Zugleich eine Anmerkung zum Urteil des EuGH vom 12.7.2012 im Fall Fra.bo SpA/Deutsche Vereinigung des Gas- und Wasserfaches e.V. (Rs. C-171/11), EuZW 2012, 765–770.

Schwenker, Hans Christian, Trotz Verstoßes gegen DIN-Normen: Leistung mangelfrei!, IBR 2012, 17.

Scott, Colin, Regulating private regulation, in: *Cafaggi, Fabrizio/Muir-Watt, Horatia,* (Eds.), Making European Private Law. Governance Design, Cheltenham, UK/ Northampton, MA, USA 2008, S. 254–268 (zitiert: *Scott,* in: *Cafaggi/Muir-Watt,* Making Private Law).

Seibel, Mark, Abgrenzung der »allgemein anerkannten Regeln der Technik« vom »Stand der Technik«, NJW 2013, 3000–3004.

Seibel, Mark, Das Unterschreiten der »allgemein anerkannten Regeln der Technik« im Bauvertrag – Überlegungen zu BGH, Urteil vom 04.06.2009 (AZ: VII ZR 54/07), ZfBR 2010, 217–219.

Seibel, Mark, Die allgemeine Anerkennung von technischen Regeln und ihre Feststellbarkeit, ZfBR 2008, 635–639.

Seibel, Mark, Technische Normen als Bestandteil eines Bauvertrages? – zugleich eine Anmerkung zu den Urteilen des BGH vom 28.02.2002 (AZ: VII ZR 376/00= ZfBR 2002, S. 482f.) und vom 27.07.2006 (AZ:VII ZR 202/04 = ZfBR 2007, S. 36ff.), ZfBR 2007, 310–313.

Senden, Linda, Soft Law in European Community Law, Oxford and Portland Oregon 2004 (zitiert: *Senden,* Soft Law).

Senden, Linda, The Constitutional Fit of European Standardization Put to the Test, LIEI 44 no. 4 (2017), 337–352.

Senden, Linda, Towards a More Holistic Legitimacy Approach to Technical Standardisation in the EU, in: *Eliantonio, Mariolina/Cauffman, Caroline,* The Legitimacy of Standardisation as a Regulatory Technique. A Cross-disciplinary and Multi-level Analysis, Cheltenham, UK, Northampton, MA, USA 2020, S. 20–47 (zitiert: *Senden,* in: *Eliantonio/Cauffman,* Standardisation).

Sobczak, Christian, Normung und Umweltschutz im Europäischen Gemeinschaftsrecht, Berlin 2002 (zitiert: *Sobczak,* Normung).

Sonnenberger, Hans-Jürgen, Verkehrssitten im Schuldvertrag: Rechtsvergleichender Beitrag zur Vertragsauslegung und zur Rechtsquellenlehre, München 1970 (zitiert: *Sonnenberger,* Verkehrssitten).

Spickhoff, Andreas, (Hrsg.), Medizinrecht, 3. Aufl., München 2018 (zitiert: *Spickhoff,* in: *Spickhoff,* Medizinrecht).

Spindler, Gerald, Unternehmensorganisationspflichten. Zivilrechtliche und öffentlichrechtliche Regelungskonzepte, 2., unveränd. Aufl., Göttingen 2011 (zitiert: *Spindler,* Unternehmensorganisationspflichten).

Spindler, Gerald/Schuster, Fabian, (Hrsg.), Recht der elektronischen Medien, Kommentar, 3. Aufl., München 2015 (zitiert: Spindler/Schuster/*Bearbeiter*).

Spindler, Gerald/Thorun, Christian, Die Rolle der Ko-Regulierung in der Informationsgesellschaft. Handlungsempfehlung für eine digitale Ordnungspolitik, MMR-Beilage 2016, Heft 6, 1–28.

Staudenmayer, Dirk, Digitale Verträge – Die Richtlinienvorschläge der Europäischen Kommission, ZEuP 2016, 801–831.

Staudinger, Julius v. (Begr.), Kommentar zum Bürgerlichen Gesetzbuch mit Einführungsgesetz und Nebengesetzen, Buch 2. Recht der Schuldverhältnisse, §§ 631–651, Neubearbeitung 2014 (zitiert: *Staudinger*/Bearbeiter).

Stauss, Qualitätsmanagement und Zertifizierung als unternehmerische Herausforderung: Eine Einführung in den Sammelband, in: *Stauss, Bernd,* (Hrsg.), Qualitätsmanagement und Zertifizierung. Von DIN ISO 9000 zum Total Quality Management, Wiesbaden 1994, S. 11–23 (zitiert: *Stauss,* in: *Stauss,* Qualitätsmanagement).

Streinz, Rudolf, Europarecht: Freier Warenverkehr und private Zertifizierungsstellen. Beschränkung des freien Warenverkehrs durch Normen einer privaten Einrichtung, JuS 2013, 182–184.

Taupitz, Jochen, Die Standesordungen der freien Berufe. Geschichtliche Entwicklung, Funktionen, Stellung im Rechtssystem, Berlin, New York 1991 (zitiert: *Taupitz,* Standesordnungen).

Teubner, Günther, Standards und Direktiven in Generalklauseln, Frankfurt am Main 1971 (zitiert: *Teubner,* Standards).

Thürer, Daniel, The Role of Soft Law in the Actual Process of European Integration, in: *Jacot-Guillarmod, Olivier* (éd.), L'avenir du libre-échange en Europe: vers un Espace écononomique européen?, Zürich 1990, S. 131–138 (zitiert: *Thürer,* in: *Jacot-Guillarmod,* L'avenir).

Tovo, Carlo, Judicial Review of Harmonized Standards: Changing the Paradigms of Legality and Legitimacy of Private Rulemaking under EU Law, CMLR 55 (2018), 1187–1216.

Van Gestel, Rob/Micklitz, Hans-W., European Integration through Standardization: How Judicial Review is breaking down the Club House of Private Standarization Bodies, CMLR 50 (2013), 145–182.

Van Leeuwen, Barend, European Standardisation of Services and its Impact on Private Law. Paradoxes of Convergence, Oxford and Portland, Oregon 2017 (zitiert: *Van Leeuwen,* Services).

Van Leeuwen, Barend, The Impact of the Legitimacy of European Standards on their Application in Private Law: A Case Study on Professional Standards in the Medical Sector, in: *Eliantonio, Mariolina/Cauffman, Caroline,* The Legitimacy of Standardisation as a Regulatory Technique. A Cross-disciplinary and Multi-level Analysis, Cheltenham, UK, Northampton, MA, USA 2020, S. 110–130 (zitiert: *Van Leeuwen,* in: *Eliantonio/Cauffman,* Standardisation).

Velten, Wolfram, Der medizinische Standard im Arzthaftungsprozeß. Ein Beitrag zu Umfang und Grenzen der Darlegungslast von Arzthaftungsklägern bezüglich der Standards medizinischer Heilbehandlung, Baden-Baden 2001 (zitiert: *Velten,* Standard).

Viellechner, Lars, Was heißt Transnationalität im Recht?, in: *Calliess, Gralf-Peter* (Hrsg.) Transnationales Recht. Stand und Perspektiven, Tübingen 2014, S. 57–76 (zitiert: *Viellechner,* in: *Calliess,* Transnationales Recht).

Vieweg, Klaus, Antizipierte Sachverständigengutachten – Funktion, Verwertungsformen, rechtliche Bedeutung, NJW 1982, 2473–2476.

Vieweg, Klaus, Nachbarrecht und Naturschutz, NJW 1993, 2570–2577.

Vieweg, Klaus, Verbraucherschutz durch technische Normen und vergleichende Warentests, NJW 1987, 2726–2727.

Volpato, Annalisa, Case law, Court of Justice, The harmonized standards before the ECJ: James Elliott Construction, CMLR 54 (2017), 591–604.

Volpato, Annalisa/Eliantonio, Mariolina, The Contradictory Approach of the CJEU to the Judicial Review of Standards: A Love-Hate Relationship?, in: *Eliantonio, Mariolina/Cauffman, Caroline,* The Legitimacy of Standardisation as a Regulatory Technique. A Cross-disciplinary and Multi-level Analysis, Cheltenham (UK), Northampton, MA, USA 2020, S. 91–109 (zitiert: *Volpato/Eliantonio,* in: *Eliantonio/Cauffman,* Standardisation).

Von der Groeben, Hans/Schwarze, Jürgen/Hatje, Armin, Europäisches Unionsrecht. Vertrag über die Europäische Union, Vertrag über die Arbeitsweise der Europäischen Union, Charta der Grundrechte der Europäischen Union, Band I, 7. Aufl. Baden-Baden 2015 (zitiert: *Bearbeiter,* in: *von der Groeben/Schwarze/Hatje*).

Von Hayn-Habermann, Bastian, Regeln der Technik und DIN-Normen, NJW-Spezial 2013, 684–685.

Weiß, Holger Tobias, Die rechtliche Gewährleistung der Produktsicherheit, Baden-Baden 2008 (zitiert: *Weiß*, Produktsicherheit).

Weise, Stefan/Hänsel, Tobias, Schallschutz in Wohnungen: Keine Geltung der DIN 4109, NJW-Spezial 2009, 476–477.

Whittaker, Simon, On the Development of European Standard Contract Terms, ERCL 1 (2006), 51–76.

Wiederin, Ewald, Stellungnahme zum Referat Prof. Dr. Röthels, in: *Müller, Rudolf* für die Österreichische Juristenkommission (Hrsg.), Entstaatlichung des Rechts. 58. Jahrestagung der Deutschen Sektion der Internationalen Juristenkommission (gemeinsam veranstaltet mit der Österreichischen Juristenkommission) vom 18. bis 20. Oktober 2013 in München. Vorträge und Diskussionen, Wien 2014, S. 31–37 (zitiert: *Wiederin,* in: ÖJK/*Müller*).

Wienke, Albrecht/Kuball, Linda, Facharztstandard versus Normungen in der Medizin, MedR (2016) 34, 301–305.

Wiesendahl, Stefan, Technische Normung in der Europäischen Union, Berlin 2007 (zitiert: *Wiesendahl,* Technische Normung).

Wietfeld, Anne Christin, Die Rolle der Verkehrssicherungspflichten bei der Abgrenzung von Dienst- und Werkverträgen, NJW 2014, 1206–1212.

Winkelmüller, Michael, Arbeitskreis V- Normung, BauR 2016, 1628–1635.

Wurmnest, Wolfgang, Grundzüge eines europäischen Haftungsrechts, Tübingen 2003 (zitiert: *Wurmnest*, Haftungsrecht).

Ziegler, Thomas, Rechtsetzung durch technische Normung, DS 2014, 8–9.

Zöchling-Jud, Brigitta, Acquis Revision, Common European Sales Law und Verbraucherrechterichtlinie, AcP 212 (2012), 550–574.

Zubke-von Thünen, Thomas, Technische Normung in Europa. Mit einem Ausblick auf grundlegende Reformen der Legislative, Berlin 1999 (zitiert: *Zubke-von Thünen,* Technische Normung).

Zuck, Rüdiger, Blick in die Zeit, MDR 1988, 106–108.

Zuck, Rüdiger, Die notwendige Reform des anwaltlichen Berufs- und Standesrechts, NJW 1988, 175–181.

Quellenverzeichnis

AFNOR, Comité Stratégique »Management et Services«, Livre Blanc. Quelle normalisation pour les services?, Février 2015, abrufbar unter https://www.evolen.org/_upload/ressources/newsletters_normalisation/livre-blanc-normalisation-services.pdf (zitiert: AFNOR Livre Blanc). Letzter Abruf: 18.07.2020.

ANEC, ANEC position on services standardisation, 8 October 2007, abrufbar unter http://www.anec.eu/images/documents/position-papers/2007/ANEC-SERV-2007-G-061final.pdf (zitiert: ANEC Position Paper on services standardisation). Letzter Abruf: 18.07.2020.

ANEC, Position Paper, ANEC comments on CEN Horizontal Services Standardisation Strategy (CHESSS), June 2010, abrufbar unter http://www.anec.eu/images/documents/position-papers/2010/ANEC-SERV-2010-G-024final.pdf (zitiert: ANEC Position Paper CHESSS). Letzter Abruf: 18.07.2020.

ANEC, Position Paper, Draft Annual Union Work Programme for European Standardisation 2019, May 2018, https://www.anec.eu/images/ANEC-SC-2018-G-012.pdf (zitiert: ANEC Position Paper, Draft Annual Union Work Programme for European Standardisation 2019). Letzter Abruf: 18.07.2020.

ANEC, Position Paper, Draft Annual Union Work Programme for European Standardisation 2020, https://www.anec.eu/images/ANEC-SC-2019-G-011final.pdf (zitiert: ANEC Position Paper, Draft Annual Union Work Programme for European Standardisation 2020). Letzter Abruf: 18.07.2020.

Blind, Knut, Standards in the Service Sectors – an Explorative Study, Final Report, April 2003, http://publica.fraunhofer.de/eprints/urn_nbn_de_0011-n-171600.pdf (zitiert: *Blind*, Standards in the Service Sectors). Letzter Abruf: 18.07.2020.

Blind, Knut/Mangelsdorf, Axel, Frauenhofer Institut System- und Innovationsforschung, Endberichtsentwurf des Forschungsauftrags Nr. 17/07 »Qualitätsbewertung und Standardisierung von Dienstleistungen: Bestandsaufnahme für die von der Dienstleistungsrichtlinie erfassten Sparten«, im Auftrag des Bundesministeriums für Wirtschaft und Technologie, September 2008, http://www.inno.tu-berlin.de/fileadmin/a38335100/PDF_Dateien/Endbericht_Forschungsauftrag_Nr_1707.pdf (zitiert: *Blind/Mangelsdorf*, Standardisierung). Letzter Abruf: 18.07.2020.

Bundesärztekammer, Dossier, Normung von Gesundheitsdienstleistungen, Berlin, 10.4.2014, abrufbar unter: https://www.bundesaerztekammer.de/fileadmin/user_upload/do

wnloads/Normung_Dossier_40102014.pdf (zitiert: *Bundesärztekammer*, Dossier 10.04. 2014). Letzter Abruf: 18.07.2020.

Bundesärztekammer, Stellungnahme der Bundesärztekammer »Normungsvorhaben von Gesundheitsdienstleistungen aus ärztlicher Sicht«, Deutsches Ärzteblatt 20. November 2015, abrufbar unter https://www.bundesaerztekammer.de/fileadmin/user_upload/downloads/pdf-Ordner/WB/Normung_Langfassung.pdf (zitiert: *Bundesärztekammer*, Deutsches Ärzteblatt 20.11.2015). Letzter Abruf: 18.07.2020.

Bundesärztekammer, Stellungnahme der Bundesärztekammer zum Entwurf einer Norm über Dienstleistungen in der ästhetischen Chirurgie – DIN EN 16372, Berlin den 13.03. 2012, abrufbar unter https://www.bundesaerztekammer.de/fileadmin/user_upload/downloads/Stellungnahme_der_BAeK_zum_Entwurf_einer_Norm_ueber_Dienstleistungen_in_der_aesthetischen_Chirurgie_-_DIN_EN_16372.pdf (zitiert: *Bundesärztekammer*, Stellungnahme 13.03.2012). Letzter Abruf: 18.07.2020.

CEN Guidance Document »National Regulations – Possible conflict with CEN work (A-deviations)«, abrufbar unter https://boss.cen.eu/reference%20material/Guidancedoc/Pages/NationalReg.aspx (zitiert: CEN Guidance Document National Regulations). Letzter Abruf: 18.07.2020.

CEN GUIDE 14, Common policy guidance for addressing standardisation on qualification of professions and personnel, Version dated 2010–04–21, abrufbar unter https://boss.cen.eu/ref/CEN_14.pdf (zitiert: CEN Guide 14:2010). Letzter Abruf: 18.07.2020.

CEN GUIDE 15, Guidance document for the development of service standards, Version dated 2012–02–01, abrufbar unter https://boss.cen.eu/ref/CEN_15.pdf (zitiert: CEN Guide 15:2012). Letzter Abruf: 18.07.2020.

CEN Horizontal European Services Standardization Strategy (CHESSS). In response to Mandate M/371. Module 3. Safety in the Delivery of Services. Final Report, abrufbar unter https://www.accessibletourism.org/resources/cen-m371-1_module3annexabcdefghfinalreportrevisedapril2009.pdf (zitiert: CHESSS Module 3, Final Report). Letzter Abruf: 18.07.2020.

CEN-CENELEC Guide 10, Policy on dissemination, sales and copyright of CEN-CENELEC Publications, Edition 4, 2017–11, abrufbar unter ftp://ftp.cencenelec.eu/EN/EuropeanStandardization/Guides/10_CENCLCGuide10.pdf (zitiert: CEN-CENELEC Guide 10:2017). Letzter Abruf: 18.07.2020.

CEN-CENELEC Guide 25, The concept of Partnership with European Organizations and other stakeholders, Edition 2, July 2017 (Updated version, January 2020), abrufbar unter ftp://ftp.cencenelec.eu/EN/EuropeanStandardization/Guides/25_CENCLCGuide25.pdf (zitiert: CEN-CENELEC Guide 25:2017). Letzter Abruf: 11.08.2020.

CEN, Mandat M/517 for the Programming and Development of Horizontal Service Standards, Phase 1, Final Report, February 2015, abrufbar unter ftp://ftp.cencenelec.eu/CEN/WhatWeDo/Fields/Services/FinalReportPhase1-M517.pdf (zitiert: M/517 Phase 1, Final Report). Letzter Abruf: 18.07.2020.

CEN, Strategic Advisory Group on Services (SAGS), A strategy for standardization to support the services sector. Helping service providers and users to benefit from the European single market, Draft 2016–10–06, abrufbar unter ftp://ftp.cencenelec.eu/EN/News/SectorNews/2016/Services/Strategy-draft.pdf (zitiert: CEN Strategy draft). Letzter Abruf: 18.07.2020.

CEN, Strategic plan on services standardization to implement the ambitions 2020, abrufbar unter ftp://ftp.cen.eu/CEN/Sectors/List/Services/services_strategy-Final-2017-08-30.pdf (zitiert: CEN Strategic Plan). Letzter Abruf: 18.07.2020.

CEN's Horizontal European Services Standardization Strategy in response to Mandate M/371, CHESSS Feasibility Study, Final Report, written by *Lissaur, Quincy,* in: Project M/371-1 CEN's Horizontal European Services Standardization Strategy, CHESSS Feasibility Study, Consolidated Report in response to EU Mandate M/371, commenced in January 2007 and completed in July 2008, abrufbar unter https://www.top-normy.cz/users/files/platformy/mezinarodni/ANEC-SERV-2009-G-026.doc (zitiert: CHESSS-Study, Consolidated Report). Letzter Abruf: 22.07.2020.

CEN/CENELEC Geschäftsordnung Teil 2. Gemeinsame Regeln für die Normungsarbeit, Juni 2018, abrufbar unter https://boss.cen.eu/ref/IR2_D.pdf (zitiert: CEN/CENELEC GO-Teil 2:2018). Letzter Abruf: 18.07.2020.

CEN/CENELEC Geschäftsordnung Teil 3. Regeln für den Aufbau und die Abfassung von CEN/CENELEC-Publikationen (ISO/IEC Directives – Part 2:2019, modifiziert), Juni 2019, abrufbar unter https://boss.cen.eu/ref/IR3_D.pdf (zitiert: CEN/CENELEC GO-Teil 3:2019). Letzter Abruf: 23.07.2020.

CEN/CENELEC Geschäftsordnung Teil 3. Regeln für den Aufbau und die Abfassung von CEN/CENELEC-Publikationen (ISO/IEC Direktiven – Teil 2:2016, modifiziert, Februar 2017, (zitiert: CEN/CENELEC GO-Teil 3:2017).

CEN/CENELEC Geschäftsordnung Teil 3. Regeln für den Aufbau und die Abfassung von CEN/CENELEC-Publikationen (ISO/IEC Direktiven – Teil 2:2011, modifiziert, Juni 2015 (zitiert: CEN/CENELEC GO-Teil 3:2015).

CEN/CENELEC Work Programme 2017. European Standardization and related activities, abrufbar unter https://www.cencenelec.eu/News/Publications/Publications/cen-cenelec-wp2017_en.pdf (zitiert: CEN/CENELEC Work Programme 2017). Letzter Abruf: 18.07.2020.

CEN/CENELEC Work Programme 2018. European Standardization and related activities, abrufbar unter https://www.cencenelec.eu/News/Publications/Publications/WorkProgramme-2018_UK_acces.pdf (zitiert: CEN/CENELEC Work Programme 2018). Letzter Abruf: 18.07.2020.

CEN/CENELEC Work Programme 2019. European Standardization and related activities, abrufbar unter https://www.cencenelec.eu/News/Publications/Publications/CEN-CENELEC_WP_2019.pdf (zitiert: CEN/CENELEC Work Programme 2019). Letzter Abruf: 18.07.2020.

CEN/CENELEC Work Programme 2020. European Standardization and related activities, abrufbar unter https://www.cencenelec.eu/News/Publications/Publications/CEN-CENELEC_WP_2020_EN.pdf (zitiert: CEN/CENELEC Work Programme 2020). Letzter Abruf: 22.07.2020.

CEN/CENLEC, CEN and CENELEC position on the consequences of the judgement of the European Court of Justice on James Elliott Construction Limited v Irish Asphalt Limited, abrufbar unter https://www.cencenelec.eu/news/policy_opinions/PolicyOpinions/PositionPaper_Consequences_Judgment_Elliott%20case.pdf (zitiert: CEN/CENELEC, Position Paper). Letzter Abruf: 18.07.2020.

De Deus, João/D'Autilia, Nicolino/Fjeldsted, Katrín (u.a.), Brief an EU-Kommissar Dr. Vytenis P. Andriukaitis zur europäischen Norm zur ästhetischen Chirurgie vom 16.12.

2015, abrufbar unter http://www.bundesaerztekammer.de/fileadmin/user_upload/downloads/pdf-Ordner/Normung/Aesthetic_surgery_standard_Commission.pdf. Letzter Abruf: 18. 07. 2020.
DIN 15750:2013-04 Veranstaltungstechnik – Leitlinien für technische Dienstleistungen.
DIN 33961-1:2015-11 Fitness-Studio – Anforderungen an Studioausstattung und -betrieb – Teil 1: Grundlegende Anforderungen.
DIN 33961-3:2014-12 Fitness-Studio – Anforderungen an Studioausstattung und -betrieb – Teil 3: Gruppentraining.
DIN 77200-1:2017-11 Sicherungsdienstleistungen – Teil 1: Allgemeine Anforderungen an Sicherungsdienstleister.
DIN 77200:2008-05 Sicherungsdienstleistungen – Anforderungen. (zurückgezogen)
DIN 77400:2015-09 Reinigungsdienstleistungen – Schulgebäude – Anforderungen an die Reinigung.
DIN 77600:2004-07 Kosmetik-Dienstleistungen in Parfümerien.
DIN 77800:2006-09 Qualitätsanforderungen an Anbieter der Wohnform »Betreutes Wohnen für ältere Menschen«.
DIN 820-1-2014-06 Normungsarbeit – Teil 1: Grundsätze.
DIN 820-2:2018-09 Normungsarbeit – Teil 2: Gestaltung von Dokumenten (ISO/IEC-Direktiven- Teil 2:2016, modifiziert); Deutsche und Englische Fassung CEN/CENELEC-Geschäftsordnung – Teil 3:2017).
DIN 820-3:2014-06 Normungsarbeit – Teil 3: Begriffe.
DIN 820-4:2014-06 Normungsarbeit – Teil 4: Geschäftsgang.
DIN CEN/TS 16118 (DIN SPEC 77101):2012-06 Betreutes Wohnen – Anforderungen an Dienstleistungen für ältere Menschen im Rahmen der Wohnform Betreutes Wohnen; Deutsche Fassung CEN/TS 16118:2012.
DIN EN 12522-1:1998-08 Umzugsdienste- Umzug für Privatpersonen – Teil 1: Festlegung von Dienstleistungen; Deutsche Fassung EN 12522-1:1998.
DIN EN 12798:2007-08 Qualitätsmanagementsystem für die Beförderung – Beförderung auf der Straße, mit der Eisenbahn und auf Binnenwasserstraßen – Forderungen des Qualitätsmangementsystems zur Ergänzung von EN ISO 9001 im Hinblick auf Sicherheit bei der Beförderung gefährlicher Güter; Deutsche Fassung EN 12798:2007.
DIN EN 14467:2004-04 Dienstleistungen des Freizeittauchens – Anforderungen an Dienstleister des Freizeit- Gerätetauchens. (zurückgezogen)
DIN EN 14804:2005-09 Anbieter von Sprachreisen – Anforderungen; Deutsche Fassung EN 14804:2005.
DIN EN 15017:2006-01 Bestattungs-Dienstleistungen – Anforderungen; Deutsche Fassung EN 15017:2005.
DIN EN 15733:2011-07 Dienstleistungen von Immobilienmaklern – Anforderungen an die Dienstleistungen von Immobilienmaklern.
DIN EN 15927:2010-12 Dienstleistungen in der Hörakustik; Deutsche Fassung EN 15927:2010.
DIN EN 16082:2011-11 Flughafen- und Luftsicherheitsdienstleistungen; Deutsche Fassung EN 16082:2011.
DIN EN 16114:2011-12 Unternehmensberatungsdienstleistungen; Deutsche Fassung EN 16114:2011. (zurückgezogen)

DIN EN 16224:2015-03 Bereitstellung von Gesundheitsleistungen durch Chiropraktoren; Deutsche Fassung EN 16224:2012+A1:2014.

DIN EN 16372:2013-05 – Entwurf, Ästhetische Chirurgie und ästhetische nicht-chirurgische ärztliche Dienstleistungen; Deutsche Fassung prEN 16372:2013.

DIN EN 16489-3:2015-09 Fachkundige Dienstleistungen in Sonnenstudios – Teil 3: Anforderungen an die Bereitstellung von Dienstleistungen; Deutsche Fassung EN 16489-3:2014.

DIN EN 16686:2015-09 Osteopathische Gesundheitsversorgung; Deutsche Fassung EN 16686:2015.

DIN EN 16747:2015-11 Sicherheitsdienstleistungen für Seeschifffahrt und Seehäfen; Deutsche Fassung EN 16747:2015.

DIN EN 16775:2016-02 Sachverständigentätigkeiten – Allgemeine Anforderungen an Sachverständigenleistungen; Deutsche Fassung EN 16775:2015.

DIN EN 16844:2018-08 Dienstleistungen in der ästhetischen Medizin – Nicht-chirurgische, medizinische Behandlungen; Deutsche Fassung EN 16844:2017+A1:2018.

DIN EN 16872:2017-02 Dienstleistungen von Ärzten mit Zusatzqualifikation in Homöopathie – Anforderungen an die Gesundheitsversorgung durch Ärzte mit Zusatzqualifikation in Homöopathie; Deutsche Fassung EN 16872:2016.

DIN EN 17371-2:2020-07 – Entwurf, Dienstleistungserbringung – Teil 2: Dienstleistungsverträge – Leitlinien für die Gestaltung, Inhalt und Struktur von Verträgen; Deutsche und Englische Fassung prEN 17371-2:2020.

DIN EN 45020:2007-03 Normung und damit zusammenhängende Tätigkeiten – allgemeine Begriffe (ISO/IEC Guide 2:2004); Dreisprachige Fassung EN 45020:2006.

DIN EN ISO 14025:2011-10 Umweltkennzeichungen und – deklarationen – Typ III Umweltdeklarationen – Grundsätze und Verfahren (ISO 14025:2006); Deutsche und Englische Fassung EN ISO 14025:2011.

DIN EN ISO 17100:2016-05 Übersetzungsdienstleistungen – Anforderungen an Übersetzungsdienstleistungen (ISO 17100:2015); Deutsche Fassung EN ISO 17100:2015.

DIN EN ISO 20700:2019-01 Leitlinien für Unternehmensberatungsdienstleistungen (ISO 20700:2017); Deutsche Fassung EN ISO 20700:2018.

DIN EN ISO 24803:2017-07 Dienstleistungen des Freizeittauchens – Anforderungen an Dienstleister des Freizeittauchens (ISO 24803:2017); Deutsche Fassung EN ISO 24803:2017.

DIN EN ISO 9000:2015-11 Qualitätsmanagementsysteme – Grundlagen und Begriffe (ISO 9000:2015); Deutsche und Englische Fassung EN ISO 9000:2015.

DIN ISO 19600:2016-12 Compliance-Managementsysteme – Leitlinien (ISO 19600:2014).

DIN SPEC 1001:2010-03 Lager- und Transportlogistik – Standardisierte Leistungsdefinition und -bewertung in der Angebotsphase.

DIN SPEC 1041:2010-05 Outsourcing technologieorientierter wissensintensiver Dienstleistungen.

DIN SPEC 33451:2015-06 Standards zu Servicekatalogen in der Leistungsbeziehung zwischen Service Providern und Dienstleistungsempfängern.

DIN SPEC 33452:2017-11 Rahmenbedingungen und Anforderungskriterien für die Erbringung gewerblicher privater Ermittlungsdienstleistungen.

DIN SPEC 77003:2015-04 Personen- und haushaltsbezogene Dienstleistungen – Information, Beratung und Vermittlung.

DIN SPEC 77004:2018-07 Personen- und haushaltsbezogene Dienstleistungen – Dienstleistungserbringung.

DIN SPEC 77007:2018-08 Leitfaden Lean Services – Professionalisierung des Dienstleistungsgeschäfts.

DIN SPEC 77226:2013-12 Schnittstellen zwischen Dienstleistungsrecht und Normung – Leitfaden für die Normungsarbeit.

DIN SPEC 77227:2016-03 Formulierung vergaberechtskompatibler Dienstleistungsnormen – Leitfaden für die Normungsarbeit.

DIN, Fachbeirat der Koordinierungsstelle Dienstleistungen (KDL)/DIN-Normenausschuss Dienstleistungen (NADL) im DIN e.V., Deutsche Normungsroadmap Dienstleistungen, Version 1.1, August 2016, abrufbar unter https://www.din.de/blob/65016/58b580c6b943e1c6eb3efb6b56f29713/deutsche-normungsroadmap-dienstleistungen-data.pdf (zitiert: DIN Normungsroadmap). Letzter Abruf: 18.07.2020.

DIN, Innovation mit Normen und Standards (INS). Schnittstellen zwischen Dienstleistungsrecht und Normung. Terminologietabelle (zitiert: DIN Terminologietabelle).

Europäische Kommission, Draft projects for the 2020 annual Union work programme for European Standardisation, Publication date 03.04.2019, herunterzuladen unter https://ec.europa.eu/docsroom/documents/34764. Letzter Abruf: 18.07.2020.

Europäische Kommission, Commission takes steps to modernise EU's Standardisation Policy, 1 June 2016, http://europa.eu/rapid/press-release_MEMO-16-1963_en.htm. Letzter Abruf: 18.07.2020.

Europäische Kommission, Pressemitteilung, Kommission nimmt Modernisierung der EU-Normungspolitik in Angriff, 1. Juni 2016, http://europa.eu/rapid/press-release_IP-16-1962_de.htm. Letzter Abruf: 18.07.2020.

Europäische Kommission, Unlocking the potential of business services for growth and jobs – New High Level Group set up, MEMO vom 14. März 2013, abrufbar unter http://europa.eu/rapid/press-release_MEMO-13-219_en.htm. Letzter Abruf: 18.07.2020.

Europäische Kommission. Better Regulation toolbox, Tool #18. The Choice of Policy Instruments, https://ec.europa.eu/info/sites/info/files/file_import/better-regulation-toolbox-18_en_0.pdf (zitiert: Better Regulation Tool 18). Letzter Abruf: 18.07.2020.

Europäische Kommission, Guidance on practical aspects of the implementation of Regulation (EU) No. 1025/2012 – Results of the consultation of stakeholders, 6th January 2020, abrufbar unter: https://ec.europa.eu/docsroom/documents/38922?locale=de (zitiert: EK, Results of the consultation of stakeholders). Letzter Abruf: 03.08.2020.

High Level Group on Business Services, Final Report April 2014, herunterzuladen unter http://ec.europa.eu/DocsRoom/documents/4981/attachments/1/translations (zitiert: *High Level Group on Business Services*, Final Report). Letzter Abruf: 18.07.2020.

ISO 10002:2018 (E) Quality management – Customer satisfaction – Guideslines for complaints handling in organizations.

ISO 20488:2018-06 Online consumer reviews – Principles and requirements for their collection, moderation and publication.

JRC Foresight Study, *Scapolo, Fabiana/Churchill, Peter/Viaud, Vincent* (u.a.), How will standards facilitate new production systems in the context of EU innovation and competitiveness in 2025?, Final Report 2014, abrufbar unter https://ec.europa.eu/jrc/sites/jrcsh/files/jrc-foresight-study-web_en.pdf (zitiert: JRC Foresight Study). Letzter Abruf: 18.07.2020.

Micklitz, Hans-W., Services Standards: Defining the Core Consumer Elements and their Minimum Requirements. Study Commissioned by ANEC, the European Consumer Voice in Standardisation, Final Version 19. April 2007, abrufbar unter https://www.anec.eu/attachments/ANEC-R&T-2006-SERV-004final.pdf (zitiert: *Micklitz*, Services Standards). Letzter Abruf: 18.07.2020.

Naase, Birgit, E-Mail, Betreff: Dienstleistungen in der Ästhetischen Chirurgie Norm EN 16372, hier: Absehen von der nationalen Implementierung vom 26. März 2015, http://www.bundesaerztekammer.de/fileadmin/user_upload/downloads/pdf-Ordner/QS/BMG_DIN.pdf. Letzter Abruf: 18.07.2020.

Principles for Better Self- and Co-Regulation, abrufbar unter https://ec.europa.eu/digital-single-market/sites/digital-agenda/files/CoP%20-%20Principles%20for%20better%20self-%20and%20co-regulation.pdf (zitiert: Principles for Better Self- and Co-Regulation). Letzter Abruf: 18.07.2020.

Report of the Expert Panel for the Review of the European Standardization System, Standardization for a competitive and innovative Europe: a vision for 2020, February 2010, EXP 384 final, abrufbar unter http://www.anec.eu/attachments/Definitive%20EXPRESS%20report.pdf (zitiert: *Report of the Expert Panel for the Review of the European Standardization System*). Letzter Abruf: 18.07.2020.

Richtlinie für Normenausschüsse im DIN Deutsches Institut für Normung e.V. Berlin, September 2013, abrufbar unter https://www.din.de/blob/187122/c010e6a9a16f9452a8772ffa93d9d9cc/richtlinie-fuer-normenausschuesse-data.pdf (zitiert: Richtlinie für Normenausschüsse). Letzter Abruf: 18.07.2020.

Schettini Gherardini, Bardo, Harmonised European Standards and the EU Court of Justice: Beware not to open Pandora's Box, May 27, 2016, abrufbar unter https://europeanlawblog.eu/2016/05/27/harmonised-european-standards-and-the-eu-court-of-justice-beware-not-to-open-pandoras-box/. Letzter Abruf: 18.07.2020.

Technopolis Group, *Stroyan, James/Brown, Neil*, Study on the implementation of service standards and their impact on service providers and users. Final report submitted by Technopolis Group, 24 January 2012, abrufbar unter ftp://ftp.cencenelec.eu/CEN/WhatWeDo/Fields/Services/Technopolis20120124.pdf (zitiert: *Technopolis Group*, Study). Letzter Abruf: 18.07.2020.

Volpato, Annalisa/Eliantonio, Mariolina, The Butterfly Effect of Publishing References to Harmonised Standards in the L series, 7 March 2019, abrufbar unter https://europeanlawblog.eu/2019/03/07/the-butterfly-effect-of-publishing-references-to-harmonised-standards-in-the-l-series/. Letzter Abruf: 31.07.2020.

Website Beuth Verlag zu DIN 66271:1995-06 Informationstechnik – Software-Fehler und ihre Beurteilung durch Lieferanten und Kunden, https://www.beuth.de/de/norm/din-66271/2533281. Letzter Abruf: 18.07.2020.

Website Beuth Verlag, FAQ DIN SPEC (PAS), Was ist eine DIN SPEC (PAS)?, https://www.beuth.de/de/regelwerke/din-spec-pas. Letzter Abruf: 18.07.2020.

Website Beuth Verlag, Inhaltsverzeichnis der DIN 66271:1995-06, https://www.beuth.de/de/fachgebiete/normung-kommunikation-dokumentation/fachdaten-einzelsicht-norm/wdc-beuth:din21:2533281/toc-2767991/download. Letzter Abruf: 18.07.2020.

Website Beuth-Verlag, https://www.beuth.de/de. Letzter Abruf: 18.07.2020.

Website CEN Business Operations Support System (BOSS) »European Standards for citation in the Official Journal«, https://boss.cen.eu/developingdeliverables/EN/Pages/ENforOJEU.aspx. Letzter Abruf: 22.07.2020.

Website CEN Case Study DIN EN 12522:1998, ftp://ftp.cencenelec.eu/CEN/WhatWeDo/Fields/Services/CaseStudies/Removals.pdf. (zitiert: Case Study Furniture removal activities). Letzter Abruf: 18.07.2020.

Website CEN Case Study DIN EN 15038:2006, ftp://ftp.cencenelec.eu/CEN/WhatWeDo/Fields/Services/CaseStudies/TranslationServices.pdf (zitiert: Case Study Translation Services). Letzter Abruf: 18.07.2020.

Website CEN Übersicht Case Studies, https://www.cen.eu/work/areas/services/Pages/CaseStudies.aspx. Letzter Abruf: 18.07.2020.

Website CEN, CEN/TC 447 – Horizontale Normen für die Dienstleistungserbringung, Struktur, https://standards.cen.eu/dyn/www/f?p=204:29:0::::FSP_ORG_ID,FSP_LANG_ID:2104178,22&cs=1F92A009D03C0C930ADD33F43FBEDBFF6. Letzter Abruf: 23.07.2020.

Website CEN, CEN/TC 447 – Horizontale Normen für die Dienstleistungserbringung, Arbeitsprogramm, https://standards.cen.eu/dyn/www/f?p=204:22:0::::FSP_ORG_ID,FSP_LANG_ID:2104178,22&cs=1F92A009D03C0C930ADD33F43FBEDBFF6. Letzter Abruf: 23.07.2020.

Website CEN, CEN/TC 447 – Horizontale Normen für die Dienstleistungserbringung, Veröffentlichte Normen, https://standards.cen.eu/dyn/www/f?p=204:32:0::::FSP_ORG_ID,FSP_LANG_ID:2104178,22&cs=1F92A009D03C0C930ADD33F43FBEDBFF6. Letzter Abruf: 23.07.2020.

Website CEN, Services, European legislation and mandates, https://www.cen.eu/work/areas/services/Pages/default.aspx. Letzter Abruf: 18.07.2020.

Website CEN/CENELEC, Artikel »Launch event: New framework of harmonized standards (HAS) consultants«, https://www.cencenelec.eu/News/Brief_News/Pages/TN-2018-008.aspx. Letzter Abruf: 22.07.2020.

Website DIN Infografik »Entstehung einer Norm«, https://www.din.de/de/ueber-normen-und-standards/basiswissen (zitiert: DIN Infografik). Letzter Abruf: 18.07.2020.

Website DIN-Normenausschuss NADL, https://www.din.de/de/mitwirken/normenausschuesse/nadl. Letzter Abruf: 18.07.2020.

Website DIN, DIN in Europa, Europäische Normung, https://www.din.de/de/din-und-seine-partner/din-in-der-welt/din-in-europa/europaeische-normung. Letzter Abruf: 18.07.2020.

Website DIN, DIN-Norm, Entstehung einer Norm, https://www.din.de/de/ueber-normen-und-standards/din-norm. Letzter Abruf: 18.07.2020.

Website Easy Dive Enkenbach zur Zertifizierung nach ISO 24803, https://www.easydive.de. Letzter Abruf: 05.07.2019.

Website Europäische Kommission, ICT standardisation, https://ec.europa.eu/growth/single-market/european-standards/ict-standardisation. Letzter Abruf: 25.07.2020.

Website Europäische Kommission, Service standards, http://ec.europa.eu/growth/single-market/services/service-standards_de. Letzter Abruf: 22.07.2020.

Website GLS Sprachenzentrum Berlin, https://www.gls-sprachenzentrum.de/8_gls_sprachreisen.html. Letzter Abruf: 18.07.2020.

Website HOTREC (Umbrella Association of Hotels, Restaurants Bars and Cafés), www.ho trec.eu. Letzter Abruf: 18.07.2020.

Website IM PLUS Immobilien GmBH zur Zertifizierung nach DIN EN 15733, http://www.implus-immobilien.de/zertifizierung-nach-din-15733/. Letzter Abruf: 18.07.2020.

Website ISO/TC 324 Sharing Economy, https://www.iso.org/committee/7314327.html. Letzter Abruf: 31.7.2020.

Website Normenausschüsse DIN, https://www.din.de/de/mitwirken/normenausschuesse. Letzter Abruf: 18.07.2020.

Website Panke Sprachreisen, DIN geprüft, https://www.panke-sprachreisen.de/informationen/qualitaetssiegel/. Letzter Abruf: 18.07.2020.

Website Peter's Diveshop zur Zertifizierung Tauchschule, http://www.peters-diveshop.de/. Letzter Abruf: 18.07.2020.

Website TÜV Rheinland, DINCERTO, Zertifizierung von Dienstleistungen, http://www.dincertco.de/de/dincertco/produkte_leistungen/zertifizierung_dienstleistungen/zertifizierung_dienstleistungen.html?et_cid=1&et_lid=1&et_sub=b_Zertifizierung%20Dienstleistungen. Letzter Abruf: 18.07.2020.

Website Übersicht zu Stellungnahmen, Positionspapieren und Beschlüssen gegen die Normung von Gesundheitsdienstleistungen, national und international, http://www.bundesaerztekammer.de/aerzte/qualitaetssicherung/normung/stellungnahmen-positionspapiere-beschluesse/. Letzter Abruf: 18.07.2020.

Website Zertifizierung Immobilienmakler, http://www.schick-immobilien.de/ueber-uns/zertifizierung. Letzter Abruf: 18.07.2020.

Website Zertifizierungsverzeichnis Immobilienmakler, https://www.diaconsulting.de/de/53.1/Zertifizierungsverzeichnis1.html. Letzter Abruf: 18.07.2020.

Website zu DIN 18025-2:1992-12 Barrierefreie Wohnungen; Planungsgrundlagen, https://www.beuth.de/de/norm/din-18025-2/1993642. Letzter Abruf: 18.07.2020.

Website zum CEN Consultant, https://boss.cen.eu/reference%20material/Profiles/Pages/consultant.aspx. Letzter Abruf: 22.07.2020.

Website Zurek Umzüge, Qualitätsmanagement, MÖFORM Zertifizierung, http://www.spedition-zurek.de/umzugs-leistungen/qualitaetsmanagement/. Letzter Abruf: 18.07.2020.

Bei Fragen zur Produktsicherheit wenden Sie sich bitte an:
If you have any questions regarding product safety, please contact:

Brill Deutschland GmbH
Robert-Bosch-Breite 10
37079 Göttingen
info@v-r.de